高职高专公共基础课规划教材

职业形象设计

（第2版）

张岩松　主　编
叶海昕　李晓雅　副主编

清华大学出版社
北京

内容简介

本书是反映高职教育教学改革最新理念的任务驱动型教材开发的有益尝试。内容紧密结合职业人士形象设计的实际，丰富而新颖，包括仪容形象设计、服饰形象设计、仪态形象设计、形体训练、语言艺术、社交礼仪、求职应聘、职场沟通、气质培养九项任务，每项任务由案例导入、任务分析、实训项目、知识链接、思考练习构成，通过实训项目引领，运用情景模拟、角色扮演等教学方法，以教师为指导、学生为主体，让学生做中学、学中做、学做结合，指导其提高职业形象设计水平，塑造出全新的职业形象。

本书可作为高职高专院校各专业学生职业形象设计公共基础课程或专业基础课程的新型实用教材，也是各类企业进行员工职业形象设计培训的创新型教材，还是社会各界人士进行职业形象设计、塑造全新职业形象的自我训练手册。

本书封面贴有清华大学出版社防伪标签，无标签者不得销售。
版权所有，侵权必究。举报：010-62782989，beiqinquan@tup.tsinghua.edu.cn。

图书在版编目(CIP)数据

职业形象设计/张岩松主编. —2版. —北京：清华大学出版社，2019(2023.9重印)
(高职高专公共基础课规划教材)
ISBN 978-7-302-51816-7

Ⅰ. ①职… Ⅱ. ①张… Ⅲ. ①个人—形象—设计—高等职业教育—教材 Ⅳ. ①B834.3

中国版本图书馆CIP数据核字(2018)第280458号

责任编辑： 张龙卿
封面设计： 范春燕
责任校对： 袁 芳
责任印制： 刘海龙

出版发行： 清华大学出版社
网　　址： http://www.tup.com.cn，http://www.wqbook.com
地　　址： 北京清华大学学研大厦A座　**邮　　编：** 100084
社 总 机： 010-83470000　**邮　　购：** 010-62786544
投稿与读者服务： 010-62776969，c-service@tup.tsinghua.edu.cn
质量反馈： 010-62772015，zhiliang@tup.tsinghua.edu.cn
课件下载： http://www.tup.com.cn，010-62770175-4278
印 装 者： 天津安泰印刷有限公司
经　　销： 全国新华书店
开　　本： 185mm×260mm　**印　　张：** 18.25　**字　　数：** 418千字
版　　次： 2015年4月第1版　2019年4月第2版　**印　　次：** 2023年9月第5次印刷
定　　价： 59.00元

产品编号：080870-02

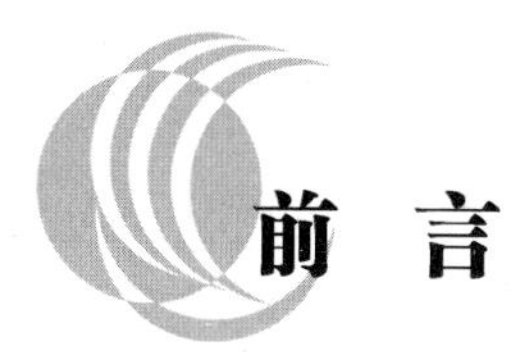

前　言

习近平总书记在党的二十大报告中指出：教育、科技、人才是全面建设社会主义现代化国家的基础性、战略性支撑；必须坚持科技是第一生产力、人才是第一资源、创新是第一动力；深入实施科教兴国战略、人才强国战略、创新驱动发展战略，这三大战略共同服务于创新型国家的建设。

在当今社会，一个人尤其是职场人士的形象可能左右其个人生涯，甚至会直接影响到一个人的成败。

对于即将走入职场并开启职业生涯的大学生来说，打造良好的职业形象显得至关重要。大学阶段是大学生职业准备的重要时期。在此阶段，除了要完成专业知识、技能的学习外，还必须充分地了解未来职业的特点，并根据未来职业要求来完善自己、塑造自己，设计自己未来的职业形象，这是大学阶段必不可少的过程。

鉴于此，我们编写了《职业形象设计》，该书自2015年出版以来受到兄弟院校普遍欢迎，先后五次印刷，发行量达万余册。本次在第1版的基础上进行了修订，与国内的同类教材相比，本书的特色更加鲜明。

本书的内容紧密结合职业人士形象设计的实际，丰富而新颖。此次修订更新了部分内容，增加了最新的案例，尤其在“知识链接”中加入了“小贴士”“小案例”“小故事”“小幽默”等栏目，增强了内容的可读性、趣味性和指导性。

本书由张岩松担任主编，叶海昕、李晓雅担任副主编。张岩松编写绪论、任务3和任务9；叶海昕编写任务1、任务2和任务6；李晓雅编写任务5和任务7；付强编写任务4；薛大明、付强编写任务8。全书由张岩松统稿。

本书在编写过程中集采众家之说，参考颇多，限于篇幅仅列出了主要参考书目，在此向各位专家学者深表谢意。有些资料参考了互联网上发布或转发的信息，在此也向各位原作者所付出的辛勤劳动表示衷心的感谢！

本书的编写是新的尝试，对书中的不当之处，敬请读者指正。

编　者

2023年1月

目 录

绪论 …… 1
一、职业形象的含义 …… 1
二、职业形象的要素 …… 2
三、职业形象的功能 …… 6
四、职业形象的自我修炼 …… 7

任务1 仪容形象设计 …… 9
案例导入 …… 9
任务分析 …… 9
实训项目 …… 10
知识链接 …… 10
一、化妆得法 …… 10
二、发型美观 …… 19
三、手足修饰 …… 23
思考练习 …… 25

任务2 服饰形象设计 …… 27
案例导入 …… 27
任务分析 …… 27
实训项目 …… 28
知识链接 …… 28
一、着装的原则 …… 29
二、男士西装的穿着 …… 29
三、女士服装的穿着 …… 34
思考练习 …… 41

任务3 仪态形象设计 …… 42
案例导入 …… 42
任务分析 …… 42

实训项目 …… 43
知识链接 …… 43
一、站姿 …… 43
二、坐姿 …… 46
三、走姿 …… 50
四、蹲姿 …… 52
五、表情 …… 54
六、手势 …… 59
思考练习 …… 65

任务4 形体训练 …… 67
案例导入 …… 67
任务分析 …… 67
实训项目 …… 68
知识链接 …… 68
一、基本动作训练 …… 68
二、芭蕾 …… 75
三、健美操 …… 86
四、交际舞 …… 96
思考练习 …… 110

任务5 语言艺术 …… 113
案例导入 …… 113
任务分析 …… 113
实训项目 …… 114
知识链接 …… 114
一、语言交际的原则 …… 114
二、交谈的语言艺术 …… 119
三、提问的语言艺术 …… 129
四、回答的语言艺术 …… 135
五、说服的语言艺术 …… 142
六、赞美的语言艺术 …… 146
思考练习 …… 150

任务6 社交礼仪 …… 153
案例导入 …… 153
任务分析 …… 154
实训项目 …… 154

知识链接 …… 155
一、社交礼仪与形象塑造 …… 155
二、见面礼仪 …… 158
三、餐饮礼仪 …… 198
四、旅行礼仪 …… 210
思考练习 …… 223

任务7 求职应聘 …… 227
案例导入 …… 227
任务分析 …… 227
实训项目 …… 227
知识链接 …… 228
一、求职前的准备 …… 228
二、应聘面试礼仪 …… 235
三、面试后的礼仪 …… 240
思考练习 …… 241

任务8 职场沟通 …… 245
案例导入 …… 245
任务分析 …… 246
实训项目 …… 247
知识链接 …… 247
一、职场沟通的原则 …… 247
二、与领导的沟通 …… 248
三、与同事沟通 …… 257
四、与下属沟通 …… 262
思考练习 …… 267

任务9 气质培养 …… 269
案例导入 …… 269
任务分析 …… 269
实训项目 …… 270
知识链接 …… 272
一、气质概述 …… 272
二、气质的培养方法 …… 275
思考练习 …… 281

参考文献 …… 283

绪　论

大多数不成功的人之所以失败，是因为他们首先看起来不像成功者！再者，他们看起来就不想成功，或者根本不知道什么是成功；或者当成功的机会到来时，他们不知道如何把握成功！

——[英]罗伯特·庞德

形象意味着一切。

——[美]安德烈·阿加西

人的形象由人的内在支配着，并通过人的言行及仪表等外在特征体现出来。人的形象在人与人的相互关系中施加了一种影响力，并能形成推动事物发展的氛围。现代职业对职业形象有着越来越高的要求，职业形象在现代社会的职业中也扮演着越来越重要的角色。

一、职业形象的含义

每一个职业都有其特定的职业形象，职业形象是指个人与其职业相适应并表现出来的能反映其内在气质和职业特点的外在形象及举止行为。

职业形象并不是一个简单的外表长相和穿衣打扮的概念，而是一个人全面素质的一种展现，是一个整体的、动态的印象。良好的职业形象，能够展现个体的自信、尊严、力量、专业水平和能力，是事业成功的必备素质。无论职业者的内在素质多高，自我感觉多好，都不能成为职业形象的决定性因素。只有公众通过从业者的语言、动作及服饰等外部特征对其作出判断和评价，才能形成对特定职业的总体评价——职业形象。因此，职业形象是特定职业群体在公众印象中形成的具有特定性、标志性的精神面貌和性格特征，是通过职业活动中人的仪表、行为、操守表现出来的，为人们所感知的特定标识，其本质是对特定职业的社会评价。

职业形象对个体和组织都具有重要意义。

对个体而言，拥有良好的职业形象，可以在人际交往的初期打破人们的心理防范，赢取对方的信任，为今后建立良好的合作关系打下基础。良好的职业形象，展示的是自身的专业素养和能力，能带给客户或服务对象以信任和安全感，有利于合作的成功和目标的达成，从而提升个人的绩效水平。良好的职业形象，还可以帮助人们建立自信，从而保持积极的心态，调整自身的不良行为。此外，良好的职业形象，还可帮助个体在组织内部赢得上级和同事的好感，为自身的职业发展铺平道路，打开职业晋升的阶梯。

【小贴士】

德国学者的实验

曾经有一位德国学者做了一项实验，虚构了三种不同的求职简历：一部分是贴了俊男美女照片的简历，另一部分是没有贴照片的简历，还有一部分简历贴的是相貌丑陋的求职者的照片。最后的结果是：贴了俊男美女照片的简历求职成功率高达86%，没有贴照片的简历求职成功率是60%，贴了丑陋照片的简历求职成功率只有20%。实验的结论虽然有些以偏概全，但确实反映了当前一个现实问题，那就是社会对个人形象的关注程度越来越高，良好的形象有利于个人在职场上的发展。

对组织而言，组织成员个体的形象直接代表着组织的整体形象，反映着组织的整体素质、管理规范程度和组织文化，代表着组织产品和服务的质量和信誉，直接影响着组织的社会认可度和美誉度，并最终影响着组织目标的实现，这也是许多大公司、社会组织及政府部门非常注重设计和培养员工职业形象的原因。通过员工个体的职业形象所传递和表达的信息，反映了企业和组织的实力和水平。

【小案例】

两 个 事 例

事例1：一所名气很大的幼儿园老师上门家访，结果引出了转学风波。原来，幼儿园老师上门家访，前脚离开，后脚就引起了一场家庭会议，“我们一定要转园！”妈妈、奶奶斩钉截铁地说。园长想不通了，别人抢着要求进园，这家却强烈要求退园，一问原因才知：“不能把宝贝交给这样的老师。”——挨个家访的女老师穿着吊带背心，还是露脐装！

事例2：一位大型国有企业的秘书正在陪同外商参观，优雅的举止、礼貌的谈吐赢得外商的好评，却意外地发现秘书的丝袜破了个洞，很不雅观，最后使合同签订“泡汤”。

【点评】 上述两个事例说明：礼仪细节关系到为人处事的品质，任何行业的任何人，都不是“局外人”。缺失的礼仪细节，都会让所倡导的一丝不苟的工作作风“大打折扣”，从而使职业形象受损。

当代大学生具有很多优点，他们年轻、好学、积极、乐观、充满朝气、奋斗上进，然而也会带给人们不成熟、想法幼稚、不稳重、不可靠的感觉。如何扬长避短，就成为现代大学生在自身职业形象设计时所必须掌握的一种基础技能。例如，什么样的性格最适合做什么样的工作，什么样的职业需要什么样的穿着打扮、行为举止，这些都是大学生需要了解和学习的。专业的职业形象设计对于职场成功具有重要的意义，基于这一点，职业形象设计已经成为大学生职业生涯教育中不可或缺的重要环节。现代大学生是否具备良好的职业形象，将会对其今后的职业生涯产生深远的影响，将使他们更加明确自己的职业目标，促使大学生在面试过程中更好地发挥自身特点，并提升他们在职场中的自信心。因此，职业形象设计对现代大学生至关重要。

二、职业形象的要素

职业形象总体可分为两个方面：一是内在美，即人的内在素质。内在素质是我们日常生活、学习、工作中所表现出的气质、道德、人格、心理、修养、文化、才学等方面的基本品格，是一种以人的生理条件为基础，在自然环境、社会生活中逐渐发展、形成的“生理、心理、社会、环境”品格特征。二是外在美，即人的外在形象，是借以显现个人内在的意蕴和特性的东西，实际上外在美是内在美的载体。

个人职业形象的范畴可以引申为外在形象和内在素质两个方面。

外在形象：包括视觉形象（外貌形象和仪表形象，如发型、妆容、服饰等）和社交形象（礼仪形象、人际形象）。

内在素质：包括政治形象、人格形象、心理形象和才能形象等。

1. 视觉形象

视觉形象是指一个人通过其外貌、服装及饰物、举止、言谈、礼仪等方面表现出来的形象。它主要由下列要素构成。

（1）外貌形象

外貌形象是由神韵、年龄、相貌、身材、表情等因素表现出来的形象。神韵就是一种气质魅力，气质魅力是职业形象之源。如年轻人的仪表堂堂、青春活力、英姿勃勃、性格开朗、体魄健壮、情绪乐观、表情快乐、兴趣广泛、身材健美等，都是取得人们良好的第一印象并建立人格魅力的要素。

（2）仪表形象

一个人的仪表形象可以体现出他的文化素养、审美观和欣赏水平，而仪表形象是通过服饰、发型、妆容等形式表现出来的。不同的服饰、发型、妆容，会让他人感觉出不同的形象，同时，也给他人传递着交往的信息。

2. 社交形象

在多变的社交场合，人们的仪表礼节、言谈举止都有一定的规范，这是人的仪表形象的又一表现形式。

（1）礼仪形象

礼仪形象是通过一个人的仪态、言谈、举止和讲究礼仪、礼貌表现出来的尊重他人和自身修养水平的形象。讲究礼仪、礼貌是我国人民的传统美德，也是尊重他人的具体表现。

（2）人际形象

作为社会人，我们并不是被动地被社会制约、塑造着，当我们在进行自我完善时，也改善了人与人的社会关系，塑造着整个社会。

3. 政治形象

政治形象是我们在生活和工作过程中表现出的政治立场坚定，政治观点鲜明，遵纪守法，热爱祖国，热爱人民，把祖国命运、社会发展与个人前途、事业紧紧相连，在大风大浪、大是大非的问题上坚持真理，深明大义，维护国家利益的形象。

4. 人格形象

人格是个体的立身之本，没有人格也就失去了形象。人格形象是一个人通过自己的言行表现出来的品格形象。人的言行是由其思想观念决定的，因此人格形象也主要是由其世界观、人生观、价值观决定的。人格形象是职业形象之魂。

（1）品德形象

品德形象是指一个人在道德品质方面的形象。道德是做人的基础，是一个社会、一个阶级向人们提出的处理人与人、人与社会、人与自然之间各种关系的一种特殊的行为规范。职业道德是人格的一面镜子，是事业成功的保证。简单地讲，作为一个人，第一是学做人，第二是学做事。“做事”和“做人”毕竟是两回事；做好了“事”，并不等于做好了“人”；要做好“事”，必须先做好“人”。

（2）价值形象

价值形象就是价值观，具体表现在个人的理想、追求、人生目标上。臧克家先生曾写过这样的诗句：“有的人活着，他已经死了；有的人死了，他还活着。”很多青年都曾思考过死与活的辩证哲理，对以上名言理解之后，会产生心灵的震撼。一切希望实现人生价值的人都应记住：由于我们赖以实现人生价值的手段是从社会中获得的，而我们的成就和作为也只有对社会有用才能被认为有价值，因此，我们只有一种选择：在社会实践中完善自己，实现自己的人生价值。

5. 心理形象

提高个人形象的关键，是个人应具备良好的心理素质和健全的心态。要做好三点：一是坚定自信心，敢于进取，敢于创新，勇于实践；二是提高自身的观察力、决断力，克服“没主见”的缺点，敢于决策；三是克服心理障碍，调整自己的性格，让社会接受自己。

（1）意志形象

大学生应选择一个目标，树立起一种“不到长城非好汉”的信念，还要付出执着于此、锲而不舍、坚韧不拔、百折不挠的努力。成功主要取决于一个人的意志。

意志在坚持目标和克服困难的行动中表现出来，又在坚持目标和克服困难中得到磨砺、考验。意外、逆境、危机是产生发展机会的新起点，不能气馁、沮丧，更不能放弃。这个世界上没有被淘汰的人，只有自动退场的人。

（2）个性形象

培养良好的、积极向上的学习态度、工作态度和生活态度。保持良好的心态，养成优良的性格，通过具体分析自身气质来塑造个性形象。应锻炼自己的心理承受能力，当遇到不如意的事情或者无法克服的困难时，仍能够保持正常的心态和行为。我们既要有永不放弃的信心和毅力，又要有海纳百川的胸怀和气度。应增强心理适应能力，遇到突发的环境变化、情况变化等状况时，要能及时调整自己的心理状态，并能尽快适应新环境和新情况。

6. 才能形象

外在形象是一个人步入社会、取得公众认可并达到自身目的的基础，但在现代社会中，人们更看重的是人的才能等内在素质。一个人既要外表美，还要心灵美，更要能力强。今天的人才竞争已不是专业素质的比较，而是综合素质的竞争。个人内在素质是个人综合素质的主要组成部分，个人内在素质决定了个人的才能形象。

在社会中生存的每一个人必须具备各种才能，才能作为个人形象核心的内在素质，也往往通过人的才能表现出来。一个人才能的大小，决定了其未来扮演社会角色的轻重、主次。

（1）直观才能形象

个人直观的才能形象是由人的学历、职务、职称、个人经历等构成的形象，它不同于内在素质需要通过学习、工作、生活去了解。

（2）专业才能形象

工作形象是一个人对待工作的态度、工作责任心、工作创新精神和工作效率等方面表现出来的形象。专业才能形象是一个人从事自己专业工作所必须具备的特殊能力，也就是工作的角色能力。专业才能形象不仅是敬业爱岗，而且要对自己从事的专业精益求精。不同的专业有不同的专业能力要求，在不同的工作岗位上也要具备不同的工作能力。

（3）一般能力形象

一般能力是从事每一项工作都应具备的基本能力，比如，创新能力、组织能力、学习能力、表达理解能力等。一般能力形象展现了一个人的基本能力。

【小案例】

全国劳动模范张秉贵

张秉贵1955年11月到百货大楼站柜台，三十多年的时间里接待顾客400万人，没有跟顾客红过一次脸、吵过一次嘴，没有怠慢过任何一个人。他把为人民服务的信念与本职工作密切联系起来，他认为："站柜台不单是经济工作，也是政治工作；不但是买与卖的关系，还是相互服务的关系。""一个营业员服务态度不好，外地人会说你那个城市服务态度不好，港澳同胞会感到祖国不温暖，外国人会说中华人民共和国不文明。我们真是工作平凡，岗位光荣，责任重大！"

从为国家争光、为人民服务的政治信念出发，他练就了"一抓准"和"一口清"的过硬本领，通过眼神、语言、动作、表情、步伐、姿态等调动各个器官的功能，几乎成了那个时代商业领域的服务规范，商业服务业的简单操作，被他升华为艺术境界。

在北京，传统的"燕京八景"名扬天下，而张秉贵售货艺术被人们誉为"第九景"。张秉贵不仅技术过硬，而且注重仪表，天天服装整洁，容光焕发。他认为："站柜台就得有个干净利落的精神劲儿，顾客见了才会高兴地买我们的东西。特别是我们卖食品的，如果不干不净，顾客就先倒了胃口，谁还会再买我们的东西啊！"他坚持每周理发，每天刮胡子、换衬衣、擦皮鞋。

张秉贵一进柜台，就像战士进入阵地。普通售货员一般早晨精神饱满，服务态度较好；下午人疲倦了，不太爱说话了，也懒得动弹，对顾客就容易冷漠。张秉贵却不然，从清晨开门接待第一个顾客，到晚上送走最后一个顾客，自始至终都能春风满面、笑容可掬。他到了退休年龄，体力明显不济，一上柜台还是表现得生龙活虎，到了下班后，他却往往步履蹒跚。同志们说他是"上班三步并作一步走，下班一步变为三步迈"。

看张秉贵工作，也成了许多人的享受。有一位拄着拐杖的老人，经常来欣赏他卖货。这位老人对他说："我是因病休息的人，每天来看看您站柜台的精神劲儿，我的病也仿佛好了许多。"一位音乐家看他售货后说："你的动作优美，富有节奏感，如果配上音乐，是非常动人的旋律。"

【点评】 张秉贵胸中有一团火，温暖着顾客的心，以良好的职业形象赢得了人们的景仰，当今的大学生应学习张秉贵的敬业精神，加强职业道德修养，打造良好的职业形象，做优秀的职业人。

三、职业形象的功能

【小案例】

痛失千万订单

“员工是否具备良好的职场礼仪对于企业的形象十分重要，这个教训是我前不久用损失1000多万元订单的代价‘买’来的！”孙先生在电话里告诉记者，今年春节过后刚上班，有一个客户打算和公司敲定一笔1000多万元的合作业务。在之前的多次电话、邮件联系后，对方提出要来南京考察一下企业。在客户来的当天，安排到机场接客户的一名部门经理竟然迟到了20分钟，让客户在机场苦等。等客户到公司后，看到的是一群职员有的交头接耳叽叽喳喳，有人甚至在办公室嗑着瓜子。“因为正好出国，等我过了两天回到南京，再和那位客户联系时，对方才委婉地指出因为对我们公司的执行效率不太有信心，表示将放弃此次合作。”孙先生说，这次遭遇“当头棒喝”，他才深深感到管理上的不足，因此，公司准备请专门的礼仪老师上门培训员工，同时购买一批文明礼仪书籍和录像，结合公司纪律整顿开展学习。“员工职场礼仪事关企业形象，真的大意不得。”孙先生感慨地说。

职业形象是社会、公众对特定职业与职业者的总体评价。关于这种评价的作用，有专家指出：“形象是当今社会的核心概念之一，人们对形象的依赖已经成为一种生存状态。”也就是说，形象可以决定发展，形象直接决定效益。良好的个人形象可以使一个人走向成功和富裕；相反，不良的个人形象则可以毁掉一个人的事业和前程。据统计，女性的工作失败有35%是因为形象不良所致，公认的有魅力的职业女性应该拥有良好的气质和典雅的风度。为什么职业形象具有如此巨大的社会、经济效应呢？这是因为良好的职业形象具有下列功能。

1. 引起注意

由于人类是一种视觉占主导地位的高级动物，因此我们对事物的印象，源于自己之所见。一个人的外表，比如种族、年龄、性别、身高、体重、肤色、形体语言、穿着和打扮等在个人印象中占50%。另外，说话的声音和方式则占个人印象的38%，而信息或说话的内容仅占7%。因此，形象与引人注意之间有特定关系，而引起注意是人类认识活动过程的开始。某特定认识对象只有进入人们的注意领域，才可能被人们进一步认识，直至最后接受。因此，一个人的职业形象如何，直接关系到能否引起他人的注意，正如著名时装设计大师香奈儿所说：“当你穿得邋邋遢遢时，人们注意的是你的衣服；当你穿得无懈可击时，人们注意的才是你。”

2. 便于沟通

任何职业活动实质上都是人与人之间传递信息、交流思想与情感的沟通活动，而影响人们沟通的因素从职业者来说，主要有职业者使用的传播技术、态度、知识程度，包括语言表达能力、思考能力、手势、表情、自信、丰富的知识、社会经验等，这些要素综合起来，就是良好的职业形象。职业形象不佳，如盛气凌人、虚伪，不仅不能给交往对象带来美的感受，而且会让交往对象对职业者和职业活动产生排斥、逆反心理。而良好的职业形象能够拉近交往者之间的心理距离，给交往对象带来美的享受，让交往对象身心愉悦，交往对象也会更认同和接受相应的职业活动。所以，只有强化职业形象，才能消除逆反心理产生的诱发因素。

3. 建立公信力

公信力即公众对职业的信任程度。职业形象直接关系到职业的公信力，良好的职业形象更易引起公众对该职业活动的信任，从而认同和接受该职业活动。否则，公众就会拒绝。

4. 实现职业目标

人的形象在人与人的相互关系中施加了一种影响力，并能形成推动事物发展的氛围。良好的职业形象可以消除心理隔阂，建立交往对象之间的沟通与信任，由此才能更好地实现职业目标。

四、职业形象的自我修炼

现代大学生职业形象设计应该内外兼修，注重综合素质的提高，为职业发展做好准备。职业形象的自我修炼应从以下四个方面着手。

1. 加强修养，提升人格魅力

大量的研究和实践证明，在决定人们成功的主观因素中，智力因素仅占大约20%，而80%则属于非智力因素。这里的非智力因素就是我们通常所说的情商，是一种了解、控制自我情绪，理解、疏导他人情绪，通过情绪的自我调节、控制，以提高生存质量的能力。情商虽然是一种内在的能力，但是可以通过有意识的训练和自我暗示达到把握与控制。因此，加强自身的修养，建立高尚的价值观，培养积极乐观的心态，就会展示出动人的人格魅力；而内在的修养又会通过外在的形象自然表达与展示，为职业形象的塑造增添迷人的色彩。

2. 不断学习，提高专业素养

在今天这个变化的社会中，要想跟上时代的步伐，就要有开放进取的意识，并培养学习的习惯。既要学习和积累丰富的生活经验，增加个人阅历，提升个人生活的质量，又要学习专业的知识和技术。成功的职业形象毕竟是以职业为基础，具备良好的职业素养和技能水平是职业形象的基本特征。所以必须掌握一定的专业技能，了解本行业特定的行为规范或行为标准，培养自己的职业素养，养成良好的职业行为规范，这是塑造成功职业形象不可缺少的途径。

3. 精心包装，打造个人品牌

由于人类是一种视觉占主导的动物，因此我们对事物的印象，源于自己之所见，要给人留下良好的印象，首先就要对自己的外在形象进行设计和包装。拥有一个整洁的仪表，穿戴与职业、身份相符的职业化服饰，恰当地运用人际交往的礼仪，适度的肢体语言和有个性的声音，都是特有的形象标志，能够共同构筑出职业形象的品牌。

4. 注重细节，提升个人品位

细节决定成败，职业形象的塑造，也同样适用于这句话。个人的修养、内涵、品位，往往在不经意的细节中体现出来。华丽的衣饰掩盖不了粗俗的举止，盲目的消费体现不了高尚的品位，强词夺理的气势体现不了真正的实力，一些不经意的细节，往往能破坏精心建立起来的形象。所以，要经营好自己的形象品牌，需要从内到外、从小到大全方位不断地充实、调整和完善自我。

【小幽默】

内　在　美

一个小伙子打扮得非常时髦，去找女朋友。女朋友见他油头粉面、不男不女的，很反感，于是不满地说："我讨厌你这种外表的美，喜欢内在的美。"

小伙子一听，急忙解开外衣纽扣，指着胸前绣有牡丹花的绿色绒衣，说："你看，我这里面也是很美的。"

【课堂训练】

以小组为单位，上网搜集与职业形象相关的内容，分清哪些知识点自己比较熟悉，哪些不太熟悉。那些不太熟悉的知识点就是今后学习的重点。

任务1　仪容形象设计

面必净，发必理，衣必整，纽必结；头容正，肩容平，胸容宽，背容直。气象：勿暴，勿傲，勿怠；颜色：宜和，宜静，宜庄。

——张伯苓

世界上没有难看的人，只有不懂得如何让自己打扮得体的人。

——[美]靳羽西

案例导入

尼克松因何败北

1960年9月，尼克松和肯尼迪在全美的电视观众面前，举行他们竞选总统的第一次辩论。当时，这两个人的名望和才能大体上是相当的，可以说是棋逢对手。但大多数评论员预测，尼克松素以经验丰富的"电视演员"著称，可以击败比他缺乏电视演讲经验的肯尼迪。但事实并非如此，为什么呢？肯尼迪事先进行了练习和彩排，还专门跑到海滩晒太阳，养精蓄锐。结果，他在屏幕上出现时，精神焕发，满面红光，挥洒自如。而尼克松没听从电视导演的规劝，加之那一阵十分劳累，更失策的是面部化妆用了深色的粉，因而在屏幕上显得精神疲惫、表情痛苦、声嘶力竭。正如一位历史学家所形容的："他让全世界看来，好像是一个不爱刮胡子和出汗过多的人带着忧郁感等待着电视广告告诉他怎么做才不会失礼。"正是妆容仪表上的差异和对比，最终帮助肯尼迪取胜，使竞选的结果出人意料。

任务分析

妆容设计是个人形象设计的重要方面。在社交活动中，交往对象对一个人发自内心的好恶亲疏，往往都是根据其在见面之初对于对方妆容的基本印象"有感而发"的。这种对他人妆容的观感除了先入为主之外，在一般情况下还往往一成不变，其作用可谓大矣。日本松下电器产业株式会社创始人松下幸之助一次到银座的一家理发厅去理发，理发师对他说："你毫不重视自己的容貌修饰，就好像把产品弄脏一样，你作为公司代表都如此，产品还会有销路吗?"一席话说得他无言以对，以后他接受了理发师的建议，十分注意自己的仪表，并不惜破费到东京理发。由此可见，妆容仪表的作用是很大的，甚至是不可忽视的。

一个人的妆容，大体上受到两大因素的左右：其一，是本人的先天条件。一个人相貌如何，通常主要受制于遗传。不管一个人是"天生丽质难自弃"，还是长得丑陋不堪，实际上一降生到人世便已“命中注定如此”，其后的发展变化往往不会与之相去甚远。其二，是本人的修饰维护。每个人的先天条件固然十分重要，却并不意味着一个在妆容方面先天条件优越的人，便可以过分地自恃其长，而不去进行任何后天的修饰或维护。事实上，修饰与维护，对于妆容的优劣而言往往起着重要的作用。在任何情况下，一个人如果不注意对自己的妆容进行适当的修饰与保养，往往很难在他人的心目中拥有良好的个人形象。所以，我们在平时必须时刻不忘对自己的妆容进行必要的修饰和整理，做到“内正其心，外正其容”。

实训项目

项目名称：仪容形象设计展示会。

实训目标：运用仪容设计的相关要求与规范，设计出符合现代礼仪要求的仪容形象。

实训学时：2学时。

实训地点：实训室。

实训准备：准备化妆盒、棉球、粉底霜、胭脂、眼影、眉笔、唇彩、香水等化妆用品。

实训方法：将全班学生分组，两人一组，要求其根据所学仪容礼仪知识，扬长避短展现出最美丽的妆容。在课堂上分组进行形象展示，最好用数码相机进行拍摄，由学生互评，要求从面部化妆、发型设计方面进行重点评价。由教师进行总结评价，重点评价各组存在的共性问题。最后，全班评出“最佳表现”妆容。

知识链接

一、化妆得法

化妆得法是指在职业活动中适当化妆、正确化妆，这不仅是职业工作的需要，同时也是对他人尊重的一种表现。做任何事情都贵在适度，化妆也不例外。过分醉心于美容，妆化得过于浓艳，不仅有损于皮肤健康，而且还有损于自身的形象。

1. 妆前准备

(1) 束发

用宽发带、毛巾等将头发束起或包起，最好再在肩上披块围巾，防止化妆时弄脏头发和衣服，也可避免散发妨碍化妆。这样会使脸部轮廓更加清晰明净，以便有针对性地化妆。

(2) 洁肤

用清洁霜、洗面奶或洗面皂清洁面部的污垢及油脂，有条件还可用洁肤水清除枯死细胞、皮屑，然后结合按摩涂上有营养的化妆水。

(3) 护肤

选择膏霜类，如日霜、晚霜、润肤霜、乳液等涂在脸上，可令肌肤柔滑，并能起到保护皮肤的作用。

(4) 修眉

用眉钳、小剪子修整眉形并拔除多余的眉毛，使之更加清秀。

2. 施妆过程

化妆时要认真掌握化妆的方法。化妆大体上应分为打粉底、画眼线、施眼影、描眉形、上腮红、涂唇彩、喷香水等步骤。每个步骤均有一定之法，必须认真遵守，讲求化妆的技巧。化妆的操作程序与要求见表 1-1。

表 1-1

步骤	目的	操作要点	注意事项
1. 打粉底	调整面部肤色，使之柔和美丽	① 选择粉底霜； ② 用海绵取适量粉底，涂抹细致均匀	① 粉底霜与肤色反差不宜过大； ② 切记在脖颈部打粉底，以免面部与颈部“泾渭分明”
2. 画眼线	使眼神生动有神，并且更富有光泽	① 笔法先粗后细，由浓而淡； ② 上眼线从内眼角向外眼角画； ③ 下眼线从外眼角向内眼角画	① 一气呵成，生动而不呆板； ② 上下眼线不可在外眼角处交会
3. 施眼影	强化面部立体感，使双眼明亮传神	① 选择与个人肤色适合的眼影； ② 由浅而深，施出眼影的层次感	① 眼影色彩不宜过分鲜艳； ② 工作妆应选用浅咖啡色眼影
4. 描眉形	突出或改善个人眉形以烘托容貌	① 修眉，拔除杂乱无序的眉毛； ② 逐根眉毛描眉形	① 使眉形具有立体感； ② 注意两头淡、中间浓，上边浅、下边深
5. 上腮红	使面颊更加红润，轮廓更加优美，显示健康活力	① 选择适宜的腮红； ② 延展晕染腮红； ③ 扑粉定妆	① 注意腮红与唇膏或眼影属于同一色系； ② 注意腮红与面部肤色过渡自然
6. 涂唇彩	改变不理想的唇形，使双唇更加娇媚	① 用唇线笔描好唇线； ② 涂好唇膏； ③ 用纸巾吸去多余的唇膏	① 先描上唇，后描下唇，从左右两侧沿唇部轮廓向中间画； ② 描完后检查一下牙齿上有无唇膏的痕迹
7. 喷香水	掩盖不雅体味，使之清香怡人	① 选择适宜的香水类型； ② 喷涂于腕部、耳后、颌下、膝后等适当之处	① 香水切勿使用过量； ② 香水气味应淡雅清新

【小贴士】

化妆水介绍

化妆水是爽肤水、紧肤水、调理水、柔肤水和洁肤水的统称。

(1) 爽肤水。涂抹的感觉比较清爽，能补充肌肤的水分。

(2) 紧肤水，也称收敛水。其最大的功效在于细致毛孔，有效平衡油脂分泌。特别针对需要收敛毛孔的油性皮肤和混合性肌肤的 T 字部位设计，其他肌肤并不适合使用，因为它通常含有酒精成分。

(3) 调理水。其作用是调整肌肤的酸碱值，肌肤在正常状态下呈弱酸性，洗完脸后，用调理爽肤水将肌肤恢复到弱酸性。

(4) 柔肤水。比较起来，它比较滋润，给予肌肤细致的呵护，可以软化角质层，增强肌肤吸收滋润护肤品的能力。

(5) 洁肤水。除了洗脸可以清洁肌肤之外，有一些“水”还能再次清洁脸部的残余污垢，等于是洁肤的保障。

购买化妆水时可以这样区分：油性皮肤使用紧肤水，健康皮肤使用爽肤水，干性皮肤使用柔肤水。对于混合皮肤来说，T字部位使用紧肤水，其他部位使用柔肤水和爽肤水皆可。敏感皮肤则可以选用敏感水或修复水，而要想美白就可以选用美白化妆水。

【小案例】

百变公主

小李是一名刚刚走上工作岗位的大学毕业生，对新的职场生活充满了憧憬与期待。为了尽快地融入职场，她在家人的支持下添置了不少行头，有职业装、化妆品、配饰等，可以说是应有尽有。可是每天早上上班前的化妆是她最痛苦的事情，一是花费时间多；二是她根本不知道自己适合化什么样的妆，每次都弄得很花，有时自己感觉很尴尬。有一次她还被一名男同事笑话是百变公主。还有一次她使用了咖啡色的眼影，吓坏了同事们。她自己也很苦恼，本来想用深色眼影让自己的脸看起来立体感强一些，为什么却适得其反了呢？

3. 妆后检查

(1) 检查左右是否对称

检查眼、眉、腮、唇、鼻侧、两边形状、长短、大小、弧度是否对称、色彩浓淡是否一致。

(2) 检查过渡是否自然

检查脸与脖子、鼻梁与鼻侧、腮红与脸色、眼影、阴影层次等过渡是否自然。

(3) 检查整体与局部是否协调

检查各局部是否缺漏、有无碰坏，是否符合整体要求，该浓该淡是否达到了应有效果，整个妆面是否协调统一。

(4) 检查整体是否完美

化妆时切忌把镜子贴近脸部检查，虽然这样会看清细小的部分，但一般人只是在1米之外的距离与你面谈或打招呼。所以要在镜子前50厘米处审视自己，对脸部整体的平衡做出正确的判断。

【小案例】

补妆与化妆

一家公司新近来了一个秘书小王，她在工作方面没有什么问题，人也非常勤快，可就是给人不太得体的感觉。一天，快到中午时，小王气喘吁吁地从外面办事回到公司，满头大汗。她像个假小子一样只拿手擦了擦汗就开始给客户打电话，同事见她还有些头发沾在眼角边，便对她说：“小王，看你出了那么多的汗，去补个妆吧。”小王说：“没什么。”继续埋头干活。过了不久，小王又以一副新面孔出现在同事们的面前——她脸上的粉搽得那么厚，整个如戏台上的媒婆，差点吓同事一跳。说句不中听的话，这样的装扮给人的感觉是像从歌厅里出来的小姐似的。

【小贴士】

如何卸妆

① 卸除睫毛膏。首先将假睫毛取下，如果你戴了假睫毛或隐形眼镜，一定要先将其取下。将化妆棉用眼部专用卸妆液蘸湿后对折，闭上双眼，两手各用两根手指将化妆棉上下压住眼睫毛，夹紧包住，注意，睫毛根处也不要忽略。等待3～5秒后，让化妆棉上的眼部专用卸妆液将睫毛上的睫毛膏完全溶解，然后轻轻将化妆棉往前拉出，以便顺势将溶解的睫毛膏拭去。通常睫毛膏无法一次完全去除，你可以更新化妆棉将上面的步骤再重复一次，直至完全清除为止。

② 卸除眼影及眼线。取一片化妆棉，同样用眼部专用卸妆液将其蘸湿。闭上眼，将化妆棉用食指、中指与无名指夹紧，覆盖于眼皮上2～3秒。然后将化妆棉轻轻地往眼尾拉走，以顺势拭去眼皮上的眼影。如果因为使用了防水眼线而没有去除干净，可再重复一次。

③ 卸除不沾杯唇膏。用面纸按压嘴唇，吸掉唇膏里的油分。将两片蘸满卸妆液的棉片叠在一起轻敷嘴唇，微笑使唇纹舒展。由外围向唇部中心垂直卸除，不要来回搓。打开嘴角，将棉片对折，清理容易遗落的残妆。

④ 卸除面部妆容。将卸妆产品适量涂抹于脸上，用指腹轻轻按摩脸部，让卸妆产品将脸上的彩妆充分溶解。注意细小的地方，如鼻梁两侧、嘴角、发际等处也要彻底卸除。用面纸将脸上所有的东西拭去，如果一次不干净，同样的步骤可再来一次。

【课堂训练】

根据自己的脸形、五官特征和皮肤状态，找到自己化妆时必须掩盖和修饰的部分并找到相应的方法。

4. 不同脸形的化妆

脸部化妆一方面要突出面部五官最美的部分，使其更加美丽；另一方面要掩盖或矫正缺陷或不足的部分。经过化妆品修饰的美有两种：一种是趋于自然的美；另一种是艳丽的美。前者是通过恰当的淡妆来实现的，它给人以大方、悦目、清新的感觉，最适合在家或平时上班时使用；后者是通过浓妆来实现的，它给人以庄重高贵的印象，可出现在晚宴、演出等特殊的社交场合。无论是淡妆还是浓妆，都要利用各种技术，恰当使用化妆品，通过一定的艺术处理，才能达到美化形象的目的。

(1) 椭圆脸形化妆

椭圆脸形可谓公认的理想脸形，化妆时宜注意保持其自然形状，突出其可爱之处，不必通过化妆去改变脸形。

涂胭脂时，应涂在颊部颧骨的最高处，再向上向外揉化开去。

使用唇膏时，除嘴唇唇形有缺陷外，尽量按自然唇形涂抹。

眉毛，可顺着眼睛的轮廓修成弧形，眉头应与内眼角齐，眉尾可稍长于外眼角。

正因为椭圆形脸无须太多掩饰，所以化妆时一定要找出脸部最动人、最美丽的部位，而后突出之，以免给人平平淡淡、毫无特点的印象。

（2）长脸形化妆

长脸形的人，在化妆时力求达到的效果应是增加面部的宽度。

涂胭脂时，应注意离鼻子稍远些，在视觉上拉宽面部。涂抹时，可沿颧骨的最高处与太阳穴下方所构成的曲线部位，向外、向上抹开去。

施粉底时，若双颊下陷或者额部窄小，应在双颊和额部涂以浅色调的粉底，造成光影，使之变得丰满一些。

修正眉毛时，应令其呈弧形，切不可有棱有角。眉毛的位置不宜太高，眉毛尾部切忌高翘。

（3）圆脸形化妆

圆脸形予人可爱、玲珑之感，若要修正为椭圆形并不十分困难。

涂胭脂时，可从颧骨起始涂至下颌部，注意不能简单地在颧骨突出部位涂成圆形。

涂唇膏时，可在上嘴唇涂成浅浅的弓形，不能涂成圆形的小嘴状，以免有圆上加圆之感。

施粉底时，可用来在两颊造阴影，使圆脸瘦削一点。选用暗色调粉底，沿额头靠近发际线处起向下窄窄地涂抹，至颧骨下部可加宽涂抹的面积，造成脸部亮度自颧骨以下逐步集中于鼻子、嘴唇、下巴附近部位。

修眉毛时，可修成自然的弧形，或作稍许弯曲，不可太平直或有棱角，也不可过于弯曲。

（4）方脸形化妆

方脸形的人以双颊骨突出为特点，因而在化妆时，要设法加以掩饰，增加柔和感。

涂胭脂时，宜涂抹得与眼部平行，切忌涂在颧骨最突出处。可抹在颧骨稍下处并往外揉开。

施粉底时，可用暗色调在颧骨最宽处造成阴影，令其方正感减弱。下颌部宜用大面积的暗色调粉底造阴影，以改变面部轮廓。

涂唇膏时，可涂丰满一些，强调柔和感。

修眉毛时，应修得稍宽一些，眉形可稍带弯曲，不宜有角。

（5）三角脸形化妆

三角脸形的特点是额部较窄而两腮较阔，整个脸部呈上小下宽状。化妆时应将下部宽角“削”去，把脸形变为椭圆状。

涂胭脂时，可由外眼角处起始，向下涂抹，令脸部上半部分拉宽一些。

施粉底时，可用较深色调的粉底在两腮部位涂抹、掩饰。

修眉毛时，宜保持自然状态，不可太平直或太弯曲。

（6）倒三角脸形化妆

倒三角脸形的特点是额部较宽大而两腮较窄小，呈上阔下窄状。人们常说的“瓜子脸”“心形脸”，即指这种脸形。化妆时，掌握的诀窍恰恰与三角脸形相似，需要修饰部分则正好相反。

涂胭脂时，应涂在颧骨最突出处，而后向上、向外揉开。

施粉底时，可用较深色调的粉底涂在过宽的额头两侧，而用较浅的粉底涂抹在两腮及下巴处，造成掩饰上部、突出下部的效果。

涂唇膏时，宜用稍亮些的唇膏以加强柔和感，唇形宜稍宽厚些。

修眉毛时，应顺着眼部轮廓修成自然的眉形，眉尾不可上翘，描眉时从眉心到眉尾宜由深渐浅。

5. 不同职业角色的妆容技巧

每个人都有自己特定的社会角色。由于在不同的交际场所“扮演”的角色不同，因此，装扮或表现也要相应有所区别。每一个角色都有一个自己的定位，凸显角色是一种行为选择，也是一个人在自我定位时，决定哪一个角色比其他角色重要的过程。

(1) 高级主管的妆容技巧

当一位新的部门主管走马上任，人们在观察他时，通常会较多地注意那些无形的价值，如个人形象、人际沟通能力、人品及性格等。因此，身为部门主管注意自己的妆容，不断强化自己的妆容技巧是必要的。

① 女性主管。女性主管要在工作中做到真正与男性处于同等地位，必须从自信与装扮上提升自己作为一个独立人格存在的水准。要尽可能打扮得端庄得体，发型、妆容、首饰和衣服应该和谐统一，装扮要尽可能优雅、完美。

② 男性主管。女士通常羡慕男士不用花多少精力去装扮，以为他们只要穿上一套得体的西装就可以了，但在当今社会越来越激烈的市场竞争中，已有越来越多的男士开始意识到仅仅做到这些是远远不够的，男性主管也必须努力注意自己的妆容。

- 内衣不仅要干净，也要合身。
- 第一次与重要人物见面时，着装要尽可能含蓄，以免咄咄逼人。色彩和款式较含蓄的高级丝质领带比色彩艳丽的领带更好。
- 眉毛间杂乱的毛发看上去不整洁，要设法修整。
- 参加重要会议，首先要考虑清楚自己到底应以什么样的形象出现，然后，再考虑相应的服饰。
- 如果发型长期不变，肯定会显得“落伍”，甚至会显得比实际年龄老气。去设计一个更好的发型，改变原有的习以为常的形象。
- 如果总是等鞋子脏了才去擦，那么皮革就很容易老化，一般穿三次就应该擦一次。
- 一次性水性笔只适合学生或临时工用，优质钢笔更能反映出成功和个性。
- 手指甲应每两个星期就修剪一次。
- 有趣的塑料手表只是少年的玩物，包括潜水式的手表都会有损职业人士的形象。
- 对于有机会单独与客户接触的职业男士来说，个人卫生是非常重要的。每天都应更换衬衣，早晨要洗淋浴，每天都要刷牙 3 次。此外，应选择能与裤装和鞋子相匹配的素色或黑色袜子。

(2) 接待人员的妆容技巧

每个公司都应该注意公司形象与员工形象之间的协调。因为公司通过宣传等其他方式建立起来的形象，最终要由员工来体现和强化。公司应制定出一整套员工形象标准，以帮助他们维护公司的形象。

公司接待人员通常多为女性，公司主管应该让她们了解作为接待员是代表公司接待宾客的，给来访者的第一印象非常重要。一个最佳的接待人员通常就是公司形象的代言人。

因此，人事部门在招聘接待人员时必须严格筛选，并制定出严格的用人规范。

① 女性应淡妆上岗，化妆与发型应整齐、清洁、端庄，不宜在接待宾客时整理鬓发或补妆。

② 珠宝首饰佩戴不宜超过 3 件，应选用无声响、不夸张、不招摇的饰品。

③ 手和指甲必须随时保持整洁。特别值得注意的是，不要把流行的“酷妆”带到工作岗位上。因为在职场工作的每一位员工，都应按照职场的妆容礼仪规则要求自己，到公司接受服务的可能都是有业务关系的朋友或服务对象，因此，绝不能将私人化的妆容形象带到职场上。一个人的形象应随着环境的变化而变化，在休闲环境下是良好的形象，到了职场环境下可能就不合时宜了。

(3) 求职人员的妆容技巧

不论是已经有工作经验者还是刚毕业的学生，任何想获得一份新工作的人都需经过面试。所以，专门探讨一下有关面试时的妆容技巧是有必要的。

面试最初 3 分钟的印象非常重要，在这 3 分钟里主考官会对求职者形成初步的感性认识。印象好可能会给求职者更多的时间以便其深入了解；印象不好可能就会匆匆结束面试，或缩短面试过程。在相互不认识的人之间，以貌取人并没有错。因为在最初的印象中，形象是对方能够获取相关信息的最直观、最快捷、最有效的途径。对方不可能在这么短的时间里准确得知一个人的全方位信息，比如，关于一个人的为人处世、人品才能等信息，均需要经过较长时间的了解、接触才能获取。所以，应聘时的外在形象对一个应聘者越过最初的障碍会起到非常重要的作用。在准备面试前要做到以下几点。

① 面试前一晚必须睡眠充足，使皮肤保持光洁。

② 女性要用浅色调彩妆化自然一些的淡妆。脸上有斑点的女性要用遮瑕膏将其遮盖。不化妆的女性以及蓄须的男性，在求职过程中容易遭遇偏见，从而会减少许多本应属于自己的机会。女性若浓妆艳抹，比没有化妆的应聘者更糟糕。化一点淡妆，让面部显得清新自然，是最受人们欢迎的。

③ 头发要保持干净，不要用油滑的定型液，否则会给人湿漉漉的感觉。留长发的女性，要把头发扎起来，束带应简单而自然，不要使人觉得稚气未脱。

④ 要洗净、修整指甲，因为在与人握手或做记录时，指甲不清洁总是让人感到尴尬的事情。女性应用无色自然的指甲油，这样看上去会显得更健康。

⑤ 不要用香水，否则会分散考官的注意力。

个人良好的妆容形象对获得一份理想的工作起着重要作用，尤其是当求职者还没有这方面的经验时，需要依靠自身良好的外在形象，把内在的潜质更好地表现出来，以便他人能愉快地接受。

(4) 舞台演讲时的妆容技巧

站在舞台上发表演讲是表现自己能力的一次机会，此时千万不要忽视妆容形象，它与演讲内容同样需要重视。演讲者与台下的观众有一定的距离，为了使自己的肤色看上去更健康，可以使用较厚的粉底及散粉。眉毛、眼线、眼影、睫毛、唇膏都可以化的妆比平时明显突出些。在灯光的作用下，远距离观看就会显得非常自然。

① 妆色可以比平时浓一些，庄重一些。在脸上打下一层薄而稳固的粉底。注意凸显

眼睛(用眼线笔、睫毛膏和眉梳处理),还要强调嘴唇。在涂唇膏前先使用唇线笔将唇形清楚地勾勒出来。用半透明粉在脸上均匀地扑一层,使脸部看上去不油亮。上粉不宜过厚,否则会使人感觉好像是刚从脂粉堆里出来的一样。

② 在舞台内侧等待出场时,要轻松自如。调匀呼吸,做几次张大嘴巴的动作,这样可以松弛颌部并使下颌变得柔韧舒适,放松紧张的情绪。

③ 开始说话时要微笑地环视听众,然后做一次深呼吸。沉稳自如的微笑不仅会给人一种亲切宜人的印象,同时也会让听众感觉到接下来的演讲将会是生动有趣的。

④ 倘若戴着眼镜进行演讲,那么演讲的过程中注意不要摆弄眼镜,因为这样的习惯性动作往往会使听众误以为演讲者是位易冲动、敏感、焦虑不安、故作姿态的人。

⑤ 有些演讲者在紧张的时候,常有下意识地摆弄头发或摆弄物品的习惯。这种下意识的反复的习惯性动作会干扰听众,使听众产生不舒适的感觉。

⑥ 保持和善的微笑能缓解交流的气氛,在一定程度上也会平息自己的紧张情绪。自然而真诚的微笑就像和煦的春风,让人身心愉悦。

(5) 女大学生的妆容技巧

女性到了大学阶段的年龄,是最漂亮也是最爱漂亮的年龄。适当地化妆,不但可以显得更漂亮,在有些场合也是必要的礼节。比如,实习、假期打工时,要接触社会人士,就必须把自己装扮得漂亮、得体,办事效率会变得更高,也会给自己带来诸多方便。恰当的化妆能使人具有一种成熟的味道,更容易取得别人的信任。

女大学生化妆时应以自身面部客观条件为基础,适当加以强化或美化,切不可失真。要妆而不露、化而不觉,从而达到"清水出芙蓉,天然去雕饰"的境界。特别应该注意的是,女大学生在日常学习、生活中,以不化妆为宜;在社交娱乐活动中,化妆应以自然清新为主,切忌人工痕迹太重,那样会有损青年女性自然的美感。

总之,女大学生的仪容既要符合个性,又要讲究团队精神,要反映出大学生朝气蓬勃、奋发进取的精神风貌。①

6. 化妆的禁忌

化妆有很多禁忌,很多都是日常生活中我们不经意的化妆习惯。千万别小看这些小习惯,如果不注意,会有损形象。

(1) 切忌在公共场合化妆

在众目睽睽之下化妆是非常失礼的,这样做有碍于别人,也不尊重自己。

(2) 女士不能当着男士的面化妆

如何让自己更加妩媚,应是每个女性的私人问题,即便是丈夫或男朋友,这点距离也是要有的,从某种意义上来说"距离"就是美。

(3) 不能非议他人的化妆

由于个人文化修养、皮肤及种族的差异,每个人对化妆的要求及审美观是不一样的,不要总认为只有自己的化妆才是最好的。在和他人交往的过程中,即便是好朋友,也不要主

---

① 吴雨潼.职业形象设计与训练[M].大连:大连理工大学出版社,2015.

动为别人化妆、改妆及修饰，这样做就是强人所难和热情过度。

(4) 不要借用别人的化妆品

如确实忘了带化妆盒而又需要化妆，在这种情况下除非别人主动给你提供方便，否则千万不要用别人的化妆品，因为这是极不卫生的，也很不礼貌。

(5) 男士使用化妆品不宜过多

目前，男士化妆品也越来越多，但男女有别。男士不能使用过多的化妆品，否则会给人带来不良的印象，不要让人感到化妆后有“男扮女装”的感觉。

7. 男性的妆容设计

以上几点主要针对女士而言，其实男士也应注意妆容设计。职业男性的妆容修饰应注意以下方面①。

(1) 维护自己的面部皮肤

男性也应像女性一样精心维护自己的面部皮肤。要勤洗脸，以保持面部皮肤的清洁与卫生。可适量使用保湿液，以保持面部皮肤的湿润。

(2) 注意选用合适的修面液和香水

适合办公场合用的修面液和香水一般应幽微、淡雅，并有一种清爽的味道，这样的味道能使周围的人感到愉悦。

(3) 注意眉毛的修饰

改变眉毛存在的缺陷，修整多余的眉毛或不规则的形状。

(4) 修剪鼻毛

外露的鼻毛让人讨厌，应买一把修剪鼻毛的专用剪刀经常修剪。

(5) 勤于修面

勤于修面的男士在工作中更容易被他人接纳。德高望重的长者，如果有蓄须的习惯，应注意对胡子的修剪，尤其是要注意将脖子上的胡须处理干净。

(6) 注意牙齿清洁

保持牙齿和牙龈健康是每日必须优先考虑的事情。每天最好能刷牙三次，尤其要注意养成午餐后刷牙的习惯。一次专业性的牙齿清洗能为你带来惊人的变化。

(7) 注意手部护理

手总是不可避免地要暴露在别人面前，所以应注意保持手和指甲的清洁，并选用合适的护手霜护理双手。

(8) 去除烟味

吸烟的男子要注意吸烟后咀嚼口香糖等去除烟味。

(9) 去除脚臭

有“汗脚”的男士应注意保持鞋袜清洁，最好准备两双以上的鞋，换着穿。

男士的形象与其精神面貌有很大关系，如果外表各方面都处于最佳状态，但目中无人，精神不振，这个人的形象也就谈不上好。所以，男士在精神面貌上要保持对生活的乐观和

---

① 吴雨潼. 职业形象设计与训练[M]. 大连：大连理工大学出版社，2015.

追求，少些抑郁忧愁，多些爽朗欢笑。

二、发型美观

【小故事】

松下与理发师

日本著名跨国公司“松下电器”的创始人、被称为“经营之神”的松下幸之助，从前不修边幅，企业也不注重形象，因此企业发展缓慢。一次他到银座的一家理发室去理发，理发师看到他的形象后，毫不客气地对他说：“你对自己的容貌修饰毫不重视，就如同将你的产品弄脏似的。作为公司的代表，如果你不注意形象，产品能打开销路吗？”一句话将松下幸之助问得哑口无言。他将理发师的劝告牢记在心，从此之后对自己的外在形象十分重视，生意也随之兴旺起来。现在，松下电器的产品享誉天下，这与松下幸之助长期率先垂范，要求员工懂礼貌、讲礼节是分不开的。

头发位于人体的“制高点”，俗话说：“美丽从头开始。”发型构成了妆容美的重要内容。现代社会，发型的功能不仅是区分性别、美化容颜，更能反映一个人的道德修养、审美水平、知识层次。有时，人们甚至可以通过一个人的发型准确地判断出他的职业、身份、受教育程度、生活状况和卫生习惯，更可感受出其是否身心健康以及对生活和事业的态度。美观的发型能给人一种整洁、庄重、洒脱、文雅、活泼的感觉。

1. 护发

要想拥有健康秀丽的头发，就要靠平时的保养和护理，否则，头发就会受到损伤，影响头发的健康。有一头健康的头发，才能实现美发，健康是美的前提。

(1) 发质

头发因不同种族、不同肤色、不同年龄、不同健康状况而有着不同的发质。头发因其皮脂腺分泌量的不同而大体上可分为以下四种发质：油性发质、中性发质、干性发质和劣质发质。

油性发质：头发常有油腻的感觉，虽常常洗头，但洗后仍易排出油脂，头屑较多。

中性发质：头发感觉柔软平顺，看上去光亮润泽，是较理想的发质。

干性发质：头发表面干燥，洗后无光泽和润滑的感觉，发型不易保持。

劣质发质：头发感觉粗糙，摸起来质感不好，梳理时头发会断裂、开叉或打结。

判断自己头发的软硬，可以从烫发后头发是否容易保持卷性来断定，较硬的头发保持卷性较好，较软的头发保持卷性较差。

(2) 美发用品

在商场，我们看到用于保护头发的美发用品琳琅满目，通常可将其分成三大类：①发乳：适用于一般头发，对发质较软者尤为适用。它能保护头发，使之不易断裂和脱落，并保持自然光亮与润泽，还可随意梳理成自己需要的发型。发乳中的药性发乳则可以去屑、止痒、防脱发。②发蜡：又称头蜡，是以凡士林为原料制成的，所以黏度较高，适于头发较多或硬性头发的人使用。由于这类头发难以梳理成型，使用发蜡后再用电吹风吹发则易于梳理成型，保持头发整齐，同时还能减少水分对头发的软化作用，增加头发的光泽。③喷雾发胶：是一种使头发定型的用品。其用法是：在使用电吹风吹发后，将发胶均匀地喷在头发上，从而使发型固定，不怕风吹或震动，可较长时间保持发型不变。

（3）头发护理的方法[①]

① 洗发：头发要定期清洗。洗发可清除头屑和污垢，防止头皮的皮脂分泌物堵塞毛孔而发痒。洗发时应选择适合自己发质的洗发水和护发素，水温在37℃左右最适合。不可用力摩擦和抓揉头发，只可用手指肚轻轻按摩，然后用清水清洗干净，不要让洗发精、护发素残留在头发上，最后将头发用毛巾擦干或者用电吹风吹干。使用电吹风时，应距头发20～25厘米。洗发的间隔时间要根据具体情况而定：中性发质的人冬天4～5天洗一次发，夏天3～4天洗一次发；油性发质和干性发质的人则要分别缩短和延长1～2天。

② 护发：焗油是最好的护发方法。有关专家研究发现，头发表层是由无数鳞片组成的，这种鳞状表层排斥头油、蛋白质、维生素、人参、当归等物质，只吸收与纤维质相关的特殊物质，而焗油膏中则含有这种头发易于吸收的营养素物质。它们对于头发可以起到营养和修复作用，增加头发的弹性、柔软性和保湿性，使头发看起来光亮照人，如丝绸一般，并易于梳理。焗油一个月一次即可，可以自己焗，也可以到发廊焗。

③ 养发：现代职业女性若想拥有一头秀发，还要注意养发，即在人体自身内部吸收营养及适当调节上要做到四个注意。

第一，注意保持饮食中营养均衡，提高自身体质的健康。多吃含蛋白质、铁、钙、锌、镁的食物和鱼类、贝类、橄榄油、坚果类（核桃）等。

第二，注意多参加运动，坚持锻炼，有规律的运动可消除工作、学习、生活紧张带来的压力。

第三，注意掌握并运用正确的梳头和洗头方法，勿损伤头发；还要注意按摩和擦发。早晚用梳子梳发3分钟，约100次，这样既可以刺激头发的神经末梢，调节头部神经功能，促进内分泌和头发的新陈代谢，有利于头发的新生，还可以刺激头皮活力，防头屑和脱发。

第四，要注意防止和降低自然环境中损伤头发的因素，如注意防干燥、防曝晒、防潮湿、防寒冷。夏天游泳后要及时用清水清洗干净，再让头发自然风干。夏天外出用遮阳伞，冬天外出戴防寒帽。

2. 美发

当我们对自身头发的发质、护发、保养有了一定的了解后，还要选择一个有魅力的，与自己性别、发质、服装、身材、脸形等相和谐一致的发型，从而表现出与众不同的良好仪容——发型美。如图1-1所示，是深受世界人民喜爱的美国著名影星奥黛丽·赫本的经典发型，由此足见其发型之美。

（1）发型与性别

对于男士来讲，头发的具体长度，有着规定的上限和下限。所谓上限，是指头发最长的极限。一般来说不允许男士在工作时长发披肩，或者梳起辫子。在修饰头发时要做到：前

① 贾孟喜，陈开梅. 职业女性形象设计教程[M]. 武汉：华中师范大学出版社，2009.

图 1-1

发不覆额，侧发不掩耳。男士头发长度的下限是不允许剃光头。对于女士来讲，在工作岗位上头发长度的上限是：不宜长于肩部，不宜挡住眼睛。长发过肩的女子在上岗之前，可以采取一定的措施，如将超长的头发盘起来、束起来、编起来，不可以披头散发。女士头发长度的下限也是不允许剃光头。

（2）发型与发质、服装

一般来说，直而硬的头发容易修剪得整齐，故设计发型时应尽量避免花样复杂，应以修剪技巧为主，做成简单而又高雅大方的发型。比如梳理成披肩长发，会给人一种飘逸秀美的悬垂美感；用大号发卷梳理成略带波浪的发型或梳成发髻等，会给人一种雍容、典雅的高贵气质。

细而柔软的头发，比较服帖、容易整理成型，可塑性强，适合做小卷曲的波浪式发型，显得蓬松自然；也可以梳成俏丽的短发，能充分体现个性美。

在现代美发中，一个人的发型与服装有着十分密切的关系。什么样的服装应当有什么样的发型相配，这样才显得协调大方。假如一个高贵典雅的发髻配上一套牛仔服系列就显得不伦不类了。因此，只有和谐统一才能真正体现美。

（3）发型与身材

身材高大威壮者，应选择显示大方、健康洒脱的发型，避免给人大而粗、呆板生硬的印象。高大身材的女士，一般留简单的短发为好，切忌花样复杂。烫发时，不应卷小卷，以免造成与高大身材的不协调。

身材高瘦者，适合留长发，并且适当增加发型的装饰性。如若梳卷曲的波浪式发型，会对于高瘦身材有更多的协调作用。但高瘦身材者不宜盘高发髻，或将头发削剪得太短，以免给人一种更加瘦长的感觉。

身材矮小者，适宜留短发或盘发，因露出脖子可以使身材显得高些，并可以根据自己的喜爱，将发型做得精巧、别致，并做到优美、秀丽。但矮小身材者不宜留长发或粗犷、蓬松的发型，那样会使身材显得更矮。

身材较胖者，适宜梳淡雅舒展、轻盈俏丽的发型，尤其是应注意将整体发式向上，将两侧束紧，使脖子亮出，这样会使人产生视错觉，感觉瘦些。但若留长波浪，两侧蓬松，则会显得更胖。

另外，如果你的上身比下身长，或上下身等长，则发型可选择长发，以遮盖其上身；如肩宽臀窄，就应选择披肩发或下部头发蓬松的发型，以发盖肩，分散肩部宽大的视角；若颈部细长，可选择长发的发型，不适宜采用短发，以免使脖颈显得更长；若颈部短粗，则适宜选择中长发或短发，以分散颈粗的感觉。

总之，进行发型选择时，必须根据自己的体形，选择一个与之相称的发型。

(4) 发型与脸形

发型与脸形的配合要点见表 1-2，主要是突出优点和遮盖缺点，达到美化面容的目的。

表 1-2

脸　形	主 要 不 足	适 合 发 型	效　　果
梨形	面颊与额较前额宽	短发，头发尽量梳高，并覆盖前额和太阳穴，紧贴双耳	使额与前额平衡，夸张前额
圆形	苹果般面孔和丰腴下巴	避免从中间分开头发，把头发都梳到一边，并盖住耳朵	由于头发不对称，脸看起来长些
方形	太显刚毅	头发不宜中间分开，特别是刘海可向侧吹起一个高坡，向后平掠，贴着耳朵	脸的轮廓变得柔和
瓜子脸	下巴显尖削	额前覆盖些头发，头发可在耳后散下	下巴丰润些

【小贴士】

用发型矫正面部缺陷的方法

① 遮盖法。以头发组成适当的线条来改变脸形不足，主要是在视觉上把原来比较突出而不够完美的部分遮盖掉，冲淡突出的部分。

② 衬托法。主要将顶部和两侧的部分头发梳得蓬松或紧贴，以增加或减少某部分的块面，改变其轮廓。如圆形脸顶发向上梳得高而挺，下颌两侧紧缩些，脸形即有拉长感。脸形平扁时，发型的起伏要大，以增加脸形的立体感等。

③ 填补法。利用头发或饰物来填补不足的部位。例如，头部有瘪塌部分，可用结扎蝴蝶结、戴发夹、戴插花或衬假发填补。

④ 增美法。脸形肤色都很美时，则要求发型不能破坏自然美，而应该衬托或者增加自然美。

(5) 美发的方法

爱美之心人皆有之，著名礼仪专家金正昆认为现代职业女性可采用以下四种方法来美发，从而使自己的发型亦庄亦雅、亦美亦潮而不落俗套。

① 烫发。现代人运用物理或化学的方法，将头发做成各式各样、符合个人要求的形状的方法叫烫发。现在各种五花八门的烫发术语使人眼花缭乱，所以我们在烫发前，首先要对本人的年龄、职业、脸形、发质等因素做综合的分析判断后，再决定是否烫发和烫何种发型，切勿盲从。

② 做发。人们用发油、发乳、发胶、摩丝等美发用品，将头发塑造成各种形状，以达到显示个性化目的的方法叫作发。现代职业女性发型不宜做得太夸张，应注重塑造端庄、稳重的良好职业形象。

③ 染发。现代人比较崇尚潮流，往往通过染发将自己的头发染成各种色彩，以突出个人的兴趣爱好和个性特点。现代职业女性染黑发无可厚非，除此之外，一般不适宜将头发

染得太夸张。如年轻的职业女性若需要染成其他色彩的头发，可选择栗色、酒红色、咖啡色等颜色，这样，既可显得活泼、有个性，又不失大方高雅的气质。

④ 假发。如果头发有先天或者后天缺陷的人，可选择戴假发来弥补缺陷。选择假发也要考虑个人的年龄、身材、肤色、职业等因素，既不能过分夸张，也不要过分俗气。使用假发要注意选择仿真度较高的、质量较好的，切不可为了贪图便宜而使用那些太假、太俗气的假发。

总之，头发是一个人的制高点，是给他人产生第一印象的第一道风景线，我们只有"从头做起"，才能真正地通过发型向他人传递性格爱好、文化修养等信息，也才能使自己的职业形象从头开始达到自然、和谐的效果。

【小贴士】

发型的种类

1. 女士发型

(1) "马尾巴"。"马尾巴"是一种将头发一起扎在脑后而不编结成辫的发型。由于简单易行，所以用途极广。这种发型会使女孩显得活泼可爱，但是，它会使背部不直的人看上去负荷过重。

(2) 独辫子。独辫子是一种将长发在脑后编成一根辫子的发型，它给人以怀旧的情结。

(3) 娃娃头。娃娃头又称童花头，它以齐眉的刘海和齐耳的短发塑造女孩乖巧可人的形象，可使女孩看上去更年轻。

(4) 直发。直发是一种将齐肩或披肩的长发拉直的发型，可使女孩变得青春靓丽。

(5) "大波浪"。"大波浪"是一种流行卷发发型，由于其发型纹理就像大海的波浪一样，故而得名。"大波浪"发型柔软又不失淑女，既有轻盈飘逸的发型轮廓，又有妩媚迷人的视觉冲击，是深得时尚女孩追捧的发型。

此外，还有高发髻、男士头等。

2. 男士发型

(1) 西式发型。西式发型又称西装头，泛指现代人三七分或四六分的一种露出后颈部的短发型，是正式场合最常采用的一种发型，给人以端庄和严谨的感觉。

(2) 对分发型。对分发型是一种五五对开、额前头发比较长的发型，这种发型只适合前额宽大、脸形呈"国"字形的人。反而是橄榄状头形的人的大忌。

(3) 卷曲发型。给人以异国情调或自由浪漫的感觉。

(4) 板寸头。板寸头俗称平头。脑袋四周基本无发，只是头顶留有1～2厘米的短发，而且顶部呈水平面。这种发型给人以刚毅和果敢的形象。

此外，还有刺猬发型、爆炸发型和光头等，但是对于男士来说，这些发型均不适宜。

三、手足修饰

1. 手部修饰

有人说：手是人的第二张脸。的确，它是标志人的高雅尺度的重要器官。现代社交中要经常与人握手，要做各种手势，所以健康美观的双手和干净整洁的指甲都是不可忽视的重要内容。

（1）护理指甲

与保持身体其他部分的健康一样，指甲也必须从护理和营养着手。指甲是身体最先表露紧张、疾病或不良饮食习惯的部分。如果它们的健康被忽视，便会出现干燥、起薄片和脆裂等现象，因此必须注意日常的营养和定期护理。定期修剪指甲，将其修剪成椭圆形不仅使之变得美观，而且可保持它们的健康。手指做简单的按摩运动，可促进指尖血液循环，有利于营养和氧气输送至指甲。另外，女性可根据不同情况的需要，涂上不同颜色的指甲油来美化指甲。涂指甲油的步骤有以下几点。

① 先用蘸满洗甲水的棉花彻底抹去原来的指甲油。

② 将指尖浸在肥皂水中几分钟起到舒缓作用。

③ 张开双手，在每只指甲根部涂点表层去除剂，2分钟后，用指甲签轻轻将指甲根部的表皮向后推，直至显现出指甲根部的半弯月位。

④ 涂上底层护甲油，以使指甲油更加持久，并能防止深色指甲油渗到指甲的缝隙中。

⑤ 涂指甲油时，每只指甲只需涂抹三下，先是指甲中央，接着是两旁；待第一层指甲油干透后，可再涂第二层。

⑥ 涂上表层护甲油，可在指甲尖底部也涂上护甲油，有助于防止断裂。

（2）滋润双手

拥有一双美丽的纤纤玉手对女性来说是非常重要的。在招待客人并端茶给对方时，在签字仪式上众目注视时，如果有一双漂亮的手，不但可展现自己的魅力，同时也会让他人觉得赏心悦目。因此，平时就要多多注意手部的保养。

手部肌肤的油脂腺较少，较身体其他部分更易变得干燥，且又经常需要暴露于空气中，因此，更要细心呵护。呵护双手时要注意以下几点。

① 要勤洗手，以保证手的清洁和卫生；除洗手外，一个星期坚持2～3次用嫩手霜和柠檬片擦拭手背，还可以用煮过面的汤清洗双手，这些方法均可以使手光滑细嫩。

② 每晚用润手霜按摩双手。

③ 常去除手上的死皮。

④ 做家务或粗活时戴上手套。

⑤ 经常做手部运动，使之保持柔软；具体方法是：将拇指放在四指、手掌内，紧握成拳突然放开，尽量将手指向外伸。这个动作可以帮助血液循环、舒筋活骨和活动手部关节。

⑥ 偶尔可敷上一些现成或自制的护手膜。

⑦ 注意手部防晒。手与脸一样，外出时要涂抹防晒霜。

【小贴士】

标准的手

从美学的角度看，手掌有宽窄之分，手指有长短之别，其标准指数如下：

手宽（厘米）×100÷手长（厘米）＝手掌宽窄指数

手掌宽窄指数小于42.9厘米为狭窄型，大于48厘米为宽大型，43～47.9厘米为中间型。

手指长(厘米)×100÷手掌长(厘米)=手指长度指数

手指长度指数小于95厘米为手指偏短,大于105厘米为手指偏长,95～105厘米为正常。

2. 脚部健美

脚支撑着我们全身的重量,能使我们到达任何我们想去的地方。脚的美化是我们外观美化的一个方面,尤其是在炎热的夏天,要想穿凉鞋,脚的健美就尤为重要,具体要注意以下方面。

(1) 保护双脚要做到每天洗脚

每天洗澡时应注意清洁脚趾之间的空隙,否则会引起脚臭或引发脚气。经常用刷子轻轻刷脚,将脚后跟、脚趾、脚底的死皮或硬茧洗刷干净,减少厚度。洗完脚后,将水擦干,再用润肤露或橄榄油涂抹整个脚部。

(2) 定期修剪脚趾甲

定期修剪脚趾甲,将脚趾甲剪平,不能剪太短,太短了不利于保护脚趾,还可能导致甲沟炎。

(3)定期为脚部缓解疲劳

缓解脚部疲劳的方法有两种:一是在温水中加入一小杯苹果醋或米醋,将双脚浸入泡15～20分钟后,平躺下来将脚垫高,要高于头部。这样躺半小时后,基本上能消除疲劳。二是准备两小桶水,一桶热水一桶冷水。双脚先在热水中泡两分钟,再在冷水中泡两分钟,如此循环两三回就可消除疲劳。

思考练习

1. 作为女士,请用5分钟时间给自己化一个漂亮的工作妆。请实际操作,如果结果不令你满意,要继续实践,反复练习,直到取得满意效果为止。

2. 作为男士应如何保持仪容整洁?请每天早晨上班前对着镜子检查一下,在个人卫生方面还有哪些地方需要改进,要坚持一丝不苟。

3. 你的脸形、发质和职业最适合哪种发型?

4. 如何进行手部修饰?

5. 如何进行脚部健美?

6. 案例分析。

一、化妆风景线

阿美和阿娟是一所美容学校的学生,初学化妆非常感兴趣,走在大街上,总爱观察别人的妆容,因此发现了一道道奇特的风景线。

一位中年妇女没有做其他化妆,只是涂了唇膏,而且是那种很红很艳的唇膏,只突出了一张嘴。一位女士的妆容看起来真的很漂亮,只可惜脸上精彩纷呈,脖子却粗糙马虎,在脸庞轮廓上有明显的分界线，像戴了面具一样。再看，还有的女士用粗的黑色眼线将眼睛轮廓包围起来，像个“大括号”，看上去那么的生硬、不自然。一位很漂亮的女士，身穿蓝色调的时装，却涂着橘红色的唇膏……

讨论题：

(1) 请帮助阿美和阿娟分析一下，针对以上几种情形，化妆时应注意哪些问题？

(2) 化妆有哪些禁忌？

二、得体的化妆

吴菲，某高校文秘专业高才生，毕业后就职于一家公司做文员。为适应工作需要，上班时，她毅然放弃了“清纯少女妆”，化起了整洁、漂亮、端庄的“白领丽人妆”：不脱色粉底液，修饰自然、稍带棱角的眉毛，与服装色系搭配的灰度高偏浅色的眼影，紧贴上睫毛根部描画的灰棕色眼线，黑色自然型睫毛，再加上自然的唇形和唇色，虽化了妆，却好似没有化妆，整个妆容清爽自然，尽显自信、成熟、干练的气质。但在公休日，她又给自己来了一个大变脸，化起了久违的“清纯少女妆”：粉蓝或粉绿、粉红、粉黄、粉白等颜色的眼影，彩色系列的睫毛膏和眼线，粉红或粉橘的腮红，自然系的唇彩或唇油，看上去娇嫩欲滴、鲜亮淡雅，整个身心都备感轻松。

心情好，自然工作效率就高。一年来，吴菲以自己得体的外在形象、勤奋的工作态度和骄人的业绩，赢得了公司同人的一致好评。

讨论题：

(1) 注重仪容的意义何在？

(2) 你如何评价吴菲的两种妆容？

(3) 对“化妆不只是技术，还是一门艺术、一种生活”这句话你是如何理解的？

三、改换发型

德祥集团公司的张董事长有一次要接受电视台的采访，为郑重起见，事前张董事长向公司特聘的个人形象顾问咨询有无特别需要注意的事项。形象顾问专程赶来之后，仅向张董事长提了一项建议：换一个较为儒雅而精神的发型，并且一定要剃去鬓角。他的理由是：发型对一个人的上镜效果至关重要。果不其然，改换了发型之后的张董事长在电视上亮相时，形象焕然一新。他的发型使他显得精明强干，他的谈吐使他显得深沉稳健。两者相辅相成，令电视观众们纷纷为之倾倒。由此可见，发型对商界人士的形象起着重要的不可替代的作用。

讨论题：

(1) 发型对商界人士的形象设计究竟有何作用？

(2) 发型设计有哪些原则？

(3) 本案例对你有哪些启示？

任务2　服饰形象设计

一个人的穿着打扮，就是他的教养、品位、地位的真实写照。

——[英]莎士比亚

良好的仪表犹如一支美丽的乐曲，它不仅能够给自身提供自信，也能给别人带来审美的愉悦：既符合自己的心意，又能左右别人的感觉，使你办起事来信心十足，一路绿灯。

——[美]戴尔·卡耐基

案例导入

事与愿违

有一家海外知名企业的董事长要来某市访问，有寻求合作伙伴的意向。某商务信息公司的王总经理获悉这一情况后，请有关部门为双方牵线搭桥，让他喜出望外的是，对方也有合作意向，而且希望尽快见面。到了双方会面的那一天，王总特意在公司挑选了几个漂亮的部门女秘书来做接待工作，并特别指示她们穿紧身的上衣、黑色的皮裙。他认为这种时尚、性感的装束一定会让外商觉得自己对他们的到来格外重视，因此，一定会赢得他们的好感和信任。这时，正在做准备工作的办公室秘书小李看到这几位漂亮姑娘的装扮，她皱着眉头，想要说什么又咽了回去。过了一会儿她还是忍不住对王总说："王总，做接待工作是不适合穿这种服装的。"王总惊讶地问道："是吗？为什么？"①

任务分析

人的长相美丑、身材长短难以变更，而服饰却是可以变化的。整洁美观的服饰是人们用以改变自己或烘托自己的最好方法，也是使用最频繁的"武器"。

早在1972年，世界著名心理学家及演讲大师肯利教授就发现，在高中女孩的交往友谊中，穿衣最重要，占留给别人印象的67%之多，在多年之后，人们即便回忆不起当年的容貌，却对"当时穿什么"印象很深；其次才是个性；最后是共同的兴趣。由此，他发现了着装是一个强烈、显著的信号，并告诉人们一个原则：服装只要运用得当，就是最有利的沟通工具之一，也是最便捷的人际交往"名片"。并且通过实验进一步证实，着装确实能让我们得到不同的待遇。假如穿戴像一个成功的人，就能在各种场合得到应有的尊敬和善待。肯利

① 王芬. 秘书礼仪实务[M]. 北京：电子工业出版社，2009.

教授最后指出,在任何事业上,成功穿着能够帮助我们取得更大的成功。

本“案例导入”中的案例说明:着装是要分场合、讲究礼仪的。在正式的商务接待中,接待人员不适宜穿紧身上衣和皮裙。女性穿紧身上衣只适合于休闲或一般的交际场合,而穿皮裙则更不合适,因为在西方传统的观念中,这种打扮是一些社会地位低微、行为举止轻浮的女性的所爱。

实训项目

项目名称:着装展示会。

实训目标:根据服饰选配的相关要求与规范,使自己的着装符合职业礼仪要求,展示良好的形象。

实训学时:2学时。

实训地点:实训室。

实训准备:各类服装和饰物等。

实训方法:将学生分成小组,每组5～6人,各组设计不同场合(可以是正式场合、休闲场合、运动场合、商务酒会场合等)的服饰穿戴与搭配。每组学生进行角色扮演,演示各岗位服饰的穿戴与搭配,用数码摄像机记录整个过程,然后投影回放,学生自我评价,找出不合规范之处。授课教师总结点评学生存在的个性问题和共性问题。最后,全班评选出“最佳表现组”。

知识链接

【小故事】

服饰助希尔创业成功

美国商人希尔(Napoleon Hill)清楚地认识到:在商业社会中,一般人是根据一个人的衣着来判断对方实力的。因此,他首先去拜访裁缝。靠着往日的信用,希尔定做了三套昂贵的西服,共花了275美元,而当时他的口袋里仅有不到1美元的零钱。然后他又买了一整套最好的衬衫、领带及内衣裤,而这时他的债务已经达到675美元。每天早上他都会身穿一套全新的衣服,在同一时间里“邂逅”同一位出版商,希尔每天都和他打招呼,并偶尔聊上一两分钟。

这种例行性会面大约进行了一星期之后,出版商开始主动与希尔搭话,并说:“你看来混得相当不错。”接着出版商便想知道希尔从事的是哪一行业,因为希尔身上的衣着表现出来的这种极有成就的气质,再加上每天一套不同的新衣服,已引起了出版商极大的好奇心,这正是希尔所盼望发生的事情。于是希尔很轻松地告诉出版商:“我正在筹备一份新杂志,打算在近期内争取出版,杂志的名称为《希尔的黄金定律》。”出版商说:“我是从事杂志印刷和发行的,也许我可以帮你的忙。”这正是希尔等候的那一刻,而当他购买这些新衣服时，心中已料到了这一刻。这位出版商邀请希尔到他的俱乐部，和他共进午餐，在咖啡和香烟尚未送上桌前，已说服希尔答应和他签合约，由他负责印刷和发行希尔的杂志。发行《希尔的黄金定律》这本杂志所需要的资金至少在3万美元以上，而其中的每一分都是从漂亮衣服所创造的“幌子”上筹集来的。

一、着装的原则

1. 社交场合协调原则

人置身于不同的环境、不同的场合就应该有不同的服饰穿戴，要注意所穿戴的服饰与社交场合的和谐。人们所涉及的场合主要有三：公务场合、社交场合、休闲场合。

公务场合着装以庄重保守为基本要求，一般着正装，男为西装、女为套裙，特殊行业穿制服，不宜着时装、便服。

社交场合以时尚有个性的服装为首选，不宜穿过分保守的服装，着礼服、时装、民族特色服装为佳。

休闲场合以舒适自然为基本要求，可以根据自己爱好和体形条件，选择牛仔装、运动装、休闲装、便服等，此时着正装会显得很不协调。

2. 社会角色协调原则

在社会生活中，我们每个人都扮演着不同的角色。社会心理学家认为，不同的社会角色适用不同的社会行为规范。在服饰的穿戴方面自然也不无规矩，因此一个人的着装应与组织的公众形象、自己的工作岗位、职业、职级、性别相协调。

3. 自身条件相协调原则

人们追求服饰美，就是要借服饰之美来装扮人自身，即利用服饰的质地、色彩、图案、造型和工艺等因素的变化引起他人的各种视觉，从而美化自己。我们在了解服饰诸因素的同时，必须充分了解自身的特点，只有这样，才能达到扬己之长避己之短、扬己之美避己之丑的目的。

4. 穿戴时节协调原则

注重了场合、社会角色和自身条件而不顾时节变化的服饰穿戴自然也是不可取的。如夏季就应当以凉爽、简洁、轻柔为着装格调，在使自己凉爽舒适的同时，应当给予他人视觉和心理方面的良好感觉，层叠褶皱过多、色彩浓重的服装就不适宜在夏天穿着。

以上四条是服饰穿戴最基本的原则。除此之外，还应特别注意保持服饰的清洁与整齐。整洁是服饰美的根本。

二、男士西装的穿着

西装是男士最常见的办公服，也是现代社交中男子最得体的着装。国外很多机构，包括一些大企业，规定工作人员不能穿休闲短裤、运动服上班，要求男士必须穿西装打领带。一些剧院也规定了观看者必须西装革履。因此，为了塑造良好的个人形象，男士必须学会穿西装。

1. 男士西装的选择

（1）选择合适的款式

西装的款式可分为英国、美国、欧洲三大流派。尽管西装在款式上有流派之分，但是各流派之间差异并不很大，只是在后开衩的部位、纽扣是单排还是双排、领子的宽窄等方面有所不同。不过，在胸围、腰围的胖瘦，肩的宽窄上还是有所变化的。因此，我们在选择西装时，要充分考虑到自己的身高、体形，如身材较胖的人最好不要选择瘦型短西装；身材较矮者也最好不要穿上衣较长、肩较宽的双排扣西装。

（2）选择合适的面料和颜色

西装的面料要挺括一些。正式礼服的西装可采用深色（如黑色、深蓝、深灰等）的全毛面料制作。日常穿的西装颜色可以有所变化，面料也可以不必讲究，但必须熨烫挺括。如果穿着皱巴巴的西装，会损害自己的交际形象。

（3）选择合适的衬衣

穿着西装时，一定要穿带领的衬衣。花衬衣配单色的西装效果比较好，单色的衬衣配条纹或带格西装比较合适；方格衬衣不应配条纹西装，条纹衬衣也不要配方格西装。

（4）选择合适的领带

在交际场合穿西装必须打领带，领带的颜色、花纹和款式要与所穿的西装相协调。领带的面料以真丝为最优。在领带颜色的选择上，杂色西装应配单色领带，而单色西装则应配花纹领带；驼色西装应配金茶色领带，褐色西装则需配黑色领带等。

【小贴士】

领带的来历

领带起源于英国男子衣领下的专供男子擦嘴的布。工业革命前，英国也是个落后国家，人们吃肉时用手抓，然后大块大块地捧到嘴边去啃，成年男子又流行络腮胡子，大块肉一啃就把胡子弄油腻了，男人们就用袖子去擦。为了对付男人这种不爱干净的行为，妇女们在男人的衣领下挂了一块布专供他们擦嘴用，久而久之，衣领下面的这块布就成了英国男式上衣传统的附属物。工业革命后，英国发展成为一个发达的资本主义国家，人们对衣、食、住、行都很讲究，挂在衣领下的布就演变成了领带。

2. 男士西装的穿着技巧

（1）合体的上衣与衬衣

合体的西装上衣应长过臀部，四周下垂平衡，手臂伸直时上衣的袖子恰好过腕部，领子应紧贴后颈部。

穿西装必须要穿长袖衬衣，衬衣最好不要过旧，领子一定要硬扎、挺括，外露的部分一定要平整干净。衬衣下摆要掖在裤子里，领子不要翻在西装外，但应稍露出外衣领，袖口也应长出外衣袖口 1～2 厘米。

（2）注意内衣不可过多

穿西装切忌穿过多内衣。衬衣内除了背心之外，最好不要再穿其他内衣，如果确实需要穿内衣，内衣的领圈和袖口也一定不要露出来。如果天气较冷，衬衣外面还可以穿上一件毛衣或毛背心，但毛衣一定要紧身，不要过于宽松，以免显得臃肿，影响穿西装的效果。

(3) 打好领带

正式场合的领带以深色为宜，非正式场合的领带以浅色、艳丽为好。领带的颜色一般不宜与服装颜色完全一样(参加凭吊活动穿黑西装系黑领带除外)，以免给人以呆板的感觉。具体做法：一是领带底色可与西装同色系或邻近色，但二者色彩的深浅明暗不同，如米色西装配咖啡色领带；二是领带与西装同是暗色，但色彩形成对比，如黑西装配暗红色领带；三是一色的西装配花领带，花领带上的一种颜色尽可能与西装的颜色相呼应。

领带的打法，主要有五种方法：平结、交叉结、双环结、温莎结、双交叉结，分别如图 2-1～图 2-5 所示[①]。

① 平结。平结为男士选用最多的领结打法之一，几乎适用于各种材质的领带。要诀是领结下方所形成的凹洞，需让两边均匀且对称。

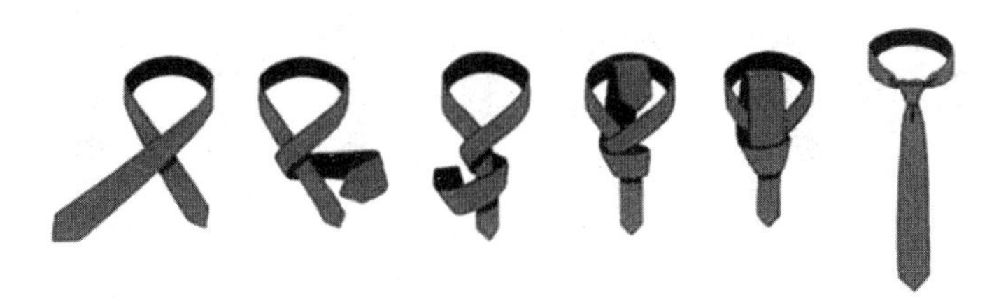

图 2-1

② 交叉结。交叉结是适合单色素雅、质料较薄的领带选用的领结，对于喜欢展现流行感的男士不妨多加使用。

图 2-2

③ 双环结。双环结能营造时尚感，适合年轻的上班族使用。完成的特色就是第一圈稍露出第二圈之外，可别刻意盖住。

图 2-3

① 佚名. 打领带的方法图解[EB/OL]. [2015-12-09]. http://www.hunjuwang.com/news/7477.html.

④ 温莎结。温莎结适用于宽领的衬衫，该领结应多往横向发展，应避免材质过厚的领带，领结也不要打得过大。

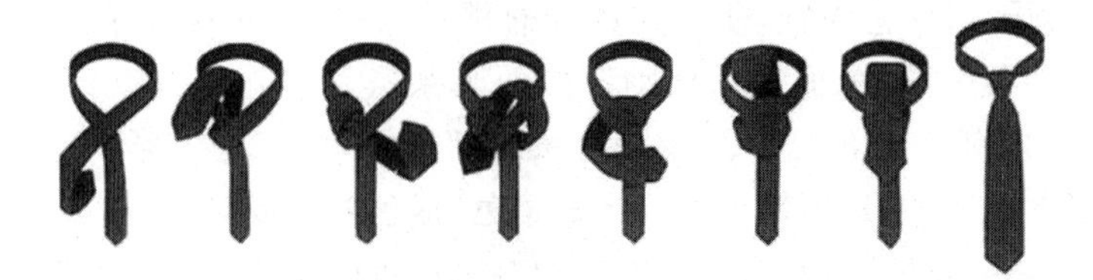

图 2-4

⑤ 双交叉结。双交叉结很容易让人有种高雅且隆重的感觉，适合正式活动场合使用。应多运用在素色且丝质领带上，若搭配大翻领的衬衫，不但适合，而且有一种尊贵感。

图 2-5

领结需靠在衣领上，但不能勒住脖子，也不能太往下，显得松松垮垮，不精神。领带系好后，垂下的长度应能触及腰带上，超过腰带或不及腰带都不符合要求。领带用领带夹固定。西装上衣左胸部的装饰袋，有时用来插放绢饰，不可用来放钢笔之类的其他东西，钢笔应放在衣服内袋中。

**【小故事】**

领带的问题

某家大型企业面向北京各高校发出了招聘业务员的启事，希望能招到具有专业知识的有志青年，充实企业的第一线。根据收到的求职材料，企业招聘人员约见了一位经济管理专业的男生面试。这位男生身材微胖，个头不高。面试时，他面容修饰一新，衣着也十分正式，穿西装，系领带，但可能是为了舒服，他的领带松松垮垮地挂在脖子上，衬衣最上面一粒扣子也解开着。正是因为这一形象使他没有通过面试。一位人事总监说："我认为你不可能仅仅由于系了一条领带而得到一个职位，但是我可以肯定系错了领带会使你失去一个职位。"

(4) 裤子合体

西装的裤子要合体，要有裤线，裤长要及脚面1～2厘米。西装裤兜内不宜放沉东西。

(5) 鞋袜整齐

穿西装一定要穿皮鞋，而不能穿布鞋或旅游鞋。皮鞋的颜色要与西装相配套。皮鞋还应擦亮，不要蒙满灰尘。穿皮鞋要配上合适的袜子，袜子的颜色要比西装稍深一些，使它在皮鞋与西装之间显示一种过渡。

(6) 扣好扣子

西装不同,其扣子的系法也不同。如果穿单排一粒扣西装,扣与不扣均可。如果是单排两粒扣西装,扣子全部不扣表示随意、轻松;扣上面一粒,表示庄重,而全扣就不合适了。如果是单排三粒扣西装,扣子全部不扣表示随意、轻松;只扣中间一粒表示正统;扣上面两粒,表示庄重,全扣也是不对的。如果是双排扣西装,可全部扣,也可只扣上面一粒,表示轻松、时髦,但不可不扣。如果穿三件套西装,则应扣好马甲上所有的扣子,外套的扣子不扣。

关于男士西装纽扣的扣法还有"站时系扣,坐时解扣"的说法。男士在站立的时候,把西装扣好,这样在讲话、做手势的时候,西装才不会随着肢体乱跑,整体线条看起来更显干净利落。在坐着的时候,男士必须解开西装纽扣,如此西装才能随着身体的弧度,自然服帖地顺势而下,线条看起来比较流畅,也不会有束缚的感觉,才能舒适自在地坐在位子上。

(7) 配好公文包

男士公文包的面料以真皮为宜,牛皮、羊皮制品为最佳;色彩以深色、单色为宜,黑色和棕色为最佳;样式以简洁大方为宜,最标准的是手提式长方形的公文包。公文包的大小应保证能够放入 A4 纸或者最好能放得下小型笔记本电脑。

现代社会,随着笔记本电脑的普及和无纸化办公的发展,电脑包大有取代公文包的趋势。平时的商务活动中,电脑包中放一个笔记本电脑,外层再放些文件,也是适合的。

(8) 穿着程序规范

西装穿着程序也可以说是一种礼仪规范,如果等穿戴完毕后再照镜子梳头,就可能把头皮屑、脱落的头发全梳在西装上极不雅观。西装穿着的正常程序是:梳理头发→更换衬衣→更换西裤→穿皮鞋→系领带→穿上装。

在日常工作及非正式场合的社交活动中,男士可穿西服便装。西服便装上下装不要求严格配套一致。颜色可上浅下深,面料也可以上柔下挺。可以衬衫、领带配西裤,也可以不扎领带、不穿衬衫,而穿套头衫或毛衣。

【小贴士】

男士穿西装高水准三要求

- 三色原则:全身不要超过三个色系,尽量少,但不要完全一样。
- 三一定律:鞋子、腰带、公文包一个颜色。最好皮鞋是黑色,代表庄重。
- 三大禁忌:男士有两种袜子不能穿——尼龙袜和白色袜子;穿夹克不能打领带;左边袖子上的商标不要保留。

此外,男士参加社交活动也可穿中山装、民族服装或夹克。尤其是在国内参加活动时,如出席庆典仪式(包括吊唁活动)、正式宴会、领导人会见国宾等隆重活动,可穿中山装与民族服装。穿中山装应选择上下同色同质的深色毛料中山装,一般配以黑色皮鞋。中山装衣服要平整、挺括,裤子要有裤线。穿着时要扣好领扣、领钩、裤扣。

在非正式社交场合中,男士也可穿夹克衫等便装,但同样应注意服装的清洁与整齐。

男士外出还可准备一件大衣或风衣,但在正式场合一般不宜穿风衣或大衣。如在需要室外活动的场合,大衣或风衣既可保暖挡风,又可增添不少潇洒的风采。

【小案例】

毁了一桩大生意的着装

某公司的老总到国外宣传推广自己的企业，来宾都是国际著名投资公司的管理人员，场面很正式。但听众们发现台上的老总虽然西装革履，裤脚下却露出一截“棉毛裤的边”，而且老总的黑皮鞋里是一双白色袜子。来宾们因此产生了疑问：这样一个公司老总能管好他的企业吗？这个公司的品质能保证吗？后来合作也就不了了之。

【问题】 你能回答来宾们的疑问吗？

三、女士服装的穿着

【小故事】

女王的着装

英国女王伊丽莎白二世访问中国期间，走出机舱门第一个亮相，穿的是正黄色西服套裙，戴正黄色帽子。这位女王本人喜欢红色和天蓝色，很少穿黄衣服。但在中国，几千年的历史上黄色是皇帝的专用色。女王来中国访问穿正黄色，既表示尊重中国的传统习俗，又显示了她作为一国君主的高贵身份。

女上服装应讲究配套，款式较简洁，色彩较单纯，以充分体现女士的精明强干，落落大方。

1. 女士西装套裙的穿着

（1）选择合适的套裙

面料：最好是纯天然质地，又质量上乘的面料。上衣、裙子及背心等应选用同一种面料。在外观上，套裙所用的面料，讲究的是匀称、平整、滑润、光洁，不仅有弹性、手感好，而且应当不起皱、不起毛、不起球。

色彩：应当以冷色调为主，借以体现出着装者的典雅、端庄与稳重。一套套裙的全部色彩不要超过两种，不然就会显得杂乱无章。

图案：按照常规，商界女士在正式场合穿着的套裙，可以不带任何图案。

点缀：不宜添加过多的点缀。一般而言，以贴布、绣花、花边、金线、彩条、亮片、珍珠、皮革等加点缀或装饰的套裙都不适宜商界女士穿着。

尺寸：上衣不宜过长，下裙不宜过短。裙子下摆恰好达小腿最丰满处，乃是最为标准、最为理想的裙长。紧身式上衣显得较为正统，松身式上衣则看起来更加时髦一些。

造型：H形上衣较为宽松，裙子多为筒式；X形上衣多为紧身式，裙子大多为喇叭式；A形上衣为紧身式，裙子则为宽松式；Y形上衣为松身式，裙子多为紧身式，并以筒式为主。

款式：套裙款式的变化主要体现在上衣和裙子方面。上衣的变化主要体现在衣领方面，除常见的平驳领、驳领、一字领、圆领之外，青果领、披肩领、燕翼领等并不罕见。裙子的式样常见的有西装裙、一步裙、筒式裙等，款式端庄、线条优美；百褶裙、旗袍裙、A字裙等，飘逸洒脱、高雅漂亮。

【小故事】

裙裤的麻烦

郑小姐在一家国内的公司里工作。有一天，上级派她代表公司前往南方某城市Y去参加一个大型的外贸商品洽谈会。为了给外商留下良好印象，郑小姐在洽谈会上专门穿了一件粉色的上衣和一条蓝色的裙裤。然而，正是她新置的这身服装，使不少外商对她敬而远之，甚至连跟她正面接触一下都很不情愿。

原来，国外商界人士一向崇尚传统，讲究男女着装有别，认为在正式场合以裙装为正装，而视着裤装为不务正业。

(2) 选择和套裙配套的衬衫

与套裙配套穿着的衬衫，有不少的讲究。从面料上讲，主要要求轻薄而柔软，比如真丝、麻纱、府绸、罗布、涤棉等，都可以用作其面料。从色彩上讲，则要求雅致而端庄，不失女性的妩媚。除了作为"基本色"的白色外，其他各式各样的色彩，包括流行色在内，只要不是过于鲜艳，并且与所穿的套裙的色彩不相互排斥，均可用作衬衫的色彩。不过，还是以单色为最佳之选。同时，还要注意，应使衬衫的色彩与所穿套裙的色彩互相般配，要么外深内浅，要么外浅内深，形成两者的深浅对比。

(3) 选择和套裙配套的内衣

一套内衣往往由胸罩、内裤以及腹带、吊袜带、连体衣等构成。它应当柔软贴身，并且起着支撑和烘托女性线条的作用。有鉴于此，选择内衣时，最关键的是要使之大小适当。

内衣所用的面料，以纯棉、真丝等面料为佳。它的色彩可以是常规的白色、肉色，也可以是粉色、红色、紫色、棕色、蓝色、黑色。不过，一套内衣最好同为一色，而且其各个组成部分也为单色。就图案而论，着装者完全可以根据个人爱好加以选择。

内衣的具体款式甚多。在进行选择时，特别应当关注的是，穿上内衣之后，不应当使它的轮廓一目了然地在套裙之外展现出来。

(4) 选择合适的鞋袜

选择鞋袜时，首先要注意其面料。女士所穿的与套裙配套的鞋子，宜为皮鞋，并且以牛皮鞋为上品。同时所穿的袜子，则可以是尼龙丝袜或羊毛袜。

鞋袜的色彩则有许多特殊的要求。与套裙配套的皮鞋，以黑色最为正统。此外，与套裙色彩一致的皮鞋也可选择。但是鲜红色、明黄色、艳绿色、浅紫色的鞋子，则最好不要试。穿着套裙时所穿的袜子，可有肉色、黑色、浅灰色、浅棕色等几种常规选择，只是它们宜为单色。多色袜、彩色袜，以及白色、红色、蓝色、绿色、紫色等色彩的袜子，都是不适宜的。

鞋袜在与套裙搭配穿着时，要注意其款式。与套裙配套的鞋子，宜为高跟、半高跟的船式皮鞋或盖式皮鞋。系带式皮鞋、丁字式皮鞋、皮靴、皮凉鞋等，都不宜采用。高筒袜与连裤袜，则是与套裙的标准搭配。中筒袜、低筒袜，绝对不宜与套裙同时穿着。

(5) 选择合适的皮包

搭配西装套裙的皮包要以简洁、大方、实用为宜。女士上班用的皮包款式要与自己的身材和谐。比如，身材高大的女士，不适合选择精致、小巧的工作包；反之，身材小巧玲珑的女士也不要使用过大、过于笨重的包。

（6）其他配饰的选择

职业女性在穿着套裙时，常用的配饰主要有项链、戒指、耳环、丝巾等，搭配的主要要求是质地统一、合乎身份、以少为宜。

① 项链。项链在西装套裙的搭配中起着点缀的作用，所以要选择质地上乘、设计精致的项链。同时，项链的选择要适合自己的身材，脖子短粗者可以选择细长型项链增加脖子的修长感；而脖子细长者则适合多层次、较粗的项链。

② 戒指。戒指应根据自己的年龄和手指的粗细选择，还要考虑服装的款式和色调，如端庄的正装就不宜选择夸张的戒指。

【小贴士】

戒指的含义

在西方，戒指是一种信号或标志，反映着佩戴者的婚姻状况。戒指一般佩戴于左手，佩戴的含义为：戴在食指上意为示爱，即表示想结婚或求婚；戴在中指上表示正在恋爱中；戴在无名指上表示已订婚或结婚；戴在小指上则表示我是独身者。

③ 耳环。搭配职业正装的耳环不宜夸张、复杂，应当根据自身的肤色和脸形、服装的颜色和风格进行选择，以简洁的耳钉和小巧精致的吊坠耳环为最佳。

④ 丝巾。丝巾搭配职业正装主要起装饰和美化的作用，可以为素雅暗淡的职业正装增加一抹亮色。丝巾面料的选择主要以真丝为主，颜色的选择可以亮丽鲜艳，使人看起来更加精神焕发。

【小贴士】

职业女士着装禁忌

无论是着正装还是休闲装，女士都要讲究文明着装。根据礼仪规范，女士着装要注意以下三个方面的禁忌。

一忌过分裸露。一般来说，凡可以展示性别特征、个人姿色的身体部位，或者令人反感、有碍观瞻的身体隐私部位，均不得有意暴露在外。胸部、腹部、背部、腋下、大腿是公认的着装时不准外露的五大禁区。在特别正式的场合，脚趾与脚跟同样也不能裸露。

二忌过分透薄。如果着装过于单薄或透亮，会让人十分难堪。女性尤其要高度重视这一问题，否则在社交中很容易使别人产生错觉，无意之中还可能会受到轻薄之徒的性骚扰。

三忌肥瘦不当。一般来说，女士着装无论什么款式，大小必须合身。着装若是过于肥大，会显得无精打采，过于随意懒散；着装若是过于瘦小，不仅会让人觉得拘谨小气和不自然，还会给行动带来诸多不便。

2. 女士连衣裙的穿着

连衣裙是上衣和裙子的结合体，它不但能尽显女士特有的恬静和妩媚，而且穿着便捷、舒适。连衣裙也可与西装外套等组合搭配，提高服装的使用率。连衣裙的造型丰富多彩，有前开襟、后开襟、全开襟和半开襟的；有紧身的、宽松的；有喇叭形、三角形、倒三角形的；有无领的、有领的；有方领的、尖领的、圆领的；有超短的、过膝的、拖地的等各种连衣裙，它们为各种身材的女士在不同场合提供了大量的选择。

穿着连衣裙应以个人爱好、流行时尚而定，但在交际场合，穿着连衣裙还应以大方典雅为宜。单色连衣裙在大多数场合效果都很好，点、条、格等面料的连衣裙图案也要力求简洁。穿连衣裙要注意避免：一是受时髦潮流的影响，太流行或趋于怪异，变得俗不可耐或荒诞不经。二是不顾及环境，而穿着过低的领口、过紧的衣裙、过透的面料，使人感到极不雅观。正所谓“酌奇而不失其真，玩华而不坠其实”。

3. 女士旗袍的穿着

旗袍被公认是最能体现女性曲线美的一种服装。我国是有着300年旗袍历史的国度，近年来，旗袍带着一股从未有过的震撼力影响着世界各地女性的穿着，它像一种特殊的世界语，迅速被各种族的人们所接受，打破了只有东方女性才适合穿着的传统论断。因而，旗袍也可作为社交中的礼服。旗袍作为礼服，一般采用紧扣的高领、贴身、身长过膝、两旁开衩、斜式开襟、袖口至手腕上方或肘关节上端的款式，面料以高级绸缎为主，配以高跟鞋或半高跟鞋。

【小故事】

总统夫人与旗袍

1984年春，里根总统和夫人访华时，挑选面料做旗袍。她先看中一种金色的织锦缎，但考虑到没有带金色的皮鞋与之配套，便改选一种以深红色为底色的中国织锦缎旗袍。在里根总统的告别招待会上，她穿上这件深红底色的中国织锦缎旗袍，配上一双深色的高跟鞋，显得特别雍容华贵，无懈可击。

4. 特殊体型女性的服饰选择

有些职业女性身体的某一部分达不到理想的比例，这可以通过服饰错觉效应来制造新的效果。

(1) 肩宽

肩宽的女性宜选择大V领或U领的服装款式，这是因为穿着大V领服装，借由V领的视线延伸，可巧妙地隐藏肩宽的缺点，而同样，深U领的服装也能“缩肩”，由于U领使颈部露出一片“开阔地带”，颈部修长了，肩部自然也就变窄了；深色系上衣同样具有神奇的“缩肩”效果，因此在上衣色彩的选择上，最好考虑深色系；还有一种就是选用下垂性比较好的面料做衣服，这样肩膀看起来也会窄一些。

(2) 胸部小

胸部小的女性可以尝试下面的选择。

穿一件胸前带有口袋或特别花样的上衣，这样可以增加发散的效果。或者穿一件胸前有荷叶边、波浪边或绑带的上衣会让胸部看起来比较丰满。

对于上衣的面料而言，选择有纹路的布料会让胸部看起来更加丰腴些。此外，布料亮度比较高的衣服，也能使胸部看起来更丰满些。

泳装的款式不妨选择胸线有折边或褶皱的。

对于衣服的款式而言，有垫肩设计的外套会使胸部看起来比较挺。

宽版的连身长裙，里头搭配衬衫或针织衫也是小胸女性的选择。

人们在宽松的造型以及层叠的效果中，会忽略对胸部的关注，这样也可以掩饰胸部过小的缺陷。

两件式和多层次的穿法可造成视觉上的错觉，制造出丰满的效果。

舒适而贴身的衣服会显露胸型，在外面搭配背心或小外套，胸部就会显得比较丰满。

（3）胸围过大

胸围过大的女性可以选择背心式或围裙式的长洋装，这是因为搭配不同颜色的上衣可以造成前胸围的视觉切割，使胸部看起来顺畅。但有一点要注意：选择此类洋装时，布料要尽可能以平织布为主。此外，一套双排纽扣中长套装同样也可以把过于丰满的胸部掩饰起来。

（4）背肥

背肥的女性忌穿露背装，以及背心，因为这样会给人虎背熊腰的感觉。可以穿深色短袖上衣，会起到一定修身的效果。款式以简单为主，如果嫌单调，可以把细节留在下半身发挥，以转移别人的注意力，看上去就会瘦一些。

（5）腰粗

腰粗的女性不要放置太多细节在腰间，会引人注意。改善的办法就是穿质地柔软的连身裙。因为连身裙通常在胸部以下就开始散开，它会使人看不见腰的真正位置，可以掩饰腰粗的缺陷；也可以穿 A 字裙，使腰部细一些，同时增加肩部装饰，使人们的视线移到上身。

（6）臀部过大

臀部过大的女性不宜穿紧身裤，可以选择略为宽松的深色布料的裤子，起到转移视线的作用。首先，可以在上衣的腰部加上腰带，通过腰带同裤子的调整，使臀部得到一定的掩盖；其次，还可以将细节放在颈项上（如佩戴耳环、项链等），从而把人们的注意力集中到身体上部；另外，有这类缺陷的人，重心往往过低，并且还会有运动不太灵便之感，为此，适当加高鞋跟的高度和培养良好的举止，也有助于形象的改善。

（7）腿粗

腿粗的女性不太适合穿紧身的裤子，而且穿短裤时，不要在膝盖位置将裤腿翻边；上身避免穿双排扣，可以穿单排扣；同样不可以穿太短的裙子。为了掩饰缺陷，最好穿筒裙、长裙或是喇叭裤；还可以穿粗高跟鞋使腿看起来修长。

（8）腿细

腿细的女性不太适合穿紧身裙，但是可以选择造型修长、挺拔的裤子，比如用全毛面料制作的长裤。因为这样看起来会比较漂亮，另外，腿细的女性在色彩的选择上以明亮、淡雅的色调为宜。

（9）腿短

腿短但是腰比较细、臀围比较宽的女性最适合穿裙子或者穿可盖住臀围线，款式稍长的不收腰身的上衣，这样可以扬长避短。但是这类人不适合穿直筒裤，如果能顺其自然地穿萝卜裤，不失为因势利导的一种穿着。专家建议：如果想让腿部变得修长一点，最好穿一些窄身的直脚裤或者及膝裙，还要加一对尖头凉鞋或高跟鞋。

(10) 脸大而圆

脸大而圆的女性要注意把握以下几点。

① 样式简单、大方的领型是最好的选择，她们不适宜着花边衣领或过于复杂的衣服。

② 下身最好着紧身裤或是紧身裙。

③ 肩膀设计需稍宽阔，有垫肩更佳。

④ 妆容的色彩以明亮的单色或浓色为宜，如桃红等。

⑤ 耳环可选用三角形状的。

⑥ 胸针宜选用大型的，项链以选择长形的为最佳。

(11) 脸部瘦小

脸部过于瘦小的女性与身体其他部位比例不协调，无疑是不漂亮的，这时就可以通过服饰来掩饰这个缺陷。可以运用以下方法。

① 大衣领或领口宽大的衣服是这些女性的首选。

② 肩膀部分不宜安垫肩，不能宽大，顺其自然为好。

③ 在色调选择方面，不宜采用淡色系列，应巧妙地配合浓淡部分，否则，会使脸部更加显小。

④ 宜佩戴中等大小的耳环。

⑤ 项链不宜过长，能至胸口即可。

(12) 颈部粗短

颈部粗短者可简单地利用某些领型和发型来改变颈部的外观。具体包括以下几项。

① 在领型上，一般比较适合 U 字形或 V 字形的低领型服装。

② 衬衫领的领口扣不要扣，要打开。

③ 在衣服前面部分设计纵方向的条纹，这样就会给人一种纵向上的直观感觉，从而掩饰颈部粗短的缺陷。

④ 避免用围巾、短项链等饰物来突出脖子。

⑤ 避免高领毛衣或把脖子包围的领型，冬天穿浅色轻薄高领毛衣。

⑥ 在发型上，一般比较适合选用长至双肩的发型，使其自然地遮盖住颈部，减少颈部的宽度。

(13) 小腹突出

突出的小腹，永远是一个美丽女性的缺陷，也是穿衣时的一大难题。如果处理不当，便会破坏了一件漂亮服装的所有美感。对于这样的情况，就必须学会选择服装来掩盖。可以运用以下方法。

① 上身佩戴美丽的首饰，以转移视线。

② 适合穿比较长的上衣，利用它的长度遮住微突的小腹。不过，穿着此类上衣时，要注意将露在裙或裤外的衣服下摆均匀整理好。

③ 最好选择有伸缩效果的面料。

④ 复古的花衬衫或 T 恤，配上背心或外套，用服装的这种花纹来转移别人的视线。

⑤ A 字形的窄裙也有很好的修饰效果。但要尽量避免把衬衫扎到裙或裤腰内，或是

穿腹部剪接的打褶时装，这样会使腹部显得更加醒目。

⑥ 避免系腰带，这样只会使腹部更突出。

⑦ 避免穿发亮的面料。

（14）手臂太粗或太细

手臂太粗或太细就会显得比例不协调，因此，在穿衣服时要特别注意，用美丽的服装来掩饰这个缺陷。具体包括以下几条。

① 手臂太细的人在选择服装时应该选用长袖衣衫，而袖长以盖住腕关节为好，或可选用打皱褶的袖子以及喇叭袖，通过这种皱褶的装饰来转移别人的注意力。

② 手臂细的人如果不得不穿那种无袖的衣服，则衣服必须能盖住肩膀。

③ 手臂太粗的人最好选用那种面料略微贴身的、穿起来不太紧的衣服。

④ 手臂粗的人应选择宽袖口的衣服，如果是短袖，袖长度应为上臂的3/4。

⑤ 以织花或绵绸的长披肩遮住肩膀和手臂，通过这种方式来掩饰手臂太粗的缺陷。[①]

【课堂训练】

（1）作为男性职业人员，请每天出门前对照以下“男士着装自我检测”仔细审视自己，看看自己哪些方面需要改进，以养成良好的习惯。

男士仪容仪表自我检测

衬衣领口整洁，纽扣已扣好。

耳部清洁干净，耳毛不外露。

领带平整、端正。

衣、裤袋口平整伏贴。衬衣袖口清洁，长短适宜。

手部清洁，指甲干净整洁。

衣服上没有脱落的头发和头皮屑。

裤子熨烫平整，裤缝折痕清晰。裤腿长及鞋面。拉链已拉好。

鞋底与鞋面都很干净，鞋跟无破损，鞋面已擦亮。

（2）作为女性职业人员，请每天出门前对照以下“女士着装自我检测”仔细审视自己，看看自己哪些方面需要改进，以养成良好的习惯。

女士仪容仪表自我检测

服饰端庄：不太薄、不太透、不太露。

领口干净，脖子修长，衬衣领口不过于复杂和花哨。

饰品不过于夸张和突出，款式精致、材质优良，耳环小巧、项链精细，走动时安静无声。

公司标志佩戴在要求的位置，私人饰品不与之争夺别人的注意力。

衣袋中只放小而薄的物品，衣装轮廓不走样。

指甲精心修理过，不太长，不太怪，不太艳。

裙子长短、松紧适宜。拉链拉好，裙缝位正。

---

① 佚名.站姿看你的性格和心理[J].文苑，2008(9).

衣裤或裙子以及上衣的表面无明显的内衣轮廓痕迹。

鞋洁净,款式大方简洁,没有过多装饰与色彩,鞋跟不太高、不太尖。

衣服上没有脱落的头发和头皮屑。

丝袜无勾丝、无破洞、无修补痕迹,包里有一双备用丝袜。

思考练习

1. 着装应遵循哪些原则?
2. 男士应该如何穿着西装?
3. 女士应该如何穿着西服套裙?
4. 请根据你同事的脸形、形体和个性特点,给他(她)在服饰运用上提些合理化建议。
5. 请就以下三个事例作出评价。

事例1:一所名气很大的幼儿园的老师上门家访,结果引出了转园风波。原来,幼儿园老师上门家访,前脚离开,后脚就引起了一场家庭会议,“我们一定要转园!”妈妈、奶奶斩钉截铁地说。园长想不通了,别人抢着要求进园,这家却强烈要求退园,一问原因才知:“不能把宝贝交给这样的老师”——挨个家访的女老师穿着吊带背心,还是露脐装!

事例2:一位大型国有企业的秘书正在陪同外商参观,优雅的举止、礼貌的谈吐赢得外商的好评,却意外地发现秘书的丝袜破了个洞。

事例3:小刘是公司办公室主任,他十分注意正装的穿着,穿西服套装,袖长及手腕,裤长及鞋面,身长盖及臀部;衬衣领子高出外套1厘米,袖边长出外套1厘米;领带尖对着皮带扣;黑色皮鞋和深色袜子。

6. 你到某公司应聘营销员这一职位,将如何着装?
7. 案例分析。

面试因何失败

南山宾馆根据收到的求职材料约见小赵作为预选对象。面试时,小赵涂着鲜艳的口红,烫着时髦的发式,穿着低领紧身的吊带,首饰华丽而夸张,给人以轻佻的感觉。第一轮面试小赵就落选了。事后一位人事总监对她说:“我认为你不可能仅仅由于化了美丽的妆而取得了一个职位,但是我可以肯定穿错了衣服就会使你失去一个职位。”

讨论题:

(1) 本案例对你有何启示?

(2) 结合本情境内容谈谈面试时应该怎样着装。

任务3　仪态形象设计

讲礼仪，才会有品位；有品位，才会有魅力。

——作者

凡人之所以为人者，礼义也。礼义之始，在于正容体、齐颜色、顺辞令。容体正、颜色齐、辞令顺，而后礼义备。

——《礼记·冠义》

案例导入

金先生失礼

在风景秀丽的某海滨城市的朝阳大街，高耸着一座宏伟楼房，楼顶上“远东贸易公司”六个大字格外醒目。某照明器材厂的业务员金先生按原计划，手拿企业新设计的照明器材样品，兴冲冲地登上六楼，脸上的汗珠未来得及擦，便直接走进了业务部张经理的办公室，正在处理业务的张经理被吓了一跳。“对不起，这是我们企业设计的新产品，请您过目。”金先生说。张经理停下手中的工作，接过金先生递过的照明器，随口赞道：“好漂亮啊！”并请金先生坐下，倒上一杯茶递给他，然后拿起照明器仔细研究起来。金先生看到张经理对新产品如此感兴趣，如释重负，便往沙发上一靠，跷起二郎腿，一边吸烟一边悠闲地环视着张经理的办公室。当张经理问他电源开关为什么装在这个位置时，金先生习惯性地用手搔了搔头皮。好多年了，别人一问他问题，他就会不自觉地用手去搔头皮。虽然金先生作了较详尽的解释，张经理还是有点半信半疑。谈到价格时，张经理强调：“这个价格比我们预算时高出较多，能否再降低一些？”金先生回答：“我们经理说了，这是最低价格，一分也不能降了。”张经理沉默了半天没有开口。金先生却有点沉不住气，不由自主地拉松领带，眼睛盯着张经理，张经理皱了皱眉，“这种照明器的性能先进在什么地方？”金先生又搔了搔头皮，反反复复地说：“造型新、寿命长、节电。”张经理托词离开了办公室，只剩下金先生一个人。金先生等了一会儿，感到无聊，便非常随便地拿起办公桌上的电话，同一个朋友闲谈起来。这时，门被推开，进来的却不是张经理，而是办公室秘书。

任务分析

仪态又称“体态”，是指人的身体姿态和风度。姿态是身体所表现的样子，风度则是内在气质的外在表现。人的一举手、一投足、一弯腰乃至一颦一笑，并非偶然的、随意的，这些行为举止自成体系，像有声语言那样具有一定的规律，并具有传情达意的功能。人们可以通过自己的仪态向他人传递个人的学识与修养，并能够以其交流思想、表达感情。英国哲学家培根说："在美的方面，相貌的美高于色泽的美，而秀雅合适的动作又高于相貌的美。"在社交中，仪态是极其重要、有效的交际工具，它用一种无声的语言向人们展示出一个人在道德品质、人品学识、文化品位等方面的素质和能力，用优良的仪态礼仪表情达意，往往比语言更让人感到真实、生动。所以，我们在社交中必须举止优雅，做到仪态美。

本"案例导入"中的金先生在职业交际过程中，使客户不满，严重损害了公司形象和产品形象，原因就在于他没有做到仪态美，表现出了许多失礼之处。

实训项目

项目名称：职业交际情景模拟演示。

实训目标：掌握职业交际仪态礼仪规范，开展各类职业交际活动，体现出优雅的举止，展现出良好的职业形象。

实训学时：2 学时。

实训地点：实训室。

实训准备：场景设计方案。

实训方法：学生分组，每个小组 5～6 人，设计各种情景(例如，求职面试、商务接待、商务拜访等场景)展示基本的仪态礼仪；每组学生根据设计的情景进行角色扮演，展示基本的站姿、坐姿、走姿、蹲姿、表情和手势等仪态，用摄像机记录展示的全过程；根据录像，找出不规范的地方，学生可进行相互评价；最后由授课教师进行总结评价，全班学生评选出"最佳表现组"。

知识链接

一、站姿

站姿是静态的造型动作，是指人的双腿在直立静止状态下所呈现出的姿势。站姿是建立个人形象最重要的前提，它是走姿和坐姿的基础。一个人要想表现出得体雅致的姿态，首先要从规范站姿开始。所谓"站如松"，就是指人的站立姿势要像松树一样直立挺拔，双腿均匀用力。

日常交际中，根据不同的场合，需要呈现不同的站姿。良好的站姿，对人的社会交际、工作、生活等方面起着很好的促进作用。女士站姿应体现优雅秀美，男士站姿应体现俊朗洒脱。

1. 站姿的基本要求

站姿的总体要求是正直挺拔、舒展大方、庄重自信。具体要求如下。

(1) 头正

两眼平视前方，脖颈挺直，下颌微收，嘴角上扬，表情自然，面带微笑。

（2）肩平

肩部微微放松，稍向后下沉，自然呼吸，两肩平齐、舒展。

（3）臂垂

两臂自然下垂于体侧，虎口向前，手指自然弯曲。

（4）躯挺

后背正直，挺胸收腹，提臀，立腰。

（5）腿并

双腿膝盖夹紧，大腿内侧收紧。

（6）脚稳

站正步，脚跟靠拢，脚尖并拢，身体重心落在两脚中间。

标准站姿如图 3-1 和图 3-2 所示。

图 3-1

图 3-2

站姿的要领是：一提、二收、三沉。一提是指髋骨上提，膝盖拉长；二收是指腹肌收紧，臀部收紧，两处有相夹的感觉；三沉是指肩部下沉，头部向上延展。

2. 常用站姿介绍

根据不同场合、不同礼仪规范的要求，站立姿态也有所不同。以下简单介绍最常用的几种站姿。

（1）体侧垂手式

体侧垂手式站姿的做法是：在基本站姿的基础上，双手垂直于体侧，两眼平视前方，女士双脚并拢向前，如图 3-3 所示。男士可在此基础上，双脚跟分开与肩同宽，脚尖向前。

适用场合：一般用于较为正式或庄重的场合，如升国旗、奏国歌、出席庆典仪式、聆听贵宾讲话、商务谈判后的合影、接受领导和尊者接见等。

（2）体前交叉握手式

体前交叉握手式站姿的做法是：在基本站姿的基础上，双手体前相握，右手在前，左手在后，稍向上提，放于小腹前。两脚呈左丁字步（左脚在前，右脚在后）。根据需要可做相反方向动作，如图 3-4 所示。男士有时也可以采用这种姿态，但两脚要略微分开，脚呈大八字步。

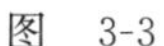

图 3-3

图 3-4

适用场合：仪式主持、晚会主持，礼仪迎宾，也可用于前台的站立服务。

（3）体后背手式

体后背手式站姿的做法是：在基本站姿的基础上，双手背在体后，交叉相握，双脚呈小八字步站立，如图 3-5 所示。男士可在此基础上，双脚跟分开同肩宽，脚尖略分开。

适用场合：酒店或其他服务行业，保安服务较多采用此种站姿。

3. 站姿训练方法

形成正确站姿，不仅要掌握基本理论要求，更要进行科学的训练。练习者从最初的基本状态，到养成正确的站立姿态，需要进行耐心、认真和持之以恒的练习。

（1）对镜练习

在明确站姿要求的基础上面对镜子进行训练，从镜子中观察自己的姿态是否准确、优美，必要时可请他人进行协助和指导。在找到标准站姿的感觉后，再坚持每次 20 分钟左右的训练，以巩固动作技能，形成习惯性动作姿态。

（2）靠墙站立练习

靠墙站立练习要求五点成一条线，即脚后跟、小腿、臀部、双肩、后脑勺都要紧贴墙壁，如图 3-6 所示。每次训练控制在 20～30 分钟，直至延长至 40 分钟。

图 3-5

图 3-6

(3) 工具辅助练习

在前两项练习基础上,加大训练难度,使用工具辅助练习,工具为书籍。要求将一本厚度适中的书放在头顶中心,为使书不掉下来,头、躯干须挺直,自然保持平衡。这种训练方法可以纠正低头、仰脸、晃头及左顾右盼等不良习惯。每次训练控制在20~30分钟。

【小贴士】

从站姿看性格和心理①

(1) 问题

你平时的站姿是以下哪种?

A. 背脊挺直、胸部挺起、双目平视

B. 弯腰曲背、略显佝偻状

C. 两手叉腰而立

D. 两腿交叉而立

E. 将双手插入口袋而立

F. 靠墙壁而立

G. 背手站立

(2) 答案分析

选择A:说明有充分的自信,给人以气宇轩昂、心情乐观愉快的印象,属开放型。

选择B:属封闭型,表现出自我防卫、闭锁、消沉的倾向,同时,也表明精神上处于劣势,有惶惑不安或自我抑制的心情。

选择C:是具有自信心和精神上优势的表现,属于开放型动作。对面临的事物没有充分心理准备时绝不会采用这个动作。

选择D:表示一种保留态度或轻微拒绝的意思,也是感到拘束和缺乏自信心的表示。

选择E:具有不袒露心思、暗中策划、盘算的倾向;若同时配合有弯腰曲背的姿势,则是心情沮丧或苦恼的体现。

选择F:有这种习惯者多是失意者,通常比较坦白,容易接纳别人。

选择G:多半是自信力很强的人,喜欢把握局势,控制一切。一个人若采用这种姿势处于人面前,说明他怀有居高临下的心理。

二、坐姿

坐姿是一种基本的静态体位,是指人在就座以后身体所保持的一种姿势。正确而优雅的坐姿是一种文明行为,它既能体现一个人的形态美,又能体现其行为美。端庄优美的坐姿会给人以文雅、稳重、大方的美感,给人留下良好的印象。所谓"坐如钟",就是指坐姿要像钟一样端庄沉稳、镇定安详。

1. 坐姿的基本要求

坐姿包括入座、落座和离座三个过程,每个过程又有其相应的基本要求。

---

① 佚名.站姿看你的性格和心理[J]. 文苑,2008(9).

(1) 入座

入座要求保持轻、稳、缓。入座有以下两种方式。

第一种：侧身走近座椅，从座椅的左侧轻轻落座。一般坐满椅面 2/3 的位置，不要坐满或只坐很少一部分。

第二种：面向座椅，直接走到座位前，转身后站稳，右脚向后撤半步，用小腿确定座椅的位置，轻稳地坐下，收回左脚与右脚并拢。如果女士着裙装，落座前，应先用手将裙装下摆收拢一下，不可以落座后再整理衣裙。

(2) 落座

落座时同站姿一样，上体总体要求正直、舒展，下体依据不同场合的要求形成不同姿态。具体要求如下。

① 两眼平视前方，嘴唇微闭，微收下颌。

② 两肩平正放松，立腰、挺胸，上身自然挺直。

③ 双脚并拢，左右大腿大致平行，膝弯曲大致成直角，双脚平放在地面上，手轻放在大腿上，如图 3-7 和图 3-8 所示。男士可在此基础上，膝盖稍分开一拳的距离，双脚分开。

图 3-7

图 3-8

(3) 离座

离座前，先以语言或动作向周围的人示意或暗示，请他们做好心理上的准备；右脚向后收半步，轻稳站起，站稳后从座椅左侧离座。

2. 常用坐姿介绍

根据不同场合、不同礼仪规范的要求，坐姿也有所不同。以下简单介绍最常用的几种坐姿。

(1) 双腿垂直式

双腿垂直式坐姿的做法是：双膝并拢，小腿垂直于地面，双脚跟和脚尖靠拢，双手放置于膝盖上。男士双脚稍分开。

适用场合：谈判、谈话、会谈等比较严肃和正式的场合。

(2) 双腿前后式

双腿前后式坐姿的做法是：大腿靠拢，膝盖夹紧，两脚前后放在一条线上，右脚在前，左脚在后，双手交叉相握，放置于腿上，如图 3-9 和图 3-10 所示。

图 3-9

图 3-10

适用场合：在比较轻松、随便的非正式场合，如谈话、倾听他人教导等。

(3) 双腿转体式

双腿转体式坐姿的做法是：双脚并拢放在右侧，上身和双腿同时向左转 45°，双手交叉相握，放置于腿上，眼看一个点，如图 3-11 所示。

适用场合：在特定的礼仪场合和与旁边的人交谈时，可采用此坐姿。

(4) 双腿交叉式

双腿交叉式坐姿的做法是：双腿双膝并拢，双脚在脚踝部交叉。此坐姿双腿不能向前方直伸，双手交叉相握，放置于腿上，眼看一个点，如图 3-12 所示。

图 3-11

图 3-12

适用场合：各种场合。

(5) 双腿重叠式

双腿重叠式坐姿的做法是：双腿上下叠放在一起，两腿之间要夹紧、没有缝隙，双脚斜放于左侧或右侧，叠放在上面的脚尖朝向地面，如图 3-13 和图 3-14 所示。

适用场合：适用于娱乐主持人或穿裙装的女性，也适用于比较随意的场合或较熟悉的朋友面前。

图 3-13　　图 3-14

3. 坐姿训练方法

坐姿的常用方式较多，在基本坐姿训练的基础上，可以利用具体情境进行训练，同时加强入座和离座的训练，使整体就座过程连续、流畅，更富感染力。

(1) 重视基本坐姿训练

在明确坐姿的基本要求和进行站姿训练基础上，可以进行坐姿训练。在训练过程中，可以采用对镜规范训练、工具辅助训练(如头顶书籍)等方式。初级练习，每次的训练时间应保持在 20～30 分钟；以后可随技能的掌握水平，逐渐减少连续练习时间。

(2) 运用具体情境练习

为提高学习者的兴趣，调动其学习积极性，可模拟具体情境进行训练，如招聘会、见面会、校友会等，把坐姿与情境相结合，由学习者自行设计并保持姿态，达到强化的目的。每次训练控制在 10～15 分钟，可分多次进行。

(3) 加强入座和离座训练

在坐姿训练时，往往较重视姿态训练，忽略过程训练，因此学习者会表现出动作过程不完整或缺失的现象。入座和离座应分别进行单一动作训练，每次训练控制在 5～10 分钟，单一训练后再合成动作，保持动作的连贯性和准确性，达到体现优雅、庄重坐姿的目的。

【小贴士】

从坐姿看心理反应

一个人的坐姿，不仅反映他惯常的性格特征，而且反映他此时此刻的心理。

重重地坐下去的人，此时的心情一定是烦躁的。

轻轻地坐下去的人，此时的心情一定是平和的。

侧身坐的人，此时的心情除了舒畅外，还觉得没有必要给你留下什么更好的印象。

在你面前猛然坐下的人，其内心或隐藏着不安，或有心事不愿告诉你。

双腿不断相互碰撞或不断地拍打地板的人，此时一定有什么事使他紧张和焦躁。

喜欢与你对着坐的人，是由于他希望能够被你理解。

喜欢与你并排坐着的人，是由于他认为与你有共同感。

有意识从并排坐改为对着坐的人，或是对你抱有疑惑，或是对你有了新的兴趣。

有意识挪动身体的人，是想在心理上与你保持一定的距离。

斜成一个半躺姿势或深深坐入椅内，腰板挺直头高昂的人，是由于他在心理上对你有优越感。

把身体尽力蜷缩成一堆，双手夹在大腿中的人，是由于他在心理上对你有劣势感。

正襟危坐、目不斜视的人，其或是对你恭敬并力图留下个好印象，或是此刻内心有什么不安。

把椅子调个个儿，椅背朝前，双腿叉开，跨骑在椅子上的人，此刻的心情只想显示自己对你的讲话感到厌烦。

跷起二郎腿的女性，或是她对自己的容貌有信心，或是她想引起你的注意。①

三、走姿

走姿也称步态，是指一个人在行走过程中的姿势。它以人的站姿为基础，是站姿的延续，始终处于运动中。走姿体现的是一种动态美，能直接反映出一个人的精神面貌，表现一个人的风度、风采和韵味，对个人社会性的塑造起着重要的作用。有良好走姿的人会显得年轻有活力。所谓“行如风”，就是指行走动作连贯，从容稳健。步幅、步速要以出行的目的、环境和身份等因素而定。协调和韵律感是步态的最基本要求。

女士走姿要轻盈飘逸，似“淑女”般窈窕婀娜；男士走姿要潇洒阳刚，似“绅士”般庄重稳健。

1. 走姿的基本要求

走姿的训练是在站姿训练基础上进行的，上体要求与站姿相近，重点要加强动态中下体和手臂的训练。

(1) 上体

后背正直，挺胸，双肩平齐、舒展；收腹，提臀，立腰；两眼平视前方，嘴角上扬，面带微笑。

(2) 两臂

两臂以肩为轴，大臂带动小臂，前后自然摆动，似柳叶摆动，前后摆臂不超过30°，手自然半握拳，两手手心相对，如图3-15所示。

(3) 腿部

大腿带动小腿，脚跟迅速过渡到全脚落地，落地轻盈(提气落地)，两脚交替踏在一条竖线上，重心略向前脚移送，如图3-16所示。

(4) 步幅

步幅是指前后脚的距离。在行走时，男士步幅约25厘米，女士步幅约20厘米。一般来说，前脚的脚跟距离后脚的脚尖应为一脚长。步幅同时要根据服饰做适当调整，如女士穿裙装时，步幅可以适当缩小，如图3-17所示。

(5) 步速

步速是指人体行进时的速度。在行走时，步速要均匀、稳定，一般每分钟100～120步较适宜，不宜太快或太慢，特殊情况除外。

---

① 佚名. 从坐姿看心理反应[J]. 医药保健杂志，2006(3).

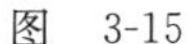

图 3-15

图 3-16

图 3-17

(6) 步态

走路的姿态应有韵律感,同时具有较好的柔韧性。上体正直挺拔,步伐有力而富有弹性,双臂摆动轻松自如。

2. 常用走姿介绍

根据不同环境,走路姿态也有所不同。下面介绍最常见的几种走姿。

(1) 前进式走姿

前进式走姿是方向向前的行走姿势,具体做法是:精神饱满,步态轻盈,步幅适中,速度适宜,如图 3-18 所示。在行进过程中若与人交谈或问候,上体和头部可有适当的转动。

适用场合:适用于所有环境。

(2) 后退式走姿

后退式走姿是方向向后的行走姿势,具体做法是:在后退时,小腿抬起幅度不宜过高,以不拖擦地面为准,步幅应缩小,两腿之间距离要小,重心要平稳,如图 3-19 所示。

适用场合:特定环境中适用,如与人告别时,为表现礼貌,应后撤几步再转身离开等。

(3) 侧行式走姿

侧行式走姿的具体做法是:与前进式走姿基本相同,不同之处在于上体要向左或右转体,面向交谈对象或任务对象,适当加以手势辅助,如图 3-20 所示。

图 3-18

图 3-19

图 3-20

适用场合：特定环境中适用，如引导他人或在较窄地方行进、礼仪服务等。

3. 走姿训练方法

行走姿态必须经过科学训练，进行一定量的练习，才可以形成良好的走姿。

（1）分步骤基本练习

初级训练阶段应采用分解式练习，把走姿分成三个过程训练，即提、迈、落。“提”是指行进腿大腿向上提45°，形成膝盖上提，脚尖向下，如图3-21所示；“迈”是指行进腿以膝盖为轴，大腿保持不动，小腿向前伸长，脚尖稍离地，如图3-22所示；“落”是指行进腿落地，后脚推前脚，重心前移，如图3-23所示。

图 3-21　　图 3-22　　图 3-23

练习时，先分解练习，再整合动作。节奏可以由三拍过渡至两拍，速度由慢到快。

（2）工具辅助练习

为保持走姿的平稳性，可使用“书籍”作为工具辅助练习。要求在行进中将一本厚度适中的书放在头顶中心，头、躯干挺直，自然保持平衡。这种训练方法可以纠正身体出现的不良习惯，如身体左右摇摆、头部晃动等。每次训练控制在20分钟左右。

（3）音乐体验练习

当行走姿态基本正确后，可以配合音乐进行练习。音乐可采用慢速和中速节奏。这种训练方法不仅可以起到调节学习情绪的作用，同时可培养动作的韵律感和表现力，陶冶学习者的艺术素养。

四、蹲姿

俗话说“蹲要雅”，蹲姿是指人体在下蹲时呈现的基本姿势，是站姿的变换动作，也是日常生活中的辅助姿态，人们在低处取物、拾物、整理物品、整理鞋袜等特定的场合或条件下会运用蹲姿，它是人体静态美与动态美的综合。蹲姿要动作美观，姿势轻稳优雅。

1. 蹲姿的基本要求

上身要求与站姿相同，即后背正直，收腹，立腰，挺胸，两眼平视前方，嘴角上扬，面带微笑；腿部动作根据需要进行不同的位置变化，在位置上要注意两腿内侧收紧。

下蹲时要注意身体方位，面对人下蹲或合影留念时，要侧身相向；捡拾物品时，要走到物品左侧蹲下；整理鞋袜或整理低处物品时，可正身下蹲。

下蹲时要注意蹲速，不能太快，速度要适中。

2. 常用蹲姿介绍

根据不同场合和条件，蹲姿主要包括以下三种。

(1) 高低式蹲姿

高低式蹲姿的做法是：两膝一高一低，左脚在前，右脚在后。下蹲时，上体保持正直，左脚全脚着地，右脚脚掌着地，脚跟抬起；右膝低于左膝，两腿内侧相夹，臀部靠在右脚跟处，重心在右腿上，两手交叉放在膝盖上，如图 3-24 和图 3-25 所示。可以做相反方向的动作。男士两腿间可保持适当距离。

图 3-24

图 3-25

(2) 交叉式蹲姿

交叉式蹲姿的做法是：两腿交叉在一起下蹲。下蹲时，右脚在前，左脚在后；右脚全脚着地，小腿垂直于地面，左膝从右膝下方伸出，左脚脚掌着地，脚跟抬起；臀部靠在左脚跟处，两腿夹紧，重心在两腿上，如图 3-26～图 3-28 所示。可以做相反方向的动作。

图 3-26

图 3-27

图 3-28

(3) 单膝点地式蹲姿

单膝点地式蹲姿适用于男士，其特征是双腿一蹲一跪。这是一种非正式的蹲姿，多用于下蹲时间较长或为了用力方便时采用。下蹲后，右膝点地，臀部坐在脚跟之上，以前脚掌着地。另一条腿全脚掌着地，小腿垂直于地面。双膝同时向前，双腿尽力靠拢。西方男士在向女子求婚时采用的就是这种蹲姿。

3. 蹲姿训练方法

要有意识地、主动经常地进行标准蹲姿训练，形成良好习惯。可以运用压腿、踢腿、活动关节等方式加强腿部膝关节、踝关节的力量和柔韧性训练，这是优美蹲姿的基础。

平时在进行蹲姿训练时可以配上优美的音乐，放松心情，减轻单调、疲劳之感。

五、表情

面部是最有效的表情器官，人的面部表情主要表现为眼、眉、嘴、鼻、面部肌肉的变化。这里我们主要介绍一下眼神和微笑。

1. 眼神

俗话说"眼睛是心灵的窗户"，它是人体传递信息最有效的器官，而且能表达最细微、最精妙的差异，显示出人类最明显、最准确的交际信号。据研究，在人的视觉、听觉、味觉、嗅觉和触觉感受中，唯独视觉感受最为敏感，人由视觉感受的信息占总信息的83%。人的七情六欲都能通过眼睛这个神秘的器官显现出来。

【小故事】

老师的眼神

有一则这样的报道：一所重点中学举行百年校庆时，恰逢德高望重的老教师八十寿辰。这位老教师极富传奇色彩，他所教过的学生中，许多已成为蜚声海内外的教授、学者及活跃在时代前沿的IT精英。是什么原因使这位老教师桃李满天下呢？学校决定在百年校庆之际，把这个谜底揭开。于是，记者便对从该校毕业的各位成功人士，即这位老教师的学生做了一个调查，请他们谈一谈老教师的哪方面对他们的人生影响最大。结果，答案令记者等人很吃惊，他们出奇一致地认为，是老师的眼神给了他们前进的动力。因为这位老教师的眼神中时刻都流动着鼓励、肯定与信任，这是一笔不可估量的财富，也给了他们无穷的动力。

眼神礼仪的构成，一般涉及时间、角度、部位、方式等，见表3-1。

表 3-1

项目	眼神礼仪
时间	友好：注视对方的时间应占全部相处时间的约1/3
	关注：比如听报告、请教问题时，则注视对方的时间应占全部相处时间的约2/3
	轻视：注视对方的时间不到全部相处时间的1/3，意味着对其瞧不起或没有兴趣
	敌意：注视对方的时间超过了全部相处时间的2/3，往往表示可能对对方抱有敌意，或是为了寻衅滋事
	兴趣：注视对方的时间长于全部相处时间的2/3以上，还有另一种情况，即对对方本人产生了兴趣

续表

项目	眼神礼仪
角度	平视也叫正视。一般用于在普通场合与身份、地位平等之人进行交往
	侧视是一种平视的特殊情况，即位于交往对象一侧，面向对方，平视着对方
	仰视即主动居于低处，抬眼向上注视他人，适用于面对敬重之人
	俯视即抬眼向下注视他人，一般用于身居高处之时。它可对晚辈表示宽容、怜爱，也可对他人表示轻慢、歧视
部位	注视对方双眼，表示重视对方，但时间不宜过久
	注视对方额头，表示严肃、认真、公事公办，适用于极为正规的公务活动
	注视眼部至唇部，是交际场合面对交往对象时所用的常规方法
	注视眼部至胸部，多用于关系密切的男女间
	注视眼部至腿部，它适用于注视相距较远的熟人，也表示亲近、友善，但不适用于关系普通的异性
	对他人身上的某一部位随意一瞥，可表示注意，也可表示敌意。多用于在公共场合注视陌生之人，但最好慎用
方式	直视即直接地注视交往对象，它表示认真、尊重，适用于各种情况。若直视他人双眼，即称为对视。对视表示自己大方、坦诚，或是关注对方
	凝视是直视的一种特殊情况，即全神贯注地进行注视。它多用以表示专注、恭敬
	盯视即目不转睛，长时间地凝视其人的某一部位。它表示出神或挑衅，故不宜多用
	扫视即视线移来移去，注视时上下左右反复打量。它表示好奇、吃惊，也不可多用，对异性尤其应禁用
	睨视又叫睥视，即斜着眼睛注视。它多表示怀疑、轻视，一般应当忌用。与初识之人交谈时，尤其应当忌用
	眯视即眯着眼睛注视。它表示惊奇、看不清楚，模样不大好看，故也不宜采用
	环视即有节奏地注视着不同的人员或事物。它表示认真、重视，适用于同时与多人打交道，表示自己“一视同仁”
	他视即与某人交谈时不注视对方，反而望着别处。它表示胆怯、害羞、心虚、反感、心不在焉，是不宜采用的一种眼神

【小贴士】

丰富的眉语

眉语十分丰富，仅眉毛的表情动作就有20余种，可以表达出不同的语义，见表3-2。在人际交往中，为了体现良好的教养，保持优美的形象，双眉应在自然平直的状态，不要皱眉、挑眉、改变眉的位置。

表 3-2

动作	语义	动作	语义
扬眉	喜悦	横眉	轻蔑
展眉	宽慰	皱眉	为难

续表

动作	语义	动作	语义
飞眉	兴奋	锁眉	忧愁
喜眉	欢愉	挤眉	戏谑
竖眉	愤怒	低眉	顺从

【小贴士】

眼神的训练方法

训练前做好如下准备：每人一面小镜子、播放器材、优秀影视剧中的演员和节目主持人通过眼神表达内心情感的影像资料等。

以下方法坚持天天训练，不要间断，必使目光明亮有神。

① 睁大眼睛训练：有意识地练习睁大眼睛的次数，增强眼部周围肌肉的力量。

② 转动眼球训练：头部保持稳定，眼球尽最大的努力向四周做顺时针和逆时针360°转动，增强眼球的灵活性。

③ 视点集中训练：点上一支蜡烛，视点集中在蜡烛的火苗上，并随其摆动，坚持训练可使目光集中、有神，眼球转动灵活。

④ 目光集中训练：眼睛盯住3米左右的某一物体，先看外形，逐步缩小范围到物体的某一部分，再到某一点，再到局部，再到整体。这样可以提高眼睛明亮度，使眼睛十分有神。

⑤ 影视观察训练：观看录像资料，注意观察和体会优秀影视剧中的演员和节目主持人是如何通过眼神表达内心情感的。

⑥ 训练时可以配上优美的音乐，放松心情，减轻单调、疲劳之感。

2. 微笑

微笑是人际交往中最美丽的语言，是公共关系和商务礼仪中的亮点。保持一个微笑的表情、谦和的面孔，是表示自己真诚、守礼的重要途径。微笑是有自信心的表现，是对自己的魅力和能力抱积极的态度。微笑可以表现出温馨、亲切的表情，能有效地缩短双方的距离，给对方留下美好的心理感受，从而形成融洽的交往氛围。面对不同的场合、不同的情况，如果能用微笑来接纳对方，可以反映出良好的修养和诚挚的胸怀。礼仪微笑如图3-29所示（选自http://www.sd.xinhuanet.com/news/2016-12/25/c_1120182442_3.htm）。

图 3-29

【小故事】

今天你对客人微笑了吗

美国的希尔顿酒店享誉世界，回头客众多，秘诀就在于微笑服务。其创始人康纳·希尔顿在50多年里，不断到世界各地的希尔顿酒店视察，他经常问员工的一句话就是：“今天你对客人微笑了吗?”并要求他们记住一个信条：无论酒店本身遇到何种困难，希尔顿酒店员工脸上的微笑永远是属于顾客的阳光。

【小贴士】

微笑的十大好处

世界著名的保险业精英，被称为“推销之神”的日本的原一平对微笑有非常深刻的认识，他积累自己50年的经验，总结了微笑的十大好处。

① 笑把你的友善和关怀有效地传达给准客户。

② 笑能拆除你与准客户之间的“篱笆”，敞开双方的心扉。

③ 笑使你的外表更迷人。

④ 笑可以消除双方的戒心与不安，以打开僵局。

⑤ 笑能消除自卑感。

⑥ 你的笑能感染对方也笑，创造出和谐的交谈基础。

⑦ 笑能建立准客户对你的信赖感。

⑧ 笑能除去自己的哀伤，迅速地重建自信。

⑨ 笑是表达爱意的捷径。

⑩ 笑会增进活力，有益健康。

原一平经常苦练微笑，经过刻苦训练，他的笑达到了炉火纯青的地步，被誉为“价值百万美元的笑容”，因为他的年薪就是100万美元。他的笑能散发出无比诱人的魅力。

在职场中做到有正确的微笑，具体要注意以下几点。

(1) 把握微笑的时机

在与对方交谈中，最好的微笑时机是在与对方目光接触的瞬间展现微笑，这样能够促进心灵的友好互动。

(2) 把握微笑的层次变化

微笑有很多层次，有浅浅一笑、眼中含笑，也有哈哈大笑。在整个交谈过程中，微笑要有收有放，在不同时候使用不同的笑。如果一直保持同一层次的笑，表情就会显得僵硬、呆板，被对方认为是傻笑。

(3) 注意微笑维持的时间长度

微笑的最佳时间长度以不超过3秒钟为宜，时间过长会给人假笑或不礼貌的感觉，过短则会给人皮笑肉不笑的感觉。

(4) 根据场合而定

微笑的表情很有讲究，不同的场合适合不同深度的微笑，不同的笑，也可以显示出不同的思想态度和感情色彩，产生不同的影响。在与别人交谈中，放声大笑或傻笑，都是非常失礼的，工作中把握好微笑的尺度，更能显示出你的内在修养。

【小贴士】

正式场合笑的禁忌

在正式场合笑的时候，应力戒以下几种“笑”。

① 假笑即笑得虚假，皮笑肉不笑。

② 冷笑是含有怒意、讽刺、不满、无可奈何、不屑于、不以为然等意味的笑。这种笑，非常容易使人产生敌意。

③ 怪笑即笑得怪里怪气，令人心里发麻。它多含有恐吓、嘲讽之意，令人十分反感。

④ 媚笑即有意讨好别人的笑。它不是发自内心，而来自一定的功利性目的。

⑤ 怯笑即害羞或怯场的笑。例如，笑的时候，以手掌遮掩口部，不敢与他人进行目光交流。

⑥ 窃笑即偷偷地笑。多表示扬扬自得、幸灾乐祸或看他人的笑话。

⑦ 狞笑即笑时面容凶恶。多表示愤怒、惊恐、吓唬他人。此种笑容丝毫没有美感可言。

(5) 微笑要自然

有人指出，中国的礼仪习惯是笑不露齿；也有很多礼仪培训教材提出，微笑要露出6～8颗牙齿。其实微笑是一种个性化的表情，不应该以技术化、标准化的形式加以规定，对微笑要求表现得整齐划一是不符合礼仪之美的。职业人士进行微笑训练，不是尝试露出几颗牙齿，嘴角上提到几度位置，眼睛变化呈哪种形状，而是要发现自己最美的每一个瞬间，展现出独特的气质，自信、勇敢、自然、真诚地去微笑。微笑的美在于文雅、适度、亲切自然。微笑要诚恳和发自内心，做到“诚于中而形于外”，只有调整好自己的心态才能够表现出表里如一的微笑，切不可故作笑颜，假意奉承。在生活中用善良、包容的心对待他人，用敬业奉献的热情对待工作，微笑就是自然甜美的。

(6) 微笑要协调

微笑时要调动多部位器官协调动作，形成微笑的表情。微笑一般要注意以下四个结合。

① 口眼结合。要口到、眼到、神色到，笑眼传神，微笑才能扣人心弦。

② 笑与神、情、气质相结合。这里讲的“神”就是要笑得有情入神，笑出自己的神情、神色、神态，做到情绪饱满、神采奕奕；“情”就是要笑出感情，笑得亲切、甜美，反映美好的心灵；“气质”就是要笑出谦逊、稳重、大方、得体的良好气质。

③ 笑与语言相结合。语言和微笑都是传播信息的重要符号，只有注意微笑与美好语言相结合，声情并茂，相得益彰，微笑才能发挥出它应有的特殊功能。

④ 笑与仪表、举止相结合。以笑助姿、以笑促姿，形成完整、统一、和谐的美。尽管微笑有其独特的魅力和作用，但若不是发自内心的、真诚的微笑，那将是对微笑的亵渎。有礼貌的微笑应是自然的、坦诚的，内心真实情感的表露，否则强颜欢笑，假意奉承的“微笑”则可能演变为“皮笑肉不笑”“苦笑”。如拉起嘴角一端微笑、使人感到虚伪；吸着鼻子冷笑，使人感到阴沉；捂着嘴笑，给人以不自然之感，这些都是失礼之举。

【小贴士】

微笑的训练方法

训练前做好以下准备：筷子、小镜子(每人一面)、播放器材、优秀影视剧中的演员和节目主持人微笑的影像资料等。训练方法具体如下。

(1) 口咬筷子法。把筷子横着含在嘴里咬住,嘴角斜着往两边走,发"一"的声音。同时,对着镜子不断调整自己的表情。如图 3-30 所示(选自 http://www.ixinwei.com/newshow.aspx?DevPage=1&id=35444)。

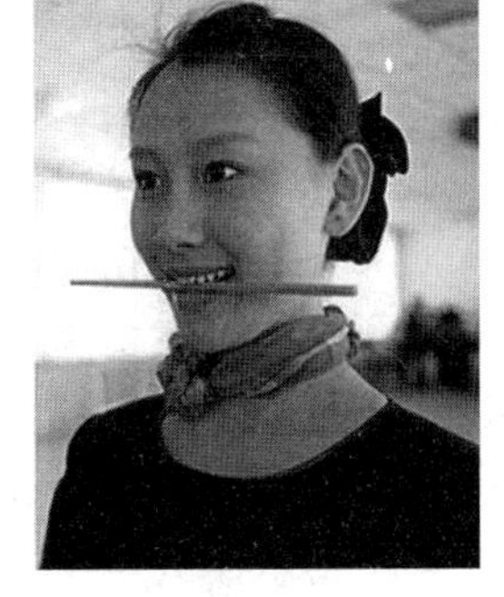

图 3-30

(2) 情绪记忆法。将自己生活中令自己最开心的情绪储存在记忆中,当需要微笑时,只要想起那件事情,脸上就会流露出笑容。

(3) 口形练习法。练习微笑时,嘴里可以发出"一""七""茄子"或"威士忌"等音,并注意保持此种口形。

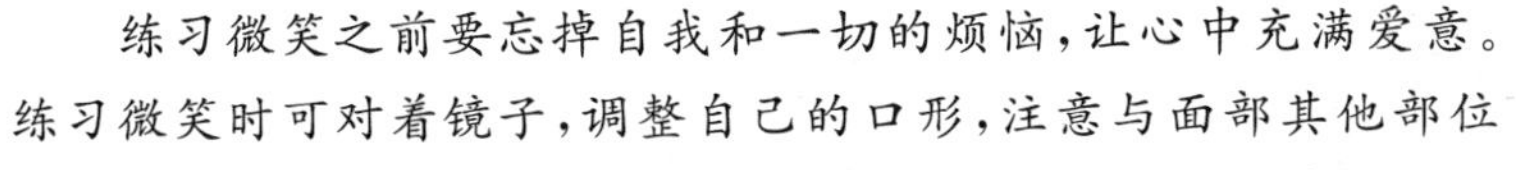

练习微笑之前要忘掉自我和一切的烦恼,让心中充满爱意。练习微笑时可对着镜子,调整自己的口形,注意与面部其他部位和眼神的协调,做最使自己满意的微笑表情。训练过程中可配上优美的音乐,放松心情,减轻单调、疲劳之感。

六、手势

手是人体上最富灵性的器官,如果说"眼睛是心灵的窗户",那么手就是心灵的触角,是人的第二双眼睛。手势在传递信息、表达意图和情感方面发挥着重要作用。

手的"词汇"量是十分丰富的。据语言专家统计,表示手势的动词有近 200 个。"双手紧绞在一起",显示的意义是精神紧张。用手指或笔敲打桌面,或在纸上涂画,显示出的是不耐烦、无兴趣。搓手常表示人们对某事结局的急切期待心理。在经济谈判中这种手势可以告诉对手或对手告诉你在期待着什么。伸出并敞开双掌,会给人以言行一致、诚恳的感觉。掌心向下的手势表示控制、压制,带有强制性,易产生抵触情绪。谈话时掌心向上的手势表示谦虚、诚实,不带有任何威胁性。双臂交叉在胸前暗示一种敌意和防御的态度。塔尖式手势,把十指端相触撑起呈塔尖式,这种手势表示若再伴之以身体后仰,则显得高傲。用手支着头,显示的意义是不耐烦、厌倦。用手托摸下巴,说明老练、机智。用手不停地磕烟灰,表明内心有冲突和不安。突然用手把没吸完的烟掐灭,表明紧张地思考问题等。又如招手致意、挥手告别、握手友好、摆手回绝、合手祈祷、拍手称快、拱手答谢(相让)、抚手示爱、指手示怒、颤手示怕、捧手示敬、举手赞同、垂手听命等动作都与手有关,可见,丰富的手势语在人们交往间是不可缺少的。在社会交往中,手势有着不可低估的作用,生动形象的有声语言再配合准确、精彩的手势动作,必然能使交往更富有感染力、说服力和影响力。

1. 手势活动的范围

手势活动的范围有上、中、下三个区域。此外,还有内区和外区之分。肩部以上称为上区,多用来表示理想、希望、宏大、激昂等情感,表达积极肯定的意思;肩部至腰部称为中区,多表示比较平静的思想,一般不带有浓厚的感情色彩;腰部以下称为下区,多表示不屑、厌烦、反对、失望等,表达消极否定的意思。

2. 手势的类型

(1) 情意性手势

情意性手势主要用于带有强烈感情色彩的内容，其表现方式极为丰富，感染力极强。比如说“我非常爱她”时，用双手捧胸，以表示真诚之情。

(2) 象征性手势

象征性手势主要用于表示一些比较复杂的感情和抽象的概念，从而引起对方的思考和联想。例如，把大军乘胜追击的场面，用右手五指并齐，并用手臂前伸这个手势来形容，象征着奋勇进发的大军，就能引起观众的联想。

(3) 指示性手势

指示性手势主要用于指示具体事物或数量，其特点是动作简单，表达专一，一般不带感情色彩。如当讲到自己时，用手指向自己；谈到对方时，用手指向对方。

(4) 形象性手势

形象性手势主要作用是模拟事物的形状，以引起对方的联想，给人一种具体明确的印象。如说到高山，手向上伸；讲到大海，手平伸外展。

3. 手势的原则

手势语能反映复杂的内心世界，但运用不当，便会适得其反，因此在运用手势时要注意几个原则。首先，要简约明快，不可过于繁多，以免喧宾夺主；其次，要文雅自然，因为拘束低劣的手势，会有损于交际者的形象；再次，要协调一致，即手势与全身协调，手势与情感协调，手势与口语协调；最后，要因人而异，不可能千篇一律地要求每个人都做几个统一的手势动作。

4. 常见的手势

(1) 引领的手势

在各种交往场合都离不开引领动作，如请客人进门、请客人坐下、为客人开门等，都需要运用手与臂的协调动作，同时，由于这是一种礼仪，还必须注入真情实感，调动全身活力，使心与形体形成高度统一，才能做出色彩和美感。引领动作主要有以下几个表现形式。

第一，横摆式。以右手为例：将五指伸直并拢，手心不要凹陷，手与地面成45°角，手心向斜上方。腕关节微屈，腕关节要低于肘关节。做动作时，手从腹前抬起，至横膈膜处，然后，以肘关节为轴向右摆动，到身体右侧稍前的地方停住。同时，双脚形成右丁字步，左手下垂，目视来宾，面带微笑。这是在门的入口处常用的谦让礼的姿势。横摆式引领手势如图3-31所示。

图 3-31

第二，曲臂式。当一只手拿着东西，扶着电梯门或房门，同时要做出“请”的手势时，可采用曲臂手势。以右手为例：五指伸直并拢，从身体的侧前方，向上抬起，至上臂离开身体的高度，然后以肘关节为轴,手臂由体侧向体前摆动,摆到手与身体相距 20 厘米处停止,面向右侧,目视来宾。曲臂式引领手势如图 3-32 所示。

第三,斜下式。请来宾入座时,手势要斜向下方。首先用双手将椅子向后拉开,然后,一只手曲臂由前抬起,再以肘关节为轴,前臂由上向下摆动,使手臂向下呈一斜线,并微笑点头示意来宾。斜下式引领手势如图 3-33 所示。

图 3-32

图 3-33

(2) 招呼他人

要领是:手放于体侧,手臂伸直在一条直线上,向前向上抬起,手掌向下,屈伸手指作搔痒状或晃动手腕。招呼他人手势如图 3-34 所示。这种手势在中国、欧洲的大部分地区以及拉丁美洲的许多国家都比较适用,但在美国、日本等国却与此相反,他们用掌心向上,手指向内屈伸手指作搔痒状或晃动手腕招呼别人,而在中国、南斯拉夫和马来西亚等国,这种手势却是用来召唤动物的。

(3) 挥手道别

要领是:身体要站直,不晃动,目视对方。手臂伸直,呈一条直线,手放在体侧,向前向上抬至与肩同高或略高于肩,手臂不可弯曲,掌心朝向对方,指尖朝向上方,五指并拢,手腕晃动。挥手道别手势如图 3-35 所示。

图 3-34

图 3-35

(4) 指引方向

要领是:当有人询问去处时,要先行站直,不可尚未站稳或在行走中指引方向。手臂伸直在一条直线上，五指并拢，手掌翻转到掌心朝上，与肩平齐，直指准确方向。目光要随着手势走，指到哪里看到哪里，否则易使对方迷惑。指引方向后，手臂不可马上放下，要保持手势顺势送出几步，应体现对他人的关怀和尊敬。指引方向手势如图 3-36 所示。

（5）递接物品

要领是：双手递送、接取物品，不方便双手时，也可用右手，但绝不可单用左手。双方距离比较远时，应起身站立，主动走近对方递送或接取物品。递送时最好直接递至对方手中并且要方便对方接取。递送有文字、图案、正反面的物品时，要正面向上且朝向对方；接取物品时，要缓而且稳，不要急欲抢取，如图 3-37 所示。递送带尖、带刃或其他易于伤人的物品时，应使其朝向自己或朝向他处，切不可朝向对方，如图 3-38 所示。

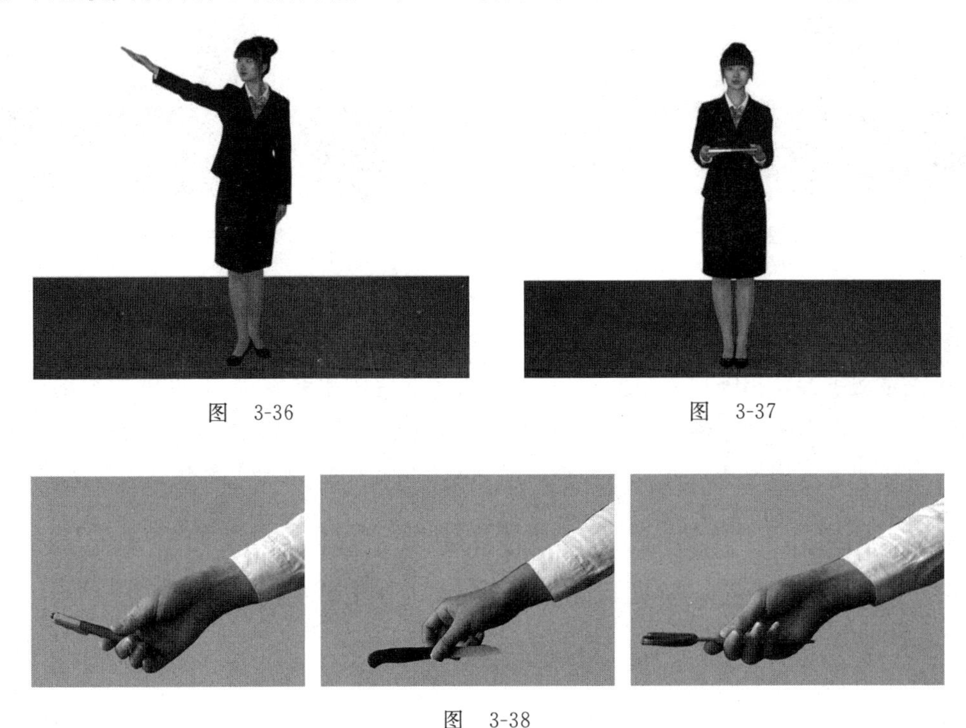

图 3-36

图 3-37

图 3-38

（6）展示物品

要领是：应使物品在身体的一侧展示，不要挡住本人头部。展示的位置不同表明物品的意义不同：当手持物品高于双眼之处时，适用于被人围观时采用；当手持物品位于眼睛下方，胸部上方，双臂横伸时，自肩至肘部以内时，给人以放心、稳定感；当手持物品位于眼睛下方，胸部上方，双臂伸直时在肘部以外时，给人以清楚感，通常在这个位置展示想让对方看清楚的物品；当手持物品位于胸部以下，给人以漠视感，通常展示不太重要或不太明显的物品时采用。展示物品手势如图 3-39

图 3-39

所示。

(7) 鼓掌

鼓掌是在观看文体表演、参加会议、迎候嘉宾时表示赞赏、鼓励、祝贺、欢迎等情感的一种手势。

要领是：以右手掌心向下有节奏地拍击左掌，不可左掌向上拍击右掌；不可右掌向左，左掌向右，两掌互相拍击。鼓掌时间要长短相宜，5～8 秒为宜。

5. 常见手势语

(1) OK 的手势

拇指和食指合成一个圆圈，其余三指自然伸张形成 OK 的手势，如图 3-40 所示。这种手势在西方某些国家比较常见，但应注意在不同国家其语义有所不同，如美国表示“赞扬”“允许”“了不起”“顺利”“好”；在法国表示“零”或“无”；在印度表示“正确”；在中国表示“零”或“三”两个数字；在日本、缅甸、韩国则表示“金钱”；在巴西则是“引诱女人”或“侮辱男人”之意；在地中海的一些国家则是“孔”或“洞”的意思，常用此来暗示、影射同性恋。

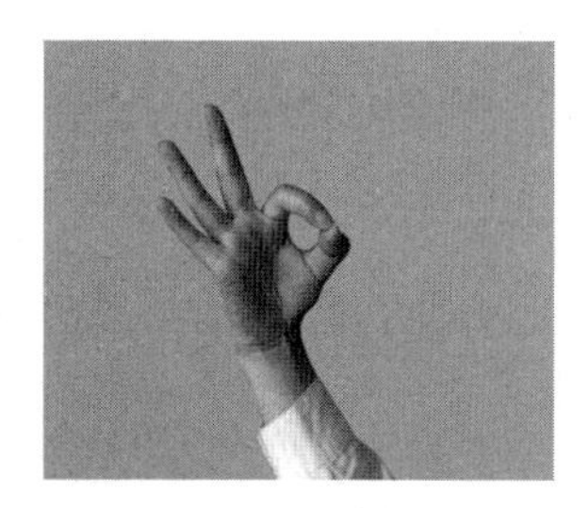

图 3-40

【小故事】

OK 手势闹出笑话

礼仪专家李荣建曾因为 OK 手势闹出笑话。他在上中学的时候，由于学校修路把侧门关闭了，就要绕很远去上课。有一次眼看就要迟到了，于是他决定翻墙进去，但学校明令禁止跳墙，经常派保安埋伏在墙下。他正犹豫不决的时候，看见一位同学刚好经过。隔着栅栏门，他小声问：“墙底下有没有保安？”那位同学四下看看，也不说话，只是冲他做了一个 OK 的手势。他一见很高兴，如武林高手一般，攀住墙头，“噌”地一下翻了过去。就在他双脚落地之时，3 个保安过来将他团团围住，二话不说，把他带到了保卫处。回到教室，李荣建十分生气地问那位同学：“明明墙底下有 3 个保安，你怎么做 OK 的手势来骗我？”那位同学也十分气愤地说：“你是真傻还是装傻呀？我这是中国手势，意思是墙下有 3 个保安！”可见，同一种手势在不同的地方就会有不同的含义，甚至不同的手势却是表示相同的含义。

(2) 伸大拇指手势

大拇指向上，在说英语的国家多表示 OK 之意或是打车之意；若用力挺直，则含有骂人之意；若大拇指向下，多表示坏、下等之意。在我国，伸出大拇指这一动作基本上是向上伸表示赞同、一流、好等，向下伸表示蔑视、不好等之意。伸大拇指手势如图 3-41 所示。

(3) V 字形手势

伸出食指或中指，掌心向外，其语义主要表示胜利(英文 Victory 的第一个字母)，掌心向内，在西欧表示侮辱、下贱之意。这种手势还时常表示“二”这个数字。V 字形手势如图 3-42 所示。

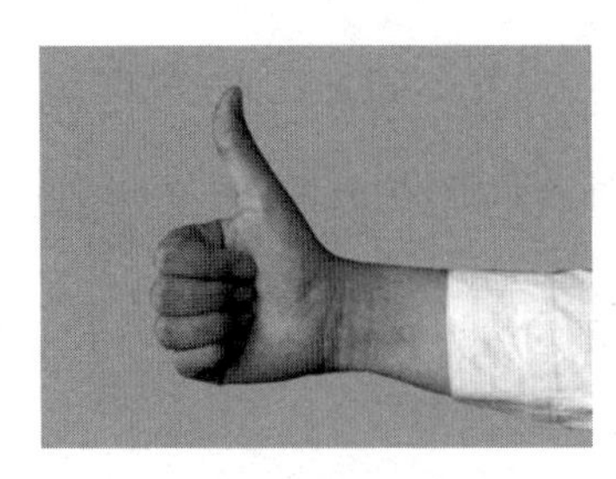
图 3-41

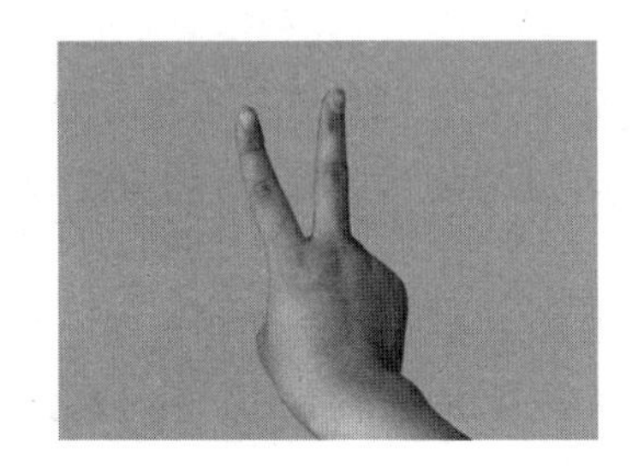
图 3-42

【小故事】

小明的手势

小明刚上三年级，这天他考数学，考得挺好。放学回到家，他90多岁的太奶奶就问他："今天考得咋样啊？"他说考得挺好，冲太奶奶做了个V字形手势，他太奶奶哪懂得洋手势的意思呀，说道："哦，这孩子学习不行，考了个'鸭巴子'"。"鸭巴子"是方言，就是指得了2分，鸭子的形状不是像阿拉伯数字2嘛。第二天放学，太奶奶又问小明："孩子你今天考得咋样啊？"小明今天考的是语文，他考得也很好，就冲太奶奶做了一个OK的手势，他太奶奶还是不懂这个洋手势的意思，叹了口气，说道："唉，这孩子学习不行，还不如昨天呢，考了个大零蛋！"

（4）伸出食指手势

伸出食指手势在我国以及亚洲一些国家表示"一""一个""一次"等，在法国、缅甸等国家则表示"请求""拜托"之意。在使用这一手势时，一定要注意不要用手指指人，更不能在面对面时用手指着对方的面部和鼻子，这是一种不礼貌的动作，且容易激怒对方。

（5）捻指作响手势

捻指作响手势就是用手的拇指和食指弹出声响，其语义或表示高兴，或表示赞同，或是无聊之举，有轻浮之感。应尽量少用或不用这一手势，因为其声响有时会令他人反感或觉得没有教养，尤其是不能对异性运用此手势，这是带有挑衅、轻浮之举。

（6）不良的手势

手势是人的第二面孔，具有抽象、形象、情意、指示等多种表达功能，服务人员应根据对方的手所表现出的各种仪态，准确判读各种手势所传达出的各种真实的、本质的信息，以更好地完成服务工作。服务人员在使用手势语时，以下几种手势是值得特别重视的，否则，将会给对方传达出不良的信息。

① 指指点点。工作中绝不可随意用手指对服务对象指指点点，与人交谈更不可这样做。指点着别人说话，往往引起他人较大的反感。

【小案例】

错误的数数法

某日，小郑奔赴机场，准备接待当天到达的我国香港地区的客户。小郑笑容可掬地站在机场出口，迎候客户的到来，接着小郑按惯例开始清点人数："1，2，3，4，…"，小郑轻轻地念着，同时用手指点数客户。在接下来的接待中，小郑服务十分周到，但是他发现客户们还是有点不对劲。小郑百思不得其解。

【点评】 在人际交往过程中，应掌握不同情况下手势的正确使用。在清点人数时，可以采用默数的形式，即用目光进行清点，心里默记。本案例中，小郑的行为既不礼貌，也不符合职业道德。

② 随意摆手。在接待服务对象时，不可将一只手臂伸在胸前，指尖向上，掌心向外，左右摆动。这些动作的一般含义是拒绝别人；有时，还有极不耐烦之意。

③ 端起双臂。双臂抱起，然后端在胸前这一姿势，往往暗含孤芳自赏、自我放松或置身度外、袖手旁观、看他人笑话之意。

④ 双手抱头。这一体态的本意是自我放松，但在服务时这么做，则会给人以目中无人之感。

⑤ 摆弄手指。工作中无聊时反复摆弄自己的手指，活动关节或将其捻响，打响指，要么莫名其妙地攥松拳，或是手指动来动去，在桌面或柜台不断敲叩，这些往往会给人不严肃、很散漫之感，让人望而生厌。

⑥ 手插口袋。这种表现会使客人觉得服务人员忙里偷闲，在工作方面并未尽心尽力。

⑦ 搔首弄姿。这种手势，会给人以矫揉造作、当众表演之感。

⑧ 抚摸身体。在工作之时，有人习惯抚摸自己的身体，如摸脸、擦眼、搔头、抠鼻、剔牙、抓痒、搓泥，这会给别人缺乏公德意识，不讲究卫生，个人素质极其低下的印象。

⑨ 勾指手势。请他人向自己这边过来时，用食指或中指竖起并向自己怀里勾，其他四指弯曲，示意他人过来，这种手势有唤狗之嫌，对人极不礼貌。

【课堂训练】

两人一组进行训练，练习运用不同的手势（手势语），互相纠正不雅观或者不正确的地方。

思考练习

1. 应从哪些方面训练自己的仪态，使自己的仪态符合礼仪规范要求？
2. 请检查自己仪态的各个方面是否存在不符合礼仪规范的地方并加以纠正。
3. 案例分析。

一、面试的表现

一次，有位老师带着三位毕业生同时去应聘一家酒店总台接待职位，面试前老师怕学生面试时紧张，同人事部经理商量让三位同学一起面试。三位同学进入人事部经理的办公室时，经理上前请三位同学入座。当经理回到办公桌前，抬头一看欲言又止，只见两位同学坐在沙发上，一个架起二郎腿而且两腿不停地抖动，另一个身子松懈地斜靠在沙发一角，两手攥握手指咯咯作响，只有一位同学端坐在椅子上等候面试，人事部经理起身非常客气地对两位坐在沙发上的同学说："对不起，你们的面试已经结束了，请退出。"两位同学四目相对，不知何故，面试怎么还没开始就结束了呢？

讨论题：

(1) 面试怎么还没开始就结束了呢？请分析其中的原因。

(2) 本案例对你有哪些启示？

二、用微笑沟通心灵

今年28岁的孟昆玉是北京西城区和平门岗的一位普通交警，凡是从这个十字路口经过的人，几乎第一感觉都是他的微笑。他的微笑不仅是他的一张"名片"，而且成为他工作中与司机有效沟通的"秘密武器"。孟昆玉参加工作8年来，每天都把笑容挂在脸上，用微笑化解矛盾，赢得理解，建立了非常和谐的警民关系，工作8年没有一起投诉，他不仅获得了"微笑北京交警之星""百姓心中好交警""首都五一劳动奖章"等荣誉称号，而且还被广大网友盛赞为"京城最帅交警"。

警察，在人们心目中一般都是很严肃的。而孟昆玉，一个年轻的"80后"交警，何以有这样好的心态，能保持8年如一日的微笑呢？孟昆玉说："从参加工作以来，我的口头语就是'您好'。无论是路面上还是在单位见到同志，我觉得一个微笑，一个'您好'，就能够拉近人和人之间的距离，如果你给司机一个微笑，一个敬礼，一个'您好'，就有了沟通的基础。"

是啊，微笑是人类最美的表情，是人们心灵沟通的钥匙。当一个人对你微笑的时候，你能感觉到他心中的暖意，感受到他对你的善意和友好。反之，一个人若总是紧绷着脸，冷若冰霜，就会让人退避三舍，不愿接近。让我们都像孟昆玉一样，用微笑去沟通心灵，让文明成为一种行动，让我们居住的这座城市因你我更加绚烂！①

讨论题：

(1) 结合自身感受谈谈微笑的作用。

(2) 本案例对你有哪些启示？

① 侯爱兵. 用微笑沟通心灵[EB/OL].[2009-10-22]. http://blog.sina.com.cn/s/blog_5a15f4820100fqg6.html.

任务4 形体训练

凡人之动而有节者，莫若舞。疑舞所以动阳气而导万物也。

——(明)朱载堉

形体美胜于颜色美。

——[英]培根

案例导入

限重

印度航空公司在几年前颁布了限制空服人员体重的内规，五名因过重遭禁飞转任地勤的空姐控告航空公司的歧视性做法。但新德里高等法院已裁定空姐败诉，原因是“过胖不利执行业务”，而且“航空业竞争激烈，企业必须重视员工表现，员工的体态也是表现的主要考量之一”。在我国也经常可以从媒体上看到因为太胖找不到工作的报道，的确，现在越来越多的企业开始重视员工的形体美。那么，怎样拥有美的形体呢，这正是本任务所要解决的问题。①

任务分析

要有美的形体，关键是要科学地进行形体训练。形体训练是拥有良好体态和气质的重要途径。所谓形体，是指在先天遗传变异和后天获得的基础上所表现出的身体形态上的相对稳定的特征，是包括人的表情、姿态和体形在内的人的外在形象的总和。从一定意义上说，先天遗传对形体起着决定性的作用，同时形体和后天生活条件及科学训练也有密切关系。后天科学的形体训练，可以使个人的优点得到弘扬，不足得到改善，从而使形体变得更美。形体训练是一个有目的、有计划、有组织的过程，不仅能使人获得健康美，而且还能使人获得体形美、姿态美、动作美和气质美。形体训练在现代社会越来越受到人们的重视，成为时尚的运动而吸引了一大批高素质的人士积极参与。

---

① 佚名.健康形体让工作来找你[EB/OL].[2008-10-13]. http://news.91job.com/shownews3397.html.

实训项目

项目名称：形体美训练。

实训目标：运用芭蕾、健美操、交际舞进行形体训练，展现出形体美、气质美。

实训学时：12 学时。

实训地点：形体训练教室。

实训准备：体操服和体操鞋；播放乐曲和播放设备。

实训方法：教师先讲解每个动作的要领和要求及注意事项，在旋律优美的乐曲伴奏下，学生进行模仿练习。学生掌握整套动作后，要持之以恒地坚持经常训练，坚持下来定会有惊人的效果。

知识链接

一、基本动作训练

1. 手臂动作训练

在职场中，执业人员需要运用手臂动作与他人进行沟通和交流。经常做手臂练习可以增强手臂和手指的灵活性和舞蹈表现力，增强手臂的线条感，减去手臂多余的脂肪，特别是大臂的赘肉，对各行业从业人员塑造体态美具有十分重要的意义。

练习时要注意做“小波浪”时，要求手由抓握状到展开手掌呈手指上翘状；做“大波浪”时，眼要随手；“抖手”时手心向身体前方。

预备拍：5～8 拍“双跪坐背手”，如图 4-1 所示。

第 1×8 拍：

1～2 拍右手旁“大波浪”带“双跪立”一次，如图 4-2 所示。

3～4 拍同 1～2 拍动作，左手旁“大波浪”带“双跪立”一次，如图 4-3 所示。

5～6 拍右手向前“大波浪”带“双跪立”一次，如图 4-4 所示。

7～8 拍同 5～6 拍动作，左手向前“大波浪”带“双跪立”一次，如图 4-5 所示。

图 4-1　图 4-2　图 4-3　图 4-4　图 4-5

第 2×8 拍：

1 拍双手胸前“小波浪”一次，如图 4-6 所示。

2 拍胸前“对腕”，向右“倾头”，如图 4-7 所示。

3～4 拍同 1～2 拍动作，向左“倾头”，如图 4-8 和图 4-9 所示。

5～8 拍同 1～4 拍动作。

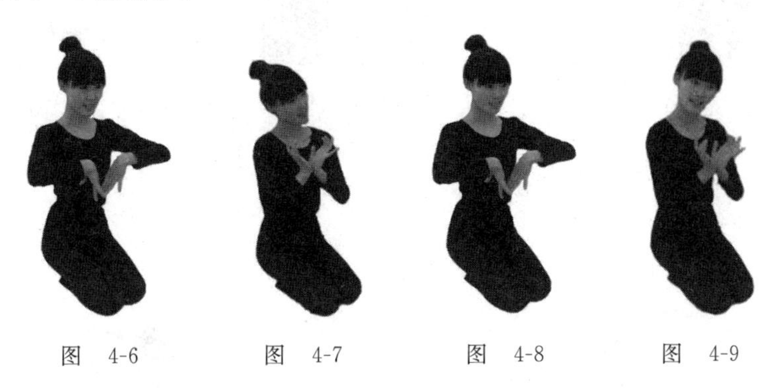

图 4-6　　图 4-7　　图 4-8　　图 4-9

第 3×8 拍：重复 1×8 拍动作。

第 4×8 拍：

1～4 拍重复 2×8 拍的 1～4 拍动作。

5～6 拍双手胸前“小波浪”一次“对腕”，如图 4-10 所示。

7～8 拍双手举至“旁斜上位”，手心向上，如图 4-11 所示。

图 4-10　　图 4-11

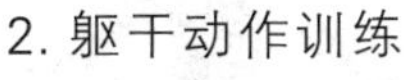

2. 躯干动作训练

经常进行躯干动作训练，学会提气、收腹，可以提高练习者的气质和后背的挺拔度，防止驼背。练习时要注意“弯腰”时骨盆固定不动，上体对正前方；“转腰”时骨盆要固定，以腰为轴，最大限度地向左或向右转动；“前弯腰”时胸腹与腿部贴靠，脊柱尽量拉长；“后弯腰”时两腿并拢，要求头、颈、肩、胸依次向后弯曲，呼吸时要均匀，双手扶地保持与肩同宽，“扩指”手形。

预备拍：5～8 拍“跪坐旁按手”，身向正前方，如图 4-12 所示。

第 1×8 拍：

1 拍左手“折腕”，指尖扶头顶，右手“旁按手”，如图 4-13 所示。

2 拍右“弯腰”，右手扶地，如图 4-14 所示。

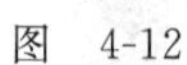
图 4-12

图 4-13

图 4-14

3 拍手不动，身体直立，如图 4-15 所示。
4 拍还原“准备动作”，如图 4-16 所示。
5～8 拍做与 1～4 拍相反的动作。

图 4-15

图 4-16

第 2×8 拍：
1 拍左手至左身旁，右手“旁按手”，如图 4-17 所示。
2 拍向右“转腰”，如图 4-18 所示。
3 拍手不变，身体转回正前，如图 4-19 所示。
4 拍还原准备动作，如图 4-20 所示。
5～8 拍做与 1～4 拍相反的动作。

图 4-17

图 4-18

图 4-19

图 4-20

第 3×8 拍：
1～2 拍“双跪立”，如图 4-21 所示。
3～4 拍用膝盖移动转向右 45°角方向，全身转向 2 点位置，如图 4-22 所示。
5～6 拍“跪坐前旁腰”，双手前伸扶地，如图 4-23 所示。

7～8 拍手不动，呈“伏卧正步位绷脚”状，全身贴地面脸向左侧，如图 4-24 所示。

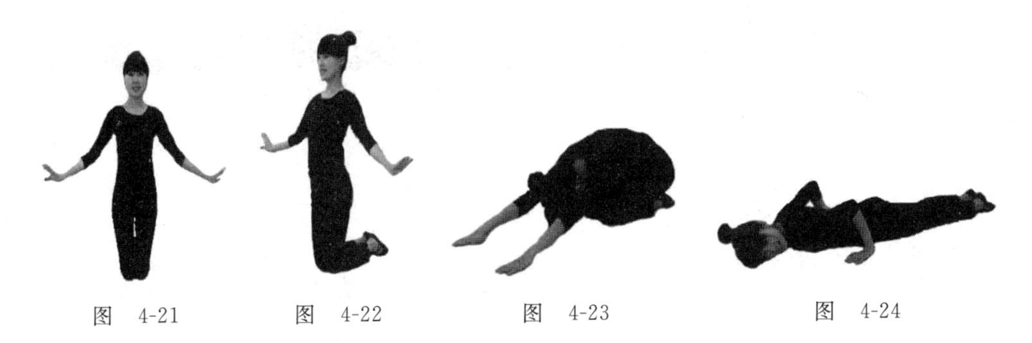

图 4-21　图 4-22　图 4-23　图 4-24

第 4×8 拍：

1～4 拍双手撑地，形成“后旁腰”，如图 4-25 所示。

5～7 拍还原成“伏卧”状，如图 4-26 所示。

8 拍双手伸于头上，全身伏于地面，如图 4-27 所示。

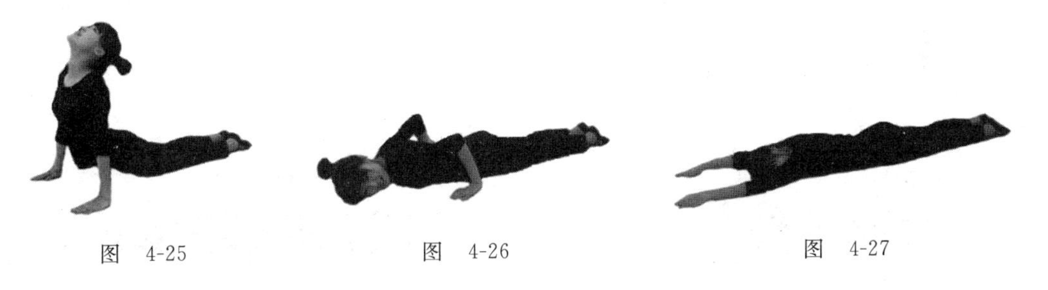

图 4-25　图 4-26　图 4-27

3. 下肢动作训练

经常练习下肢的动作，可以提高腿部肌肉的力量，并修正腿形，防止 O 形和 X 形腿的出现。练习时要注意：手臂向前平伸时，两手距离与肩同宽；“前吸腿”和“后吸腿”时，注意双膝和双脚并拢、“绷脚”；“转体”时，手臂夹耳，保持“正步位绷脚”状态。

预备拍：5～8 拍为正步位绷脚仰卧，手臂向前平伸，头看天空，如图 4-28 所示。

第 1×8 拍：

1～4 拍右脚绷脚并吸腿，如图 4-29 所示。

5～8 拍右前抬腿，如图 4-30 所示。

图 4-28　图 4-29　图 4-30

第 2×8 拍：

1～4 拍右腿还原为吸腿状，如图 4-31 所示。

5～8 拍右侧伸腿并还原，如图 4-32 所示。

图 4-31

图 4-32

第 3×8 拍：
1～4 拍左脚绷脚、吸腿，如图 4-33 所示。
5～8 拍左前方抬腿，如图 4-34 所示。

图 4-33

图 4-34

第 4×8 拍：
1～4 拍左侧还原为吸腿状，如图 4-35 所示。
5～8 拍左伸腿并还原，如图 4-36 所示。

图 4-35

图 4-36

第 5×8 拍：
1～4 拍向右转体呈俯卧状，如图 4-37 所示。
5～8 拍立上身，如图 4-38 所示。

图 4-37

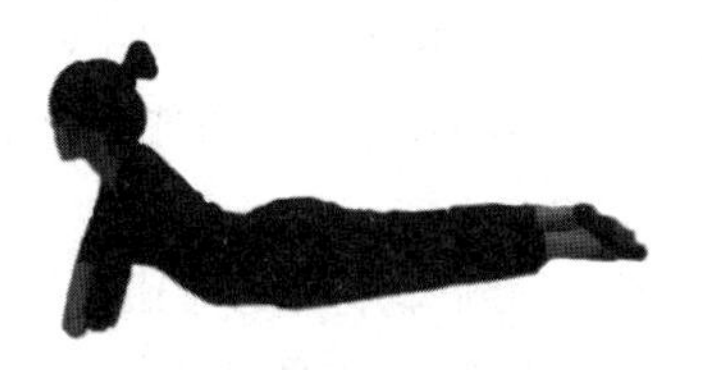
图 4-38

第 6×8 拍：
1～4 拍右腿后吸腿，如图 4-39 所示。
5～8 拍还原，如图 4-40 所示。

图 4-39

图 4-40

第7×8拍：
1～4拍左腿后吸腿，如图4-41所示。
5～8拍还原，如图4-42所示。

图 4-41

图 4-42

第8×8拍：
1～4拍双腿后吸腿，如图4-43所示。
5～8拍还原，如图4-44所示。

图 4-43

图 4-44

4. 形体舞蹈组合

形体训练是以身体练习为基本手段，匀称和谐地塑造人体，增强体质，促进人体形态更加健美的一种运动。通过形体舞蹈组合训练可以提高各行业从业人员的体能素质。练习者在旋律优美的乐曲伴奏下，经常性地进行形体舞蹈组合训练，可使身心得到全面发展，有利于培养健美的体态和高雅的气质，使形体更富有艺术魅力。

练习时要注意：做动作时要提气，眼睛要随着动力手而转，眼到手到；身体下压时注意后背要拉长，不能驼背；“转体”时注意留头（身体开始转动而头留在原方位不动，称为“留头”——编者注），立“半脚掌”。

预备拍：5～8拍右踏步，双臂自然下垂，头朝向2点位置，如图4-45所示。
第1×8拍：
1～2拍右手臂向2点位置抬起，高于头顶，头仰起，眼睛看手，如图4-46所示。
3～4拍右手收回还原为准备动作，如图4-47所示。

图 4-45

图 4-46

图 4-47

5～8 拍重复 1～4 拍的动作。

第 2×8 拍：同 1×8 拍的动作相反。

第 3×8 拍：

1～4 拍左腿屈膝，右腿向 8 点方向伸直绷脚，上身向 8 点方向弯曲，两臂向 8 点方向延伸，眼睛看手，如图 4-48 所示。

5～8 拍两腿伸直的同时左脚尖点地，上身立起，两臂挺直延伸呈顺风旗位，眼睛看左手，如图 4-49 所示。

图 4-48

图 4-49

第 4×8 拍：

1～2 拍重心移向左腿，胯移向左侧，右手臂弯曲，大臂以逆时针方向画立圆，同时右腿收回与左腿并拢，如图 4-50 所示。

3～4 拍右手臂向 2 点方向伸开，如图 4-51 和图 4-52 所示。

5～8 拍右手臂放下。

图 4-50

图 4-51

图 4-52

第 5×8 拍：同 3×8 拍动作相反。

第 6×8 拍：同 4×8 拍动作相反。

第 7×8 拍：

1～2 拍左腿向前伸直绷脚，右腿弯曲，上身向前倾，两臂向前方伸直低头，如图 4-53 所示。

3～4 拍左腿收回同时上身直立，两臂斜上举，如图 4-54 所示。

5～8 拍右腿弯曲，左腿伸直绷脚向左侧滑动，两臂呈顺风旗位，眼睛看右手，如图 4-55 所示。

图 4-53　　图 4-54　　图 4-55

第 8×8 拍：

1～4 拍右腿弯曲，左腿向 2 点方向伸直绷脚，上身向 2 点方向弯曲，左手臂略高于头顶，右手臂略低，向 2 点延伸，眼睛看手的方向，如图 4-56 所示。

5～6 拍左手臂向上抬起，收回左脚并向左转身，如图 4-57 和图 4-58 所示。

7～8 拍还原为 1 点方向（正前方），立直站立，如图 4-59 所示。

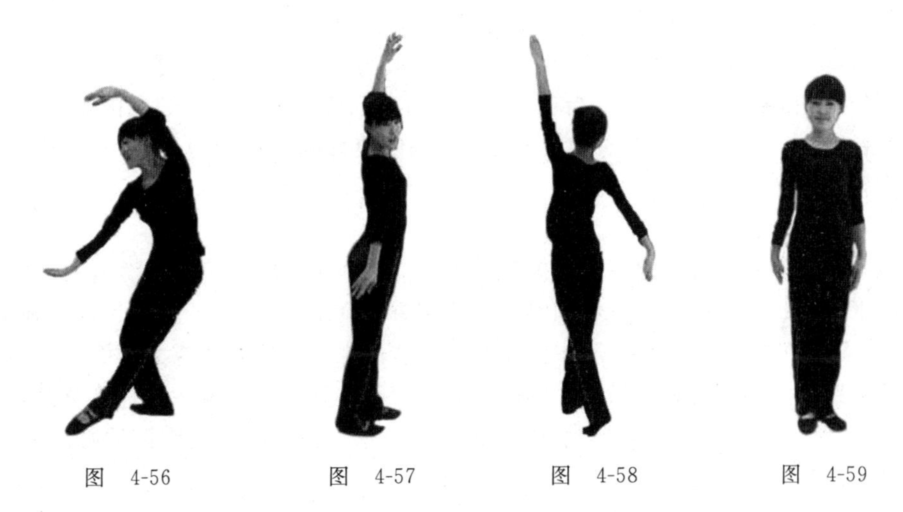

图 4-56　　图 4-57　　图 4-58　　图 4-59

二、芭蕾

1. 芭蕾的发展历程

“芭蕾”在西方剧场舞蹈艺术中占统治地位达 300 余年，至今已历经四个多世纪。中国的芭蕾历史自 1958 年北京舞蹈学校成立引进俄罗斯芭蕾至今，也已有半个多世纪。

芭蕾在数百年的发展过程中演变出多种学派，主要有意大利学派、法兰西学派、俄罗斯学派、丹麦学派和法国学派等。这些学派之间的风格与动作略有差异，如意大利学派手臂基本是直的，但平腕有些下垂；而法国学派肘和平腕都是弯曲的；俄罗斯学派的线条则强调圆弧形等。芭蕾的发展过程是一个日趋成熟和日臻完善的过程。“芭蕾”在其发展过程中经历了五个发展阶段，也称五大发展时期，这就是“早期芭蕾”“古典芭蕾”“浪漫芭蕾”“现代芭蕾”和“当代芭蕾”。这五大时期是以芭蕾在不同的国家形成的发展主流而言的，每个后来的时期都汲取和保留了前一个时期的精彩部分，取其精华，去其糟粕，是对前一个甚至前几个时期的继承和发展，而不是简单的否定或取代。芭蕾在其漫长的发展过程中逐渐形成了芭蕾中所特有的脚和手的基本位置、一些固定的舞姿以及相应的美学原则。

2. 芭蕾的基础元素

芭蕾的基础训练以科学性、规范性、严谨性为特点，芭蕾舞通过对“开、绷、直、立”等严格的舞蹈磨炼，逐渐形成挺拔、匀称、完美的体态，在意念与感觉的延伸中，使演员们在“气质”上得到培养。芭蕾有一套比较科学的规范要求和训练法则，正是依靠了这些法则，培养出了一大批出类拔萃的优秀舞蹈家，形成了许多著名流派，推出了上百个优秀的舞蹈作品。但不管它如何发展和演变，多年来，芭蕾基础训练中的“开、绷、直、立”是一直要严格遵循的，它是芭蕾的基本元素。

（1）开

芭蕾最基本的审美特征是对外开、伸展、绷直的追求，包括脚的五种基本位置。这五个位置中表现出“向外”的本质，这通常是指两条腿于髋关节处外旋，即“外开”。外开不是人们自然而然形成的动作习惯，但对于一种发源于皇家宫廷中的、极具贵族风格的舞蹈来说，“外开”的特征却是必不可少的，各种舞姿的跳跃、旋转和转身，各种舞步和连接等一系列的动作，都要求其具有“外开”的特征。例如，做单腿旋转动作时，腾空腿就必须是外开的，而不能出现勾脚和绷脚现象，否则就会丧失本来具有的高雅气质。“外开”是构成古典芭蕾风格的基本要素，训练舞蹈者的外开性功能，不仅可以使舞蹈者的造型美观，气质优雅，而且为舞蹈中很多技巧的完成奠定基础。

（2）绷

绷也是芭蕾的基本要素之一。在基础训练中，绷脚是教师经常提醒学员的话题之一。一般情况下，腿只要离开地面，就必须绷脚。绷脚有两个重要作用，一是毫无疑问地延长了腿的长度，强化了腿的流线型的美；二是绷脚训练能使踝关节得到强有力的锻炼，增强了踝关节以下到趾关节的能力和灵敏性。绷脚必须从踝关节开始把力量一直贯入脚趾，让脚趾去找脚心，实际上脚背脚趾绷得越紧，腿部膝盖也会越收紧。一个舞蹈演员必须反复地进行绷脚练习，在绷脚中寻找芭蕾基础训练的真谛。

（3）直

在基础训练中要求人体的直有两个目的：一是从精神气质角度，要求身体挺拔直立，不能塌腰凸臀，不能挺胸叠肚，也包括腿在需要直的时候，必须收紧膝盖，绷直脚背，使人有一种精神倍增、赏心悦目的潇洒、帅气和高雅的气质，给人一种朝气蓬勃的青春美的享受；二是从技能技术训练的角度，在任何情况下，上身因舞姿造型的需要而出现离开轴心线的动作时，人体的重心必须严格保持垂直，重心的垂直是人体在直立状态下的必需，唯有这样才能保证动作的稳定性，人在舞蹈中身体的形态是千变万化的，只有在动作中不断地调整重心，才能使身体的重心始终保持垂直，去完成一些旋转和高难度的技巧动作。

(4) 立

在基础训练中强调最多的就是“立”了。芭蕾的美就是建立在直立基础上的，只有先找到立，才能完成更高更美的技巧和艺术表现。“立”是在直的基础上的升华，是从形体美到舞蹈美的整体概念。首先“立”是一种延伸感，是指身体要拉长，在训练中脚用力踩向地面，脖子向上拉伸，找一种立地顶天的感觉，是一种轻盈、敏捷和精神气质的美。其次是指腰椎到颈椎部位的立，这是“立”的真髓，因为从腰椎到颈椎这一部位是躯体中活动范围最大的部位。只有把这一部位控制住，才能够真正立起来，也就不会出现松腰、懈胯的现象了。①

3. 芭蕾手位和脚位训练

手的位置从一位到七位，两手臂始终要保持椭圆形，注意不要让手腕和肘关节下降，手的七个位置运动路线要规范。熟练手的七个位置之后，要头、手、身体各部位协调配合，要体会手位中的内在力量，尤其是后背肌群在动作中起到的平稳、稳定的作用，要运用手的表现能力传情达意。

脚位的开度要保持从大腿根、膝盖、脚腕、脚尖的上下一致。如果胯部不开，脚位可以站大八字或小八字，切忌某个局部开，某个局部关，造成上下扭曲而损伤。五位和三位站立要保持胯部正，不要因为某只脚在前，而一边的胯歪向前。胯不正是因为在前五位或前三位的脚没有伸直而造成的，所以五位和三位站立不但要伸直两膝，而且要夹紧大腿。

(1) 手的位置

手形：手自然放松，中指、无名指和小指并拢，食指外开，拇指自然放松，如图 4-60 所示。

一位：从肩到手指尖在身体前呈椭圆形，手心朝上，两手相距约一只拳头，小指边离大腿约两寸距离，如图 4-61 所示。

二位：保持一位手状态，两手臂向上抬至手心与胃部平行，如图 4-62 所示。

三位：保持二位手状态，两手臂向上抬至头顶斜上方，如图 4-63 所示。

四位：一只手臂保留在三位，另一只手臂从三位回至二位，如图 4-64 所示。

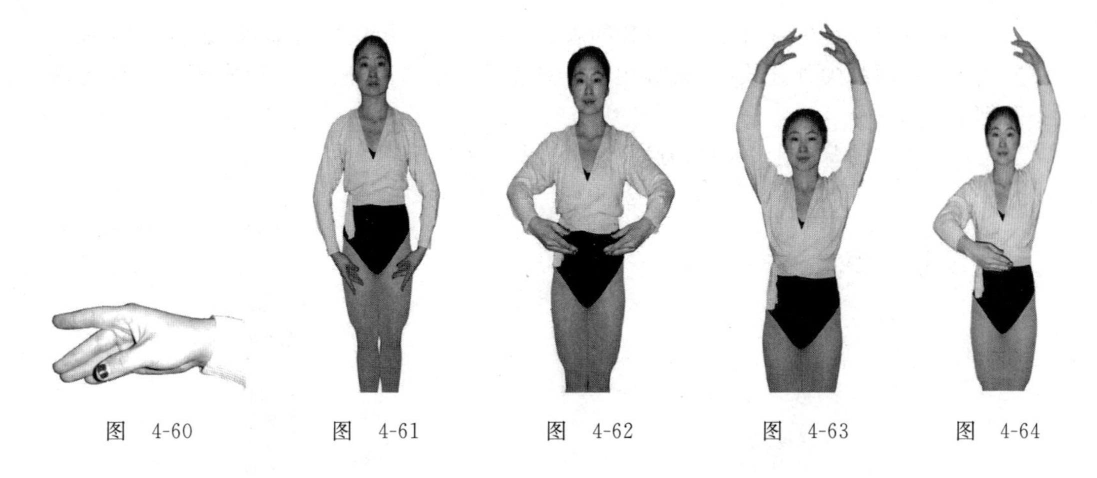

图 4-60　图 4-61　图 4-62　图 4-63　图 4-64

① 岳婷婷. 浅谈芭蕾基础训练及其重要性[J]. 成功(教育)，2009(6).

五位：一只手臂仍保持在三位，二位手臂向旁打开，如图 4-65 所示。

六位：打开到旁的手不动，三位手下到二位，如图 4-66 所示。

七位：打开到旁的手仍不动，二位手打开到旁呈七位，如图 4-67 所示。

图 4-65　　图 4-66　　图 4-67

(2) 脚的位置

一位：两脚脚后跟相靠，两脚脚尖向外打开呈一字形，如图 4-68 所示。

二位：在一位的基础上，两脚脚后跟分开，相距约一只脚的距离，如图 4-69 所示。

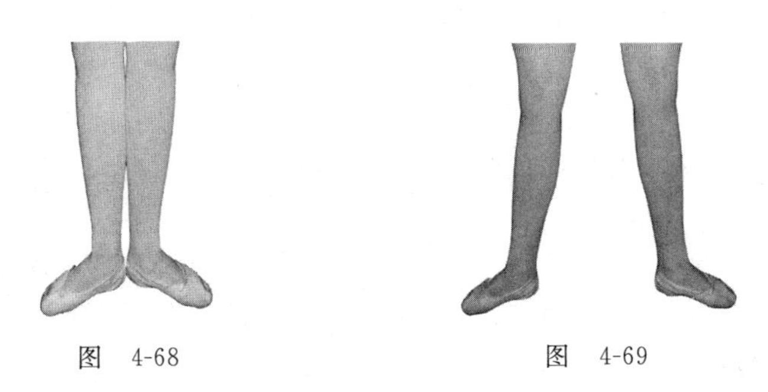

图 4-68　　图 4-69

三位：保持在二位的基础上，一只脚的脚后跟向另一只脚的脚心靠拢，如图 4-70 所示。

四位：保持两脚尖外开状，一只脚在另一只脚的正前方或正后方，形成两条平行线，如图 4-71 所示。

五位：在四位的基础上，两脚合拢并紧，如图 4-72 所示。

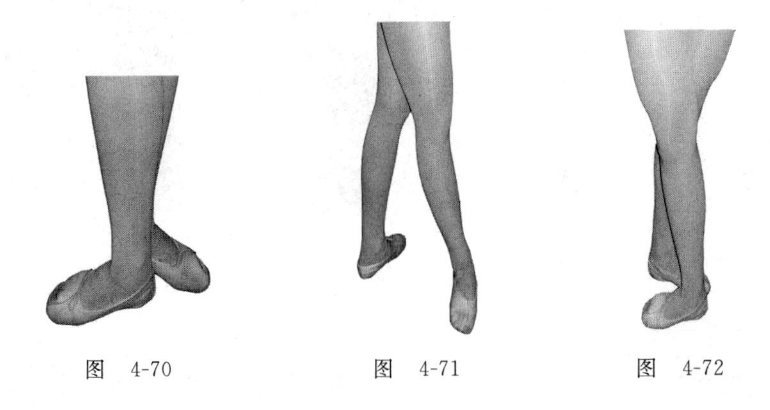

图 4-70　　图 4-71　　图 4-72

4. 擦地训练

(1) 五位擦地的做法

擦地绷脚可以在一位脚和五位脚的位置上向前、向旁、向后方向做。擦地主要通过擦地绷脚背，立脚趾，整条腿向远处、向下延伸，伸展整条腿的肌肉，然后收回。通过擦出收回的不断运动来锻炼腿部力量，尤其是踝关节和脚趾的力量。

① 向前擦地做法。五位站立准备向前擦地，一条腿支撑并固定好重心，另一条腿保持与支撑腿平行状态，沿地面向前擦出，同时脚跟渐渐离地推起脚背，在动作腿不影响支撑腿重心的情况下，尽可能向远处伸展，脚掌点地，将脚背推至最高点。然后再将脚趾向远处伸展立起，用脚趾尖轻轻点地后，再一次收回原位。

② 向旁擦地做法。一条腿支撑并固定好重心，另一条腿向旁沿地面擦出，同时脚跟渐渐离地推起脚背，在不影响支撑腿重心的情况下，动作腿尽可能向远处伸展，脚掌点地，将脚背推至最高点。然后再将脚趾向远处伸展立起，用脚趾轻轻点地后再依次收回原位。

③ 向后擦地做法。一条腿支撑并固定好重心，另一条腿保持与支撑腿平行状态沿地面向后擦出，同时脚跟渐渐离地推起脚背，在不影响支撑腿重心的情况下，动作腿尽可能向远处伸展，脚掌点地，将脚背推至最高点。然后再将脚趾向远处伸展立起，用脚的大脚趾外侧点地，然后依次再收回原位。

(2) 组合练习

共 4 个 8 拍，每次练习动作重复两遍，每次配合动作的播放音乐为 8 个 8 拍，左脚为主力脚，右脚为动力脚。

预备拍：

1～4 拍五位站立，左手扶把，准备向前擦地，如图 4-73 所示。

5～6 拍右手由一位抬至二位，如图 4-74 所示。

7～8 拍右手从二位至七位，如图 4-75 所示。

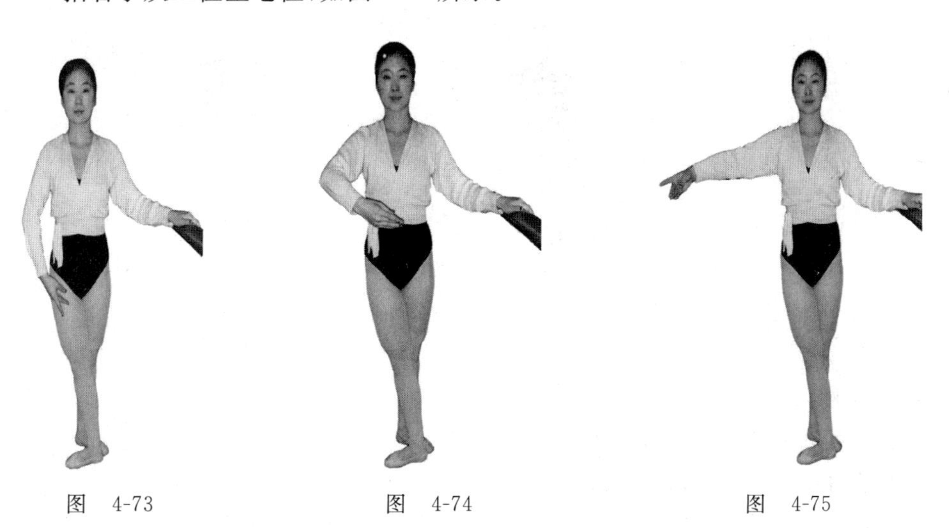

图 4-73　　图 4-74　　图 4-75

第 1×8 拍：

第 2 拍出脚，如图 4-76 所示。

1～2 拍右脚 1 拍时收回至五位，2 拍时向前擦出，如图 4-77 所示。

3～4 拍右脚 3 拍时收回至五位，4 拍时擦出，如图 4-78 所示。

5～7 拍重复 3～4 拍的动作。

8 拍左脚向后擦出，如图 4-79 所示。

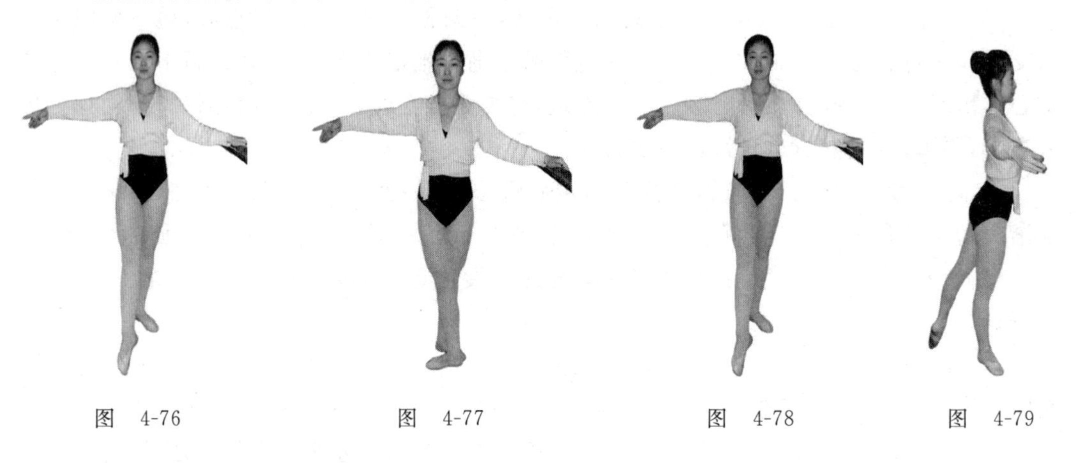

图 4-76　　图 4-77　　图 4-78　　图 4-79

第 2×8 拍：

1～2 拍左脚 1 拍时收回，2 拍时擦出。

3～4 拍左脚 3 拍时收回，4 拍时擦出。

5～6 拍左脚 5 拍时收回，6 拍时擦出，如图 4-80 和图 4-81 所示。

7～8 拍左脚 7 拍时收回，右脚 8 拍时向旁擦出，如图 4-82 所示。

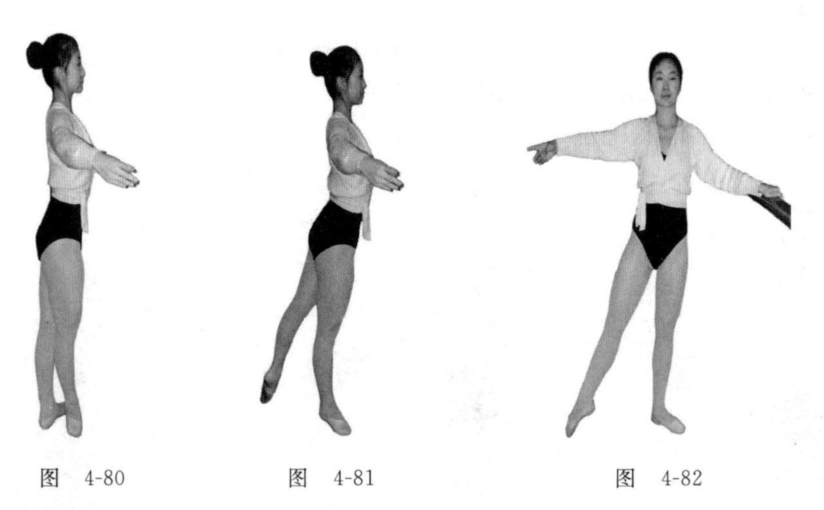

图 4-80　　图 4-81　　图 4-82

第 3×8 拍：

1～2 拍右脚 1 拍时收回，2 拍时擦出。

3～4 拍右脚 3 拍时收回，4 拍时擦出。

5～6 拍右脚 5 拍时收回，6 拍时擦出，如图 4-83 和图 4-84 所示。

7～8 拍右脚 7 拍时收回，8 拍时收至后五位，如图 4-85 所示。

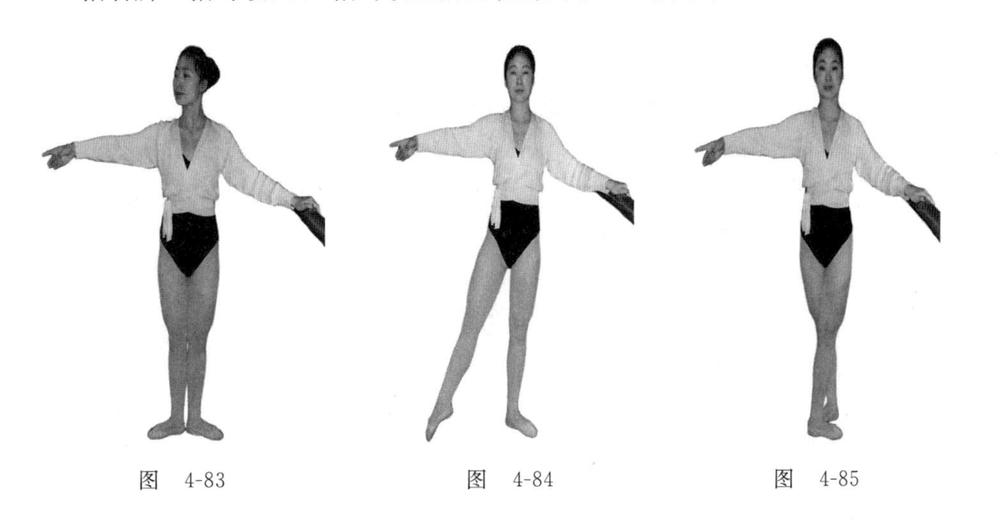

图　4-83　　　　图　4-84　　　　图　4-85

第 4×8 拍：

1～2 拍右脚向旁擦出，如图 4-86 所示。

3～4 拍动力腿压脚跟。

5～6 拍重复 3～4 拍的动作，如图 4-87 和图 4-88 所示。

7～8 拍动力腿收到主力腿前面，呈五位脚，左脚在后，右脚在前，如图 4-89 所示。

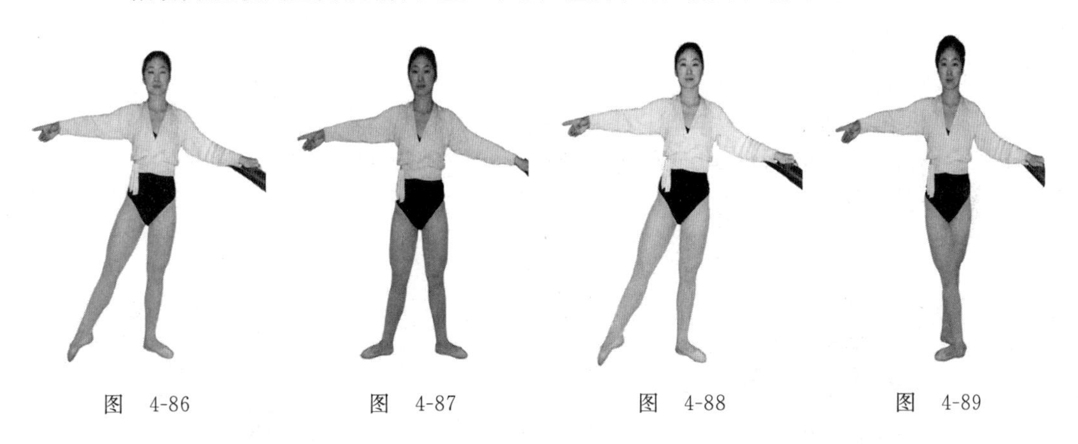

图　4-86　　　　图　4-87　　　　图　4-88　　　　图　4-89

5. 蹲的训练

（1）蹲的做法

蹲在脚的五个位置上都可以做。蹲主要是通过膝关节在不同的脚位上做各种不同节奏的快和慢的半蹲和全蹲，来锻炼膝关节的柔韧性和腿部的肌肉。蹲是训练中重要的一部分，通过蹲的训练，能使训练者轻松地腾空而起，轻盈落地，屈伸有力，富有弹性。

① 半蹲的做法。一位站立，保持人体的基本形态，两膝逐渐下蹲，蹲到脚腕与脚背有挤压感为止，使跟腱即足跟与小腿之间的一条很粗壮结实的肌腱处于略有一点紧张的位置为半蹲。

② 全蹲的做法。在半蹲的基础上，继续往下蹲，脚跟可以略微抬起一点（只有二位的

大蹲不容许起脚后跟），蹲到底，臀部不能坐在脚后跟上，应保持开度并使后背挺直。起来时先落下脚跟，再慢慢站起来。

(2) 组合练习

共8个8拍，左脚为主力脚，右脚为动力脚。

预备拍：

1～4拍一位站立，左手扶把，右手向旁边出手，深呼吸，再收回一位手准备，如图4-90和图4-91所示。

5～6拍右手由一位抬至二位，眼随着动力手走，如图4-92所示。

7～8拍右手从二位抬至七位，眼随着动力手走，如图4-93所示。

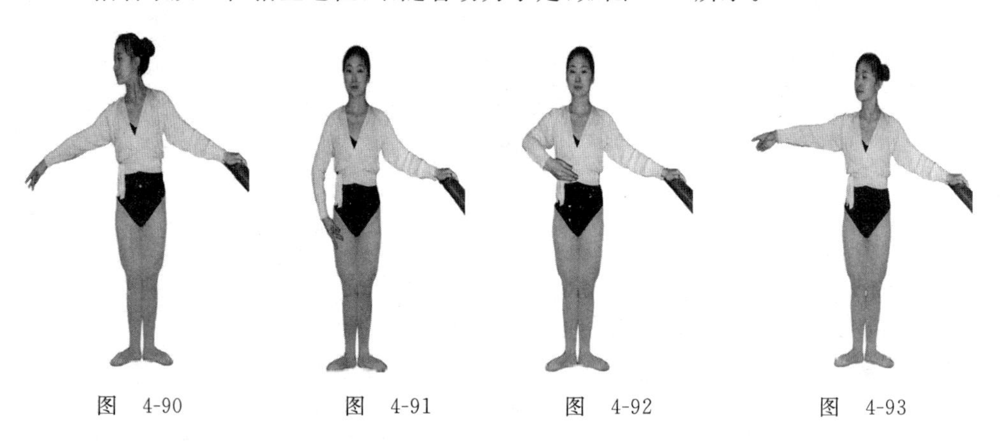

图 4-90　　图 4-91　　图 4-92　　图 4-93

第1×8拍：

1～4拍一位半蹲，同时右手由七位收回到一位，如图4-94所示。

5～8拍慢慢由一位半蹲提起还原，同时右手由二位打开抬至七位，如图4-95和图4-96所示。

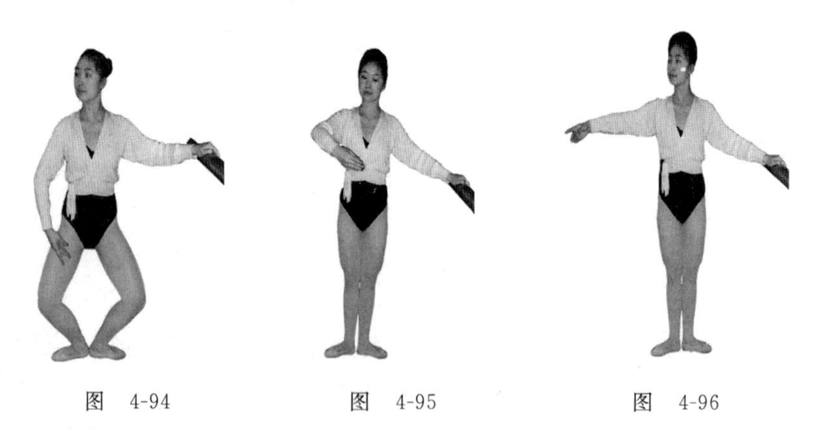

图 4-94　　图 4-95　　图 4-96

第2×8拍：

1～4拍重复以上动作，如图4-95和图4-96所示。

5～6拍一位半蹲，同时右手由七位收回到一位，如图4-94所示。

7～8拍由一位半蹲提起并还原，同时右手由二位打开并抬至七位，同时向旁边擦出右脚，如图 4-97 所示。

图 4-97

第 3×8 拍：

1～4 拍二位半蹲，右手由七位收回到一位，如图 4-98 和图 4-99 所示。

5～8 拍慢慢由一位半蹲提起并还原，同时右手由二位打开并移至七位，如图 4-100 和图 4-101 所示。

第 4×8 拍：

1～4 拍重复以上动作，如图 4-100 和图 4-101 所示。

5～6 拍二位半蹲，同时右手由七位收回到一位，如图 4-98 和图 4-99 所示。

7～8 拍由二位半蹲提起并还原，同时右手由二位打开并移至七位，如图 4-100 和图 4-101 所示。

图 4-98　图 4-99　图 4-100　图 4-101

第 5×8 拍：

1～2 拍在二位的基础上向旁摊手，如图 4-102 所示。

3～4 拍动力腿绷脚，右手移到三位，并向左下旁弯腰，如图 4-103 所示。

5～8 拍动力脚由二位移向前五位，右手由二位打开并移至七位，如图 4-104 和图 4-105 所示。

图 4-102　图 4-103　图 4-104　图 4-105

第 6×8 拍：

1～4 拍五位蹲，手由七位收回到一位，如图 4-106 所示。

5～8 拍起身，手由二位收回到七位，如图 4-107 所示。

图 4-106

图 4-107

第 7×8 拍：

1～4 拍经五位半蹲起来，同时右手由二位收回到七位。

5～8 拍重复以上动作。

第 8×8 拍：

1～4 拍五位半脚站立，手在三位的位置，如图 4-108 所示。

5～8 拍结束时落在五位脚上，深呼吸，右手收至一位，如图 4-109 所示。

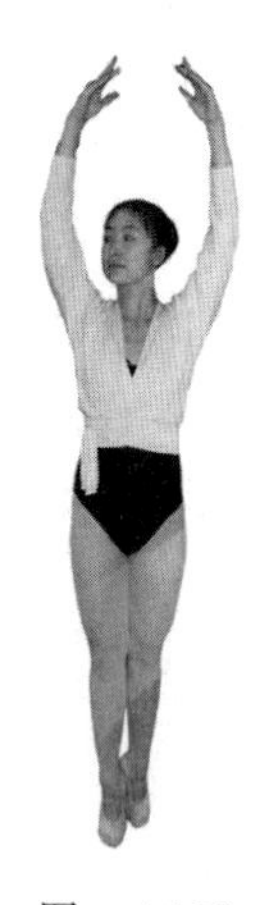

图 4-108

图 4-109

6. 踢腿训练

(1) 五位小踢腿的做法

小踢腿是在擦地基础上向空中有控制地踢起，其特点是急速、有爆发力，比擦地动作速度快、力度大，可以锻炼腿部肌肉，提高动作的速度和控制力及后背力量。

五位向前擦地，脚尖离地 25°。落地经脚尖点地收回前五位。小踢腿向旁边和向后的动作与擦地动作不同，在不同方向点地的基础上，再向远处延伸踢出，离地25°停住。

(2) 组合练习

共4个8拍，每次练习动作重复两遍，每次音乐为8个8拍，左脚为主力脚，右脚为动力脚。

预备拍：

1～4拍五位站立，左手扶把，准备，如图4-110所示。

5～7拍右手由一位抬至二位，再打开到七位，如图4-111和图4-112所示。

8拍右脚向前踢腿至25°，右手从二位至七位，如图4-113所示。

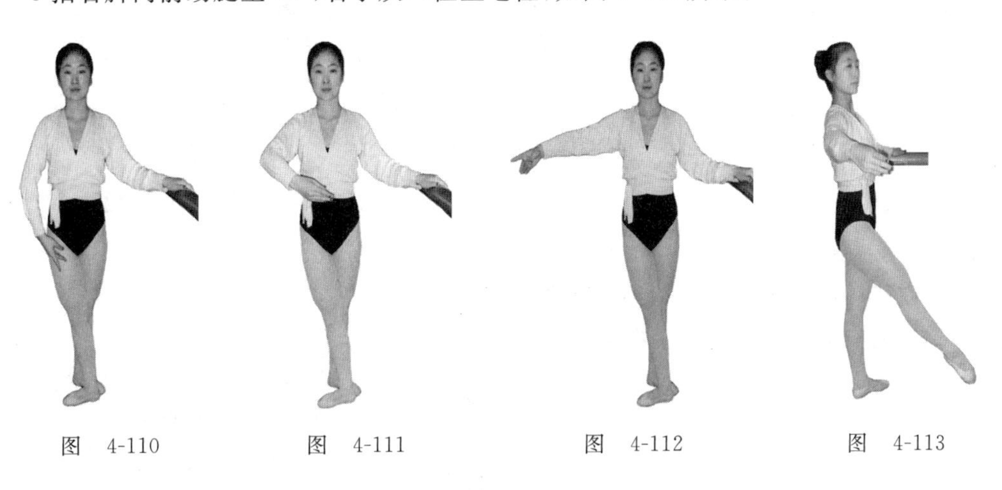

图 4-110　　图 4-111　　图 4-112　　图 4-113

第1×8拍：

1～6拍右腿向前小踢腿三次，手在七位，如图4-114和图4-115所示。

7拍右脚收回前五位，手在七位，如图4-116所示。

8拍左脚向后小踢腿25°，手在七位不动，如图4-117所示。

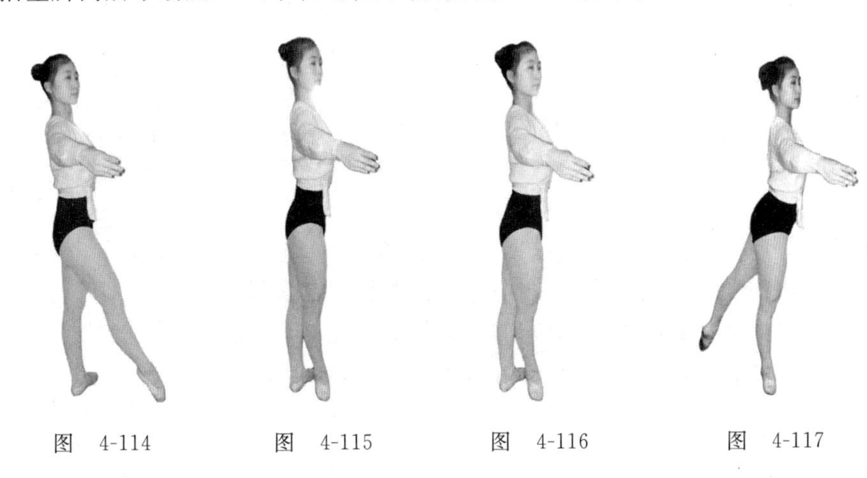

图 4-114　　图 4-115　　图 4-116　　图 4-117

第2×8拍：

1～6拍左腿向后小踢腿三次，手在七位，如图4-118所示。

7拍左脚收回后五位，手在七位，如图4-119所示。

8 拍右脚向旁小踢腿 25°，手在七位不动，如图 4-120 所示。

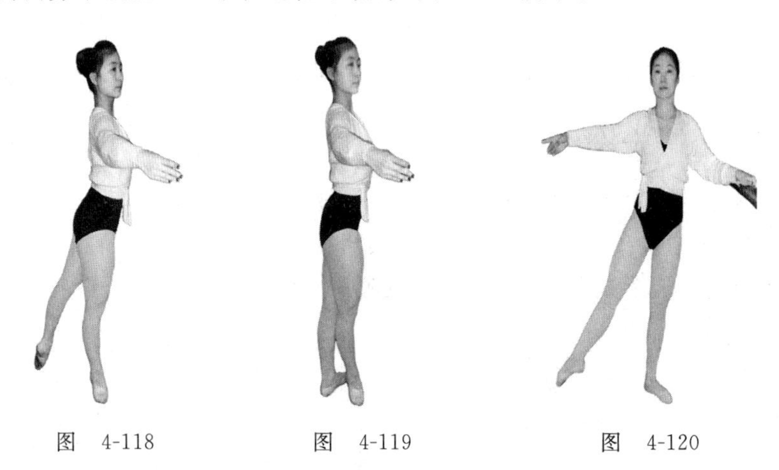

图 4-118　　图 4-119　　图 4-120

第 3×8 拍：

1～6 拍右腿向旁小踢腿三次，手在七位，如图 4-121 所示。

7 拍右脚收回前五位，手在七位，如图 4-122 所示。

8 拍右脚向旁边踢腿 25°，手在七位不动，如图 4-123 所示。

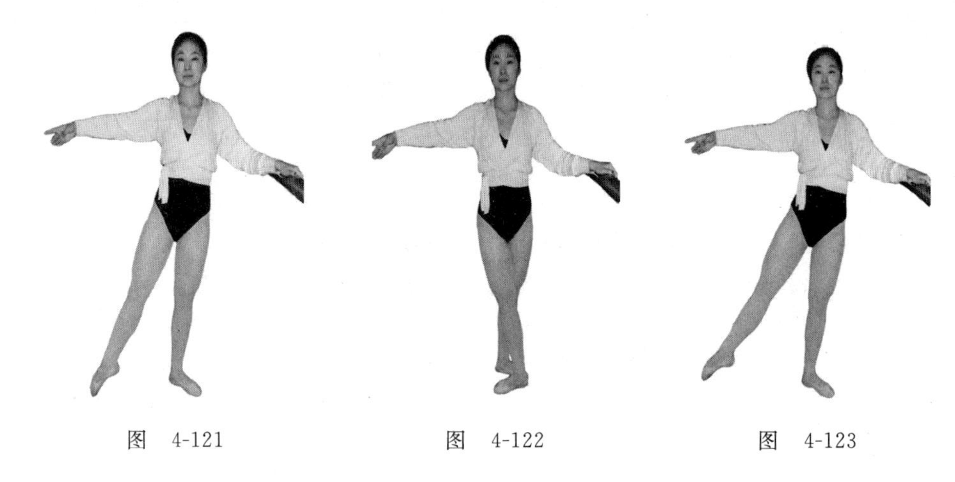

图 4-121　　图 4-122　　图 4-123

第 4×8 拍：

1～2 拍右脚向旁边右踢腿 25°，收回后五位，如图 4-124 所示。

3～4 拍右脚向旁边右踢腿 25°，收回前五位，如图 4-125 所示。

5～6 拍右脚向旁边右踢腿 25°，收回后五位，如图 4-124 所示。

7～8 拍动力腿收到主力腿前面，呈五位脚，手收回到一位。

三、健美操

1. 健美操的产生与发展

现代健美操真正兴起是在 20 世纪 70 年代末，并以它强大的生命力和不可抑制的势头在世界各国蓬勃发展。1981 年，美国著名影星简·方达(Jane Fonda)根据自己的健身体会

图 4-124

图 4-125

和经验，编写了《简·方达健美术》，此书主张以实用和新颖的运动形式来保持身体健美，再加上她卓越的名人效应，使健美操迅速在全世界流行起来，形成全球性的“健美热”。该书出版以来，一直畅销不衰，并被翻译成20多种文字在世界许多国家出版。人们逐渐认识到了健美操作为一项运动具有的强大生命力，同时，也看到了健美操运动在诸多体育项目的市场竞争中有良好的运动前景，具有潜在的商业价值。

1983年国际健美操联合会(LAF)成立，总部设在日本，共有20多个会员国，每年举办世界健美操比赛。20世纪80年代中期，国际健美操与健身联合会(FISAF)成立，总部设在澳大利亚，会员国有40多个，每年除举办健美操专业比赛之外，还组织各种健美操培训班。1990年，国际健美冠军联合会(ANAC)成立，总部设在美国，每年举办世界健美操冠军赛。

我国健美操的发展步伐也很快，20世纪80年代初健美操传入我国，反应迅速的是高等院校。1984年北京体育大学成立了健美操研究组，1989年上海体育学院成立了健美操研究室，并迅速推广全国。社会健美操也得到不同程度的发展，各种健美操俱乐部、健美操中心和健美操培训班如雨后春笋般地涌现，这种现象在北京、广州、上海等大型城市尤为突出。1986年，在广州举办了第一次“全国女子健美操表演赛”。1991年，“全国大学生健美操、艺术操大奖赛”在北京举行。1992年9月，中国健美操协会在北京举行，极大地促进了我国健美操运动的发展。

健美操按照不同的目的和任务分为健身性健美操、表演性健美操和竞技性健美操；按照对象的不同可以分为中老年健美操、少儿健美操、青年健美操、女性健美操等。健美操形式多样，运动量可大可小，不受场地限制，所以各个年龄层次的人均可以积极参加，具有广泛的群众基础，它使人的心理、生理、素质、气质得到全面发展。

2. 健美操训练的注意事项

(1) 做好热身和适当的伸展运动

天冷时，热身时间要长。初学者以每周两三次，隔日为宜。然后可适当增加次数，直到自己感觉适量为止，绝对不要勉强。

（2）注意着装和脚部护理

做健美操时，应穿合身透汗的服装，要及时更换汗湿的衣服，避免着凉。不要赤脚穿普通皮鞋。健身鞋应有较厚的护垫，以减缓足部与地面撞击而造成的振动，鞋身不宜太软，可采用半高筒式，以保护脚踝。要留心自己的脚部，常修剪脚趾甲，保持脚部皮肤干燥。

（3）练习时符合动作要求

进行健美操动作练习时要求肩部放松，头部绕环时尽量幅度大一些，含胸展胸动作要充分，有一定的幅度，速度稍微慢一些。腰的转动不宜太快，动作幅度要大而缓。

3. 健美操基本动作训练

（1）头颈动作训练

预备姿势：双脚大二位站好，双手叉腰，头向前看。

第1×8拍：1～4拍头部向前屈两次，如图4-126所示。5～8拍头部向后屈两次，如图4-127所示。

第2×8拍：1～4拍头部向左侧屈两次，如图4-128所示。5～8拍头部向右侧屈两次，如图4-129所示。

图 4-126　图 4-127　图 4-128　图 4-129

第3×8拍：1～4拍双手交叉提至胸前，头向下低，如图4-130所示。5～8拍双手交叉，手掌朝外向前推，身体向前趴，形成90°，如图4-131所示。

第4×8拍：1～4拍双手继续交叉手掌朝外向上推，抬头向上看，如图4-132所示。5～8拍身体向下双臂向两边斜上方向打开，如图4-133所示。

第5×8拍：1～4拍身体向下，双臂向两边斜下方向打开，如图4-134所示。5～8拍身体立起来站直，双手环抱身体，低头，如图4-135所示。

第6×8拍：1～4拍身体向下，头向上看，用右手去抓左脚，左手向上，如图4-136所示；5～8拍身体向下，头向上看，用左手去抓右脚，右手向上，如图4-137所示。

第7×8拍：1～4拍左脚向斜前方迈出，双手握拳在胯两旁，头向前看，如图4-138所示。5～8拍右脚向斜前方迈出，双手握拳在胯两旁，头向前看，如图4-139所示。

第8×8拍：1～4拍左腿弯，左脚向前上方移步，右手向旁边伸平，左手向上，如图4-140所示。5～8拍右腿弯曲并向前迈，左腿伸直，双手握拳在右胯前，如图4-141所示。

图 4-130　　图 4-131　　图 4-132　　图 4-133

图 4-134　　图 4-135　　图 4-136　　图 4-137

图 4-138　　图 4-139　　图 4-140　　图 4-141

(2) 肩臂动作训练

第 1×8 拍：1～4 拍左腿弯曲并向后迈步，右腿伸直，身体朝后双手举过头顶，如图 4-142 所示。5～8 拍左脚向旁边迈步，双臂弯回在胸前，头向左边看，如图 4-143 所示。

第 2×8 拍：1～4 拍向左转身朝后，右脚上步，双臂弯回在胸前，头向右看，如图 4-144 所示。5～8 拍向右转身并吸左腿，双手在胸前击掌，如图 4-145 所示。

图 4-142　　图 4-143　　图 4-144　　图 4-145

第 3×8 拍：1～4 拍左脚向旁迈步蹲在二位上，双手握拳举过头顶，如图 4-146 所示。5～8 拍双脚跳起同时向里收回正步，双手收回身体两侧，如图 4-147 所示。

第 4×8 拍：1～4 拍右脚向旁迈步，左手转向右斜下，右手在体后，如图 4-148 所示。5～8 拍右脚收回正步，双臂交叉在体前，低头，如图 4-149 所示。

图 4-146　　图 4-147　　图 4-148　　图 4-149

第 5×8 拍：1～4 拍右脚向旁边移并点地，双手举过头顶，如图 4-150 所示。5～8 拍右脚轻跳并收回正步，双臂弯回到胸前，如图 4-151 所示。

第 6×8 拍：1～4 拍右脚向后迈，左腿弯，双手握拳，右手向前，左手向旁边，如图 4-152 所示。5～8 拍右脚轻跳并收回正步，双臂弯回到胸前，如图 4-153 所示。

第 7×8 拍：1～4 拍左脚向后迈，右腿弯，双手握拳，左手向前，右手向旁边，如图 4-154 所示。5～8 拍左脚轻跳并收回正步，双手在身体两侧，如图 4-155 所示。

第 8×8 拍：1～4 拍右脚绷脚向旁踢，高度在 45°左右，左手在右胯前，右手抱头，如图 4-156 所示。5～8 拍右脚伸直向后迈，左腿弯，右手向斜下出手，左手在左胯旁，如图 4-157 所示。

图 4-150　图 4-151　图 4-152　图 4-153

图 4-154　图 4-155　图 4-156　图 4-157

(3) 膝腿动作训练

第1×8拍：1～4拍脚在二位，身体朝前，左手背手，右手举过头顶，如图4-158所示。5～8拍双腿蹲，双手握拳在头顶交叉，头向左侧倒，如图4-159所示。

第2×8拍：1～4拍双脚正步站好，双手在身体两侧，如图4-160所示。5～8拍左脚往前迈，身体朝右侧站，双手握拳高度在25°左右，头向前看，如图4-161所示。

图 4-158　图 4-159　图 4-160　图 4-161

第3×8拍：1～4拍在正步的基础上，左腿伸直，右腿弯，右手在头上，如图4-162所示。5～8拍左脚向前迈，身体朝左侧站，双手向两边打开，头往前看，如图4-163所示。

第4×8拍：1～4拍右脚收回到正步，踮脚，左手向前，右手向后，如图4-164所示。5～8拍左脚向旁边迈步，右腿伸直，左手向旁边打开，右手在胯旁，头向前看，如图4-165所示。5～8拍右脚收回正步，双手在身体两侧，如图4-166所示。

图 4-162　图 4-163　图 4-164　图 4-165

第5×8拍：1～4拍正步站好，身体朝前，如图4 166所示。5～8拍右脚向后迈步，左腿弯，双臂弯曲在胸前，如图4-167所示。

第6×8拍：1～4拍左腿向旁伸直，绷脚，右腿弯，双臂弯曲在两旁，如图4-168所示。5～8拍左脚收回，正步，左手叉腰，右手到左胯前，如图4-169所示。

图 4-166　图 4-167　图 4-168　图 4-169

第7×8拍：1～4拍正步站好，左手叉腰，右手斜上举过头顶，如图4-170所示。5～8拍右手经头顶划一圈，如图4-171所示。

第8×8拍：1～4拍右手划一圈回来，双手到头顶击掌，如图4-172所示。5～8拍右脚到后，双臂打开举过头顶，如图4-173所示。

图 4-170 图 4-171 图 4-172 图 4-173

(4) 腰背动作训练

第 1×8 拍：1～4 拍收回正步，双臂弯曲到胸前，如图 4-174 所示。5～8 拍右脚向前迈步，左腿伸直，双手打开在两旁，如图 4-175 所示。

第 2×8 拍：1～4 拍正步站好，身体朝前，如图 4-176 所示。5～8 拍右臂弯曲，左臂不动，如图 4-177 所示。

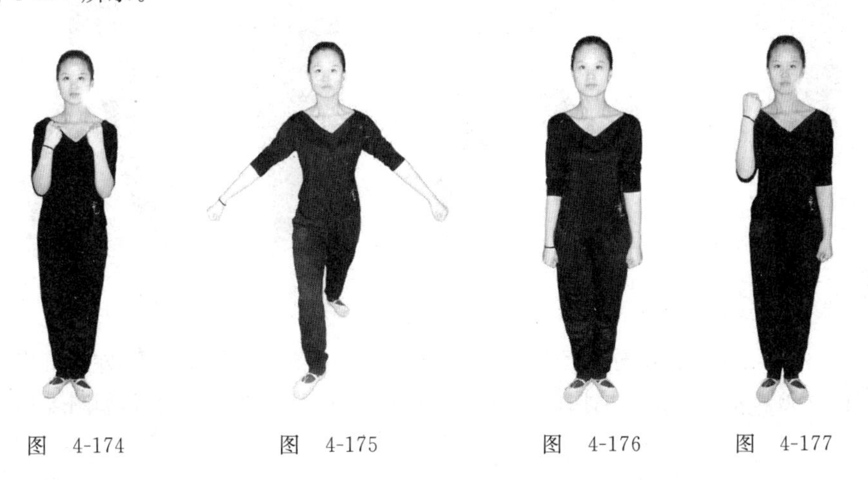

图 4-174 图 4-175 图 4-176 图 4-177

第 3×8 拍：1～4 拍右臂保持弯曲不动，左臂弯曲，如图 4-178 所示。5～8 拍左臂保持不动，右臂向上举过头顶，如图 4-179 所示。

第 4×8 拍：1～4 拍右臂不动，左臂举过头顶，如图 4-180 所示。5～8 拍左腿向旁迈步，二位蹲住，双手握拳，右手向前，左手向旁边，如图 4-181 所示。

第 5×8 拍：1～4 拍正步站好，双手在身体两旁，如图 4-182 所示。5～8 拍右脚向旁迈步，二位蹲住，左手向前，右手向旁边伸直，如图 4-183 所示。

第 6×8 拍：1～4 拍右脚收回到正步，如图 4-184 所示。5～8 拍双脚二位站好，双臂交叉，双手握拳，如图 4-185 所示。

第 7×8 拍：1～4 拍正步站好，左脚脚掌点地，双手握拳双臂平举，如图 4-186 所示。5～8 拍向左转身，右脚点地，双手在头顶击掌，头往前看，如图 4-187 所示。

图 4-178　图 4-179　图 4-180　图 4-181

图 4-182　图 4-183　图 4-184　图 4-185

第 8×8 拍：1～4 拍右脚向旁迈步，呈二位脚，上身向前成 90°，右手叉腰，左手五指张开接触地面，如图 4-188 所示。5～8 拍右脚收回，正步面朝前，双手握拳在身体两旁，如图 4-189 所示。

图 4-186　图 4-187　图 4-188　图 4-189

4. 健美操组合训练

第 1 小节：原地踏步，先走左脚，双手摆臂，共做 2 个 8 拍，如图 4-190 所示。

第 2 小节：前后三步一点，双手叉腰，往前先走左脚，一拍上一次脚。在第 4 拍时右脚点地，往后先退右脚，第 4 拍左脚点地，共做 2 个 8 拍，如图 4-191 所示。

第 3 小节：在第 2 小节步伐的基础上加手。前后走步时，双臂在身体两侧摆臂。第 4 拍时双臂上举，在头上击掌，共做 4 个 8 拍，如图 4-192 所示。

第 4 小节：前后三步一吸，双手叉腰，往前先走左脚。在第 4 拍时，右脚吸腿，往后先退右脚，在第 4 拍时右脚吸腿，共做 4 个 8 拍，如图 4-193 所示。

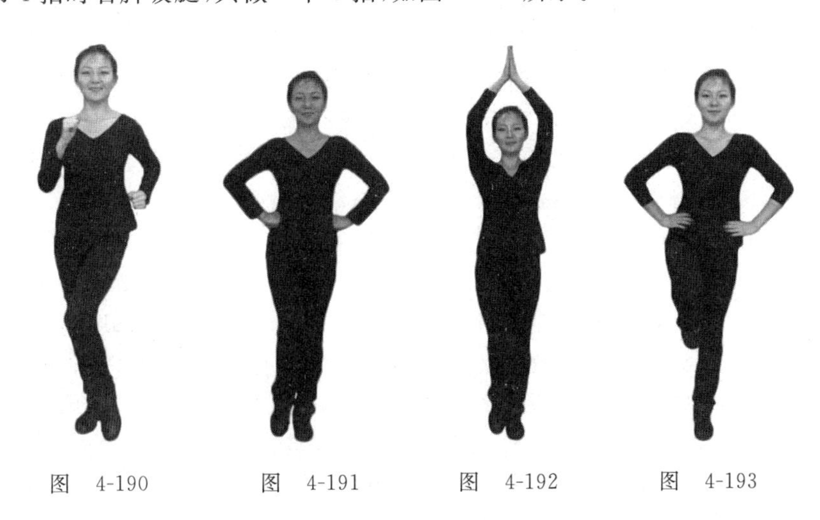

图 4-190　图 4-191　图 4-192　图 4-193

第 5 小节：在第 4 小节步伐的基础上加手，前两拍双手握拳，胸前转手；第 3 拍时打开双臂平举；第 4 拍吸腿的同时击掌，如图 4-194 和图 4-195 所示。

第 6 小节：侧点，双手背后，先上左脚右点，然后再上右脚左点，共 4 次，1 个 8 拍，如图 4-196 和图 4-197 所示。

第 7 小节：踏步后退，双手摆臂，共 1 个 8 拍，如图 4-198 所示。

第 8 小节：反复第 6、7 小节 1 次，结束。

图 4-194　图 4-195　图 4-196　图 4-197　图 4-198

四、交际舞

交际舞(Ballroom Dance)又称交谊舞或社交舞，是来源于西方的一种舞伴舞(Partner Dance)。社交舞当前已经以社交形式和比赛形式出现在世界各地，包括简单易学的普通交谊舞(Social Dance，俗称“普交舞”)和按全世界统一竞技比赛标准要求的国际标准交谊舞(International Standard Ballroom Dance，俗称“国标舞”)。以比赛形式出现的国际标准交谊舞也叫体育舞蹈。

目前的国际标准跳法，是在英国人跳法的基础上发展起来的，称为国际标准风格(International Style)。在美国，还流行着称为美国风格(American Style)的交谊舞。

国际标准交谊舞已被国际奥林匹克委员会承认为一种运动项目，分为摩登社交舞(简称摩登舞或现代舞，有时候也就直接叫作国际标准舞)和国际拉丁舞(简称拉丁舞)两种。摩登舞的舞步须在舞场反时针方向走动，而拉丁舞的舞步基本上在原地动作。目前的国际标准中，摩登舞和拉丁舞各有五种舞步。摩登舞的舞步有华尔兹(Waltz)、探戈(Tango)、狐步(Foxtrot)、快步(Quickstep)、维也纳华尔兹(Viennese Waltz)。拉丁舞的舞步有伦巴(Rumba)、恰恰(Cha-Cha)、桑巴(Samba)、牛仔舞(Jive)、斗牛舞(Paso Doble)。

美国风格的交谊舞。美国华尔兹(American Waltz)、美国探戈(American Tango)、美国狐步(American Foxtrot)、美国维也纳华尔兹(American Viennese Waltz)，以上四种舞允许与舞伴离身，这就是它们和国际标准舞的主要区别。还有美国伦巴(American Rumba)、美国恰恰(American Cha-Cha)、美国东海岸牛仔舞(East Coast Swing)、美国西海岸牛仔舞(West Coast Swing)、曼波(Mambo)、波丽路(Bolero)、两步舞(Two-Step)、哈斯尔舞(Hustle)、莎尔莎舞(Salsa)、阿根廷探戈(Argentine Tango)等。

普通社交舞。目前中国流行的普通交谊舞舞步大都由国际标准交谊舞的舞步简化而来，常见的有慢三、快三、慢四、快四、伦巴、恰恰和桑巴。其中慢三由华尔兹简化而来；快三由维也纳华尔兹简化而来；慢四由狐步简化而来；快四由快步简化而来。

交际舞是最具艺术性的社会娱乐活动，同时也是最具社会性的艺术消遣。在任何社会，交际舞都是生活中不可或缺的部分。交际舞不仅是生活的反映，同时也是人类表达生活态度的一种方式。人们跳舞的最初动机是追求社会娱乐，然而一旦冲破难关开始真正体验交际舞，融入音乐、舞蹈氛围及舞步中，许多人会发现交际舞为他们提供了一个机会，让他们得以扮演一个全新的角色。舞者可以在短短的瞬间内，全心全意投入任何他们所期待的场景中。音乐和舞蹈场所共同营造了一种氛围，而舞者以交际舞为媒介张扬着自己的独特个性。

交际舞是一种全身性的运动，跳舞确实可以锻炼气质。在跳舞的时候身体的各个部位都会得到锻炼，久而久之，就会出现变化：经常跳舞的人的站姿与平常人有所不同，抬头挺胸，男士给人一种气宇轩昂的感觉，女士给人一种自信而且大方的感觉；练过交际舞的人腰部和胯部比较灵活，腿上和脚上比较有力量，很稳当，他们走姿更好看、更优雅；练过交际舞的人的手势也是比较柔和的。当然练交际舞只是锻炼气质的一个方面，更重要的是在于内心修养与品质的锤炼。

1. 探戈舞步训练

(1) 探戈简介

探戈是一种双人舞蹈，源于非洲，但流行于阿根廷。其伴奏音乐为2/4拍，但因是顿挫感非常强烈的断奏式演奏，因此在实际演奏时，将每个四分音符化为两个八分音符，使每一小节有四个八分音符。目前探戈是国际标准舞大赛的正式项目之一。

跳探戈舞时，男女双方的组合姿势和其他摩登舞略有区别，叫作“探戈定位”，双方靠得较紧，男士搂抱的右臂和女士的左臂都要更向里一些，身体要相互接触，重心偏移，男士主要在右脚，女士主要在左脚。男女双方不对视，定位时男女双方都向自己的左侧看。探戈音乐节奏明快，独特的切分音为它鲜明的特征。舞步华丽高雅、热烈狂放且变化无穷，交叉步、踢腿、跳跃、旋转令人眼花缭乱。跳舞时，男士打领结穿深色晚礼服，女士着一侧高开衩的长裙。

探戈舞步最显著的特点是“蟹行猫步”。当舞步需要前进时，舞者却作横行移动；当舞步需要后退时，舞者却作横向向前斜移。同时，探戈舞者的舞步常常随音乐节拍的变化而时快时慢，探戈也因此被称为“瞬间停顿的舞蹈”。这样，探戈舞步就形成了欲进还退、快慢错落、动静有致的特点。此外，探戈舞者讲究上身垂直，两脚脚跟提起，两膝微弯，所有的动作都是力量向下延伸的感觉，舞姿十分沉稳有力。优秀的探戈舞者舞蹈时我们几乎看不到动作，只看到动作结束时的位置，只看到线条、速度以及不停变换的重心，给人以斩钉截铁、棱角分明的感觉。阿根廷探戈以小腿的动作为主，男女舞者以娴熟的配合跳出一系列令人眼花缭乱的舞步，互相缠绕的肢体充分展示出人体之美。探戈舞者面部表情严肃，互相深情凝视，但又时不时快速拧身转头、“左顾右盼”。

探戈据说是情人之间的秘密舞蹈，所以男士原来跳舞时都佩带短刀，现在虽然不佩带短刀，但舞蹈者必须表情严肃，表现出东张西望、提防被人发现的表情。其他种舞蹈跳舞时都要面带微笑，唯有跳探戈时不得微笑，表情要严肃。探戈舞的肢体语言非常丰富，但目前应用于体育舞蹈比赛中已经规范了探戈舞比阿根廷本地的探戈舞简单多了。

(2) 训练组合

第一组：第 1×8 拍

1～4 拍男士右脚后退一小步，女士左脚前进一小步，如图 4-199 所示。

5～8 拍男士左脚往左侧迈一步，脚步略大；女士右脚往右侧迈一步，脚步略小，如图 4-200 所示。

图 4-199

图 4-200

第二组：第 2×8 拍

1～2 拍男士右脚前进一步，停在两人之间；身体不要转动；女士右脚后退一步，如图 4-201 所示。

3～4 拍男士左脚向前迈一步，同时身体稍向右转；女士右脚向后迈一步，动作稍慢些，同时身体稍微右转，保持与男士肩并肩，如图 4-202 所示。

5～8 拍男士右脚向左并拢，结束时身体重心在左脚；女士左脚交叉在右脚前方，两脚之间的距离不必太近，结束时身体重心在左脚，如图 4-203 所示。

图 4-201

图 4-202

图 4-203

第三组：第 3×8 拍

1～2 拍男士左脚前进一步，女士右脚后退一步，如图 4-204 所示。

3～4 拍男士身体重心在左脚，右脚交叉在左脚后方轻轻踏地；女士身体重心在右脚，左脚交叉在右脚前方轻轻踏地，如图 4-205 所示。

5～6 拍男士右脚后退一步，女士左脚前进一步，如图 4-206 所示。

7～8 拍男士身体重心在右脚，左脚交叉在右脚前方轻轻踏地，身体重心在左脚，右脚交叉在左脚后方轻轻踏地，如图 4-207 所示。

图 4-204

图 4-205

图 4-206

图 4-207

第四组：第 4×8 拍

1～2 拍男士身体继续前移和女士贴近，身体准备向左转；女士身体同时也前移和男士贴近，身体准备向左转，如图 4-208 所示。

3～4 拍男士右脚往右侧迈一步，身体继续左转；女士左脚往左侧迈一步，身体继续左转，如图 4-209 所示。

5～8 拍男士左脚向右脚并拢，女士右脚向左脚并拢，如图 4-210 所示。

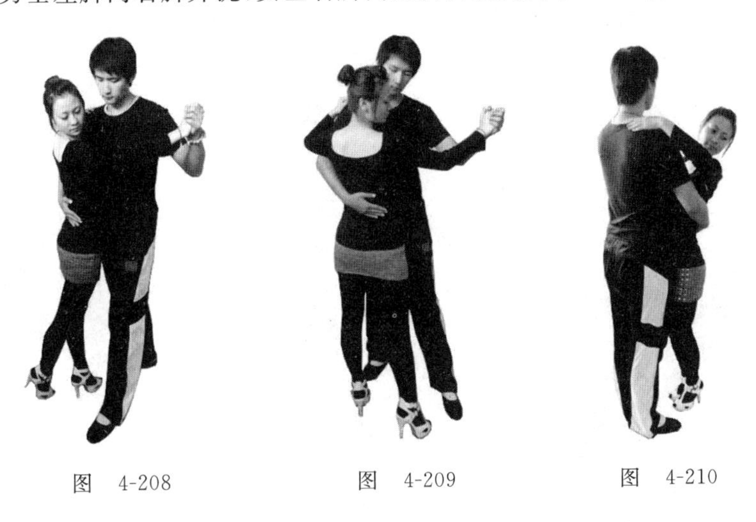

图 4-208　　图 4-209　　图 4-210

2. 伦巴舞步训练

(1) 伦巴简介

伦巴是英文 Rumba 的音译，用 R 表示，也被称为爱情之舞，是拉丁舞项目之一。它是源自 16 世纪非洲黑人歌舞的民间舞蹈，流行于拉丁美洲，后在古巴得到发展，所以又叫古巴伦巴，舞曲节奏为 4/4 拍。它的特点是较为浪漫，舞姿迷人，性感与热情；步伐曼妙、缠绵，讲究身体姿态、舞态柔媚，是表达男女爱慕情感的一种舞蹈。伦巴是拉丁音乐和舞蹈的精髓和灵魂，引人入胜的节奏和身体表现使伦巴成为舞厅中最为普遍的舞蹈之一。伦巴舞的风格和动律特点，可以归纳为稳中摆、柔中韧、快合慢。

① 稳中摆。伦巴舞的动律产生于劳动，劳动的黑人头顶大筐搬运香蕉等水果时，要求上身平稳，走起来上压、下顶，形成臀部的摇摆。因此跳伦巴舞时，要求保持脊椎直和两肩平，臀部的摇摆则是由于重心的转移自然形成的，而不是故意摆动臀部。当脚出步时，脚掌用力踩地，膝部稍屈，这时另一条腿的膝部是直的，当重心移到出步的脚时，脚后跟放下，胯部随之向侧后方摆动，另一条腿则放松稍屈。整体感觉是平稳地控制住上身，而臀部则不停地自如摆动。

② 柔中韧。出步后，膝部使劲顶直，臀部的摆动看起来轻快柔和，而实则内部用力，有一股内存的韧劲，因此跳伦巴舞时间长了会有臀部的酸胀感。

③ 快合慢。伦巴舞用四拍走三步，节奏为快快慢，快步一拍一步，慢步两拍一步。臀部是走三步摆三下。它的出脚动作迅捷，无论快步或慢步都是半拍到位，而臀部的摆动则是快步占一拍，慢步占两拍。实际上是四拍三步中，每步都是半拍脚步到位，而臀部则是连绵不断地左、右摆动。这种上、下、慢、快矛盾统一的运动，形成了伦巴舞有特色的动作规律。

(2) 训练组合

第一组：第1×8拍

1～2拍男士左脚前进一步，脚尖稍微向外移，右脚维持原位置不变；女士右脚后退一步，左脚维持原位置不变，如图4-211所示。

3～4拍男士身体重心后移到右脚，左脚维持原位置不变；女士身体重心前移到左脚，脚尖稍微向外移，右脚维持原位置不变，如图4-212所示。

5～8拍男士稍微左转，同时左脚掌内侧向外移，身体重心转移到左脚；女士稍微左转，同时右脚掌内侧向外移，身体重心转移到右脚，如图4-213所示。

图 4-211

图 4-212

图 4-213

第二组：第2×8拍

1～2拍男士右脚后退一步，左脚维持原位置不变，女士左脚前进一步，脚尖稍微向外移；右脚维持原位置不变，如图4-214所示。

3～4拍男士身体重心前移到左脚，脚尖稍微向外移；右脚维持原位置不变，女士身体重心后移到右脚，左脚维持原位置不变，如图4-215所示。

5～8拍男士稍微左转，同时右脚掌内侧向外移，身体重心转移到右脚，女士稍微左转，同时左脚掌内侧向外移，身体重心转移到左脚，如图4-216所示。

图 4-214

图 4-215

图 4-216

第三组：第 3×8 拍

1～2 拍男士右脚后退一步，左脚维持原位置不变，引导女伴靠近自己；女士左脚前进一步，如图 4-217 所示。

3～4 拍男士身体重心前移到左脚，脚尖稍微向外移，右脚维持原位置不变，松开右手，准备转身向外侧；女士右脚前进一步开始左转，如图 4-218 所示。

5～8 拍男士稍微左转，同时右脚掌内侧向外移，身体重心转移到右脚，在身体转身向外时，左手臂在腰部的高度向外侧伸；女士左脚后退一步，右脚维持原位置不变，与男伴成 90°角；两人松开左手同时伸向外侧，如图 4-219 所示。

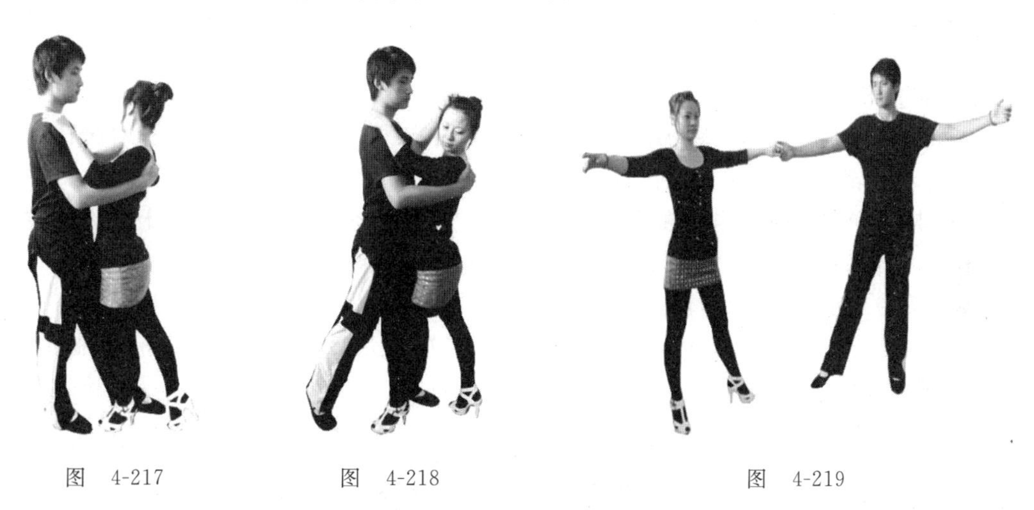

图 4-217　　图 4-218　　图 4-219

第四组：第 4×8 拍

1～2 拍男士身体重心前移到左脚，脚尖稍向外移，右脚维持原位置不变；女士右脚向左脚并拢，最终身体重心在左脚，如图 4-220 所示。

3～4 拍男士身体重心后移到右脚，左脚维持原位置不变，开始引导女伴靠近自己；女士左脚前进一步，如图 4-221 所示。

5～8 拍男士左脚向右脚并拢，身体重心移到左脚，调整握持姿势，结束曲棍步，女士右脚前进一步，如图 4-222 所示。

图 4-220　　图 4-221　　图 4-222

3. 牛仔舞步训练

（1）牛仔舞简介

牛仔舞又称为捷舞，是拉丁舞项目之一，用J表示。牛仔舞原是美国西部牛仔跳的一种踢踏舞，盛行于20世纪二三十年代。20世纪50年代爵士乐的流行，加速完善了这种舞蹈，但风格上还保持美国西部牛仔刚健、浪漫、豪爽的气派。

牛仔舞旋律欢快，强烈跳跃，节奏为4/4拍，每分钟42～44小节、六拍跳八步。由基本舞步踏步、并合步，结合跳跃、旋转等动作组合而成。要求脚掌踏地，腰和胯部作钟摆式摆动。特点是舞步敏捷、跳跃，舞姿轻松、热情、欢快。

（2）训练组合

第一组：第1×8拍

1～2拍男士左脚往左侧跳摇滚步，步子较小，右脚维持原位置不变；女士右脚往右侧跳摇滚步，步子较小，左脚维持原位置不变，如图4-223所示。

3～4拍男士右脚往右侧跳摇滚步，步子较小，左脚维持原位置不变；女士左脚往左侧跳摇滚步，步子较小；右脚维持原位置不变，如图4-224所示。

5～6拍男士左脚摇滚步，停在身体下方，左脚尖位于右脚跟后方，右脚稍微抬离开地面；女士右脚摇滚步，停在身体下方，右脚尖位于左脚跟后方，左脚稍微抬离地面，如图4-225所示。

7～8拍男士身体重心前移到右脚，女士身体重心前移到左脚，如图4-226所示。

图 4-223

图 4-224

图 4-225

图 4-226

第二组：第2×8拍

1～2拍男士左脚往左侧跳摇滚步，步子较小，身体开始向左转，左手放置臀部位置，引导女伴准备转身；女士右脚往前跳摇滚步，靠近男伴的左侧，如图4-227所示。

3～4拍男士右脚往右侧跳摇滚步，步子较小，身体完成左转90°，左手往前方移动，停在腰部的高度，引导女伴进入分开式位置；女士以右脚为支点转身面对男伴，左脚往后跳摇滚步，离开男伴进入分开式位置，如图4-228所示。

5～8拍男士跳牛仔基本步，左脚后退，然后复正位；女士跳牛仔基本步，右脚后退，然后复正位，如图4-229所示。

图 4-227　　图 4-228　　图 4-229

第三组：第 3×8 拍

1～4 拍男士左脚往左侧跳摇滚步，左手上抬，引导女伴向下转身；女士在男伴的左手下方转身，右脚往前跳摇滚步，身体开始向右转，如图 4-230 所示。

5～8 拍男士右脚往右侧跳摇滚步，身体向左转 90°，左手恢复到腰部的高度；女士左脚往后跳摇滚步，在男伴的手臂下方继续右转，如图 4-231 所示。男士跳牛仔基本步，左脚后退，然后复正位)；女士跳牛仔基本步，右脚后退，然后复正位并继续转身，最终面向男伴，如图 4-232 所示。

图 4-230　　图 4-231　　图 4-232

第四组：第 4×8 拍

准备：男士左脚往左侧跳摇滚步，靠近女伴，右手上抬，就像是在梳理头发；女士右脚往右侧跳摇滚步，靠近男伴，右手跟随男伴的右手上抬。

1～2 拍男士结束的时候右手放在肩膀上，女士身体稍微左转，位于与男伴肩并肩的位置，如图 4-233 所示。

3～4 拍男士右脚往右侧跳摇滚步，离开女伴，松开右手，让女伴的右手沿着男士的左臂往下滑动，到达左手的时候恢复握手姿势；女士左脚往后跳摇滚步，右手沿着男士的左臂往下滑动，恢复握手姿势，如图 4-234 所示。

5～8 拍男士照常跳后退以及复位步，恢复分开式面对面位置；女士照常跳后退以及复位步，恢复分开式面对面位置，结束时身体重心在左脚，如图 4-235 所示。

图 4-233　　图 4-234　　图 4-235

4. 华尔兹舞步训练

（1）华尔兹简介

华尔兹根据速度分化为快慢两种。人们把快华尔兹称为维也纳华尔兹，而不冠以“维也纳”三字的即为慢华尔兹，它是由维也纳华尔兹演变而来的。

快慢两种华尔兹都以旋转为主，因而它有“圆舞”之称。慢华尔兹的风格典雅大方，热烈兴奋，动作流畅，步伐起伏连贯，旋转性强。它包含了交际舞中几种动作的基本技巧，掌握这些技巧对学其他舞有很重要的作用。因此在当代国际标准交际舞的教学中，常以它为第一舞种，用它来打好基础。作为三步舞的华尔兹，舞曲是 3/4 拍，其基本步法为一拍跳一步，每小节三拍跳三步，每分钟 30～32 小节。但在变化中也有每小节跳两步甚至是跳四步的时候。

华尔兹舞步在速度缓慢的三拍子舞曲中流畅地运行，加上轻柔灵巧的倾斜、摆荡、反身和旋转动作以及各种优美的造型，使其具有既庄重典雅、舒展大方，又华丽多姿、飘逸欲仙的独特风韵。它因此而又享有“舞中之后”的美称。

维也纳华尔兹（Viennese Waltz）即快华尔兹，在交际舞中它的历史最悠久，19 世纪就成为交际舞中的“舞蹈之王”。它的步伐简单，但技巧很高，要在快速的音乐中，把反身、摆动、倾斜、升降等技巧动作完成。它的舞曲也是 3/4 拍，但每分钟要有 50～60 小节。由于它的难度很大，在学习中通常是放到其他几种舞学完之后来学。

（2）训练组合

第一组：第 1×8 拍

1～2 拍男士右脚前进一步，身体稍向右转（顺时针）；女士右脚后退一步，身体稍向右转，如图 4-236 所示。

3～4 拍男士左脚往左侧迈一步，右脚尖着地，从之字线转换成 Z 字线；女士右脚往右侧迈一小步，左脚尖着地；从之字线转换成 Z 字线，如图 4-237 所示。

5～8 拍男士现在站在 Z 字线上，右脚向左脚靠拢，右脚全脚着地；女士现在站在 Z 字线上，左脚向右脚靠拢，左脚全脚着地，如图 4-238 所示。

图 4-236

图 4-237

图 4-238

第二组：第 2×8 拍

1～2 拍男士左脚沿着 Z 字线后退一步，不转身；女士右脚沿着 Z 字线前进一步，不转身，如图 4-239 所示。

3～4 拍男士右脚往右侧迈一步，脚尖着地，不转身；女士左脚往左侧迈一步，脚尖着地；不转身，如图 4-240 所示。

5～8 拍男士左脚向右脚并拢，左脚全脚着地；女士右脚向左脚并拢，右脚全脚着地，如图 4-241 所示。

图 4-239

图 4-240

图 4-241

第三组：第 3×8 拍

1～2 拍男士右脚后退一步，身体稍向左转（顺时针）；女士左脚前进一步，身体稍向左转，如图 4-242 所示。

3～4 拍男士左脚往左侧迈一步，脚尖着地，从 Z 字线转换成之字线；女士右脚往右侧迈一步，脚尖着地；从 Z 字线转换成之字线，如图 4-243 所示。

5～8 拍男士现在站在之字线上，右脚向左脚并拢，右脚全脚着地；女士现在站在之字线上，左脚向右脚并拢，左脚全脚着地，如图 4-244 所示。

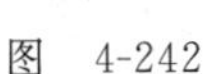

图 4-242　　图 4-243　　图 4-244

第四组：第 4×8 拍

1～2 拍男士左脚沿着之字线前进一步，不转身；女士右脚沿着之字线后退一步，不转身，如图 4-245 所示。

3～4 拍男士右脚往右侧迈一步，脚尖着地，不转身；女士左脚往左侧迈一步，脚尖着地；不转身，如图 4-246 所示。

5～8 拍男士左脚向右侧并拢，左脚全脚着地；女士右脚向左脚并拢，右脚全脚着地，如图 4-247 所示。

图 4-245　　图 4-246　　图 4-247

5. 恰恰舞步训练

(1) 恰恰舞简介

恰恰舞起源于墨西哥，后传入拉美，大受欢迎并很快流行。其特点是以胯部横 S 摆动，带动两脚动作。恰恰舞热情奔放，动作节奏明快，灵活轻盈。恰恰舞音乐节拍为 4/4 拍。

(2) 训练组合

音乐 4/4 拍，组合共 8 个 4 拍。

预备拍：两人相对，双手相握，男伴手在下，女伴手在上，如图 4-248 所示。

第 1×4 拍：

第 1 拍男伴：上左脚，右脚原地点一次，开左手。

　　女伴：退右脚，左脚原地点一次，开右手，如图 4-249 所示。

第 2 拍男伴：退左脚“恰恰恰”一次。

　　女伴：进右脚“恰恰恰”一次，如图 4-250 所示。

第 3 拍男伴：退右脚“恰恰恰”一次。

　　女伴：进左脚“恰恰恰”一次。

第 4 拍男伴：退左脚“恰恰恰”一次。

　　女伴：进右脚“恰恰恰”一次。

图　4-248

图　4-249

图　4-250

第 2×4 拍：

第 1 拍男伴：退右脚，左脚原地点一次，开左手。

　　女伴：进左脚，右脚原地点一次，开右手，如图 4-251 所示。

第 2 拍男伴：进右脚，“恰恰恰”一次。

　　女伴：退左脚，“恰恰恰”一次。

第 3 拍男伴：进左脚，“恰恰恰”一次。

　　女伴：退右脚，“恰恰恰”一次。

第 4 拍男伴：进右脚，“恰恰恰”一次。

　　女伴：退左脚，“恰恰恰”一次。

第 3×4 拍：

第 1 拍男伴：上左脚，右脚原地点一次，开左手。

　　女伴：退右脚，左脚原地点一次，开右手，如图 4-252 所示。

第 2 拍男伴：退左脚，“恰恰恰”一次。

　　女伴：进右脚，“恰恰恰”一次，如图 4-253 所示。

第 3 拍男伴：上步右脚 360°转身，同时开手。

　　女伴：上步左脚 360°转身，同时开手，如图 4-254 和图 4-255 所示。

第 4 拍男伴：右“横移步”一次。

　　女伴：左“横移步”一次。

图 4-251　　图 4-252　　图 4-253

图 4-254　　图 4-255

第 4×4 拍：

第 1 拍男伴：斜上左脚，右脚原地点一次。

　　女伴：斜退右脚，左脚原地点一次，如图 4-256 所示。

第 2 拍男伴：左“横移步”一次。

　　女伴：右“横移步”一次，如图 4-257 所示。

第 3 拍男伴：斜退右脚，左脚原地点一次。

　　女伴：斜上左脚，右脚原地点一次，如图 4-258 所示。

第 4 拍男伴：右“横移步”一次。

　　女伴：左“横移步”一次。

图 4-256

图 4-257

图 4-258

第5×4拍：

第1拍男伴：斜上左脚，右脚原地点一次。

女伴：斜退右脚，左脚原地点一次。

第2拍男伴：左"横移步"一次。

女伴：右"横移步"一次。

第3拍男伴：上步右脚360°转身，同时开手。

女伴：上步左脚360°转身，同时开手。

第4拍男伴：右"横移步"一次。

女伴：左"横移步"一次。

第6×4拍：

第1拍男伴：往右上左脚，同时身体重心推上去，开右手。

女伴：往左上右脚，同时身体重心推上去，开左手。

第2拍男伴：左"横移步"一次。

女伴：右"横移步"一次。

第3拍男伴：往左上右脚，同时身体重心推上去，开左手。

女伴：往右上左脚，同时身体重心推上去，开右手，如图4-259所示。

第4拍男伴：右"横移步"一次。

女伴：左"横移步"一次。

图 4-259

第7×4拍：

第1拍男伴：往右上左脚，同时身体重心推上去，开左手。

女伴：往左上右脚，同时身体重心推上去，开左手。

第2拍男伴：左"横移步"一次。

女伴：右"横移步"一次。

第3拍男伴：往左上右脚，同时身体重心推上去，开左手。

女伴：往右上左脚，同时身体重心推上去，开右手。

第4拍男伴：右"横移步"一次。

女伴：左"横移步"一次。

第8×4拍:

第1拍男伴:上左脚和女伴对脚一次,同时重心推上去。

女伴:上右脚和男伴对脚一次,同时重心推上去,如图4-260所示。

第2拍男伴:展开左手。

女伴:展开右手,如图4-261所示。

第3拍男伴:再对左脚一次。

女伴:再对右脚一次。

第4拍男伴:展开手,结束造型。

女伴:展开手,结束造型。

图 4-260

图 4-261

思考练习

1. 手臂动作的训练课后练习。

(1) 双手臂上举,举到最高点,后背拉长,眼睛看正前方,每次坚持10秒。

(2) 双臂平举,按节奏有规律地向后开肩,每次坚持4个8拍。

(3) 熟练练习手臂动作训练组合2遍。

2. 躯干动作训练课后练习。

(1) 练习旁腰的软度,每次做4遍,每遍8次。

(2) 练习后腰的软度,每次做2遍,每遍8次。

(3) 熟练练习躯干动作训练组合2遍。

3. 下肢动作训练课后练习。

(1) 练习踢前腿,左右各20次。

(2) 练习踢后腿,左右各20次。

(3) 熟练练习下肢动作训练组合2遍。

4. 形体舞蹈组合课后练习。

(1) 平日注意运动,每天最少运动30分钟。

(2) 加强身体的软度练习，每天保证 15 分钟。

(3) 熟练练习形体舞蹈组合 2 遍。

5. 简述芭蕾的发展历程。

6. 芭蕾的基础训练包括哪些方面?

7. 进行芭蕾手位和脚位训练。

(1) 练习芭蕾手形态的正确做法 5 遍。

(2) 练习芭蕾七个手位的做法 5 遍。

(3) 练习芭蕾五个脚位的做法 5 遍。

8. 进行芭蕾的擦地练习。

(1) 练习五位向前擦地 10 次，慢擦。

(2) 练习五位向旁擦地 10 次，慢擦。

(3) 练习五位向后擦地 10 次，慢擦。

(4) 练习五位擦地组合 2 遍。

9. 进行芭蕾蹲的练习。

(1) 练习芭蕾一位半蹲 5 遍。

(2) 练习芭蕾二位半蹲 5 遍。

(3) 练习芭蕾五位半蹲 5 遍。

10. 进行芭蕾踢腿练习。

(1) 练习向前小踢腿 15 次。

(2) 练习向旁小踢腿 15 次。

(3) 练习向后小踢腿 15 次。

(4) 练习小踢腿组合 5 遍。

11. 进行健美操头颈动作训练 5 次。

12. 进行健美操肩臂动作训练 5 次。

13. 进行健美操腿膝动作训练 5 次。

14. 进行健美操腰背动作训练 5 次。

15. 进行健身操组合训练。

(1) 练习原地踏步 15 次。

(2) 练习双臂上举击掌 15 次。

(3) 练习左右吸腿 15 次。

16. 请谈一下健美操的起源和发展。

17. 根据已掌握的健美操知识，自编一套适合自身锻炼的简便易行的健美操。

18. 了解交际舞的起源与发展。

19. 进行探戈舞练习。

(1) 男士左脚往左侧迈一步，脚步略大；女士右脚往右侧迈一步，脚步略小(练习5 次)。

(2) 男士右脚向左并拢，结束时身体重心在右脚；女士左脚交叉在右脚前方，两脚之间的距离不必太近，结束时身体重心在左脚(练习 5 次)。

(3) 男士左脚向右脚并拢，女士右脚向左脚并拢(练习 5 次)。

20. 进行伦巴舞练习。

(1) 男士左脚前进一步，脚尖稍微向外移，右脚维持原位置不变；女士右脚后退一步，左脚维持原位置不变(练习 5 次)。

(2) 男士右脚后退一步，左脚维持原位置不变；女士左脚前进一步，脚尖稍微向外移，右脚维持原位置不变(练习 5 次)。

21. 进行牛仔舞练习。

(1) 男士左脚往左侧跳摇滚步，左手上抬引导女伴向下转身，女士在男伴的左手下方转身，右脚往前跳摇滚步，身体开始向右转(练习 5 次)。

(2) 男士照常跳后退以及复位步，恢复分开式面对面位置；女士照常跳后退以及复位步，恢复分开式面对面位置，结束时身体重心在左脚(练习 5 次)。

22. 进行华尔兹练习。

(1) 男士站在之字线上，右脚向左脚并拢，右脚全脚着地；女士站在之字线上，左脚向右脚并拢，左脚全脚着地(练习 5 次)。

(2) 男士左脚沿着之字线前进一步，不转身；女士右脚沿着之字线后退一步，不转身(练习 5 次)。

23. 进行恰恰舞练习。

(1) 练习恰恰“进退步”15 遍。

(2) 练习恰恰“横步”15 遍。

(3) 熟练练习恰恰组合 2 遍。

任务5 语言艺术

它的谈吐总是平易近人,这种单纯既掩饰了它对某些事物的无知,也表现了他的良好的风度和宽容。

——[俄罗斯]列夫·托尔斯泰

与人进行有效的交谈,并且赢得他们的合作,这是那些奋发向上的人应该培养的一种能力。

——[美]戴尔·卡耐基

案例导入

退居二线

某新任局长宴请退居二线的老局长。席间端上一盘油炸田鸡,老局长用筷子点点说:"喂,老弟,青蛙是益虫,不能吃。"新局长不假思索,脱口而出:"不要紧,都是老田鸡,已退居二线,不当事了。"老局长闻听此言顿时脸色大变,连问:"你说什么?你刚才说什么?"新局长本想开个玩笑,不料说漏了嘴,触犯了老局长的自尊,顿觉尴尬万分。席上的友好气氛尽被破坏,幸亏秘书反应快,连忙接着说:"老局长,他说您已退居二线,吃田鸡不当什么事。"气氛才有点缓和。

任务分析

语言交际能力是一个人的素养和智慧全面而综合的反映,古今中外具有远见卓识者历来都被高度重视。孔子就明确指出"一言可以兴邦,一言可以丧邦","三寸之舌,强于百万之师"等古训,把国之兴亡与舌辩的力量紧密地联系在一起,这充分说明了语言交际的巨大社会功能。马雅可夫斯基(Mayakovsky)说:"语言是人的力量的统帅。"第二次世界大战期间,美国人把"舌头、原子弹和金钱"并称为获胜的三大战略武器。进入21世纪,美国人又把"舌头、金钱和计算机"视为经济发展和社会进步的三大战略武器。舌头在两个比喻中都能独冠三大武器之首,语言交际的价值可见一斑。

从一个人的语言交际能力上往往可以看出其综合实力,是一个人美好形象的集中反映。许多发达国家都把语言交际能力作为衡量优秀人才的重要尺度。用人单位招聘各类人才都要进行口试。在日本,一些大公司在招聘人才进行面试时,专门就语言交际能力规定了若干不予录用的条文,其中有:交谈时,不能干脆利落地回答问题,说话无生气者,说话不知所云者……这些条文说明语言交际能力与一个人的事业成功的关系十分密切，是衡量一个人能否胜任本职工作的一个重要指标。

因此，提高语言艺术水平，强化语言交际能力，展示自身的美好形象，是一个现代人必须予以高度重视的问题。

实训项目

项目名称：交谈场景训练。

实训目标：掌握交谈的技巧。

实训学时：2课时。

实训地点：教室。

实训背景：新学期开始，班上一位同学因为家境贫寒，生活拮据，产生自卑感，不愿和大家交往，性格有点孤僻。一次，班级组织大家春游，大家都踊跃报名，只有他一声不吭地待在寝室里。班主任让你找他谈谈，动员他参加这次集体活动。你面对他，打算从哪里谈起？

实训方法：

（1）选几位同学扮演这位有点自卑的同学，每人将自己最希望别人和你交谈的话题写在纸条上。

（2）其他同学扮演“你”，通过2分钟的准备，上前搭话，进行交谈。

（3）然后打开纸条看看自己的搭话和对方此时想要听的话有多大的联系。

知识链接

一、语言交际的原则

语言交际的基本原则是人际交往活动中运用语言表情达意、进行信息交流时所必须遵循的准则，它贯穿于交际语言运用的一切方面和每个过程的始终，是一种制约性的因素。在人际交往过程中，只有自觉遵守语言交际原则，才能有效地增加语言交际信息的传递量，融洽人与人之间的关系；反之，如果背离了这些原则，就会削弱甚至破坏交际语言传播的效果，难以达到人际交往的目的。归纳起来，语言交际的基本原则主要有以下几个方面。

1. 礼貌待人

礼貌是对他人尊重的情感外露，是谈话双方心心相印的导线。人们对礼貌的感知十分敏锐。有时，即使是一个简单的“您”“请”字，都可以让他人感到一种温暖和亲切。在人际交往中，可以从以下几个层次达到礼貌待人、沟通情感的目的。

（1）语言表达要满足交际对象对自尊的需求

这样做的目的在于利用礼貌文明的语言艺术与技巧，达到快速消除隔阂、沟通感情、拉近距离的作用。在人际交往中，初次见面的恰当称呼，寒暄中的礼貌用语，交谈中的言语分寸，分别时的告别祝词等，都应当体现出尊重对方的主观意向。

在词语的选用方面，使用得体的敬辞和谦辞都可以体现出对他人的尊重，也是一个人有教养的重要表现。比如，与客人初次见面时说“您好”，与客人久别重逢时说“久违了”。求人解答问题时说“请教”；请人协助时说“劳驾”；要帮助别人时说“我能为您做些什么”；看望别人时说“拜访”；等候别人时说“恭候”；陪伴别人时说“奉陪”；不能陪客人时说“失陪”；有事找人商量时说“打扰”；让人不要远送时说“请留步”；表示歉意时说“抱歉”；表示感谢时说“谢谢”。像“后会有期”“祝你好运”“一路顺风”“万事如意”等告别用语也都体现出对他人的尊重。

(2) 要根据具体环境选择使用富有亲和力的词语

这样可以拉近交往距离，沟通相互之间的情感，使自己与交际对象的合作成为可能。在人际交往中，渴望受到尊重是每个人的基本心理需求，想要得到他人的尊重，自己先要善于主动接近对方，缩短人际距离，沟通相互情感。其实，做到尊重别人并不难，有时只需一个微笑、一句问候、一声敬称、一对善于倾听的耳朵，就会给别人的心情带来阳光和温暖，当然也会为你自己带来真挚的友谊与和谐的交际。

【小故事】

“祝您生日快乐!”

在克莉斯(Chris)的汽车展销室，一位中年妇女走了进来，她说她只想在这儿看看车，消磨一下时间。她说她想买一辆福特，可大街上那位推销员却让她一小时以后再去找他。另外，她说她打算买一辆白色的双门厢式福特汽车，就像她表姐的那辆。“今天是我55岁的生日，这是给自己的生日礼物。”她说道。

“夫人，祝您生日快乐!”克莉斯说。然后，她向秘书交代了几句后，又对她热情地说：“夫人，既然您有空，请允许我介绍一种我们的双门厢式白色轿车。”

不多久秘书走了进来，递给克莉斯一束玫瑰花。

“尊敬的夫人，祝您福寿无疆!”克莉斯说。

那位妇女的眼眶都湿润了，她被克莉斯的言行所打动，感慨地说道：“已经很久没有人给我送花了。”

在闲聊中，她对克莉斯讲起了她刚刚的遭遇。“那个推销员真是差劲！我猜想他一定是因为看到我开着一辆旧车，就以为我买不起新车。我正在看车的时候，那个推销员却突然说他有事，叫我等他回来，然后就不见了踪影。所以，我就到你这儿来了。”

最后克莉斯成功地向她推销了那辆双门厢式白色轿车了。

(3) 欣赏、赞美他人

人们在语言交流过程中，要能够肯定他人的优点，尊重他人的人格，尽量减少对别人的贬损，增加对别人的赞誉。希望得到别人的注意和肯定，这是人所共有的心理需求，而欣赏正是满足这种需求的一种交际方式。人际关系大师卡耐基说：“避免嫌弃人的方法，那就是发现对方的长处。”因此，在交际中，我们应抱着欣赏的心态来对待每一个人，时时留心身边的人和事，多发现别人的优点和长处。赞美是欣赏的直接表达。有道是“良言一句三冬暖”，真诚的赞美不仅能激发人们积极的心理情绪，得到心理上的满足，可以给别人也给自己带来好心情，还能使被欣赏赞美者产生一种交往的冲动。托尔斯泰说得好：“就是在最好的、最友善的、最单纯的人际关系中，称赞和赞许也是必要的，正如润滑油对轮子是必要的，可以使轮子转得快。”利用心理上的相悦性，要想获得良好的人际关系，就要学会不失时机地赞美别人。

2. 坦诚真挚

在语言交际中，说话人的感情直接影响表达的效果，也影响着听话人的理解和接受。待人真诚，给人以充分的信任，可以激励他人的工作热情，提高工作效率。其实，感情本身就是一种教育力量，最有效的手段是以情感人、以理服人。唯有入情入理、坦诚真挚、充满信任的话语，才能够深入人心，引起别人的共鸣，受到他人注意。人际交往中要做到坦诚真挚，需要注意以下方面。

(1) 说真话，以坦诚的心取信于人

“言必行，行必果。”这是交往沟通时收到良好谈话效果的重要前提。例如，深圳蛇口工业区负责人，在国外和一个财团谈判，由于对方自认为技术设备先进，漫天要价，使谈判陷入僵局。正在这时候，这个财团所在的商会请他去发表演说。他讲道：“中国是个文明古国。我们的祖先早在一千多年以前，就将四大发明——指南针、造纸、印刷术和火药的生产技术，无条件贡献给人类。而他们的后代子孙，从来没有埋怨他们不要专利权是一种愚蠢的行为。相反，却称赞祖先为世界科学的进步做出了杰出贡献。现在，中国在与各国的经济活动中，并不要求各国无条件让出专利，只要价格合理，我们一个钱也不少给……”这番发自蛇口工业区负责人内心的讲话，在外国人心目中引起了巨大的震动和强烈的反响，他们的先进技术许多正是从中国导入的。蛇口工业区负责人的讲话，引起了与会者的热烈掌声，而且最终使谈判对手愿意降低专利费，双方达成了近3亿美元的合作项目。“心诚能使石开花。”这段发自内心的讲话，借助历史事实，寓意深刻，语气直率，不仅没有因此影响到谈判合作项目的达成，反而让人们更深层地感受到了中国人的诚心与诚信，取得了谈判对手的理解与支持。

(2) 感情真挚，态度诚恳

与人交流沟通中，诚恳而真挚的态度是语言交往目的得以实现的基础。“善大，莫过于诚”，热诚的赞许与诚恳的批评，都能使彼此间愿意了解。信任、倾诉、交心，正如《庄子·渔父》中所说：“不精不诚，不能动人。”“真在内者，神动于外，是所以贵真也。”

【小故事】

陈毅市长拜访私营工商业者

新中国成立初期，陈毅任上海市市长，一天他来到一家纺织业经理家里，笑道：“老板，我冒昧来访，欢迎不?”这位老板还在为一件事发愁呢，他发起牢骚来，说：“陈市长，今天工会又来要我废除‘搜身制’。不当家不知柴米贵。工人下班有抄身婆搜身，还经常丢纱呢，如果取消搜身制度，纱厂还不被偷光!”陈毅喝口茶道：“老板，我在法国当过工人，那个工厂大得很，老板也比你厉害得多。厂子四周筑起高墙，拉上电网，还雇了一帮带枪的警察。对每个下班的工人，从头搜到脚，那过细的劲头，身上硬是一根针也藏不住。但结果呢？原料、零件还是大量丢失，为什么呢？老板把工人只当成会说话的工具。劳动很苦，工资很少，工人实在无法养家糊口。工厂赚了钱对工人毫无好处，他为什么不拿呢？现在中国不同喽，工人翻身当主人了，他们懂得工厂生产搞得好，新中国才能富强起来，工人才能改善待遇。你们虽然是私营企业，但也是新民主主义经济的一个组成部分，一样可以有利于国、有利于民。所以，依我之见，你应该在纺织业带个头，用我的办法试试看，废除搜身制，关心工人的利益，待工人如朋友、如兄弟，有困难多与他们商量着办，我相信眼前的困难会克服得顺利一点。”陈毅的这番语言，既替老板着想，又为工人撑腰，以情动人，以理感人，从外国说到中国，从旧社会说到新社会，分析入情入理、客观具体，并给予对方充分信任，收到了良好的谈话效果。

只要肯尊重对方的特殊能力，高度地给予其信任和肯定，任何人都会乐于将其优点表现得淋漓尽致。如果你希望某人懂得自尊自爱，你就该率先表现出你对他的信任和尊重。

3. 平等友善

在人际交往中，我们不仅要尊重他人的人格、他人的个性习惯、他人的权力地位、他人的情感兴趣和隐私，还要尊重彼此存在的外显或内在的心理距离，要有人人平等、一视同仁的谈话态度，切忌给人居高临下、自以为是的印象。只有在人际交往中保持自尊而不盲目自大，受人尊敬而不傲慢骄横，才能得到对方对你个人、对你的组织，甚至对你的国家的尊重，才能谈得上真诚合作、平等合作。被誉为“平民艺术家”的赵丽蓉，在她所追求的艺术事业中，始终把“观众第一”放在首位，对来自他人的关爱之情，也常以自己真挚独特的谐趣表达出来。一次大年初一，中央电视台开招待酒会，每个参加者都得一个大西瓜。赵丽蓉一眼瞥见旁边的记者没有，便将自己的那个西瓜放在记者座位底下，说：“你大老远赶到北京来采访，不待在家里过年，这西瓜你就带回家去孝敬父母吧。”这“土气儿”十足的言谈，比那些虚情假意的关怀，不知强了多少倍！在她身上，没有那种司空见惯的矫情、虚饰与浮躁，而多了几分质朴、风趣与豁达。难怪乎，她那平等友善的态度和语言中的缕缕真情，至今仍令人难以忘怀。

在人际交往中，尽管人与人之间身份、地位等方面的情况可能不同，但是，交际双方在人格上是平等的，在心理上是对等的，平等是建立良好人际关系的前提。我们绝不能把自己高抬一寸，把别人低放一尺，有意与对方“横着一条沟，隔着一堵墙”，给别人一种“拒人于千里之外”之感。

【小故事】

家中没有女王

英国女王维多利亚(Victoria)与其丈夫阿尔伯特(Albert)相亲相爱，感情和睦。阿尔伯特喜欢读书，且不大爱社交，也不太关心政治。有一天深夜，女王办完公事，回到卧室，见房门紧闭，便敲起门来。“谁?”里面问道。

“我是英国女王。”女王回答，可是门没有开。

“我是维多利亚。”再敲，门还是未开，敲了几次之后，女王突然感觉到了什么，又敲了几下，用温和的语气说：“我是你的妻子，阿尔伯特。”

这时，门开了。

即使身为一国之君，但在家里，面对丈夫阿尔伯特，“女王”的生活角色也要发生改变，此时作为妻子的她更应保持夫妻双方平等相待的心态，才会为丈夫所接纳，因此，最后的一次敲门达到了目的。

4. 区分对象

在人际交往中，对于交际主体来说，最重要的莫过于研究交际对象，根据交际对象的性别、年龄、生活背景、心理特征等因素的差异来选择恰当的语言，以求明晰地表达自己的思想，达到正常的语言交际的目的。也就是所谓“到什么山上唱什么歌”“见什么人说什么话”。如果不考虑对方的实际情况，信息流通渠道就会因此而出现偏差，甚至“阻塞”，交际也会随之而停止。例如，1954 年，周恩来总理出席日内瓦国际会议，为了向外国人宣传中国，表明中国爱好和平的愿望，决定为外国嘉宾举行电影招待会，放映越剧艺术片《梁山伯与祝英台》。为此，工作人员准备了一份长达 16 页的说明书。周恩来看后笑道：“这样看电影岂不太累了？我看在请柬上写上一句话就行，即请你欣赏一部彩色歌剧电影：中国的《罗密欧与朱丽叶》。”果然，一句话奏效，外国嘉宾都知道这部电影要讲述的故事了。

5. 换位思考

韩非子在《说难》中写道：“凡说之难，在知所说之心。”在现实社会，随着人们日常交往的日益频繁，摩擦、矛盾也会随之增多，很多人只强调他人对自己应该承认、理解、接受和尊重，却忽视对等地去理解和尊重他人；只注意自己目的的实现，却无视他人的利益和要求。在这种倾向支配下，他们常常不顾场合和对方心情，一味由着自己的性子去交往，致使在交往中由于语言使用缺乏得体性而出现尴尬的局面。所以，在很多时候，注意交际场合的特点，多进行换位思考，灵活应变，将心比心，以诚换诚，才能达到心灵的沟通和情感的共鸣。本任务“案例导入”中的“退居二线”案例正是因缺乏换位思考而引起的交际障碍。所以，在语言交际时，必须换位思考，无论是话题的选择、内容的安排，还是语言形式的采用，都应该根据特定场合的表达需要来决定取舍，做到灵活自如。

6. 切合情境

运用语言进行信息传递、情感交流，离不开一定的时间、地点和场合，要使这种传递活动获得好的效果，语言运用不仅要符合特定的时代背景和此时此地的具体情景，还要恰当地利用说话时机，把握时间因素，力求切情切境，入旨入理。在杭州的“美食家”餐厅，一对新人在举行婚礼时，正赶上滂沱大雨下个不停。新人和客人们被大雨淋得很懊恼，婚礼气氛很不愉快。这时，餐厅经理来到 100 多位客人面前微笑着，高声说：“老天爷作美，赶来凑热闹。这是入春以来的第一场好雨。好雨兆丰年，这象征着今天这对新人的未来是十分幸福的。雨过天晴是艳阳天，象征着今天在座的所有客人都将迎来更加灿烂的明天。我提议：为了创造和迎接雨过天晴的明天，大家干杯！”话音刚落，整个餐厅的情绪和气氛发生了 180°的转变，原来沉寂的婚礼场面，气氛一下子变得热烈起来。

7. 明确目的

交际语言是一种为了实现一定的交际目的而进行的双向交流的传播活动，无论是与他人拉家常、叙友情，或是进行学术报告、演讲、谈判、采访乃至解说、寒暄、拜访、提问等，都是为了实现信息传递、沟通情感、增进了解、阐明观点等特定的交际目的而进行的。当与他人说话时，需要针对交际对象的特点和语言环境做出必要的调整，也要根据语言交流的主题，选择和使用恰当的语言，做到有的放矢，取得缓解气氛、增进友情的作用。例如，瑞士厄堡村有一块要求游客不要采花的通告牌，上面分别用英、德、法三种文字写着："请勿摘花！""严禁摘花！""喜爱这些山峦景色的人们，请让山峦身旁的花朵永远陪伴着它们吧！"由此不难看出瑞士旅游业人士对不同游客的民族心理特点的充分考虑。英国人讲面子，崇尚绅士风度，因此，用"请"。德国人严守律令，故采用"严禁"。法国人浪漫且重感情，所以用了富有激情的语句。这样就与不同交际对象的民族心理特点相吻合了。又如，曾有一位营业员向外国顾客介绍商品时，因为不了解外国顾客的情况，而按照对中国顾客的方式来接待，结果就把顾客赶跑了。事情是这样的：有一位英国客人在商店里表示出对一件工艺品感兴趣时，该营业员取出该工艺品，然后对客人说："先生，这件不错，又比较便宜。"顾客听了她的话后，丢下商品，转身而去。为什么这些话会把这位顾客赶跑呢？原来是"便宜"二字。因为在英国人心目中，买便宜货有失身份，所以这桩买卖没有做成。

二、交谈的语言艺术

美国哈佛大学前校长伊立特(Elite)曾说："在造就一个有修养的人的教育中，有一种训练必不可少，那就是优美、高雅的谈吐。"交谈是交流思想和表达感情最直接、最快捷的途径。在人际交往中，因为不注意交谈的礼仪规范，或用错了一个词，或多说了一句话，或不注意词语的色彩，或选错话题等而导致交往失败或影响人际关系的事，时有发生。因此，在交谈中必须遵从一定的礼仪规范，才能达到双方交流信息、沟通思想的目的。

1. 符合基本要求

语言作为人类的主要交际工具，是沟通不同个体心理的桥梁。交谈语言的基本要求包括以下几个方面。

(1) 准确流畅

在交谈时如果词不达意、前言不搭后语，很容易被人误解，达不到交际的目的。因此在表达思想感情时，应做到口音标准、吐字清晰，说出的语句应符合规范，避免使用似是而非的语言。应去掉过多的口头语，以免语句割断；语句停顿要准确，思路要清晰，谈话要缓急有度，从而使交流活动畅通无阻。语言准确流畅还表现在须让人听懂，因此言谈时尽量不用书面语或专业术语，因为这样的谈吐会让人感到太正规、受拘束或是理解困难。

【小故事】

自作自受

古时有一笑话，说的是有一书生，突然被蝎子蜇了，便对其妻子喊道："贤妻，速燃银烛，你夫为虫所袭！"他的妻子没有听明白，书生更着急了："身如琵琶，尾似钢锥，叫声贤妻，打个亮来，看看是什么东西！”其妻仍然没有领会他的意思，书生疼痛难熬，不得不大声吼道：“快点灯，我被蝎子蜇了！”真乃自作自受。[1]

（2）委婉表达

交谈是一种复杂的心理交往，人的微妙心理、自尊心往往在其中起着重要的控制作用，触及它，就有可能产生不愉快。因此，对一些只可意会不可言传的事情、人们回避忌讳的事情、可能引起对方不愉快的事情，不能直接陈述，只能用委婉、含蓄、动听的话去说。常见的委婉说话方式以如下几种。

避免使用主观武断的词语，如“只有”“一定”“唯一”“就要”等不带余地的词语，要尽量采用与人商量的口气。

先肯定后否定，学会使用“是的……但是……”这个句式。把批评的话语放在表扬之后，就显得委婉一些。

间接地提醒他人的错误或拒绝他人。

（3）掌握分寸

谈话要有放、有抑、有收，不过头，不嘲弄，把握“度”；谈话时不要唱“独角戏”，夸夸其谈，忘乎所以，不让别人有说话的机会；说话要察言观色，注意对方情绪，对方不爱听的话少讲，一时接受不了的话不急于讲。开玩笑要看对象、性格、心情、场合，一般来讲，不随便开女性、长辈、领导的玩笑，一般不与性格内向、多疑、敏感的人开玩笑，当对方情绪低落、心情不快时不开玩笑，在严肃的场合、用餐时不开玩笑。

（4）幽默风趣

交谈本身就是一个寻求一致的过程，在这个过程中常常会出现不和谐的地方并产生争论或分歧。这就需要交谈者随机应变，凭借机智抛开或消除障碍；幽默还可以化解尴尬局面或增强语言的感染力。它建立在说话者高尚情趣、较深的涵养、丰富的想象、乐观的心境、对自我智慧和能力自信的基础上，它不是耍小聪明或“卖嘴皮子”，它应使语言表达既诙谐，又入情入理，应体现一定的修养和素质。

【小故事】

“还没插秧呢！”

有一次，梁实秋的幼女文蔷自美返台探望父亲，他们便邀请了几位亲友，到“渔家庄”饭店欢宴。酒菜齐全，唯独白米饭久等不来。经一催二催之后，仍不见白米饭踪影。梁实秋无奈，待服务小姐入室上菜之际，戏问曰：“怎么饭还不来，是不是稻子还没收割？”服务小姐眼都没眨一下，答称：“还没插秧呢！”本是一个不愉快的场面，经服务小姐这一妙答，举座大乐。

2. 使用礼貌用语

使用礼貌用语是人类文明的标志，也是全世界共同的心声。使用礼貌用语不仅会得到

---

① http://www.loveliyi.com/society/goutong/goutongyishu.html(2009-07-27).

人们的尊重，提高自身的信誉和形象，而且还会对自己的事业起到良好的辅助作用。在我国，政府有关部门向市民普及文明礼貌用语，基本内容为十个字："请""谢谢""你好""对不起""再见"。在实际的社会交往中，日常礼貌用语远不止这十个字。归结起来，主要可划分为以下几个大类。

(1) 问候语

人们在交际中，根据交际对象、时间等的不同，常采用不同的问候语。比如在中国实行计划经济的年代，由于经济发展水平不高，人们面临的首要问题是温饱问题，因而人们见面的问候语是："你吃了吗?"今天，在中国不发达的农村，这句问候语仍然比较普遍，而经济比较发达的农村和城市，这句问候语已经很少听到了。人们见面时的问候语是"您好""您早"等。在英国、美国等说英语的国家，人们见面的问候语根据见面的时间、场合、次数等不同而有所区别。如双方是第一次见面，可以说"How do you do"(您好)；如果双方第二次见面，可以说"How are you"(您好)，如在早上见面可以说"Good morning"(早上好)，中午可以说"Good noon"(中午好、午安)，下午可以说"Good afternoon"(下午好)，晚上可以说"Good evening"(晚上好)或"Good night"(晚安)等。在美国，非正式场合人们见面时，常用"Hi""Hello"等表示问候。在信仰伊斯兰教的国家，人们见面时常用的问候语是"真主保佑"。在信奉佛教的国家，人们见面时常用的问候语是"菩萨保佑"或"阿弥陀佛"。

(2) 欢迎语

交际双方一般在问候之后常用欢迎语。世界各国的欢迎语大都相同。如"欢迎您"(Welcome to you)、"见到您很高兴"(Nice to meet you)、"再次见到您很愉快"(It is nice to see you again)。

(3) 回敬语

在社会交往中，人们常常在接受对方的问候、欢迎或鼓励、祝贺之后，使用回敬语以表示感谢。由此，回敬语又可称为致谢语。回敬语的使用频率较高，使用范围较广。俗话说"礼多人不怪"，通常情况下，只有你受到了对方的热情帮助、鼓励、尊重、赏识、关心、服务等都可使用回敬语。在我国使用频率最高的回敬语是"谢谢""多谢""非常感谢""麻烦您了""让你费心了"等。在西方国家回敬语的使用要比中国更为广泛而频繁。在公共交往中，凡是得到别人提供的服务，在中国人认为没有必要或是不值得向人道谢的情况下，也要说声谢谢，否则是失礼的行为。

(4) 致歉语

在社会交往过程中，常常会出现由于组织的原因或是个人的失误，给交际对象带来了麻烦、损失，或是未能满足对方的要求和需求的情况，此时应使用致歉语。常用的致歉语有："抱歉"或"对不起"(Sorry)，"很抱歉"(Very sorry 或 So sorry)，"请原谅"(Pardon)，"打扰您了，先生"(Sorry to have bothered you, sir)，"真抱歉，让您久等了"(So sorry to keep you waiting so long)等。

真诚的道歉犹如和平的使者，不仅能使交际双方彼此谅解、信任，而且有时还能化干戈为玉帛。道歉也有艺术。在人际交往中，有些人有时放不下架子或碍于面子，不愿直接道歉，这也是人之常情。其实，道歉的方式很多，道歉时可采用委婉的手法。比如，今天的交际对象是你以前曾经冒犯过的人，那么你可以说："真是不打不相识啊，俗话说得好，不是冤家不聚头，来，让我们从头开始！”道歉并非降低你的人格，及时得体的道歉也充分反映出你的宽广胸襟、真诚情感和敢于承担责任的勇气。

有些时候，如果由于组织的原因或个人原因给交际对象造成一定的物质上、精神上的损失或增加了心理上的负担，在道歉的同时还可赠送一些纪念品、慰问品以示诚心道歉。

(5) 祝贺语

在交际过程中，如果你想与交际对象建立并保持友好的关系，你应该时刻关注着交际对象，并与他们保持经常性联系。比如，当你的交际对象过生日、加薪、晋升或结婚、生子、寿诞，或是你的客户开业庆典、周年纪念、有新产品问世或获得大奖等，你可以以各种方式表示祝贺，共同分享快乐。

祝贺用语很多，可根据实际情况需要进行选择。如节日祝贺语：“祝您节日愉快”(Happy the festival)，“祝您圣诞快乐”(Merry christmas to you)；生日祝贺语：“祝您生日快乐”(Happy birthday)；当得知交际对象取得事业成功或晋升、加薪等，可向他表示祝贺：“祝贺你”(Congratulation)。常用的祝贺语还有：“恭喜恭喜”“祝您成功”“祝您福如东海，寿比南山”“祝您新婚幸福、白头偕老”“祝您好运”“祝您健康”等。

此外还可通过贺信，在新闻媒介刊登广告等形式祝贺。如“庆祝大连国际服装节隆重开幕！”“××公司恭贺全国人民新春快乐！”等。总之，在当今社会，适时使用祝贺用语，对交际来说有百益而无一害。

(6) 道别语

交际双方交谈过后，在分手时，人们常常使用道别语，最常用的道别语是“再见”(Goodbye)，若是根据事先约好的时间可说“回头见”(See you later)、“明天见”(See you tomorrow)。中国人道别时的用语很多，如“走好”“慢走”“再来”“保重”等。英、美等国家的道别语有时比较委婉，常常有祝贺的性质，如“祝你做个好梦”“晚安”等。

(7) 请托语

在日常用语中，人们出于礼貌，常常用请托语，以示对交际对象的尊重。最常用的是“请”；其次，人们还常常使用“拜托”“劳驾”“借光”等。在英、美等国家，人们在使用请托语时，大多带有征询的口气。如英语中最常用的“Will you please ...?”“Can I help you?”(你想买点什么?)“Could I be of service?”(能为您做点什么?)以及在打扰对方时常使用“Excuse me”，也有征求意见之意。日本常见的请托语是“请多关照”。

3. 慎重选择话题

所谓话题，是指人们在交谈中所涉及的题目范围和谈资内容。换言之，话题是一些由相对集中的同类知识、信息构成的谈话资料及其相应的语体方式、表述语汇和语气风格的总和。在人际交往中，学会选择话题，就能使谈话有个良好的开端。交谈中宜选的话题主要包括以下几种。

一是既定的话题，即交谈双方业已约定，或者一方先期准备好的话题，如征求意见、传递信息、研究工作等。

二是内容文明，格调高雅的话题。如文学、艺术、哲学、历史、地理、建筑等，这类话题适合各类交谈，但忌不懂装懂。

三是轻松的话题。这类话题令人轻松愉快、身心放松，适用于非正式交谈，允许各抒己见，任意发挥。主要包括文艺演出、流行、时装、美容美发、体育比赛、电影电视、休闲娱乐、旅游观光、名胜古迹、风土人情、名人逸事、烹饪小吃、天气状况等。

四是时尚的话题，即以此时此刻正在流行的事物作为谈论的中心，这类话题变化较快，不太好把握。

五是以对方感兴趣的事情为话题。只有双方都对某一话题感兴趣，才能你一言我一语地交谈下去。以对方感兴趣的事情为话题，就必须了解对方的兴趣。而与刚认识的人交谈是最不容易的，因为不了解对方的性格、爱好。这时宜从平淡处开口，而不要冒昧提出太深入或太特别的话题。最简单的是谈天气，或从所处的环境中找寻话题。比如："今天来的人真不少！""这儿您从前来过吗？""您和主人是在哪儿共同上过学？""盆花养得真不错！"等。另外，还可以询问对方的籍贯，然后引导对方详谈其家乡的风土人情。

六是以对方擅长的事情为话题。交谈犹如打乒乓球，你发的球要让对方容易接，才有可能一来一去地打出多个回合。人际关系也只有在不断的语言交往中才会逐渐融洽。如果你发的球对方不好接，双方的来往就会中断，对方甚至会认为你在故意为难他。这样，就会影响双方关系的进一步发展。

【小故事】

芭芭拉的采访

美国记者芭芭拉·华特初遇美国航空业巨头亚里士多德·欧纳西斯，午餐时趁他与大家谈论业务的短暂空隙，采访了他。"欧纳西斯先生，您在海运和空运方面，还有其他方面都取得了巨大的成就，这是令人震惊的，请问您是怎样开始的？"这个话题触动了欧纳西斯先生的心弦，他立即同芭芭拉侃侃而谈，动情地回顾了自己的奋斗史，而芭芭拉的采访也因此取得了成功。

在交谈时要注意交谈的话题有所忌讳。在交谈中，若双方是初交，则有关对方年龄、收入、婚恋、家庭、健康、经历这一类涉及个人隐私的话题，切勿加以谈论。

由于人们的经历、职业、兴趣、学习状况不同，每个人所掌握的话题各不相同，都有一定的局限性，因此必须尽量扩大话题储备。为此，要有知识储备。对于掌握话题广度影响最大的是自身的学习状况和进取精神。一个人如果有理想、有追求、思想境界高，而且肯下功夫学习，爱读书看报，并关注社会现实生活，有较多的朋友，把看到、听到的东西，有意识地加以记忆和积累，就会变得学识渊博，时事政策、天文地理、政治外交、文艺体育、花鸟鱼虫、音乐美术几乎无所不知，由于视野开阔，谈资和知识面自然会比别人宽得多。

4. 善于耐心倾听

有一句老话"人长着一张嘴巴，两只耳朵，就是为了少说多听"，是很有道理的。与人交谈不但要善于表达自己的意思，而且还要善于聆听对方的说话，这在社会交往活动中是个不容忽视的问题。认真听取他人讲话可以获得更多的信息，抓住机会向别人学习；可以避免和减少说话的失误，使谈话简而精；同时也是对对方的尊重。我们不仅口才要好，而且还要有一副好"耳才"，做一个善于倾听的人。

【小案例】

我还要回来

美国知名主持人林克莱特有一天访问一名小朋友，问他说："你长大后想要当什么呀？"小朋友天真地回答："嗯……我要当飞机的驾驶员！"林克莱特接着问："如果有一天，你的飞机飞到太平洋上空所有引擎都熄火了，你会怎么办？"小朋友想了想："我会先告诉坐在飞机上的人绑好安全带，然后我挂上我的降落伞跳出去。"当在场的观众笑得东倒西歪时，林克莱特继续注视着这孩子，想看他是不是自作聪明的家伙。没想到，接着孩子的两行热泪夺眶而出，这才使林克莱特发觉这孩子的悲悯之心远非笔墨所能形容。于是林克莱特问他："为什么你要这么做？"小孩的答案透露了这个孩子真挚的想法："我要去拿燃料，我还要回来！我还要回来！"

【点评】 通过这个故事，大家应该明白沟通是双向的，我们并不是单纯地向别人灌输自己的思想，还应该学会积极地倾听。

(1) 倾听的作用

对我们大多数人来说，倾听是从我们听到别人讲话声音开始的，但倾听与听有什么区别呢？一般学者认为："听"是人体感觉器官接收到的声音；换句话说，"听"是人的感觉器官对声音的生理反应。只要耳朵听到谈话，我们就在听别人。想想你在听到电影中的外语对话时，你就会明白，听到并不意味着理解。"听而不闻"说的就是这种情况。

倾听虽然以听到声音为前提，但更重要的是我们对声音必须有所反应，必须是主动参与的过程，在这个过程中，人必须接收、思考、理解，并做出必要的反馈。同时，倾听的对象不仅仅局限于声音，还包含理解别人的语言、手势和面部表情等。在此过程中，我们绝不能闭上眼睛只听别人说话的声音，而且还要注意别人的眼神及感情表达方式。

倾听的作用概括起来，主要包括以下方面。

① 倾听是获取信息开阔视野的重要途径。"听君一席话，胜读十年书"，这句俗语从倾听的角度说明了倾听是获取信息开阔视野的重要途径。有数据显示：在我们获取信息的途径听、说、读、写所占的时间中，听占到了 53%。虽然现在是网络化时代，面对面沟通被有些人所忽视，由此产生的"宅男""宅女"现象越来越引起人们的担忧。这从另一个角度说明倾听的缺失对现代人造成的不良影响。与其将自己封闭在一个狭小的空间里，还不如走出家门倾听来自各界的声音，那样对你的未来才更有帮助。

② 倾听是对别人尊重和鼓励的特殊方式。根据人性特点，我们都知道，人们往往对自己的事更感兴趣，对自己的问题更关注，更喜欢自我表现。一旦有人专心倾听我们的话时，就会感到自己被重视。我们真诚投入地倾听他人的倾诉，给予恰到好处的反应，是对他人尊重和鼓励的最好方式。

③ 倾听是为自己争取主动的关键。在时机未到时选择倾听并保持沉默是一种"大智若愚"的艺术。在商业活动中多听、少说甚至不说，这样做的目的是获得最大的利益。少开口不做无谓的争论，对方就无法了解你的真实想法；反之，你可以探测对方动机，逐步掌握主动权。因此，"雄辩是银，倾听是金"。

④ 倾听可增进彼此的理解与信赖。表露内心的事，可以消除两人之间的误会、隔阂、

不信任与敌对，使两人之间的关系更为密切。由此来看，倾听可谓是彼此沟通的桥梁，误解与愤恨都会随着有效的倾听而化为乌有，感情也会伴着彼此的倾听更近一步。

⑤ 倾听可改善周围环境的气氛，有利于获得身心健康与成功。心理学家们指出，善于倾听的人容易克制冲动，控制愤怒，拥有一个较为平和的人际环境，这对于成功与健康是有百益而无一害的。

(2) 有效倾听的策略

听和说是谈话交流的两个方面，倾听是语言表达的前提，那么应该怎样倾听呢？

① 创造良好的倾听环境。不良的倾听环境中如果存在干扰因素，这些干扰因素就会干扰信息传递过程，消减、歪曲信号，转移人的注意力，从而影响专心地倾听。所以，应从以下方面创造良好的倾听环境，消除干扰因素。

- 选择合适的场所。场所合适与否直接关系到沟通双方的心理感受和外在噪声的干扰。在公众场合下，应避免在噪声比较大的地方交谈，如施工场所、十字路口。应尽量寻找安静、舒适、典雅、有格调的咖啡厅、茶室等，同时力求避免电话、手机和他人的干扰。如果是在家中聚会，有必要将电视音量关小，保证室内空气清新、舒适，假如临近街道，可以将门、窗关紧，同时注意室内家具的摆放、颜色的搭配等细节问题。
- 选择恰当的时间。公众场所都有自己的高峰期，像公园、商场、节假日风景区，人比较多，咖啡厅晚上人流不息，而餐馆则在中午、下午 6 点以后客人较多。选择场所时还应考虑时间的不同，对谈话双方的效果也将不同。
- 保持一定的距离。说话者跟听话者感情好，私下交谈时则相互挨得近，恋人更是如此。但如果在正式场合，不论亲疏，都应保持一定的距离。过远，则不容易听清；过近，容易使说话者感到紧张。

② 做好倾听的心理准备。倾听，要求倾听者要有良好的精神状态，集中精力，随时提醒自己交谈到底要解决什么问题，听话时应保持与谈话者的眼神接触，但在时间的长短上应适当把握好，如果没有语言上的呼应，只是长时间盯着对方，会使双方都感到局促不安。另外，要努力维持大脑的警觉，保持身体警觉则有助于使大脑处于兴奋状态。

倾听时，应该保持开放的心态，这是提升倾听技巧的指导方针之一。这样做不但使你能考虑到事情的各个方面，还能减少你与说话者之间的防御意识，而这种意识会极大阻碍你们之间的良好沟通。回应说话者时，即使你不同意他的观点，也应对其信息保持积极的态度。

③ 使用正确的态势语言。人的身体姿势会暗示出他对谈话的态度，自然开放性的姿态，代表着接受、兴趣与信任。根据达尔文的观察，交叉双臂是日常生活中最普遍的姿势之一，一般表现得优雅且富于感染力，让人看上去自信心十足。但这常常自然地转变为防卫姿势，当倾听意见的人采取这种姿势，大多是持保留的态度。向前倾的姿势是集中注意力、愿意听倾诉的表现。所以二者是相容的。倾听时交叉双臂跷起二郎腿也许是很舒服，但往往让人感觉这是种封闭性的姿势，容易让人误以为不耐烦或高傲。

④ 对主题或说话者产生兴趣。这样做有助于倾听者以积极的态度进行倾听。倾听时，你的目标应当是从每个说话者那里获取知识，但如果你对他们不感兴趣，就很难集中注

意力。因此，应当消除自己对主题或是说话者的偏见，使自己对其产生兴趣。倾听时，应该关注说话者提供的信息，而不是他们的外表、性格或是说话方式，不要因为这些因素而对他们加以定论，应该根据他们提供的论据来判断信息的价值。另外，也不要仅仅因为说话者的出色表达就立即对他们做出肯定的判断。出色的表达并不意味着说话者传递的信息有价值。因此，应该等到说话者完整地传递了信息之后再做出判断。

⑤ 积极关注自己不熟悉的信息。要提升自己的倾听技巧，还应该学会积极关注自己不熟悉的信息。如果在倾听时遇到此类信息，就更需要高度集中注意力。因为如果不这样做，就有可能抓不住信息中的重点。当对方传递的是自己不熟悉的信息时，可以采取下列方法来改变自己：

不要因为信息复杂而气馁。

使自己对学习产生兴趣。

通过提问来确认说话者的观点。

⑥ 专注于说话者的主要观点。倾听时，一定要专注于说话者的主要观点，为了全面理解讲话者的言辞中包含的内容和情感，倾听者要集中精力努力捕捉信息的精髓。这样做能避免强烈情感让你感到混乱和沉闷，并且能集中精神理解讲话者所述观点中的重点。

⑦ 不要过早下结论。要提升自己的倾听技巧，倾听者在倾听时就不要过早下结论。当你不同意说话者的看法时，最自然的反应就是立即不再理会他所传递的信息。尽管你不需要同意说话者的所有观点，但是在下结论之前，还是应该听完他的话。只要听完了全部的信息，就可以彻底地检验并公正地评估说话者的观点、论据和论证过程。

⑧ 复述说话者所传递的信息。通过复述，倾听者可以确定自己是否完全理解了该信息。复述时，倾听者可以用自己的话向说话者概括信息的主要内容，这样能减少对信息的误解和错误的推测。

⑨ 不到必要时，不打断他人的谈话。善于听别人说话的人不会因为自己想强调一些细枝末节、想修正对方话中一些无关紧要的部分、想突然转变话题，或者想说完一句刚刚没说完的话，就随便打断对方。经常打断别人说话就表示我们不善于倾听，个性激进、礼貌不周，很难和人沟通，所以除了在不得不说的情况下，不应打断对方的谈话。

【小贴士】

LISTEN（聆听）六要点

礼仪专家赵玉莲总结了LISTEN（聆听）六要点。

L：Look，注视对方试用“肯尼迪总统眼神法”，方法是轮流看对方的眼睛，看左眼、看右眼，再看回左眼，两眼交替注视。据说肯尼迪总统经常使用，最能打动对方的心。

I：Interest，表示兴趣，点头、微笑、身体前倾，都是有用的身体语言。

S：Sincere，诚实关心，留心对方的说话，做真心善良的回应。

T：Target，对牢目标，对方故意离题，马上带回主题，对方说溜了嘴更要接着上。

E：Emotion，控制情绪，就是听到过分言语，也不要发火。

N：Neutral，避免偏见，小心聆听对方的立场，不要急于捍卫己见。

5. 弥补言行失误

如果在与人交往中不注重礼仪，由于举止言行的某一个失误，往往会导致终生遗憾。那么，在言行出现失误的时候，该怎样弥补这一过失呢？

(1) 及时纠正

俗话说："亡羊补牢，未为晚也！"每个人的言行不可能永远正确，当你一时失误时，应及时纠正，这才是明智之举。这种方法，在一定程度上避免了当面丢丑，不失为补救的有效手段。

【小故事】

里根纠正口误

一次，美国总统里根访问巴西。由于旅途疲乏，年岁又大，在欢迎宴会上，他脱口说道："女士们，先生们！今天，我为能访问玻利维亚而感到非常高兴。"

有人低声提醒他错了，里根忙改口道："很抱歉，我们不久前访问过玻利维亚。"

尽管他并未去过玻国。当人们还来不及反应时，他的口误已经淹没在后来滔滔的大论之中了。[①]

(2) 及时移植

及时移植就是把错话移植到他人头上。如说："这是某些人的观点，我认为正确的说法应该是……"这就把自己已出口的某句错误纠正过来了。对方虽有某种感觉，但是无法认定是你说错了。

(3) 及时引申

迅速将错误言辞引开、避免在错中纠缠，也就是接着那句错误的话之后说："然而正确地说应是……"或者说："我刚才那句话还应作如下补充……"这样就可将错话抹掉。

(4) 借题发挥

借题发挥就是错话一经出口，在简单的致歉之后立即转移话题，有意借着错处加以发挥，以幽默风趣、机智灵活的话语改变场上的气氛，使听者随之进入新的情境中。

【小故事】

求　　职

有一个新毕业的大学生去某合资公司求职，一位负责接待的先生递过来名片。大学生神情紧张，匆匆一瞥，脱口说道："滕野先生，您身为日本人，抛家别舍，来华创业，令人佩服。"那人微微一笑："我姓滕，名野七，地道的中国人。"大学生面红耳赤，无地自容，片刻后，神志清醒，诚恳地说道："对不起，您的名字使我想起了鲁迅先生的日本老师——藤野先生。他教给鲁迅许多为人治学的道理，让鲁迅受益终身。希望滕先生日后也能时常指教我。"滕先生面带惊奇，点头微笑，最终录用了他。[②]

---

①② 杨茳，王刚. 礼仪师培训教程[M]. 北京：人民交通出版社，2007.

（5）将错就错

将错就错这种方法就是在错话出口之后，能巧妙地将错话续接下去，最后达到纠错的目的。其高妙之处在于，能够不动声色地改变说话的情境，使听者不由自主地转移原先的思路，不自觉地顺着自己的思维而思考。

**【小故事】**

“已过磨合期”

某次婚宴上，来宾济济，争向新人祝福。一位先生激动地说道：“走过了恋爱的季节，就步入了婚姻的漫漫旅途。感情的世界时常需要润滑。你们现在就好比是一对旧机器……”其实他本想说“新机器”，却脱口说错，令举座哗然。一对新人不满之意更是溢于言表，因为他们都曾各自离异，自然以为刚才之语隐含讥讽。那位先生的本意是要将一对新人比作新机器，希望他们能少些摩擦，多些谅解。但话既出口，若再改正过来，反而不美。他马上镇定下来，略一思索，不慌不忙地补充一句：“已过磨合期。”此言一出，举座称妙。这位先生继而又深情地说道：“新郎新娘，祝福你们永远沐浴在爱的春风里。”大厅内掌声雷动，一对新人早已笑若桃花。①

这位来宾的将错就错令人叫绝。错话出口，索性顺着错处续接下去，反倒巧妙地改换了语境，使原本尴尬的失语化作了深情的祝福，同时又道出了新人之间情感历程的曲折与相知的深厚，颇有些“点石成金”之妙。

（6）避免冷场发生

与人交谈，一个话题谈完了，如果两个人不善言谈，而另一个话题又没接上，那么，就有可能出现“冷场”的尴尬局面，别人会显出局促不安的神态，你也会无所适从，怎么办？一般来说，冷场分为两种情况：一种是单向交流，听的人毫无兴趣，注意力分散；另一种是双向交流中，听者毫无反应，或仅以“嗯”“噢”之类应付。不管是哪种情况出现的冷场，根本原因都在于听者不愿听说话人所说的话，仅仅出于纪律的约束或处世的礼貌而扮演了一个“接受”的角色。发言者既要发言，必须实施控制，避免冷场的发生。避免和控制的办法如下。

① 发言简短。单向交流中那种应景式讲话，越短越好。如某商场举行开业仪式，邀请了市内各方面的人士参加。总经理只说了两句话：“女士们，先生们：热忱欢迎各位光临！现在我宣布：××商场正式开业！”

双向交流中，任何一方都不要滔滔不绝地“包场”，要有意识地给对方留下发言的时间和机会。自己一轮讲不完，应待对方有所反应后再讲，不要一轮就讲得很长。

② 交换话题。单向交流的话题变换是暂时的，所变换的话题是为了吸引听者的注意力，调动他们的兴趣。这一目的达到后，仍要回到原有话题的轨道。比如，教师在讲课过程中发现学生精力分散，东张西望、打瞌睡、窃窃私语、在桌上乱画，可以暂停讲授，穿插几句应景、时髦、诙谐的话；或者简短地讲个与教学多少相关的典故、趣闻，学生的精力便会一下集中起来，之后，再继续教学。双向交流的话题变换是不定的，根据现场情况随时进行。比

① 杨茳，王刚. 礼仪师培训教程[M]. 北京：人民交通出版社，2007.

如你与别人谈今日凌晨看的一场世界杯足球赛电视直播，可别人并不喜欢足球，也没有在半夜爬起来观看，对你所议显得毫无兴趣，出现冷场。这时，你就应及时将话题转到其他方面。

③ 中止交谈。任何人在交谈时都不希望听者不愿接受。但若出现这种情况，自己又采取了诸如简短发言、变换话题等控制手段，仍然不能扭转冷场的局面，那就应中止交谈。没有人接受的交谈是无意义的，既白白消耗自己的精力，又无端浪费别人的时间。

【小贴士】

交谈的禁忌

一忌居高临下。不管你身份多高、背景多硬、资历多深，都应放下架子，平等地与人交谈，切不可给人以“高高在上”之感。

二忌自我炫耀。交谈中，不要炫耀自己的长处、成绩，更不要或明或暗拐弯抹角地为自己吹嘘，以免使人反感。

三忌口若悬河。如果对方对你所谈的内容不懂或不感兴趣，不要不顾对方的情绪，自己始终口若悬河。

四忌心不在焉。当你听别人讲话时，思想要集中，不要左顾右盼，或面带倦容、连打哈欠；或神情木然、毫无表情，让人觉得扫兴。

五忌随意插嘴。要让人把话说完，不要轻易打断别人的话。

六忌节外生枝。要扣紧话题，不要节外生枝。如当大家正在兴致勃勃地谈论音乐，你突然把足球赛“塞”进来，显然不识“火候”。

七忌搔首弄姿。与人交谈时，姿态要自然得体，手势要恰如其分。切不可指指点点、挤眉弄眼，更不要挖鼻掏耳，给人以轻浮或缺乏教养的印象。

八忌挖苦嘲弄。别人在谈话时出现了错误或不妥，不应嘲笑，特别是在人多的场合尤其不可如此，否则会伤害对方的自尊心。也不要对交谈以外的人说长道短，这不仅有损别人，也有害自己，因为谈话者从此会警惕你在背后也说他的坏话。更不能把别人的生理缺陷当作笑料，无视他人的人格。

九忌言不由衷。对不同看法，要坦诚地说出来，不要一味附和。也不要胡乱赞美、恭维别人，否则，令人觉得你不真诚。

十忌故弄玄虚。本来是习以为常的事，切莫有意“加工”得神乎其神，语调时惊时惶、时断时续，或卖“关子”，玩深沉，让人捉摸不透。如此故弄玄虚，是很让人反感的。

十一忌冷暖不均。当几个人一起交谈时，切莫按自己的“胃口”，更不要按他人的身份而区别对待，热衷于与某些人交谈而冷落另一些人。不公平的交谈是不会令人愉快的。

十二忌短话长谈。切不可泡在谈话中，鸡毛蒜皮地“掘”话题，浪费大家的宝贵时光。要适可而止，说完就走，提高谈话的效率。

【课堂训练】

以小组为单位，创设交谈情景，分角色进行交谈训练。

三、提问的语言艺术

在社交活动中，提问往往是交谈的起点，是把话题引向深入的方式之一。因此，会不会问，该怎么问，问什么，都直接影响着交际的效果。

1. 提问的作用

中医讲究的望、闻、问、切四种疗法，在人际交流过程中，同样适用。提问者必须掌握察言观色的技巧，学会根据具体的环境特点和谈话者的不同特点进行有效的提问。提问有以下三个作用。

(1) 有利于把握回答者的需求

通过恰当的提问，提问者可以从回答者那里了解更充分的信息，从而对回答者的实际需求进行更准确的把握。

(2) 有利于保持沟通过程中双方的良好关系

当提问者针对回答者的需求进行提问时，回答者会感到自己是对方注意的中心，他(她)会在感到受关注、被尊重的同时，更积极地参与到谈话中。

(3) 有利于掌控沟通进程

主动发出提问可以使提问者更好地控制对话沟通的进度，以及今后与回答者进行沟通的总体方向。一些经验丰富的提问者总是能够利用有针对性的提问来逐步实现自己的询问目的和沟通目标，并且还可以通过巧妙的提问来保持友好的关系。

【小贴士】

提问的方式

人际沟通的最终目标是达成一个共同的协议。要想充分了解并确认对方的需求、目的，通常要通过提问得知。常见的提问方法有两种，见表 5-1[①]。

表 5-1　常见的提问方法

提问的方法	开放式问题提问	封闭式问题提问
特点	回答没有框架，可以让对方自由发挥；答案是多样的，是没有限制的	提问时给对方一个框架，让对方只能在框架里选择回答；答案是唯一的，是有限制的
举例	您午餐吃的什么？ 您什么时候有时间？ 您的订购计划是怎样的？ 您为什么喜欢这样的工作？	您吃午餐了吗？ 您是上午有时间还是下午有时间？ 您订购一套还是两套？ 您喜欢你的工作吗？
优势	收集信息全面，得到更多的反馈信息，谈话的气氛轻松	可以引导对方直接给到自己想要的结论，容易控制谈话的时间
劣势	占用一定的沟通时间，谈话内容容易跑偏，不便于控制沟通节奏	收集信息不全面，不利于了解对方的真实意思，只能是确认信息。另外，封闭式问题有时会让对方产生一些紧张或戒备的感觉
应用	时间充裕，需要收集信息，想让对方充分参与、充分主导时用开放式问题	时间有限，需要尽快得出结论，想自己控制局面时用封闭式问题

① 秦保红. 职场礼仪教程[M]. 北京：中国人民大学出版社，2016.

2. 提问的原则

（1）提问对象的辨识

提问应因人而异，即从对方的年龄、身份、职业、性格以及不同的民族文化背景出发，选择不同的提问方式和技巧。

【小案例】

不会提问的实习记者

临近教师节了，一位实习记者被派往一所省级示范中学，采访在教改中做出突出贡献的张老师。这位实习记者见面就问："您是哪所大学毕业的呀？"张老师回答道："我没上过大学。如果你是来找大学学历的教师，那你找错门了。上过大学的教师，我们学校有的是！"结果这位实习记者讨了个没趣。

为了缓和气氛，他转移话题，准备从生活入手，随口问道："您孩子多大了？该上初中了吧？"张老师脸一红，很不高兴地说："我还没结婚呢……"随后说声"失陪"便抽身离去。这位实习记者十分尴尬。

（2）提问场合的敏感性

提问要注意场合，比如厕所里一般不适合高谈阔论；办公室里，当对方很忙或正在处理一些急事时，不宜提琐碎无聊的问题；当对方伤心或失意时，不宜提太复杂、太生硬或者是可能引起对方不愉快的问题。注意场合，还要考虑对方的回答，比如一位中学生很想去游泳，但他父母不让去，如果当着他父母的面，你问他："去游泳吗？"这位中学生可能因为怕他父母会给你一个虚假的回答"不去"，如果换个场合提问，其结果可能会说"去游泳"。

（3）提问目的的鲜明性

在提出疑问的时候，要带着鲜明的目的性。或者为了寻找答案，或者为了引导对方进一步说明问题，或者作为问题的假设和可能……这些都是提问的目的。鲜明的目的，能够让提问变得有效；然而，鲜明并不等于完全的直接，在某些情况下，旁敲侧击反倒会比直接询问更有效果。同时，还应注意一定要紧扣提问的目的，不能迷失于连环的询问中，而失去根本。

（4）提问方式的多样性

在提问过程中，不要拘泥于一种提问方式，单一的提问与回答的形式会使沟通变得不自然、不活跃，会影响到回答者的思考模式。提问的方式要多样，要根据不同的沟通内容、不同的沟通目的、不同的环境，使用不同的提问方式。如提前给出问题，让回答者进行准备，有利于获得相对完整和系统的回答；在现场沟通中进行提问，则可以得到直接而相对真实的回答。连环式的提问具有引导作用；跳跃式的提问则可以开拓思维；设问式的提问可以给出以问为答；反问式的提问则具有权势的威压……

（5）提问语言的简明性

提问的语言不宜过长，要通俗、干净、利索，不要拖泥带水、含糊其词，但应具有启发性和诱导性。提问中的语言必须能为对方所理解，同时要注意提问中不要提一些"是不是""对不对"等不需要动脑、脱口而出的问题，因为可能得不到正确的或者提问者想要的答案。

（6）提问难度的把握

提出的问题要与沟通的内容相关，不要出现风马牛不相及的“提问”，也不要出现重复的“错问”，同时，提出问题的难度要具有量力性，必须考虑到沟通对象的年龄特征、知识水平和接受能力。一般来说，低难度的问题是针对较为具体的特殊的事例，中难度的问题则可以是一些抽象的带有一般规律性的问题，高难度的问题则是以开放式为特征，考量回答者的综合素质。在对群体提问时，难度应控制在中等水平，以大多数的回答者经过思考能够回答为前提，既不要过于简单，也不要过于艰难。

（7）提问留有余地的艺术

提问一定要留有余地，以免伤害别人。美国明尼苏达大学拉尔夫·尼科斯基博士对此作了四点概括：一是忌提明知对方不能或不愿作答的问题；二是用对方较适应的“交际传媒”提问，切不可故作高深，卖弄学识；三是不要随意搅扰对方的思路；四是尽量避免你的发问或问题引起对方“对抗性选择”，即要么避而不答，要么拂袖而去。

3. 提问的方式

（1）直接提问法

提问者从正面直接提问，开诚布公、干脆利落、直截了当地讲明询问目的，开门见山地提出问题。

在运用正面提问法时要注意情感的铺垫，使对方心理上会舒缓一些，也能合作一些，同时防止提问过于直白，以免显得过分生硬，容易造成询问对象的排斥心理，难以获得有价值的信息和材料，而且还会给人一种笨嘴拙舌的感觉。

【小案例】

“你是否对别人的批评很敏感？”

有人问美国华尔街40号国际公司前总裁马修·布拉：“你是否对别人的批评很敏感？”他说：“早年，我对这种事情非常敏感。我急于要使公司里的每一个人都认为我非常完美。要是他们不这样想，就会使我忧虑。只要一个人对我有一些怨言，我就会想法子取悦他。可是，我做讨好这个人的事，总会让另外一个人生气。等我想要补偿这个人的时候，又会惹恼其他的人。最后我发现，我越想讨好别人，就越会使我的敌人增加。所以，我对自己说：只要超群出众，你就一定会受到批评，还是趁早习惯。这一点对我大有帮助。以后，我决定尽自己的最大能力去做，而把我那把破伞收起来，让批评我的雨水从我身上流下去，而不是滴在我的脖子里。”

（2）限定提问法

人们有一种共同的心理——认为说“不”比说“是”更容易和更安全。所以，一般在沟通过程中，提问者向回答者提问时，应尽量设法不让对方说出“不”字来。提问者在问题中给出两个或多个可供选择的答案，此时可采用限定提问法，即两个或多个答案都是肯定的。如与别人订约会，有经验的提问者从来不会问对方“我可以在今天下午来见您吗？”因为这只能在“是”或“不”中选择答案。如果将提问方式改为限定型，即改问：“您看我是今天下午2点钟来见您还是3点钟来？”当他说这句话时，提问的目的就已经达成了。

【小案例】

提问技巧

北京远郊区有个山村的群众吃水很困难。后来，在当地政府的关怀下，村民都用上了自来水。记者采访一位老大娘时问道："大娘，您吃上自来水了，高兴吧?"大娘回答说："高兴！高兴!"这次采访，记者就提了这一个问题，大娘也就连着说了两个"高兴"，心里有话却因记者的直白而没能说出来。如果问："大娘，原先您想到过吃自来水吗?"或者"大娘，听说你们过去吃水好困难?"大娘心里的话就能痛快地说出来。

(3) 迂回提问法

迂回提问是指从侧面入手，采用聊天攀谈的形式，然后逐步将问答引上正题。这种提问方式一般时间性不太强，谈话也不受特定场合与报道方式的限制。当沟通对象感到紧张拘束，或者思想有所顾虑不太愿意交谈，或者虽然愿意谈，却又一时不知该怎么谈的情况下，提问者可以采取侧面迂回的提问方式，逐渐将谈话引上正题。应当明确的是，旁敲侧击只是一种手段而不是目的。因此，聊天的内容应当是有目的、有选择的，表面上似乎和采访无关，实质上应该是有关联的。

【小案例】

采访郭秀莲

原山西电视台记者高丽萍，1987 年在采制专题片《重访大寨录》时，她先和郭凤莲聊天。郭凤莲一听说要采访当年大寨的模范人物，就急切地说："采访别人我没意见，我是不愿意接受采访，我再也不想上电视上报纸了。"记者问她为什么，她说："前几次有的记者找我，我正好有急事要办不在家，就说我拒绝采访，躲着不见，还有人说我对三中全会的政策不满，其实我根本没意见，大寨人现在不就是靠三中全会的富民政策富起来的吗？一听他们那样说我，我就生气。"

高丽萍看到对方说到这里，还是一副气鼓鼓的样子，就对她说："我理解你的心情。可我觉得要让人们真正了解你和大寨人今天的情况，就得你们自己出面说话，大家才信。现在你又不接受我的电视采访，观众怎么能知道你是如何看待三中全会的政策呢，更不知道你的近况如何了，你说呢?"果然，这入情入理的一激很有效，郭凤莲马上就说："那好，你就采访吧。可我从哪说起呢?"当下，记者就给她出了主意，对方也爽快地接受了采访。

(4) 诱导提问法

诱导提问法就是提问者通过采用启发诱导的方式，引导或激活对方的思路，诱发对方的情感，使对方明确双方沟通的范围和内容，从而有针对性地把对方掌握的信息引导出来，这比较适合提问对象不愿意说、不大会说、不想主动说等情形。在某种情况下，诱导提问法还可以有意识地通过提问来使对方落入提问者的"圈套"，从而使其承认或否认某种言行。

【小案例】

孟子的诱导提问

孟子在劝谏魏惠王时，曾经提出一个问题："假定有一个人向大王报告：我的臂力能举起3000斤的重物，却拿不起一根羽毛；我的目力能把秋天鸟的细毛看得分明，但一车柴火摆在眼前却瞧不见。你相信吗？"魏惠王说："不，我不相信。"孟子马上接着说："这样看来，那个力士连一根羽毛都拿不起，是不肯用力的缘故；那位明察秋毫的人，连一车柴火都瞧不见，是不肯用眼睛的缘故；如果老百姓得不到安定的生活，是不肯干，不是不能干。"孟子开始的问话就是诱导提问法。

（5）激将提问法

激将提问法是指以比较尖锐的问题，适当地刺激对方一下，促使对方的心态由"要我说"变为"我要说"，从而不能不说，甚至欲罢不能。运用激将提问法时，提问者要考虑自己的身份是否得当，刺激的强度是否适中，还要考虑谈话的气氛怎样。有些时候尖锐、刁钻、奇特甚至古怪的提问，是"兵行险招"，成则大成，败则大败。例如，某些西方政治家，也爱接待善于用"激将提问法"的记者，他们通过巧妙地回答记者的刁钻刻薄的提问，能够在公众面前显示自己的才能。

【小案例】

采　访

《新华日报》有一记者，根据国务院关于搞好安全生产的指示，有一次去南京某厂采访。这是一家数千人的大厂，因安全措施落实得好，连续7年未发生过安全事故。由于记者事先得知该厂领导有思想顾虑，不愿在报上张扬，并曾婉言谢绝过其他记者对这一题材的采访，故记者一坐下来就问："记不清在哪里听说过了，你们厂今年2月因安全措施没落实，曾经触电死过一人，是不是？"接待采访的一位副厂长顿感震惊和委屈："我们厂？2月死过人？不可能！"记者紧追不舍："为什么不可能？"副厂长激动起来，一边示意厂办主任打开文件柜，出示安全生产记录；一边大嗓门站着讲述该厂抓安全生产的措施与经验，采访大获成功。

提问的方法丰富多样，提问者可以根据沟通中的具体情况，灵活地加以运用。同时，这些方法既相对独立，又互相联系。它们可以单独使用，也可以交替或交叉使用。在掌握了每种方法的要领后，就可以在沟通的过程中运用自如，获取最佳沟通效果。

【小案例】

李燕杰教授发问

一天晚上，演讲大师李燕杰教授刚从夜校上完课回家，一位青年从后面跟上来，非要和他谈心。李燕杰看看眼前的青年，留着小分卷，上穿红色衬衫，下穿牛仔裤，胸前却挂着一个耶稣受难的十字架，心里便明白了眼前这个青年的思想状况。青年诚恳地要拜李燕杰为师，表示要学好文学和外语。李燕杰见他真诚，就和他谈起心。于是，李燕杰便开始了一连串的提问。下面是他们的对话。

李：你为什么要戴这个(十字架)呢？

青年：你是搞中国古典文学的，还懂这玩意儿？

李：你真把我看扁了，我要连这个问题都答不上来，今个儿我不就栽了吗？

青年人笑了。

李：你不是在学外语吗？我问你，“圣经”这个词，英语怎么说？

青年人答不上来。

李：Bible，Bible。你挂十字架，会念祈祷词吗？

青年：不就是“阿门”吗？

李：不对。(从头到尾背了一遍祈祷词)你读过圣经吗？你知道圣经都讲了什么吗？

青年：不知道，没读过。

李燕杰给青年讲解了圣经的主要内容，然后话题一转，又谈到美的含义。

李：打个比喻，有个女孩子非常漂亮，相貌好，身材好，还有一身白皙的皮肤，看上去非常美。可是有人告诉你，她就是爱在电车上干这个(做一个扒手的动作)，这时候你还认为她美吗？

青年：内心与外表不一致，不美。

李：有这么一幅油画，一个修女，外表穿得非常肃穆，内心对耶稣也很真诚，胸前挂着十字架，你觉得美吗？

青年：内外和谐，对基督徒来说，当然美了。

李：那么阁下既不懂圣经又不是教徒，胸前却挂个十字架，难道你会认为这样很美吗？

青年哑口无言。

【思考】 请分析这里李燕杰教授运用了哪些提问方式。

四、回答的语言艺术

1. 回答的作用

回答问题是沟通过程中的重要环节之一，有效的回答建立在对提问者的观察、了解的基础之上，具有以下三个作用。

(1) 使提问者的疑问得到解答

当提问者提出问题时，或许期待关于沟通话题的更多内容，或许希望与回答者就某些问题展开辩论。回答者的角度就是要解答提问者的疑问，通过成功解答问题，可以增强回答者的讲话的说服力，使对方不但获得信息，而且心悦诚服。

(2) 使回答者获得进一步的展示

回答者在回答问题时，更使自己继续立于讲话者的角度，他(她)拥有提问者所不具备的优势，通过回答的系统性与连贯性，使回答者自身的能力与学识获得进一步的展示，获得沟通对象的认可。

(3) 减少与提问者之间的误会

在与提问者沟通的过程中，很多回答者都会误解提问者的意图，不管造成这种问题的原因是什么，最终都会对整个沟通进程造成非常不利的影响。因此，回答者应该根据实际情况进一步了解，弄清提问者的真正意图，然后根据具体情况采取合适的方式进行解答，以减少沟通中的误会。

【小贴士】

刘吉答青年学生问

刘吉教授是我国著名的演讲家，擅长与青年对话，下面是他任中国科技大学党委书记时与青年学生的对话。

问：您是怎样一下子成了党委书记的？

答：我是先成为共产党员，然后才成为党委书记的，不是一下子，而是两下子。

问：因为我看透了别人，所以我现在只考虑自己，您说我这样做对吗？

答：不对。就因为您只考虑自己，所以才看透了别人。

问：有人说跳迪斯科，扭屁股是颓废，您同意吗？

答：我不同意。中国新疆舞可以扭脖子，内蒙古舞可以扭肩膀，为什么迪斯科不可以扭屁股呢？不都是扭身上的一部分吗？

问：您怎样看待那些以“短平快”手法赚大钱的人？

答：可以“高点强攻”，也可以“短平快”，我看只要不犯规就行。

问：现代化大生产运用的是高等知识，为什么还要我们补习初中课程呢？

答：有一个笑话说，一个人在吃第五个烧饼时饱了，他说，早知如此，何必吃前四个呢？

问：实行厂长责任制以后，在你们厂是厂长大还是书记大？

答：您最好回家问问，在你们家是您的爸爸大，还是您的妈妈大。

问：您怎样对待老大难问题？

答：老大难，老大难，老大去抓就不难。

问：您喜欢青年留什么样的发型？

答：发型要因各人的头的大小、脸形的方圆长短，以及男女性别而异，绝不可以千头一律。

问：您对您的直接顶头上司是什么态度？

答：不阿谀奉承，不溜须拍马，也不背后说他的坏话，我是“三不主义”。

问：有的青年穿着非常入时，可说话非常脏，怎么解释？

答：这叫形式与内容不统一。

【点评】 刘吉的回答，运用了多种回答问题的方式和策略，有巧妙回避，有坦诚相对，有溯因解释等，针对不同的问号用了不同的表达方式，或严肃，或轻松，或精确，或模糊，或抽象，或具体，或坦率，或委婉，大都恰到好处。这是一次较为成功的答问。

2. 回答的原则

正如在讲话过程中要把握住要点一样，在问答过程中把握问答的要点同样重要。如果无法做到，说话者就会失去说服听众、主导话题的重要机会。因此，在问答过程中，尤其是回答问题的过程中，要始终坚持三条原则，从而把握住话语的主动权。

（1）始终保持回答者的信用

确保自己在回答每个问题时都能保持严肃认真、谦虚礼貌的态度，正确的态度会带来鲜明的回答内容与性格，从而使回答者保持自信。如果回答者在提问者的心目中失去信用，那么在整个沟通的过程中都将处于被动的局面。如果在解答问题的过程中情绪失控或者对听众心存戒备，都将导致回答者的主导地位受到质疑。

（2）用回答来满足听众

面对众多的提问，回答者不必回答所有问题。不要在一个人身上花费太多时间。不过很可惜，大部分回答问题的人都希望能从所有听众那里看到满意和赞许的眼神，于是刻意地将时间花在一个问题上，从而失去了对其他人、其他问题的解答。因此，回答者在面临很多个问题的时候，要学会用一种可以平衡所有对象的方式来解决问题，眼神不要停留在一处太长时间，保持对整个会场的关注。对提问题太多的人可以说："你问了一个非常有深度的问题。可是因为我们有许多听众都有需要解答的问题，我回答问题的时间又非常有限，所以可不可以把机会让给别人？"这样既不失礼貌，又能使正常的进程得以继续。

（3）力求获得其他听众的支持

尊重提问者，让提问者获得持续的尊重，而给予回答者一定的时间和耐心。如果一次被问到过多的问题，比如，"我怎样才能解决人员不足、空间不足、老板也没有给予我足够的信任的问题？"回答者可以这样应答："你问了 3 个非常好的问题，可是因为还有其他的听众要提问，就让我先回答一个吧，如果我们还有时间再来解决剩下的问题好吗？"以这种方式，即使你只回答了其中部分问题，仍然能够使听众满意。并且，听众将会对回答者产生敬意，因为没有让一个人独占了大家有限的时间。

如果回答者被问到一个偏离主题的问题，那么回答者可以停顿一下，然后问："在座的其他人还有类似的问题吗？"如果没有，就简要地回答一下这个问题，并且告诉提问者自己很愿意在讲话结束后留下来同他进一步探讨这个话题。这个办法在回答那些不怀好意的提问者时也很有效。

【小案例】

周杰伦妙答记者

周杰伦是许多青年朋友非常喜爱的一位华语歌手，拥有众多的"粉丝"。其实，周杰伦不但歌唱得好，他的口才也是数一数二的。

有一次，记者问到周杰伦和某女明星是否有恋爱关系时，周杰伦立即以四句改编诗歌回答道："绯闻诚可贵，八卦价更高。若为音乐故，两者皆可抛。"周杰伦幽默的话语，顿时引得现场响起一阵阵笑声和掌声。

另外还有一次，周杰伦的专辑《魔杰座》全亚洲发片记者会在台北举行，记者会上，周杰伦抢先让大家欣赏了他刚刚完成最后剪辑工作的另一个新专辑主打歌曲《时光机》。演唱完后，主持人在台上问他如果时光能倒转，他最希望回到过去挽回什么？主持人期待周杰伦可以谈到是否可以挽留什么感情，聪明的周杰伦没有掉进圈套，他出其不意地回答道："我是看未来的人，即使有时光机我也不希望回到过去，我希望前往未来，看看到时候自己的音乐是否存在。”

【思考】 周杰伦对记者的应答高在何处？

3. 回答的方式

回答的方式技巧很多，我们介绍以下几种。

（1）针对性回答

有时问题的字面意思和问话人的本意不是一回事，我们回答时，就不仅要注意问话的表面意义是什么，更要认清提问人的动机、态度、前提是什么，使回答具有针对性。

【小案例】

对　　答

一次，某专科学校期末考试安排老师监考。有一学生违反考试纪律夹带小抄，被监考老师抓住。其班主任前来求情。于是就有了这样一段对话：“他反正又没看，你高抬贵手饶他这一回吧。”监考老师回答：“国家明文规定，私自拥有藏匿枪支，属于违法行为。如果有人私自藏匿枪支却并未杀人，算不算犯罪呢？”班主任哑口无言。

无独有偶。一次，英国大戏剧家萧伯纳结识了一个肥头大耳的神父。神父仔细打量着瘦骨嶙峋的剧作家，揶揄地说道：“看着你的模样，真让人以为英国人都在挨饿。”萧伯纳马上接过话说道：“但是，看看你的模样，人们一下子就清楚了，这苦难的根源就在你们这种人身上！”

（2）艺术性回答

这里所说的艺术性回答包括避答、错答、断答、诡答。

① 避答。这种方式用于对付那些冒昧的提问者所提的问题。有时，某些问题自己不宜回答，但对方已经把问题提到面前了，保持沉默显然被动，就可以避而不答。

【小案例】

避答两案例

案例1：日本影星中野良子来到上海，有人问她：“你准备什么时候结婚？”中野良子笑着说：“如果我结婚，就到中国度蜜月。”中野良子的婚期是个人隐私，中野良子自然不愿吐露。她虽然没有告诉婚期，却说结婚到中国度蜜月，既遮掩过去，又表现了她对中国人民的友谊。

案例2：王光英当初赴我国香港地区创办光大实业公司时，一下飞机，记者们蜂拥而至。一位女记者挤到面前，问道：“先生，请问您这次到香港带了多少钱来？”王光英见对方是个女记者，急中生智，这样应答道：“对女士不能问岁数，对男士不能问钱数，小姐，你说对吗？”既达到了目的，又很有幽默感。

② 错答。这是一种机警的口语表达技巧，既可用于严肃的口语交际场合，也可以用于风趣的日常口语交际场合。它的主要特点是不正面回答问话，也不反唇相讥，而是用话岔开问话人所问的问题，做出与问话意见错位的回答。请看下面的例子。

【小案例】

美丽姑娘的错答

一位美丽的姑娘独自坐在酒吧间里，从她的装扮来看，她一定出身豪门。一位青年男子走过来献殷勤，"这儿有人坐吗?"他低声问。"到阿芙达旅馆去?"她大声地说。"不，不，你弄错了。我只是问这儿有其他人坐吗?""你说今夜就去?"她尖声叫，表现得比刚才更激动。许多顾客愤慨而轻蔑地看着这位青年男子。这位青年男子被她弄得狼狈极了，红着脸到另一张桌子上去了。

以上例子是很典型的错答，是用来排斥对方和躲闪真实意思的交际手段，用得很成功。运用错答的语言技巧，一是要注意对象和场合；二是使对方明白，既是回答又不是回答，潜在语是不欢迎对方的问话；三是有时要利用问话的含混意思，答话虽模棱两可，似是而非，但对方也无法理解。

③ 断答。就是截断对方的问话，在他还没有说出或者还没有说完某个意思时，即做出错答的口语交际技巧。它与错答相同之点在于答与问都存在人为的错位，即答非所问；它们的不同点是，错答是在听完话之后做的回答，断答是没有听完问话抢着进行回答。为什么不等对方问清楚，就要抢先回答？有以下两种原因：一是等对方把问话全说出，就会泄露出某种秘密，难以收拾；二是待听全问话再回答，就会比较被动，不好应付。因此，考虑对方要问什么，在他的问话未说完时，就迅速按另外的思路回答，一是可以转移其他听众注意力；二是可以使问者领悟，改换话题，免于因说破而造成尴尬局面和其他不良后果。

【小案例】

女青年三次断答

一对青年男女在一起工作，男方对女方产生了爱慕之情，男方急于要向女方表白心意，女方却不愿将友情向爱情方面发展，女方认为还是不要说破，保持一种纯真的朋友情谊为好。于是，出现了下面的断答。

男青年：我想问问你，你是不是喜欢……

女青年：我喜欢你给我借的那本公关书，我都看了两遍了。

男青年：你看不出来我喜欢……

女青年：我知道你也喜欢公共关系学，以后咱们一起交换学习心得?

男青年：你有没有……

女青年：有哇！互相切磋，向你学习，我早就有这个想法。

男青年：……

这位女青年三次断答，使男青年明白了她的想法，于是不再问了，这比让男青年直接问出来女青年当面予以拒绝效果要好得多。

④ 诡答。这是与诡辩连在一起的回答。诡，怪的意思。诡答，即一种很奇怪的回答。在特殊的情况下，不能、不宜或不必照直回答时，应急中生智，用诡答技巧做出反常的回答，既增添了谈话的情趣，又应付了难题。

【小故事】

老　头　子

清朝乾隆年间的进士纪晓岚在宫中当侍读学士时，要伴皇帝读书。一天，天色已亮，而乾隆皇帝还没来，纪晓岚就对同僚说："老头子还没来？"恰巧乾隆皇帝跨门而入，听到他的话，就愠愠地责问："老头子三个字作何解释？"纪晓岚急中生智，跪下道："皇上万寿无疆叫作'老'；皇上乃一国之君，顶天立地叫作'头'；皇上系真龙天子，叫作'子'。"于是龙颜大悦。"老头子"本来是一种对老年人不尊敬的称呼。面对乾隆的责难并为了开脱自己的罪责，纪晓岚采用文字拆合法来偷换概念，居然把"老头子"变成了对皇帝的敬称。试想，如果纪晓岚不是运用"诡辩"来应付这样的难题，怎么能避免一场杀身之祸呢？

(3) 智慧性回答

智慧性回答包括否定预设回答和认清语义并诱导回答两种。

① 否定预设回答。预设是语句中隐含着使语句可理解、有意义的先决条件。在正常情况下，这种先决条件的存在是不言而喻的，如"鲁迅先生是哪一年去世的？"这个问话包含有预设：鲁迅先生已经去世。预设有真假之别，符合实际的预设是真预设，反之就是假预设。就问话而言，其预设的真假关系到对问话的不同回答。黑格尔在《哲学史讲演录》中谈到古希腊诡辩学派时曾讲过这么一个例子：有一位诡辩学派的哲学家问梅内德谟："你是否已经停止打你的父亲了？"这位哲学家提此问题的目的是要迫使从未打过自己父亲的哲学家陷入困境，因为无论梅内德谟做出"停止了"或"没有停止"的回答，其结果都是承认自己打过父亲的虚假的预设。可见，利用虚假预设可以设置语言陷阱。有些智力测试题提问陷阱的设置也是如此。

【小案例】

"秦始皇为什么不爱吃胡萝卜？"

1992年1月3日中央电视台《天地之间》节目中"乐百氏智慧迷宫"里有道智力测试题为："秦始皇为什么不爱吃胡萝卜？"选手们都答不上来。此问预设了"秦朝时有胡萝卜""秦始皇吃过胡萝卜"这两点，将思考点定在"为什么不爱"。其实秦朝时还没有胡萝卜。答案是：秦朝还没有胡萝卜，秦始皇当然说不上爱吃胡萝卜了。

② 认清语义并诱导回答。人们理解语言会受到已有经验的影响，自然而然地产生某种语义联想。例如，由"春天"会想到桃红柳绿、万紫千红；从"冬天"又会想到寒风凛冽、白雪皑皑；见"晚霞"能想到色彩的绚丽；看"群山"就能想到山势的起伏……既然普遍存在着语义联想，那么就可以利用语义联想来设置陷阱，诱导目标进入思维定式的困境。例如，在一个没有星星、看不见月亮的时候，有一个盲人身着黑衣，步行在公路上。在他的后方，一辆坏了车前灯的汽车奔驰而来，奇怪的是，司机在未按喇叭的情况下，却安全地将车停在了盲人的身后。这是怎么回事呢？见到"星星"或"月亮"这些词语，我们一般都会联想到晚上。现在出现了"星星""月亮""黑""灯"等字眼，我们就很容易与"黑夜"联系起来了，而这正是本题的陷阱。它通过这些词语诱导你的思维走向"黑夜"，如果出现这种情况，你就会

山穷水尽，百思也难得其解了。答案是：这是白天，毫不奇怪。

语言诱导这种陷阱在智力测试提问中可以说随处可见。知道这种陷阱的特征，有些问题就很容易解答了。

【小案例】

顾维钧巧答美国小姐

顾维钧是中国外交界的领袖，25 岁就获美国哥伦比亚大学法学博士学位。他在担任驻美公使时，有一次参加国际舞会，与他共舞的美国小姐突然发问："请问，你喜欢美国小姐，还是中国小姐呢？"这个问题看似简单，其实不易回答。如果说喜欢中国小姐，就得罪了美国小姐；若说喜欢美国小姐，不仅有违心意，且会导致麻烦。顾维钧略加思索后笑道："无论是中国小姐还是美国小姐，只要喜欢我的，我都喜欢。"

【思考】 顾维钧的回答妙在何处？

(4) 形象性回答

形象性回答是指当提问者提出一个带有一定"理论"色彩的问题时，如果回答者泛泛而谈地讲一些空洞的大道理往往得不到听者的认同，这时不妨用形象化的方法如讲故事、打比方等，将枯燥的道理具象化，让听者品味并深刻理解。

【小案例】

韩寒巧妙回答

在我国香港地区书展读者见面会上，有读者问韩寒："你是如何看待你成长之路上遇到的种种困难挫折的？"韩寒沉思片刻后回答说："一个农夫的驴子不小心掉进了枯井里，农夫绞尽脑汁都没法救出驴子，为免除驴子等死的痛苦，他决定将泥土铲进枯井中把驴子埋了。刚开始驴子叫得很凄惨，后来却渐渐安静了下来。农夫好奇地探头往井底一看：原来，当泥土落在驴子的背部时，驴子便将泥土抖落在一旁，然后站到铲进的泥土堆上面！就这样，驴子很快便上升到了井口！我们在成长之路上难免会陷入'泥土'，换个角度看，它们也是一块块的垫脚石，而想要从'枯井'脱困的秘诀就是将'泥土'抖落掉，然后站到上面去！只要我们锲而不舍地将它们抖落掉，站上去，那么即使是掉落到最深的井，我们也能安然地脱困。"韩寒通过即兴讲述一个"驴子落枯井"的小故事，生动有趣地谈及了成长路上的"枯井"和"泥土"的现实意义，深刻地道出了自己独特的人生观——把困难化作动力，给人以智慧的启迪。

(5) 借用性回答

借用性回答就是在回答提问者提出的问题时，巧妙地借用对方问话中的语气和词句等，以一种出人意料又在情理之中的借题发挥式的方法来回应对方，实现一种在特定情境下的理想应答效果。

**【小故事】**

基辛格的回答

1972 年，基辛格随同尼克松访问莫斯科，途中在维也纳就美苏首脑会谈问题举行了一次记者招待会。这时《纽约时报》记者提出一个所谓“程序问题”：“到时你是打算点点滴滴地宣布呢，还是来个倾盆大雨，成批地发表协定呢？”从不放过任何机会讥讽《纽约时报》的基辛格，一板一眼地说：“我明白了，这位记者先生要我们在倾盆大雨和点点滴滴之间任选一种，这很困难，无论怎样，都是很糟糕的，这样吧，我们点点滴滴地发表成批声明。”

(6) 无效性回答

无效性回答是指当提问者提出的问题很难回答时，如果不予理睬或一律说“无可奉告”，既显得对对方不礼貌，又可能使自己当场受窘，所以这时可以做出绝对正确而毫无实质意义的无效回答。

【小案例】

王蒙的“大实话”

有一次，一位美国人问作家王蒙：“20世纪50年代和70年代的王蒙，哪些地方相同，哪些地方不同？”王蒙答道：“50年代我叫王蒙，70年代我还叫王蒙，这是相同的地方；50年代我20多岁，70年代我40多岁，这是不同的地方。”

中国从20世纪50年代到70年代经历了诸多政治风云，王蒙身处其中，也有许多一言难尽的遭遇和变化，这些内容很敏感和微妙，不容易说清楚，或者王蒙也根本不想再去触及这些往事，而且也不宜或不必贸然向一个陌生的美国人谈这些。所以，王蒙机敏幽默地说了这些绝对正确的看似“切题”却什么也没说的大实话。

五、说服的语言艺术

1. 说服的基本条件

说服就是改变或者强化态度、信念或行为的过程。说服是以求得对方的理解和行为为目的的谈话活动，是使自己的想法变成他人的行动的过程。说服的过程是思想、观点的交锋，也是沟通的重要方面。说服是以人为对象，进而达到共同的认识。人们常说：“人生，就是从来不间断的说服过程。”尤其是在商务领域，聚集着各种性格的人，为了达到共同的目标，大家必须同心协力，因此说服的场面更是俯拾皆是，可以说主要工作就是不间断地说服。只有善于说服的人才能够获得他人的尊重和信赖。要想取得良好的说服效果，必须具备以下条件。

(1) 说服者具有较高的信誉

说服进行的基础，是取得对方的信任。而信任来自说服者的信誉。信誉包括两大因素：可信度与吸引力。可信度高、吸引力强的人，说服效果明显超过可信度低、吸引力弱的人。可信度由说服者的权威性、可靠性以及动机的纯正性组成，是说服者内在品格的体现。吸引力主要是指说服者外在形象的塑造。说服者的年龄、职业、文化程度、专业技能、社会资历、社会背景等构成的权力、地位、声望就是权威性。俗话说：“人微言轻，人贵言重。”一般来说，一个人的权威性越大，对别人的影响力也就越大。如果说服者在被说服者心目中形成了某种权威性形象，那么他说服别人转变态度的可能性也就越大。要提高说服者信誉，首先要提高说服者自身各方面的素质，使之具有合理的智能结构，具有高尚的道德修养，具备权威性和可靠性，说服才有分量、有威信，才能赢得听者的尊重和信赖。此外，还需重视外在形象的整饰，一个外貌、气质、穿着、打扮能给人好感的人，一个言谈、举止、口音等方面能与对方体现出共性的人，才具有吸引力。一个恰当的印象，会产生第一印象效应，帮助说服者成功说服他人。

（2）对说服对象有相当的了解

古人云："知彼知己，百战不殆。"在说服他人之前，必须了解要说服的对象，及时捕捉对方思想、态度方面流露出的点滴信息，摸清对方思想问题的症结所在，了解对方的心理需求，根据不同情况区别对待，因人而异，有针对性地开启对方的心扉，才能真正实现感情和心灵的共鸣，避免或减少盲目说服造成的错位反应。

① 了解对方的性格。苏洵在《谏论》中举了一个有趣的例子。

有三个人，一个勇敢，一个胆量中等，一个胆小。将这三个人带到深沟边，对他们说："跳过去便称得上勇敢，否则就是胆小鬼。"那个勇敢的必定毫不犹豫地一跃而过，另外两个则不会跳，如果你对他们说，跳过去就奖给两千两黄金，这时那个胆量中等的就敢跳了，而那个胆小的人却仍然不能跳。突然来了一头猛虎，咆哮着猛扑过来，这时不待你给他们任何许诺，他们三个人都会先你一步腾身而起，就像跨过平地一样。

从上面例子可以看出，不同性格的人，接受他人意见的方式和敏感程度是不一样的，有针对性地采取不同的方法去说服对方，更容易达到我们的目的。

② 了解对方的优点或爱好。有经验的推销员，一进入顾客家中，总会立刻找到客户感兴趣的话题进行交谈。例如，看到地毯，马上会说："好漂亮的地毯，我也很喜欢这种样式……"通过各种话题创造进入主题的契机。因为从对方的长处或最感兴趣的事物入手，一方面能让对方比较容易接受你的观点；另一方面在对方所擅长的领域里更容易说服他。

③ 了解对方的看法和态度。有一位歌星特别爱摆架子，一次要参加一个大型义演的现场节目，时间是晚上 9 点。可是到了晚上 7 点，这位歌星忽然打电话给唱片公司的总监，说她今天身体不舒服，喉咙很痛，要临时取消当天的演出，唱片公司的总监没有破口大骂，而用惋惜的口吻说："唉！真可惜，这次演出最大牌的歌星才有机会亮相，如果你现在取消，公司里还有很多小牌歌星挤破头在等哩！可是如果换了人，电视台一定会不满。有那么多后起之秀想取而代之，你这样做恐怕不妥吧？"歌星听后小声地说："那好吧！要不你晚上 8 点来接我，我想那时我身体应该会好一点吧。"这位唱片公司的总监很清楚这位歌星，根本就没什么毛病，只是喜欢摆摆架子，找准了对方拒绝的真实原因，进而有针对性地进行说服。

（3）能够把握住说服的最佳时机

说服还要能够抓住最佳时机。同样一番道理，彼时说可能不如此时说，现在说不如以后说。时机把握得好，对方才会愿意听，才会用心听，才能听得进。否则，说服过早，会被对方认为神经过敏或无中生有；说服过迟，已时过境迁，对方认为你是"事后诸葛亮"，你即便有再好的口才，再好的意见，都不可能收到预期的效果。掌握时机，要将说服对象与时、境、理联系起来考虑，配合起来运用。可利用特定场合，造成境、理相衬，进行深入说服；可利用景中道情，情中说理，进行委婉说服；还可借助眼前事物，进行暗示说服等。

【小案例】

爷爷的榜样作用

童童有点儿害羞，爷爷却偏偏喜欢在人面前“展示”孙子。可是一旦遇到孙子没有按自己的意愿和别人打招呼或者背唐诗，就又很生气地数落孙子，结果导致童童更加害羞并怕见生人。童童妈妈几次看见这样的场景，一直想找个机会告诉公公：如果不勉强童童，让他在旁边看一会儿，孩子反而会主动地和别人打招呼。

一次爷爷多年未见的老战友来访，爷爷太兴奋了，只顾得和战友聊天，忘记“展示”孙子了。童童则在熟悉了客人和现场气氛后，主动地拿起一个大苹果送到客人手里，还跟客人有问有答。客人一再夸童童有礼貌，童童很兴奋，爷爷也觉得格外有面子。等送走了客人，趁着爷爷还处在兴奋状态的时候，童童妈妈赶紧把早想说的话和公公沟通了一番，并且以刚才的情况做了实证。爷爷欣然接受了童童妈妈的提议。

（4）营造良好的说服氛围

说服总是在一定的语言环境中进行的。环境制约了语言，因此，说服效果的好坏，一定程度上也取决于环境。一个宽松、温和、优雅的环境较之肃穆、压抑、逼人的环境，其说服的效果自然会好得多；在一个自己熟悉的地点环境中施行说服，较之于陌生的环境，自然也会有利得多。营造一个恰当的说服氛围，不仅是必要的，而且是必需的。

【小案例】

诚意动人

某啤酒生产厂得罪了一家餐馆的经理，对方就改换销售另一品牌。在直接和负责人谈判无效的情况下，销售人员天天晚上去这家餐馆里帮忙搬运货物，甚至包括竞争对手生产的啤酒。他总是说：“你是我的老顾客了，我要为你服务，即使你不销售我们公司生产的啤酒。”他的诚意终于打动了经理，最后争取到了独家销售权。可见充分体会对方的感受，会营造出融洽的感情，在此基础上再委婉地提出自己的观点，怎么会不赢得对方的赞许呢？

2. 说服的语言技巧

（1）换位思考，晓以利害

要站在对方的立场考虑问题，理解并同情对方的思想感情，从对方的角度说明问题，体验你的思想感情，进而使他改变自己的看法，达到理想的说服效果。

【小案例】

最后通牒

1977年8月，克罗地亚人劫持了美国环球公司从纽约拉瓜得亚机场到芝加哥奥赫本的一架班机，在劫持者与机组人员僵持不下之时，飞机兜了一个大圈，越过蒙特利尔、纽芬兰、伦敦，最终降落在巴黎市郊的戴高乐机场。在这里，法国警察打瘪了飞机轮胎。

飞机停了3天，劫机者同警方僵持不下，法国警方向劫机者发出最后通牒：“喂，伙计们！你们能够做你们想做的任何事情，但美国警察已到了。如果你们放下武器同他们一块儿回美国去，你们将会判处不超过2～4年徒刑。这也可能意味着你们也许在10个月左右释放。”

法国警察停顿片刻，目的是让劫机者听进去这些话。接着又喊：“但是，如果我们不得不逮捕你们，按我们的法律，你们将被判死刑。那么你们愿意走哪条路呢？”劫机者被迫投降了。

【点评】 本例中法国警察在劝说中帮助劫机者冷静地分析客观形势，明确向对方指出了两条道路：投降或者顽抗，投降的结果是10个月左右的徒刑，而顽抗的结果只可能是死刑。面对这两条迥异的道路，早已心慌意乱的劫机者识相地选择了弃械投降，符合自己的利益，从而做出正确的选择。

(2) 稳定情绪，再行说服

在生活中，有些人受到种种因素的刺激，往往容易感情用事，不经过慎重周全的考虑就莽撞地采取行动。鉴于这种情况，我们应该先设法让对方的情绪稳定下来，然后提出比贸然行事更合理、更有利的举措，这样就能使对方冷静地斟酌、衡量，并为了更大限度地维护自身利益而抛弃原来的草率决定。

【小案例】

列宁与农民的谈话

俄国十月革命以后，农民得到了解放，成千上万的农民来到莫斯科。由于他们对沙皇仇恨很深，因此坚决要求烧掉沙皇住过的房子。有人把这件事向列宁汇报了。列宁指示干部们对农民进行说服教育。第一次劝告，农民不听；第二次、第三次仍然劝说无效。最后列宁决定亲自和农民谈话。

列宁对农民说：“烧房子可以。在烧房以前，让我讲几句，行不行？”

农民们说：“请列宁同志讲。”

列宁问道：“沙皇的房子是谁用血汗造的？”

农民说：“是我们自己造的。”

列宁又问：“我们自己造的房子，不让沙皇住，让我们农民代表住，好不好？”

农民说：“好！”

列宁再问：“那要不要烧掉呀？”

农民觉得列宁讲的道理很对，再也不坚持要烧掉沙皇住过的房子了。

【点评】 对沙皇的仇恨激发了农民焚烧皇宫的强烈愿望。在数次劝说无效的时候，列宁通过与农民对话使他们的情绪稍稍平定，然后提出让农民代表住沙皇的房子的建议，农民认识到这个方案不仅能发泄愤怒，而且可以给自己带来实际的好处，于是很快表示赞同，“烧房子”的决定也因此而“搁浅”。

(3) 位置互换，改变角色

让对方改变位置，变化角色进行说服是一种十分有效的方法。在美国，频繁的车祸使交通部门感到很头痛。他们用罚款和其他法律手段来劝肇事者注意安全，但收效甚微。后来，交通部门在专家们的建议下，采纳了一个新的办法。他们让那些违章司机换个“位置”——换上护士服，到医院去照料那些因交通事故住院的受害者。体验他们的痛苦，结果收到奇效，那些违章司机从医院出来判若两人。他们不仅成为遵守驾驶规章的模范，而且成了交通法规的积极宣传者。在进行说服谈话中，利用这种方法也能收到奇效。

(4) 讲究方式，引起关注

在说服时，要选择能够引起对方关注和兴趣的方式表达意见，要运用富有吸引力的内容支撑你的观点，从而引导说服对象关注设定的话题，让对方充分了解说服的内容。

【小案例】

原子弹试制

第二次世界大战期间，美国总统顾问萨克斯想转达爱因斯坦等科学家的意见，使罗斯福政府批准研制原子弹。第一次他使用了罗斯福听不懂的专业术语来介绍研制原子弹的重要性，但罗斯福的反应并不积极，却想推掉这件事。第二天，萨克斯改变了说话的方式，他对罗斯福说："我想向您讲一段历史。早在拿破仑当权的时候，法国正准备对英国发动进攻，一个年轻的美国发明家富尔顿(Fulton)来到了这位法国皇帝面前，他建议建立一支由蒸汽机舰艇组成的舰队，拿破仑可以利用这支舰队无论在什么天气的情况下，都能在英国登陆。军舰没有帆能航行吗？这对于那个伟大的科西嘉人来说，简直是不可思议的。他把富尔顿赶了出去。根据英国历史学家阿克顿(Acton)爵士的意见，这是由于敌人缺乏见识而使英国得到幸免的一个例子。如果当时拿破仑稍稍多动一些脑筋，再慎重考虑一下，那么19世纪的历史进程也许会完全是另一个样子。"罗斯福听完萨克斯的话后，立即同意采取行动。

可见，选择了能引起说服对象关注的内容和方式，就会取得不同的效果。

(5) 以情动人，以理服人

在表达某种意见时，用诚挚而令人感动的语气说出来，别人的心容易被征服。要说服别人，有时激起对方的情感比激起对方的理性思考更为有效。有些孩子做错了事，往往任何斥责都听不入耳，但母亲动人肺腑的痛哭，反而会使其泯灭的良心复苏。如果在说服他人的时候，仅仅着眼于主题突出、例证充足、声音动听、姿态优美，而说出的话冷冰冰，肯定不能奏效。要想感动别人，就得先感动自己。要将真诚通过自己的情感、声音输入听者的心底。说服还要摆事实、讲道理来使人相信，使人赞同你的观点和主张。

【小贴士】

魏征说服唐太宗

唐太宗为了扩大兵源，想把不在征调之列的中年男子都招入军中。丞相魏征知道后对他说："把水淘干了，不是得不到鱼，但明年恐怕就不会有鱼了；把森林烧光了，不是猎不到野兽，但明年恐怕就无兽可猎了。如果中年男子都招入军中，生产怎么办？赋税哪里征？兵员不在多，关键在于是否训练有素，指挥有方，何必求多呢？"唐太宗无言以对，只好收回了成命。

【点评】 魏征借用两件与主要事件相类似的事例作比，既形象又深刻地阐明了不能把中年男子都调入军中的道理，入情入理地说服，让唐太宗心服口服。

六、赞美的语言艺术

美国管理学家玛丽·凯(Mary Kay)说："赞美是一种有效而且不可思议的力量。"的确如此，在社会交往中，绝大多数人都期望别人欣赏、赞美自己，希望自身的价值得到社会的肯定。公关人员恰当地运用赞美的方式，会激发人们的积极性，产生巨大的精神力量。

1. 赞美的类型

赞美是社交语言中一种常见的言语交际形式。从不同角度，赞美可以作不同的分类。

（1）从赞美的场合上分类

从赞美的场合上可以把赞美分为当众赞美和个别赞美。当众赞美是指面对特定的组织、团体、群体等，对某人或某事的赞美。例如，表彰会、庆功会、总结大会等。这种形式能充分调动全体人员的积极性，鼓动性强，宣传面广，影响面大，能产生一定的轰动效应，营造热烈、向上的气氛，但它受时间、场所限制，运用不好，容易流于形式和走过场。个别赞美是指在会下针对个别人谈话中予以表扬的形式。这种形式使用方便，自如灵活，针对性强，做思想工作比较细致，能解决一些具体问题，效果比较好，时间、地点不受限制。

（2）从赞美的方式上分类

从赞美的方式上可以把赞美分为直接赞美和间接赞美。直接赞美是指直接面对好人或好事予以赞美，以告世人皆知，这是一种常用的表扬方式。在一个社会组织内，出现好人好事，单位领导或管理人员要及时予以表扬，或者通过大会场合，或者通过某种媒介，表扬先进，带动后进，能形成良好的风气。这种形式直截了当，不拐弯抹角，使人们听到后，得到鼓励和好感。间接赞美是指通过第三者来赞美某人或某事的形式。使用这种形式，注意分寸，讲究策略，往往是当面不便直接开口，或者是找不到合适的时机去说，而借用对方传达自己赞美他人的话语。这样，使他人听到后，感到心情舒畅。这种形式通过对方，传达佳话，能消除隔阂，增强团结，融洽气氛，创造和维系良好的上下级关系和同志关系。

（3）从赞美的用语上分类

从赞美的用语上可以把赞美分为直接赞美和反语赞美。直接赞美是指对好人好事用正面言语加以赞美的形式。这种赞美开门见山，直截了当，使用灵活，形式多样，应用范围广泛。反语赞美是指用反语来赞美某人或某事的形式。这种形式在特定的言语环境和背景下使用，幽默含蓄，别致风趣，比一般的赞美有更好的表达效果。例如，某制药厂厂长，赞美一位药剂师大胆实验、大公无私的献身精神，说："为了减少药物的副作用，在正式投产前，你长期泡在实验室里，对新药不择手段，抢吃抢喝，多吃多占，在自己身上反复实验，我这个厂长真是拿你没有办法。"这种反语赞美的形式，令人感到新奇巧妙，别有情趣。

2. 赞美的语言艺术

一般来说，赞美是一种能引起对方好感的交往方式。赞同我们的人与不赞同我们的人相比，我们更喜爱前者；这符合人际交往的酬赏理论。

令人遗憾的是，不少人把赞美当作取悦他人的简单公式，不分时间、地点、条件对他人一味地加以赞美，实际上，这一做法是很不足取的。因为我们知道：人借助语言进行交往，语言具有影响对方的心理反应，进而影响双方人际关系的效能，任何一种语言材料、语言风格、交往方式对人际关系产生何种影响，常因人、因时、因地而异。赞美这一交往方式也不例外，它的效能也具有相对性和条件性。

美国心理学家埃利奥特·阿伦森（Elliot Aronson）曾举例说：假设工程师南希

(Nancy)出色地设计了一套图纸。上司说："南希，干得好！"毋庸置疑，听了这话，南希一定会增加对上司的好感。但如果南希草率地设计了一套图纸(她自己也知道图纸没设计好)，这时，上司走过来用同样的声调说出同一句话，这句话还能使她产生好感吗？南希可能得出上司挖苦人、戏弄人、不诚实、不懂得好坏、勾引异性等结论，其中任何一项都使南希对上司的喜爱有所减少。

因此，赞美的效果要受各种条件制约。能引起好感的赞美要借助以下条件。

(1) 热情真诚的赞美

每个人都珍视真心诚意，它是人际交往中最重要的尺度。能引起好感的赞美首先必须是发自内心、热情洋溢的，否则就是恭维。赞美和恭维的区别正如卡耐基所说："很简单，一个是真诚的，另一个是不真诚的；一个出自内心，另一个出自牙缝；一个为天下人所欣赏，另一个为天下人所不齿。"

【小案例】

善于赞美的洛克菲勒

美国"石油大王"约翰·洛克菲勒在人际交往中善于运用真诚的语言来赞美他人，以此来维系良好的人际关系，这是他的交际秘诀。

一次，洛克菲勒的一个合伙人爱德华·贝德福特，在南美的一次生意中处置失当，使公司损失了上百万美元。贝德福特垂头丧气地来见洛克菲勒，洛克菲勒本可以指责他的过失，但他并没有这样做，他知道贝德福特已经尽了他最大的努力，不能把他的功劳全部抹杀。

于是，洛克菲勒另外寻找一些话题来称赞贝德福特。约翰·洛克菲勒把贝德福特叫到办公室，真诚地对他说："干得太棒了，您不仅保全了60%的投资金融，而且也为我们敲响了一记警钟。我们一直都在努力，并且取得了几乎所有的成功，还没有尝到失败的滋味。像这样也好，我们可以更好地发现自己的错误和缺点，争取更大的胜利。更何况，我们也并不能总是处在事业的巅峰时期。"

【点评】 几句赞美的话语，把贝德福特夸得心里暖呼呼的，也深深地打动了他，两人结为至交。后来，在洛克菲勒的创业中，贝德福特做出了很多重大的贡献。

(2) 令人愉悦的赞美

赞美的言语应该是对方喜欢听的言语，能达到使人愉悦的目的，我们称它为愉悦性原则。在交际活动中，遵守愉悦性原则，就是要多说对方喜欢听的话语，不说对方讨厌的言辞。这样，往往能收到较好的表达效果。

**【小故事】**

关于朱元璋的一则笑话

朱元璋有两个过去一起长大的穷朋友。朱元璋后来做了皇帝，这两位朋友仍过着苦日子。一天，一位朋友从乡下赶到南京，拜见了朱元璋。他对朱元璋说："我主万岁！当年微臣随驾扫荡庐州府，打破罐州城，汤元帅在逃，拿住豆将军，红孩儿当关，多亏菜将军。"朱元璋听到他讲得很动听，十分高兴，也隐约记起他所说的一些事情，立刻封他做了御林军总管。事情一传出，另外一位朋友也去了南京，拜见朱元璋，也说了那件事："我主万岁！从前，你我都替人家看牛，一天我们在芦苇荡里，把偷来的豆子放在瓦罐里煮着，还没煮熟，大家就抢着吃，把罐子打破了，撒了一地豆子，汤都泼在泥地里。你只顾从地下满把地抓豆子吃，却不小心连红草叶也送进嘴去。叶子哽在喉咙口，苦得你哭笑不得。还是我出的主意，叫你用青菜叶子带下肚子里去了……"朱元璋见他不顾体面，没等他说完，就命令："推出去斩了！"从上例可见，第一位朋友将放牛娃偷吃豆子的趣事，赞美为叱咤疆场的赫赫战绩，巧妙比喻，高雅别致，说得动听，使人愉悦。第二位朋友明话直说，粗俗低劣，讲得不爱听，有伤皇帝尊严，以致丢命。

(3) 具体明确的赞美

空泛、含混的赞美因没有明确的评价原因，常使人觉得不可接受，并怀疑你的辨别力和鉴赏力，甚至怀疑你的动机、意图，所以具体明确的赞美才能引起人们的好感。对他人总以"你工作得很好""你是一个出色的领导"来赞美，只能引起对方的反感。

【小故事】

罗斯福总统的赞美

克莱斯勒公司为罗斯福总统制造了一辆汽车，因为他下肢瘫痪，不能使用普通的小汽车。工程师把汽车送到了白宫，总统立刻对它表示了极大的兴趣。他说："我觉得不可思议，你只要按按钮，车子就开起来，驾驶毫不费力，真妙。"他的朋友和同事们也在一旁欣赏汽车。总统当着大家的面夸奖："我真感谢你们花费时间和精力研制了这辆车，这是件了不起的事。"总统接着欣赏了散热器、特制后视镜、钟、车灯等，换句话说，他注意并提到了每一个细节，他知道工人为这些细节花费了不少心思。总统坚持让他的夫人、劳工部长和他的秘书注意这些装置。这种具体化的赞美让人感觉到真心实意。

(4) 符合实际的赞美

在赞美别人时，应尽量符合实际，虽然有时可以略微夸张一些，但是应注意不可太过分。如某个人对某领域或某个方面提出了一些很好的意见，或者有了一点成果，你可以说："你在这方面可真有研究。"甚至可以说："你是这方面的专家。"可如果你说"你真不愧是个著名的专家""你真是这方面的泰斗"等，对方如果是个正派人就会感到不舒服，旁观者就会觉得你是在阿谀奉承，另有企图。

(5) 让听者无意的赞美

赞美者不是有意说给被赞美者听的赞美叫无意的赞美。这种赞美会被人认为是出自内心，不带私人动机的。如《红楼梦》中一次贾宝玉针对史湘云、薛宝钗劝他要做官为宦、仕途经济的话，对史湘云和袭人赞美黛玉道："林妹妹不说这样混账话，若说这话，我也和他生分了。"凑巧这时黛玉正好来到窗外，无意中听见这些话，使她"不觉又惊又喜，又悲又叹"。结果宝黛两人推心置腹，感情大增。

(6) 不断增加的赞美

阿伦森研究表明：人们喜欢那些对自己的赞美显得不断增加的人，并且与自始至终都赞美自己的人相比，人们更喜欢那些最初贬低自己，后来逐渐发展到赞美自己的人。因为相对来说，前者容易使人产生他可能是个对谁都说好的“和事佬”的感觉；但人们对后者会留下这样一种印象：说我不好，一定是经过考虑、分析的，可能有他一定的道理。从而认为对方可能更有判断力，进而更喜欢他。

（7）出人意料的赞美

若赞美的内容出乎对方意料，易引起好感。卡耐基在《人性的优点》中讲过他曾经历的一件事：一天，他去邮局寄挂号信，从事着年复一年的单调工作的邮局办事员显得很不耐烦，服务质量很差。当他给卡耐基的信件称重时，卡耐基对他称赞道：“真希望我也有你这样的头发。”闻听此言，办事员惊讶地看着卡耐基，接着脸上泛出微笑，热情周到地为卡耐基服务。显然这是因为他接受了出乎意料的赞美的缘故。

总之，赞美是人的一种心理需要，是对他人尊重的表现，是一剂理想的黏合剂，它给人以舒适感，使我们拥有更多的朋友。但“赞美引起好感”并不是绝对的、无条件的，它要受赞美动机、事实根据、交往环境诸因素的制约和影响。因此公关人员在与公众相处时，必须记住——“一味地赞美不足取”。

思考练习

1. 讨论在交谈中遇到以下三种情况该如何处理？

（1）对方不知不觉将话题扯远了。

（2）对方心血来潮，忽然想到了他得意的事。

（3）对方故意转变话题，不愿意再谈原来的事。

2. 请赞美你身边的同学。方法：请学员1、2、3报数，将相同数字的人分成一组，三组学员围圈席地而坐。请一位学员举手，他右边的第一位学员起立，其他人依次赞美他。用“我认为你……”“我觉得你……”的说法，不要介入第三者。被赞美的人不能讲话，但要和赞美者作眼神交流；赞美者话不能太多，不能重复前面人的话，只赞美、不批评。全组学员都赞美过第一人后，换下一位。按顺时针方向依次进行。进行完成后，讨论以下问题。

（1）被赞美的感觉是怎样的？

（2）赞美别人时你是怎样想的？

（3）你得到什么启示？

3. 请一位朋友向你提问，你直接快速地作答，提出问句时间不计在内，看答话用了多少时间。

（1）你的优点是什么？

（2）你的缺点是什么？

（3）你的爱好是什么？

（4）这个爱好是怎么形成的？

（5）这个爱好给你带来了什么好处？

（6）这个爱好为什么至今没有转移？

(7) 你的烦恼是什么?

(8) 你最珍惜的是什么?

(9) 你最讨厌的是什么?

(10) 你最崇尚什么?

(11) 你最喜欢的格言是什么?

(12) 你最大的乐趣是什么?

(13) 你平时经常想的是什么?

(14) 你做人的信条是什么?

(15) 你最大的愿望是什么?

(16) 你怎样评价自己?

(17) 听到闲言碎语你如何对待?

(18) 你是喜欢春天还是冬天?

(19) 你是不是开始注意到金钱并非微不足道了?

(20) 你现在是不是已打消了出国的念头?

训练提示:

第一,问句的角度要求避免单调和程式化,要富有变化。答语的观点要求旗帜鲜明,坦率从容,也可以含蓄风趣一点,有一些哲理色彩。

第二,简单明了,多用短语,尽可能一两句话就把自己的意思说得明明白白。多用直言句式直截了当地应对,不要模棱两可,不痛不痒,也要力求避免运用简单的肯定、否定(如“是”或“不是”)方式答对。

第三,少说空话、套话,内涵力求丰富充实,要敢于亮出自己的想法,不要遮遮掩掩,要显示出自己鲜明的个性。

第四,要留意复杂问句。所谓“复杂问句”,是指隐含某种假定前提的问句。如“你还想着去北戴河旅游吗?”隐含前提是“曾经或一直想着去北戴河旅游”。其实你可能从来就没有“想”过,所以要回答针对“想没想”,而不是“去不去”。对这类问句要留心前提,做出有针对性的回答。训练题中有些是复杂问句,如(18)(19)和(20)。

4. 与人交谈时,要带着发掘尽可能多的信息的目的去倾听,要准备提出一系列探究性问题以获取必要的信息。例如,可以提出以下问题。

(1) 你是怎么发现那人的?

(2) 还发生了什么?

(3) 你为什么这样认为?

(4) 结果怎样?

(5) 你还会这么做吗?

(6) 你觉得从这一经历中有何收获?

不要用你的问题打断对方。要倾听,你的问题才会贴切地与对方讲话内容对应起来,询问时你要持积极、合作态度。

假如我们花费比通常更多些的时间做这些练习,不也是挺有趣的事情吗? 我们不仅将成为一个善听者,同时还将成为更有恒心的好学者。

5. 在一家经营咖啡和牛奶的茶室,刚开始营业员总是问顾客:“先生,喝咖啡吗?”或者是“先生,喝牛奶吗?”其回答往往是否定的。后来,营业员经过培训换一种问法,“先生,喝咖啡还是喝牛奶?”结果其销售额大增。

请分析一下这是为什么?

6. 美国前总统卡特有一次举行记者招待会。一位记者提出刁难的问题:“如果你女儿与人发生桃色事件,总统先生,你有什么感觉?”

这一问题突如其来,使卡特感到惊讶和棘手。如果拒绝回答,将有损他的公众形象,同时也会引起猜测,如果直接否认这种事情的发生,也未免过于自信和武断,同样是不利的。但是卡特总统到底是卡特总统,他镇定下来,略加思索,巧妙地说:“……”

你知道卡特总统对这位记者说了什么吗?

7. 与你的同桌(2 人以组),自拟情境进行说服训练。

8. 以某同学(或某个群体)为对象,练习恰当得体的赞美。

9. 案例分析。

一句随意话引出是非

第二次世界大战期间,屡立奇功的一代名将巴顿,在战争的善后工作远未结束时,直性子的他在一次记者招待会上,对盟军拒绝前纳粹党员参加军管政府管理工作的决定大加非议。以追求轰动效应为目的的记者趁机问道:“将军,大多数普通德国人加入纳粹,难道不就是跟美国人加入共和党或民主党的情形差不多吗?”

“是的,差不多。”面对记者设计的“语言陷阱”,巴顿不假思索地随口答道。

巴顿一语即出,随即令世界为之哗然,美国及许多国家的报纸上出现一个天怒人怨的标题:“一位美国将军说,纳粹党人跟共和党人与民主党人一样!”

谁都知道,当时美国执政的是民主党,说它跟纳粹一样,那还了得!

终于,巴顿的上司也是他的好友艾森豪威尔将军为了挽回影响,不得不撤了巴顿第3集团军司令和驻巴伐利亚军事长官职务,让他回国去了。艾森豪威尔为不使他的好友“过分”难堪,给了他一个有名无实的第15集团军司令的头衔。这是一个空架子的集团军和空头司令,任务只是带一些参谋和文职人员整理“二战”欧洲部分的军事史而已。从此,巴顿就一蹶不振了。

巴顿,一位功勋卓著的“二战”名将,就因为一句随意话,在和平到来之际,等来的竟是一个郁闷晚景,这是一幅多么令人悲哀的画面。[①]

思考题:

(1) 巴顿的一句随意话为什么引出了是非?

(2) 本案例对你有哪些借鉴意义?

---

① 侯爱兵.一句随意话引出是非[J].演讲与口才,2009(12).

任务6　社交礼仪

在人与人的交往中，礼仪越周到越保险，运气越好。

——[美]托·卡莱尔

礼尚往来，往而不来，非礼也。来而不往，亦非礼也。人有礼则安，无礼则危。故曰：礼者不可不学也。夫礼者，自卑而尊人。虽负贩者，必有尊也，而况富贵乎？富贵而知好礼，则不骄不淫；贫贱而知好礼，则志不慑。

——《礼记·曲礼》

案例导入

修养的作用

朗月曾讲过这样一件事情：有一批应届毕业生22个人，实习时被导师带到北京的国家某部委实验室里参观。全体学生坐在会议室里等待部长的到来，这时有秘书来给大家倒水，同学们表情木然地看着她忙活，其中一个还问了句："有绿茶吗？天太热了。"秘书回答说："抱歉，刚刚用完了。"林晖看着有点别扭，心里嘀咕："人家给你水还挑三拣四。"轮到他时，他轻声说："谢谢，大热天的，辛苦了。"秘书抬头看了他一眼，满含着惊奇，虽然这是很普通的客气话，却是她今天唯一听到的一句。

门开了，部长走进来和大家打招呼，不知怎么回事，静悄悄的，没有一个人回应。林晖左右看了看，犹犹豫豫地鼓了几下掌，同学们这才稀稀落落地跟着拍手，由于不齐，越发显得零乱起来。部长挥了挥手："欢迎同学们到这里来参观。平时这些事一般都是由办公室负责接待，因为我和你们的导师是老同学，非常要好，所以这次我亲自来给大家讲一些有关情况。我看同学们好像都没有带笔记本，这样吧，王秘书，请你去拿一些我们部里印的纪念手册，送给同学们作纪念。"接下来，更尴尬的事情发生了，大家都坐在那里，很随意地用一只手接过部长双手递过来的手册。部长脸色越来越难看，来到林晖面前时，已经快要没有耐心了。就在这时，林晖礼貌地站起来，身体微倾，双手握住手册，恭敬地说了一声："谢谢您！"部长闻听此言，不觉眼前一亮，伸手拍了拍林晖的肩膀："你叫什么名字？"林晖照实作答，部长微笑点头，回到自己的座位上。早已汗颜的导师看到此景，才微微松了一口气。

两个月后，毕业分配表上，林晖的去向栏里赫然写着国家某部委实验室。有几位颇感不满的同学找到导师："林晖的学习成绩最多算是中等，凭什么选他而没选我们？"导师看了看这几张尚属稚嫩的脸，笑道："是人家点名来要的。其实你们的机会是完全一样的，你们的成绩甚至比林晖还要好，但是除了学习之外，你们需要学的东西太多了，修养是第一课。"

任务分析

人们常说礼仪是步入文明社会的“通行证”，是进入文明社会的一把钥匙，是衡量人类社会文明程度和一个国家、一个民族进步、开化与兴旺的重要指标。随着社会生产力的不断发展，社会物质生活条件的逐步改善，社会文明程度的日益提高，人们对礼仪的要求也随之越来越高。一个人要在社会上生存、发展，都必须以各种形式与其他人进行交往。因为没有交往就难以合作，没有合作就难以生存、发展。讲文明、懂礼貌，尊重他人，注重修养，讲究礼仪，塑造良好的个人形象，几乎是全社会成员的共同追求。

在职场上，要注意见面应酬、宴请赴宴、差旅出行、求职面试等职场交际礼仪。如见面应酬礼仪是与人交往时的最基本、最常用的礼节，它最能反映一个人及社会的礼仪水平，可以帮助我们顺利地通往交际的殿堂。人们见面后互致问候，不熟悉的人之间相互介绍，然后握手，互换名片，寒暄后才进入正题。这看似简单，却蕴含复杂的礼仪规则，表达着丰富的交际信息。掌握基本的见面应酬礼仪，能使现代人适应各种场合社交的礼仪要求，赢得交际对象的好感，塑造良好的社交形象。“案例导入”中的“林晖”正是以其完美的职业礼仪表现赢得了理想的职位，而同班的其他同学则因不注意见面礼仪，与就业机会失之交臂。

实训项目

项目名称：见面场景模拟训练。

实训目标：掌握见面礼仪相关要求与规范，塑造良好的职业交际形象。

实训学时：2 学时。

实训地点：实训室。

实训情景：中国深圳的方正公司、印度的联泰公司、新加坡的鹏峰公司约定于 2014 年 4 月 26 日上午洽谈一项关于电子设备三方合作的项目，中方出劳动力、印方出技术、新方出资金。26 日上午，方正公司秘书张叶接到鹏峰公司吴总的电话，说航班延误，要比预定的时间晚两个小时。

实训方法：将全班学生分成若干组，每组 6～8 人。课前各组首先进行对白和场景设计，并准备道具。课上每组将三方见面中设计的称呼、介绍、握手、递接名片、礼物馈赠、电话沟通等交际礼仪连贯地仿真模拟演练下来。各组演练之前，每组应指定一名学生就设计的场景和成员的角色进行说明。通过学生相互打分和教师评分，选出 1 个优秀小组和 1 个最佳社交形象大使，激发学生的积极性。最后，由教师作实训总结。①

---

① 牟红，林洁．“职业形象塑造”课程教学的几点思考——以泸州职业技术学院为例[J]．商，2013(9)．

知识链接

一、社交礼仪与形象塑造

1. 社交礼仪有助于塑造个人形象

先讲一个礼仪小故事，这个刊登在《故事会》杂志上的“三分钟典藏故事”颇值得回味。

【小故事】

小节的象征

一位先生要雇一个没带任何介绍信的小伙子到他的办公室做事，先生的朋友挺奇怪。先生说：“其实，他带来了不止一封介绍信。你看，他在进门前先蹭掉脚上的泥土，进门后又先脱帽，随手关上了门，这说明他很懂礼貌，做事很仔细；当看到那位残疾老人时，他立即起身让座，这表明他心地善良，知道体贴别人；那本书是我故意放在地上的，所有的应试者都不屑一顾，只有他俯身捡起，放在桌上；当我和他交谈时，我发现他衣着整洁，头发梳得整整齐齐，指甲修得干干净净，谈吐温文尔雅，思维十分敏捷。怎么，难道你不认为这些小节是极好的介绍信吗？”

无独有偶，美国第25任总统威廉·B. 麦金利的好朋友查尔斯·G. 道斯曾经讲述过的一件事更能说明问题。

【小故事】

错失机会

多日来，总统一直为任命一个重要的外交职务而犯难——他要在两个同样有才干的候选人中选出一个，然而始终举棋不定，难以拍板。突然他回忆起一件事，此事竟如此清晰地浮现在眼前：一个风雨交加的夜晚，总统搭乘一辆市内有轨电车，坐在后排的最后一个位子上。电车停在下一站，上来一位洗衣老妇人，挽着一个沉重的篮子，孤零零地站在车厢的过道上。老妇人面对的是一位具有绅士风度的男子，该男子举着报纸将脸挡住，故意装作没看见。总统从后排站起来，沿着过道走去，提起那一篮子沉甸甸的衣物，把老妇人引到自己的座位上坐下。该男子仍然举着报纸低着头，对车厢里发生的一切似乎什么也没有看见。总统顺便朝那男子瞅了一眼，将那张脸庞深深地印入了脑海。

这男人不正是总统要任命的两位候选人之一吗？总统果断地作出决定：取消该人的任命资格，而另一位则理所当然地成为外交官。

查尔斯·G. 道斯说：这位候选人永远不会知道，就是这一点点的自利行为，或者说缺少那么一点点的仁慈之心，因此而失去了他一生雄心勃勃想实现的东西。

可见，讲究礼仪对个人的成功是至关重要的，因为它关系到个人的形象。个人形象是指一个人的相貌、身高、体形、服饰、语言、行为举止、气质风度以及文化素质等方面的综合。

这其中有先天构成要素，但更多要素是需要我们通过后天不断努力来加以改善和提高的。礼仪在上述诸方面都有详尽的规范，因此学习礼仪、运用礼仪，无疑将有益于人们更好、更规范地设计个人形象，维护个人形象，更好、更充分地展示个人的良好教养与优雅风度。

首先，遵守社交礼仪可以给人留下良好的第一印象。众所周知，人际交往中存在着“首因效应”，即人们在日常生活中初次接触某人、某物、某事时所产生的即刻的印象，通常会在对该人、该物、该事的认知方面发挥明显的甚至是举足轻重的作用。对于人际交往而言，这种认知往往直接制约着交往双方的关系。美国推销学会有这样一个统计，在第一次接触时成功与否形象占 55%、声音占 38%、内容占 7%。可见，在现代社交中，可能前 30 秒、10 秒，甚至 3 秒都能决定你工作、交际的成败。充分认识到这一点，我们就不难理解社交礼仪对树立良好的第一印象所起的重要作用，从而在学习和工作中更好地运用社交礼仪。

其次，遵守社交礼仪可以充分展示个人良好的教养与优雅的风度。可以说礼仪即教养，而有道德才能高尚，有教养才能文明。也就是说，通过一个人对礼仪运用的程度，可以察知其教养的高低、文明的程度和道德的水准。学习礼仪、运用礼仪，能够展示出现代人良好的个人形象。个人形象说到底是由人的身材、长相、服饰打扮以及姿态、风度构成的，是一个人精神面貌和内在素质的外在表现。身材、长相是天生的，而服饰打扮以及姿态、风度却是可以通过后天培养的。一个人的外在美固然能引人注目，但只有将外在的美与内在的美结合起来，个人的魅力才能长久不衰。社交礼仪不仅要求现代人注重仪容仪表，更强调现代人要培养良好的语言行为习惯，遵守社会公德以及法纪法规，符合社会规范。

最后，遵守社交礼仪可以更好地向交往对象表示尊敬、友好之意，赢得对方的好感。“礼仪”中“礼”字就是表示敬意、尊敬、崇敬之意，多用于对他人的尊重，体现着一个人对他人和社会的认知水平、尊重程度，是一个人的学识、修养和价值的外在表现。一个人只有在尊重他人的前提下，才会被他人尊重。人与人之间的和谐关系，也只有在这种互相尊重的过程中，才能逐步建立起来。这是礼仪的重点和核心，是对待他人的诸多做法中最重要的一条。要做到敬人之心常存，处处不可失敬于人，不可伤害他人的尊严，更不能侮辱对方的人格。掌握了这一点，就等于掌握了礼仪的灵魂。

2. 社交礼仪有助于塑造组织形象

组织形象是指社会公众心目中对一个组织的总体评价，包括组织的价值观念、组织的行为准则和规范、组织的传统习惯和道德修养、组织的礼仪文化。组织形象是组织最宝贵的无形资产，塑造和树立良好的组织形象是组织生存和发展的根本。因此，名牌企业对自己的组织形象格外重视，如麦当劳的黄色大 M，员工整齐划一的服饰和操作流程；可口可乐使人过目不忘的 Coca-Cola 的标准字体、白色水线和红底色的图案，常变常新的代言人；“蓝色巨人”IBM 统一的服饰打扮……在一个成熟的买方市场中，消费者绝不会为一两个耀眼的广告、一两句动听的广告语而进行购买。在一个成熟的买方市场中，企业卖的或生产的是什么？是组织形象。礼仪是组织形象的核心内容之一，而礼仪必须通过人来展现。所以，现代人的个人形象与组织形象不可避免地紧密地联系在一起。组织员工是组织形象的代表，他们是组织形象的主要塑造者，是组织连接消费者的“桥梁”。在职场上，社交礼仪不再仅仅是个人素质的外在表现，更是组织文化内涵的体现。大凡国际化的大组织，对礼仪都有着极高的要求，原因就在于组织希望通过形式规范的礼仪表现出组织的整体素质，从而获得良好的公众评价。因此，社交礼仪能展示组织的文明程度、管理风格和道德水准，塑造组织形象。

良好的组织形象是任何组织都刻意追求的目标，组织形象的塑造处处都需要礼仪。比如，你想和某一单位联系业务，当你拨打对方办公室电话竟无人接听或铃响五六声之后才有人接听时，你会对该单位产生一种印象——工作效率不高、制度不健全或员工素质差等。反之，当你一拨通电话，听到对方和蔼可亲的问候、得体的称谓、礼貌的语言、简洁干练的回答、热情的接待，你立即会有一种亲切之感。

组织形象常常是在不经意间体现并塑造出来的。整洁优雅的环境，宽敞明亮、井然有序的办公室，独具个性、富有哲理的价值观，色彩柔和的服饰，彬彬有礼的员工，富有特色的广告等，都会给公众留下深刻的印象。礼仪则是通过组织员工的仪容仪表、言谈举止、礼貌礼节、仪式及活动过程表现出来的，它是塑造组织形象的基础工程。任何不讲究礼仪的组织，都不可能获得良好的社会形象。

组织通过各种规范化的礼仪，还可以激发员工对组织的自豪感，增强组织的凝聚力和向心力。如日本松下公司创作了自己的“松下之歌”“松下社训”，每天早晨 8 点，遍布各地的松下组织员工一起高唱松下歌曲，使每一名员工都以自己是松下的员工而感到自豪。目前，我国的许多组织通过统一组织标识、统一组织服装、统一色彩等，塑造组织统一的社会形象，也使组织的员工自觉地维护组织的形象；还有许多组织通过开业庆典、周年纪念、表彰大会等仪式，激发员工对本组织的了解、爱戴，加深感情，增强组织的凝聚力和向心力。可见，社交礼仪在塑造组织形象中的作用是十分巨大的。

3. 社交礼仪有助于塑造职业形象

职业形象是行业或组织的精神及文化理念与从业人员个体形象的有机融合，是个性化和规范化的统一。不同的行业和组织都有各自不同的文化和理念，这就要求其从业人员的个人形象必须服从于组织形象，其个性的凸显必须在符合企业要求的前提下。因此，职业形象必须是个体形象与组织形象的完美结合，不同行业的从业人员，其个体形象必须符合某类特定职业角色的要求。每一个现代人，都应该树立起与之相适应的职业理想、职业道德、职业信念，都应该具备与行业要求相吻合的职业素质、职业气质和职业仪表。

著名的形象顾问法兰克(Frank)曾经说过：“你在职场中的威信，有五成来自别人如何看待你。”面对竞争激烈的现代商业社会，现代人想要在职场中脱颖而出，必须与各种各样的人打交道，这就必须学会与人相处。社交礼仪的本质就是按照规范与人交往。你的服饰打扮不符合要求，别人会拒绝与你为伍；你的举止谈吐粗俗，别人将对你弃而远之；你不尊重他人的宗教习俗，它会令你功败垂成。而良好的礼仪可以更好地向对方展示自己的长处和优势，它往往决定了机会能否降临。为他人服务不是件简单而容易的事情，要赢得社会的认同和尊重，就必须不断地学习，提高自己的素质，树立良好的职业形象。

4. 社交礼仪有助于塑造国家形象

一个国家的实力由软实力和硬实力构成。硬实力是指国家的 GDP、科技实力、军事实力等，软实力就是指文化、文明礼仪以及修养水平等精神要素。哈佛大学肯尼迪政府学院前院长约瑟夫·奈(Joseph Nye)教授认为，可以将软实力表述为一国的文化、价值观念、社会制度、发展模式的国际影响力与感召力。如果软实力做得好，国家的文化就容易被别人吸收，文化辐射力就强，国家的政策也就容易被别人理解，对外交往遇到的障碍就相对少得多。随着改革开放的深入，以及中国国力的提高，世界对中国的关注也加大了，可以说整个世界都在分析和关注中国。所以，当我们的公民走出国门时，我们的公司走出国门时，就要严格遵循道德和文明礼仪规范，因为这涉及整个中国的形象。

一个国家的公民道德素质和文明礼仪涉及国家对外的信用，影响整个民族、整个国家的对外形象。随着我国融入世界经济经贸大循环，对外开放进一步扩大，这就意味着我国与世界各国的交往日益增多，各类人员涉外服务也随之增加。我们的一言一行、一举一动，无不代表了国家的形象。“中国”二字，“玉”在其中，我们要对得起这个名字。

二、见面礼仪

见面是社交的开始，了解和掌握见面时的礼节，可以帮助我们顺利地通往交往的殿堂。本节所介绍的称呼、介绍、握手、名片等都是最常见的见面礼节。

1. 称呼的礼仪

在社会交往中，交际双方见面时，如何称呼对方，这直接关系到双方之间的亲疏、了解程度、尊重与否及个人修养等。一个得体的称呼，会令彼此如沐春风，为以后的交往打下良好的基础。否则，不恰当或错误的称呼，可能会令对方心里不悦，影响到彼此的关系乃至交际的成功。一个得体的称呼可谓交际的“敲门砖”！

【小故事】

叶永烈采访陈伯达

著名传记作家叶永烈在着手写陈伯达传记时，必须采访陈伯达，采访时究竟怎样称呼陈伯达，叶永烈颇费了一番心思。采访的前一天晚上，叶永烈辗转反侧：明天见到了陈伯达到底该叫他什么呢？叫他陈伯达同志，不合适，因为陈伯达是在监狱服刑的犯人；叫他老陈，也不行，因为陈伯达已经是84岁的老人了，而自己才48岁。究竟应怎样称呼他呢？突然，叶永烈灵机一动，称呼他“陈老”，这是再恰当不过的称呼了。果然，第二天采访时，叶永烈一声“陈老”的亲切得体的称呼，令陈伯达听了感动万分，眼里充满了泪花。

(1) 称呼的原则

① 礼貌原则。合乎礼节的称呼，是向他人表达尊重的一种方式。在人际交往中，称呼对方要用尊称。现在常用的有：您——您好、您慢走；贵——贵姓、贵公司、贵方、贵校；大——尊姓大名、大作（文章、著作）；老——王老、李老、您老辛苦了；高——高寿、高见等；芳——芳名、芳龄。

② 尊重原则。一般来说，汉族人有崇大、崇老、崇高的心态，如对同龄人，一般称呼对方为哥、姐；对既可称“叔叔”又可称“伯伯”的长者，以称“伯伯”为宜；对副校长、副处长、副厂长等，也可在姓后直接以正职相称。

③ 恰当原则。许多青年人往往对人喜欢称“师傅”，虽然亲热有余，但文雅不足，且普适性较差。对理发师、厨师、司机称师傅恰如其分，但对医生、教师、军人、干部、商务工作者

称师傅就不合适了，如把小姑娘称为“师傅”则要挨骂了。所以，要视交际对象、场合、双方关系等选择恰当的称呼。

（2）通常的称呼

① 称呼姓名。一般的同事、同学关系，平辈的朋友、熟人，均可彼此之间以姓名相称。例如，“王小平”“赵大亮”“刘军”。长辈对晚辈也可以如此称呼，但晚辈对长辈却不可这样做。为了表示亲切，可以在被称呼者的姓前分别加上“老”“大”“小”字相称，而免称其名。例如，对年长于己者，可称“老张”“大李”；对年幼于己者，可称“小吴”“小周”。但这种称呼多在职业人士间常见，不适合在校学生。对同性的朋友、熟人，若关系极为亲密，可以不称其姓，而直呼其名，如“春光”“俊杰”。对于异性一般则不可这样做，因为只有其家人或配偶才这样称呼。

② 称呼职务。在工作中，以交往对象的职务相称，以示身份有别、敬意有加，这是一种最常见的称呼方法。具体做法：可以仅称呼职务，如“局长”“经理”“主任”等；也可以在职务前加上姓氏，例如，“王总经理”“李市长”“张主任”等；还可以在职务之前加上姓名，这仅适用于极其正式的场合。例如：“×××主席”“×××省长”“×××书记”等。

③ 称呼职称。对有职称者，尤其是有高级、中级职称者，可以在工作中直接以其职称相称。可以只称职称，例如，“教授”“研究员”“工程师”等；可以在职称前加上姓氏，例如，“张教授”“王研究员”“刘工程师”，当然有时可以简化，如将“刘工程师”简化为“刘工”，但使用简称应以不发生误会、歧义为限；可以在职称前加上姓名，它适用于十分正式的场合。例如，“王久川教授”“周蕾主任医师”“孙小刚主任编辑”等。

④ 称呼学位。在工作中，以学位作为称呼，可增加被称呼者的权威性，有助于增强现场的学术氛围。可以在学位前加上姓氏，如“张博士”；可以在学位前加上姓名，如“张明博士”。称呼学位一般仅限于拥有博士学位者，对学士学位、硕士学位拥有者不作此项称呼。

⑤ 称呼职业。称呼职业即直接以被称呼者的职业作为称呼。例如，将教员称为“老师”，将教练员称为“教练”或“指导”，将专业辩护人员称为“律师”，将财务人员称为“会计”，将医生称为“大夫”或“医生”等。一般情况下在此类称呼前，均可加上姓氏或姓名。

⑥ 称呼亲属。亲属即本人直接或间接拥有血缘关系者。在日常生活中，对亲属的称呼业已约定俗成，人所共知。面对外人，对亲属可根据不同情况采取谦称或敬称。对本人的亲属应采用谦称。称辈分或年龄高于自己的亲属，可以在其称呼前加“家”字，如“家父”“家叔”。称辈分或年龄低于自己的亲属，可在其称呼前加“舍”字，如“舍弟”“舍侄”。称自己的子女，则可在其称呼前加“小”，如“小儿”“小女”“小婿”。对他人的亲属，应采用敬称。对其长辈，宜在称呼前加“尊”字，如“尊母”“尊兄”。对其平辈或晚辈，宜在称呼之前加“贤”字，如“贤妹”“贤侄”。若在其亲属的称呼前加“令”字，一般可不分辈分与长幼，如“令堂”“令爱”“令郎”。

⑦ 涉外称呼。在涉外交往中，一般对男子称先生，对女子称夫人、女士或小姐。已婚女子称夫人，未婚女子称小姐；对婚姻状况不明的女子称“小姐”或“女士”。在西方国家，凡是举行宗教结婚仪式的人，都习惯在无名指上戴一枚戒指，男子戴在左手，女子戴在右手，所以对外宾的称呼可以此而定。以上是根据性别和婚姻状况来称呼，使用起来具有普遍性。

【小故事】

小姐还是太太

一位先生为一位外国朋友订做生日蛋糕。他来到一家酒店的餐厅，对服务员小姐说："小姐，您好，我要为我的一位外国朋友订一个生日蛋糕，同时加一张贺卡，您看可以吗？"服务员小姐接过订单一看，忙说："对不起，请问先生，您的朋友是小姐还是太太？"这位先生也不清楚这位外国朋友结婚没有，从来没有打听过，他为难地抓了抓后脑勺，想想说："小姐？太太？一大把岁数了，太太。"生日蛋糕做好后，服务员小姐按地址到酒店客房送生日蛋糕，敲门，一女子开门，服务员小姐有礼貌地说："请问，您是怀特太太吗？"女子愣了愣，不高兴地说："错了！"服务员小姐丈二和尚摸不着头脑，抬头看看门牌号，再回去打电话问那位先生，没错，房间号码没错。再敲一遍，开门，"没错，怀特太太，这是您的蛋糕。"那女子大声说："告诉你错了，这里只有怀特小姐，没有怀特太太！"啪一声，门被大力关上，蛋糕掉地。

（3）称呼的禁忌

① 使用错误的称呼。常见的错误称呼有两种：一是误读，一般表现为念错被称呼者的姓名。比如"郇""查""盖"这些姓氏就极易弄错。要避免犯此错误，就一定要做好先期准备，必要时不耻下问，虚心请教。二是误会，主要指对被称呼者的年纪、辈分、婚否以及与其他人的关系作出了错误判断。比如，将未婚妇女称为"夫人"，就属于误会。

② 使用不当的行业称呼。学生喜欢互称为"同学"，军人经常互称"战友"，工人可以称为"师傅"，道士、和尚可以称为"出家人"，这并无可厚非。但以此去称呼"界外"人士，并不表示亲近，没准对方不领情，反而产生被贬低的感觉。

③ 使用庸俗低级的称呼。在人际交往中，有些称呼在正式场合切勿使用。例如，"兄弟""朋友""哥们儿""姐们儿""死党""铁哥们儿"等一类的称呼，就显得庸俗低级，档次不高。它们听起来很肉麻，而且带有明显的黑社会的风格。逢人便称"老板"，也显得不伦不类。

④ 使用绰号作为称呼。对关系一般者，切勿自作主张给对方起绰号，更不能随意以道听途说来的对方的绰号去称呼对方。至于一些对对方具有侮辱性质的绰号，例如，"北佬""阿乡""鬼子""鬼妹""拐子""秃子""罗锅""四眼""肥肥""傻大个""柴火妞""北极熊""麻秆儿"等，则更应当免开尊口。另外，还要注意，不要随便拿别人的姓名乱开玩笑。要尊重一个人，必须首先学会去尊重他的姓名。

⑤ 快速记住别人的名字。美国交际学家戴尔·卡耐基说："一个人的姓名是他自己最熟悉、最甜美、最妙不可言的声音。在交际中，最明显、最简单、最重要、最能得到好感的方法，就是记住人家的名字。"记住并准确地呼叫对方的姓名，会使人感到亲切自然，一见如故。否则，即使有过交往的朋友也会生疏起来。作为服务行业的从业人员，应养成牢记顾客名字的习惯，在服务顾客的过程中，无疑占据了有利地位。

【课堂训练】

以小组为单位，分组分角色进行称呼礼仪模拟训练。

2. 问候的礼仪

在人际交往中，当互相见面或被他人介绍时，应起身站立，热情认真地向对方问候，打个招呼，这是最普通的礼节。问候时应注意以下问题。

(1) 男士尊重女士

如果你在途中遇见相识的女士，倘若她不打招呼，你就不要去打扰她。她是不是主动向你打招呼，全由她去决定。你只可向她答礼，除非你和她非常熟悉。男士主动先向女士打招呼，有时会给女士带来不便或尴尬。

(2) 不用莽撞的问候方式

如果你在公共场所遇见了久违的好朋友，请不要太激动。在街上，突然冲向对方，甚至冲撞了行人；在会场上，猛然从座位上跳起来并穿过整个大厅；在人群里，冷不丁高呼朋友的名字，让旁人吓一跳，都是很失礼的。

(3) 不苛求"熟视无睹"的相识者

有时会碰见相识者对你"熟视无睹"，而感到不高兴，其实这大可不必。请不要把不经心的视而不见与故意的轻蔑混为一谈。这很可能是对方正在沉思，或者眼睛近视，也可能因为你的外貌有了改变。例如，有位女士对自己所从事的专业很有研究和造诣，是行业中公认的专家。但她的同事对她一直很有意见，认为她骄傲，不理人，摆架子。其实她的"视而不见"，是因为她习惯在行走和空闲时，独自一人沉思。

(4) 适时、适地打招呼

如果参加一个国际性的或者是跨省市、跨行业的会议，在一天内几次遇见同一个熟人，每次都说"您好"，似乎太单调了。可以根据时间、场合，适地、适时地用不同的方式打招呼。

(5) 与相遇的人打招呼

有时因出差、开会、旅游等，在旅馆居住或在商店购物时，都应该同遇见的服务员或售货员打招呼。只要是经常同自己打交道的，不论地位高低、贫富不同，都要注意见面打招呼。

**【小故事】**

问候的作用

相传，20世纪初，一位犹太传教士，每天早晨总是按时来到一条乡间的小路上散步，无论见到何人，总是热情地打一声招呼"早安!"。对此，一个叫米勒的年轻农民不以为然，反应冷漠。但这并未改变传教士的热情，他每天早晨依然如故。终于有一天，这个年轻人也脱下帽子，向传教士回了一声"早安!"。

几年后，纳粹党上台执政。一天，传教士与村中所有的人都被纳粹党集中起来送往集中营。在下火车列队前行时，只见一个指挥官挥动着指挥棒叫喊道"左! 右!"被指向左边的是死路一条，被指向右边的则还有生还的希望。忽然，传教士的名字被点到，他浑身颤抖着走上前去。当他无望地抬起头时，不想眼睛正好与指挥官的眼睛相遇，传教士习惯地脱口而出："早安! 米勒先生。"指挥官一愣，表情虽然没有过多的变化，但仍禁不住回了一句"早安!"，声音低得只有他俩才能听得到。后来，传教士被指向了右边。

显然是"早安!"救了传教士一命。早安，是一句问候语，礼仪的作用由此可见一斑。

3. 介绍的礼仪

介绍是社交活动最常见也是最重要的礼节之一，它是初次见面的陌生的双方开始交往的起点。介绍在人与人之间起桥梁与沟通作用，几句话就可以缩短人与人之间的距离，为进一步交往开个好头。

(1) 自我介绍

在不同场合，遇见对方不认识自己，而自己又有意与其认识，当场没有他人从中介绍，往往需要自我介绍。自我介绍要注意以下方面。

① 自我介绍的场合。自我介绍的场合一般选择在正式场合，在没有干扰的情况下。具体如下：应聘求职、会议场合可以作自我介绍；因为业务关系需要与相关人士接洽时，需要作自我介绍；当遇到你知晓或久仰的人士，他不认识你时，可以作自我介绍；出差、办事与别人不期而遇时，为了增加了解和信赖，可以作自我介绍；初次前往他人居所、办公室登门拜访时要作自我介绍；参加聚会，主人不可能作细致的介绍，与会者可以与同席或身边的人相互自我介绍。

② 自我介绍的顺序。自我介绍的顺序要求遵循尊者有优先知情权，位低者先行的原则。具体如下：职位高者与职位低者相识，职位低者应该先作自我介绍；男士与女士相识，男士应该先作自我介绍；长辈与晚辈相识，晚辈应该先作自我介绍；资深人士与资历浅者相识，资历浅者应该先作自我介绍；已婚者与未婚者相识，未婚者应该先作自我介绍。

③ 自我介绍的方式。根据不同场合、环境的需要，自我介绍的方式有应酬式、公务式、礼仪式、社交式和问答式五种，见表6-1。

表6-1　自我介绍的方式

类　型	适用场合	使用目的	内　容	举　例
应酬式	适用于公共场合、一般性的社交场合，如旅途中、商场里	面对泛泛之交而不想深交的人	只包括本人姓名	"你好，我叫/是张明"
公务式	适用于工作场合，如业务洽谈、工作联络	与对方建立工作关系	包括本人姓名、单位、部门或从事的具体工作三要素，缺一不可	"你好，我叫张明，是五湖四海医药公司的营销部经理"
礼仪式	适用于讲座、报告、演说、庆典、仪式等正规场合	向对方表示友好、敬意	包括本人姓名、单位、职务等项内容，还可以适当加一些谦辞、敬语等	"各位来宾，大家好！我叫张明，我是五湖四海贸易公司的营销部经理。我代表本公司热烈欢迎大家的光临……"
社交式	适用于各类社交活动，如私人交往、联谊会、网络交流等	使对方认识自己、了解自己，建立进一步交往的平台	包括本人姓名、职业、籍贯、爱好、自己跟交往对象双方所共同认识的人等	"你好，我叫张明，我是18级营销班的。李军是我的老乡，我们都是北京人……"
问答式	适用于一般性交际应酬场合	应聘求职、应试求学，初次交往等	主要根据提问进行介绍，有问必答	问："请问您贵姓?"答："您好！免贵姓张"

【小案例】

罗兰的自我介绍

罗兰去参加朋友的生日宴会，在那里她遇上了几个不认识的人。当时朋友正在忙里忙外地招呼客人，所以没有顾得上更多地关照罗兰这个“自己人”。正当性格内向的罗兰胆怯地坐在客厅一角，不知道自己该不该和那些陌生人寒暄几句，更不知道自己应该如何启齿时，一位温文尔雅的先生走了过来，主动跟她打招呼：“小姐，您好！我叫邓雨轩，请问您怎么称呼？”缺乏准备的罗兰有点儿慌乱地随口应道：“叫我小罗好了。”

其实，罗兰这时打心眼里感谢这位不熟悉的邓先生过来跟她打招呼，使她不至于“孤立无援”，而且她也真想大大方方地同邓先生聊上几句。然而意想不到的是，罗兰就那么一句“叫我小罗好了”，让邓先生的热情顿减，立马扭头走了回去。

【点评】 在作自我介绍时需选用恰当的方法，把握好相应的时机和场合，掌握好分寸。本例中属于一般性的社交场合，需介绍自己的姓名，而不应该只介绍自己的姓。

④ 自我介绍的注意事项。作自我介绍时应注意以下几方面。

- 注意时机。要抓住时机，在适当的场合进行自我介绍。对方有空闲，而且情绪较好，又有兴趣时，这样就不会打扰对方。
- 注意态度。自我介绍的态度一定要自然、友善、亲切、随和，应镇定自信、落落大方、彬彬有礼，既不能怯场，又不能虚张声势、轻浮夸饰。语气要自然、语速要正常、语音要清晰。自我介绍时出现畏怯紧张、结结巴巴、目光不定、面红耳赤等情况，会给人缺少经验、缺乏自信的感觉，为他人所轻视。
- 注意时间。自我介绍要简洁、言简意赅，尽可能节省时间。一般以半分钟为佳，不宜超过一分钟，且越短越好。话说得多了，不仅显得啰唆，而且交往对象未必记得住，也未必感兴趣。为了节省时间，作自我介绍时，还可利用名片、介绍信作为辅助手段。
- 注意内容。自我介绍的内容包括三项基本要素：本人的姓名、现供职的单位以及具体部门、担任的职务和所从事的具体工作。这三项要素，在自我介绍时，应一鼓作气连续报出，这样既有助于给人以完整的印象，又可以节省时间，不说废话。要真实诚恳，实事求是，不可自吹自擂，夸大其词。

【小贴士】

自我介绍要善于巧解姓名

名字是一个人的有声名片，要向他人介绍自己的名字，让人印象鲜明，恒久不忘，就需要巧解姓名，把自己的名字介绍得顺耳入心。

相声大师马三立有段著名的自我介绍：“我叫马三立。就是马啊，剩三条腿还立着呢——马三立！三立，立起来，被人打到；立起来，又被人打到；最后，又立起来了。”

从自己的名字中寻找特点、亮点，与众不同、标新立异地予以介绍，想必会收到意想不到的效果。

- 注意方法。自我介绍前，应先向对方点头致意，得到回应后再向对方介绍自己。如果有介绍人在场，自我介绍则被视为不礼貌的行为。应善于用眼神表达自己的友善，表达关心以及沟通的渴望。如果想认识某人，最好预先获得一些有关他的资料或情况，诸如性格、特长及兴趣爱好等。这样在自我介绍后，便很容易融洽交谈。在获得对方的姓名之后，不妨口头加重语气重复一次，因为每个人都乐意听到自己的名字。

他人在进行自我介绍时，我们也要注意以下方面：一是引发对方作自我介绍时应避免直话相问，缺乏礼貌，如“你叫什么名字”，而应该尽量客气一些，用词更敬重些，“请问尊姓大名”“您贵姓”“不知怎么称呼您”“您是……”等。二是要仔细聆听他人的自我介绍，记住对方的姓名、职业等。如果没有听清楚，不妨在个别问题上仔细再问一遍，这比他人作过自我介绍，而你还是不明情况的好。三是等一个人作了自我介绍后，我们也应做相应的回应——向对方作自我介绍，这才是礼貌的。

【小贴士】

尴尬不堪的介绍

情景：A男士和A女士两位秘书在门口迎接来宾。

一辆小轿车驶到，一男士下车。A女士走向前，道：“王总您好!”呈上自己的名片，又道：“王总，我叫李月，是××集团的秘书，专程前来迎接您。”王总道谢。A男士上前：“王总您好！您认识我吧?”王总点头。A男士又问：“那我是谁?”王总尴尬不堪。

【点评】 介绍是社交场合相互了解的一种方式，自我介绍应做到及时、准确、清楚，不应该理所当然地认为对方认识自己，即使原来有一面之交，也许会忘记，所以不应该让对方难堪。

(2) 他人介绍

他人介绍即社交中的第三者介绍。在他人介绍中，为他人做介绍的人一般有社交活动中的东道主、社交场合中的长者、家庭聚会中的女主人、公务交往活动中的公关人员(礼宾人员、接待人员、文秘人员)等。他人介绍要注意以下方面。

① 他人介绍的时机。他人介绍的时机包括：在家中或办公地点接待彼此不相识的客人；与家人外出，路遇家人不相识的同事或朋友；陪同亲友，前去拜会亲友不认识的人；陪同上司、来宾时，遇见了其不相识者，而对方又跟自己打了招呼；打算推介某人加入某一交际圈；受到为他人做介绍的邀请等。

② 他人介绍的顺序。一般来说，在被介绍的两个人中，应让女士、长者、位尊者拥有“优先知晓权”，例如，介绍年长者与年幼者认识时，应先介绍年幼者，后介绍年长者；介绍长辈与晚辈认识时，应先介绍晚辈，后介绍长辈；介绍老师与学生认识时，应先介绍学生，后介绍老师；介绍女士与男士认识时，应先介绍男士，后介绍女士；介绍已婚者与未婚者认识时，应先介绍未婚者，后介绍已婚者；介绍同事、朋友与家人认识时，应先介绍家人，后介绍同事、朋友；介绍来宾与主人认识时，应先介绍主人，后介绍来宾。

在集体介绍时要注意：第一，少数服从多数。当被介绍者双方地位、身份大致相似时，应先介绍人数较少的一方。第二，强调地位、身份。若被介绍者双方地位、身份存在差异，虽人数较少或只一人，也应将其放在尊贵的位置，最后加以介绍。第三，单向介绍。在演讲、报告、比赛、会议、会见时，往往只需要将主角介绍给广大参加者。第四，人数多的一方的介绍。若一方人数较多，可采取笼统的方式进行介绍。如“这是我的家人”“这是我的同学”。第五，人数较多各方的介绍。若被介绍的不止两方，则需要对被介绍的各方进行位次排列。排列的方法：(a)以其负责人身份为准；(b)以其单位规模为准；(c)以单位名称的英文字母顺序为准；(d)以抵达时间的先后顺序为准；(e)以座次顺序为准；(f)以距介绍者的远近为准。

③ 他人介绍的细节。细节决定成败，在介绍中还要注意以下细节，只有这样才能取得良好的交际效果。

第一，介绍者为被介绍者介绍之前，一定要征求一下被介绍双方的意见，切勿上去开口即讲，显得很唐突，让被介绍者感到措手不及。

第二，被介绍者在介绍者询问自己是否有意认识某人时，一般不应拒绝，而应欣然应允。实在不愿意时，则应说明理由。

第三，介绍人和被介绍人都应起立，以示尊重和礼貌；待介绍人介绍完毕后，被介绍双方应微笑点头示意或握手致意。

第四，在宴会、会议桌、谈判桌上，视情况介绍人和被介绍人可不必起立，被介绍双方可点头微笑致意；如果被介绍双方相隔较远，中间又有障碍物，则可举起右手致意，点头微笑致意。

第五，介绍完毕后，被介绍双方应依照合乎礼仪的顺序握手，并且彼此问候对方。问候语有“你好，很高兴认识你”“久仰大名”“幸会幸会”，必要时还可以进一步做自我介绍。此外，介绍时不要开玩笑，不要使用易生歧义的简称，特别是在首次介绍时要准确地使用全称。

【小案例】

不注重细节的小李

小李从某职业技术学院营销专业毕业两年多了，目前在一家中型私营企业从事销售工作。工作中，小李很勤奋很努力，业务做得也还算顺利，但是他有个缺点就是不注重细节，和客户打交道时常出小差错，为此不知道被部门领导说过多少次。这次小李陪同自己的部门经理去拜见甲方负责人，由于先前小李和甲方负责人有过几次接触，所以双方一见面，小李就指着甲方负责人对自己的经理说：“张经理，他就是徐总经理……”说者无心听者有意，徐总经理的眉头微微皱了一下，接下来和张经理谈话不是很热情，交流很快就结束了。小李感到很迷茫，心想徐总经理平时感觉挺好的，今天怎么会这样。返回的路上张经理指出了小李的问题所在。

【点评】 其实徐总经理态度冷淡也就是因为小李不注意细节，在做介绍时没有遵循礼仪原则，让对方感觉没有受到尊重，所以结果可想而知。

【课堂训练】

以小组为单位，分别分角色进行自我介绍和他人介绍礼仪的模拟训练。

4. 握手的礼仪

当今，握手已成为世界上最为普遍的一种礼节，其应用的范围远远超过了鞠躬、拥抱、接吻等。在日常交际中，我们必须注意握手的基本礼节。

【小贴士】

握手的由来

史前时期，人类的祖先以打猎为生，世界对他们来说是充满着危险的。因此，当陌生人相遇时，如果双方都怀着善意，便伸出一只手来，手心向前，向对方表示自己手中没有石头或武器，走近之后，两人互相摸摸右手，以示友好。这样沿袭下来，便成为今天人们表示友好的握手。

关于握手礼来源的另一种说法是：中世纪时，骑士们都穿着盔甲，全身披挂后，除两只眼睛外，其余都包裹在盔铁甲里，随时准备冲向敌人。如果表示友好，互相走近时就应脱去右手的甲胄，伸出右手，表示没有武器，互相握手，这是和平的象征。

（1）握手的次序

根据礼仪规范，握手时双方伸手的先后次序，一般应当遵守“尊者先伸手”的原则。由尊者首先伸出手来，位卑者只能在此后予以响应，而绝不可贸然抢先伸手，不然就是违反礼仪的举动。其基本规则如下。

① 男女之间握手。男女之间握手，男士要等女士先伸出手后才握手。如果女士不伸手或无握手之意，男士向对方点头致意或微微鞠躬致意。男女初次见面，女方可以不和男士握手，只是点头致意即可。男女握手时，男士要脱帽和脱右手手套，如果匆匆忙忙来不及脱，要道歉。女士除非对长辈，一般可不必脱手套。

② 宾客之间握手。宾客之间握手，主人有向客人先伸出手的义务。在宴会、宾馆或机场接待宾客，当客人抵达时，不论对方是男士还是女士，女主人都应该主动先伸出手。男士因是主人，尽管对方是女宾，也可先伸出手，以表示对客人的热情欢迎。而在客人告辞时，则应由客人首先伸出手来与主人相握，在此表示的是“再见”之意。

③ 长幼之间握手。长幼之间握手，年幼的一般要等年长的先伸手。和长辈及年长的人握手，不论男女，都要起立趋前握手，并要脱下手套，以示尊敬。

④ 上下级之间握手。上下级之间握手，下级要等上级先伸出手。但涉及主宾关系时，可不考虑上下级关系，做主人的应先伸手。

⑤ 一个人与多人握手。若是一个人需要与多人握手，则握手时亦应讲究先后次序，由尊而卑，即先年长者后年幼者，先长辈后晚辈，先老师后学生，先女士后男士，先已婚者后未婚者，先上级后下级，先职位、身份高者后职位、身份低者。

值得注意的是，在公务场合，握手时伸手的先后次序主要取决于职位、身份。而在社交、休闲场合，它则主要取决于年龄、性别、婚否。

【小案例】

不懂握手规矩的小李

小李大学毕业后被恒达商业集团公司录用，并被安排在办公室工作。一次，单位接到一个通知，说某省考察团要来拜访，单位领导非常重视，让办公室认真接待。办公室主任把这次接待任务交给了小李，特意叮嘱他不能出现任何差错。经过多方请教和努力，小李很快拟订了一个极其详尽而且合理的接待方案，递交上去后，得到了办公室主任的认可和赞赏。

巧合的是小李与这次来访的考察团团长非常熟识，故被列为主要迎宾人员并陪同有关部门领导前往机场迎接贵宾。当考察团团长率领其他工作人员到达后，小李面带微笑，热情地走上前去，先于部门领导与考察团团长握手致意，然后转身向自己的领导介绍这位考察团团长，接着又热情地向考察团团长介绍了随自己同来的部门领导。小李自以为此次接待相当顺利，但他的某些举动却令其领导十分不满。

【问题】 小李的举动为什么会令其领导不满？小李的问题何在？

(2) 握手的方式

握手的标准方式，是行礼时行至距握手对象约1米处，双腿立正，上身略向前倾，伸出右手，四指并拢，拇指张开与对方相握。握手时应用力适度，上下稍许晃动三四次，随后松开手来，恢复原状。具体的应注意以下几点。

① 神态。与人握手时神态应专注、热情、友好、自然。在通常情况下，与人握手时，应面含微笑，目视对方双眼，并且口道问候。在握手时切勿显得自己三心二意，敷衍了事，漫不经心，傲慢冷淡。如果在此时迟迟不握他人早已伸出的手，或是一边握手，一边东张西望，目中无人，甚至忙于跟其他人打招呼，都是极不应该的。

② 力度。握手时用力应适度，不轻不重，恰到好处。如果手指轻轻一碰，刚刚触及就离开，或是懒懒地慢慢地相握，缺少应有的力度，会给人勉强应付、不得已而为之之感。一般来说，手握得紧是表示热情，男人之间可以握得较紧，甚至另一只手也加上，握住对方的手大幅度上下摆动，或者在手相握时，左手又握住对方胳膊肘、小臂甚至肩膀，以表示热烈。但是注意既不能握得太使劲，使人感到疼痛；也不能显得过于柔弱，不像个男子汉。对女性或陌生人，轻握是很不礼貌的，尤其是男性与女性握手应热情、大方、用力适度。

③ 时间。通常是握紧后打过招呼即松开。但如亲密朋友意外相遇，敬慕已久而初次见面，至爱亲朋依依惜别，衷心感谢难以表达等场合，握手时间就长一点，甚至紧握不放，话语不休。在公共场合，如列队迎接外宾，握手的时间一般较短。握手的时间应根据与对方的亲密程度而定。

(3) 握手的禁忌

在交际中，握手虽然司空见惯，看似寻常，但是由于它可被用来传递多种信息，因此在行握手礼时应努力做到合乎规范，并且注意以下几点。

① 不要用左手与他人握手，尤其是在与阿拉伯人、印度人打交道时要牢记此点，因为在他们看来左手是不洁的。

【小案例】

郑某吃哑巴亏

郑某是一个推销员，常驻西安。一次，一家建筑公司老板进门谈生意，握手时，郑某因只顾和熟人说话，竟用了左手。建筑公司老板嫌郑某没礼貌，起身就走，并撂下话说："八台搅拌机不从你们这儿买了。"郑某懊悔地说："那种搅拌机一台1万多元，不懂礼仪让我吃了个哑巴亏。”

【问题】 你如何理解“不懂礼仪让我吃了个哑巴亏”这句话？

② 不要在握手时争先恐后，而应当遵守秩序，依次而行。特别要记住，与基督教信徒交往时，要避免两人握手时与另外两人相握的手形成交叉状，这类似十字架，在基督教信徒眼中是很不吉利的。

③ 不要戴着手套握手，在社交场合女士的晚礼服手套除外。

④ 不要在握手时戴着墨镜，只有患有眼疾或眼部有缺陷者才能例外。

⑤ 不要在握手时将另外一只手插在衣袋里。

⑥ 不要在握手时另外一只手依旧拿着香烟、报纸、公文包、行李等东西而不肯放下。

⑦ 不要在握手时面无表情，不置一词，好似根本无视对方的存在，而纯粹是为了应付。

⑧ 不要在握手时长篇大论，点头哈腰，滥用热情，显得过分客套，让对方不自在、不舒服。

⑨ 不要在握手时把对方的手拉过来、推过去，或者上下左右抖个没完。

⑩ 不要在与人握手之后，立即揩拭自己的手掌，好像与对方握一下手就会使自己受到感染似的。

【小贴士】

握手方式与性格

① 控制式。即用掌心向下或向左下的姿势握住对方的手。这种人想表达自己的优势、主动、傲慢或支配地位。一般具有说话干净利落、办事果断、高度自信的特点。凡事一经自己决定，就很难改变观点，作风不大民主。

② 谦恭式。即用掌心向上或向左上的手势与对方握手。这种人往往性格软弱，处于被动、劣势地位，处世比较谦和、平易近人，不固执，对对方比较尊重、敬仰，甚至有几分畏惧。

③ 对等式。即握手时两人伸出的手心都不约而同地向着左方握在一起。这种人比较友好，也可能是很遵守游戏规则的平等的竞争对手。

④ 双握式。即在右手相握的同时，再用左手加握对方的手背、前臂、上臂或肩部。加握部位越高，其热情友好的程度也显得越高。这种人热情真挚、诚实可靠、信赖别人。

⑤ 捏手指式。即只捏住对方的几个手指或手指尖部。女性与男性握手时，为了表示自己的矜持与稳重，常采取这种方式。如果是同性别的人之间这样握手，就显得有几分冷淡和生疏。若换成显贵人物，则其意在显示自己的“尊贵”。

⑥ 拉臂式。即将对方的手拉到自己的身边相握。这种人往往过分谦恭，在他人面前唯唯诺诺、轻视自我、缺乏主见与敢作敢为的精神。

⑦ 死鱼式。即握手时伸出一只无任何力度、质感，不显示任何积极信息的手。这种人的性格不是生性懦弱，就是对人冷漠无情，待人接物消极傲慢。

(4) 握手的技巧

① 主动与每个人握手。在商务场合，如谈判开始之前，双方都要互相介绍认识一下。这时候，你最好表现得积极一些、主动一些，表示你很高兴与他们认识。你可以主动地与他

们每一个人握手表示你对对方的尊重，只有在你尊重别人时，才会受到别人的尊重。

② 有话想让对方出来讲，握手时不要松开。有时你找对方谈一些事，不巧的是里边还有其他人在，你想与对方单独谈，耐心等了很久仍没有机会，那你只好想办法让对方出来说了。但你不能明白告诉对方"我有点事，咱们到外边说"，这显然是不礼貌的，你得想办法让对方起身相送。在你起身告辞时，对方站起来，你就边与对方交谈，边向外走。如果对方无意起身，你就走近他，很礼貌地与他握手，出于礼貌对方会站起身走出自己的座位，然后你边说边往外走，千万不能断了话。因为当你还有话要说时，对方是很不好意思不送你的。说话时，眼睛也要看着对方，不要只顾走。走到门口对方要与你告辞，你主动伸手与他握手，握手之后不要马上松开，要多握一会儿，并告诉对方："你看我还有件事……"你说得缓慢些，对方也就意识到了，就会主动走出来。

③ 握手时赞扬对方。握手时的寒暄话是非常重要的。在你与对方握手的时候，可以对对方表示一下关心和问候，或赞扬对方两句。握手时双方的距离很近，对方的衣着服饰可以尽收眼底，如果你用心观察，肯定会有某一方面值得你赞扬。而每个人又都有自己特别注重修饰的地方，有人特别爱惜自己的发式，每天修理头发，使自己神采奕奕；有人特别注意领带，不惜高价买一条，或用一枚精制的领带夹子点缀一下，使自己容光焕发；有的穿了一件新西装，质地优良、做工讲究；有的穿一件衬衣，色彩和谐明快，使人显得年轻漂亮。见面握手时不能对这些熟视无睹，要加以赞美。双方会因此而显得亲近，你则显得格外大方、热情、细心，因而会给人留下一个好印象。

【课堂训练】

两人一组训练标准的握手姿势，并要能说出握手的禁忌。

(5) 常见的其他见面礼节

在国内外交往中，除握手之外，以下见面礼也颇为常见。

① 点头礼。点头礼适用于路遇熟人，或在会场、剧院、歌厅、舞厅等不宜与人交谈之处，或在同一场合碰上自己多次见面者，或遇上多人又无法一一问候之时。行礼的做法是：头部向下轻轻一点，同时面带笑容，不宜反复点头不止，也不必点头的幅度过大。

② 举手礼。行举手礼的场合与行点头礼的场合大致相似，它最适合向距离较远的熟人打招呼。其做法是右臂向前方伸直，右手掌心向着对方，其他四指并齐、拇指分开，轻轻向左右摆动一两下。不要将手上下摆动，也不要在手摆动时用手背朝向对方。

③ 脱帽礼。戴着帽子的人，在进入他人居所、路遇熟人、与人交谈并握手或行其他见面礼时、进入娱乐场所、升挂国旗、演奏国歌等一些情况下，应自觉主动地摘下自己的帽子，并置于适当之处，这就是所谓脱帽礼。女士在社交场合可以不脱帽子。

④ 注目礼。具体做法是：起身立正，抬头挺胸，双手自然下垂或贴放于身体两侧，笑容庄重严肃，双目正视被行礼对象，或随之缓缓移动。一般在升国旗、游行检阅、剪彩揭幕、开业挂牌等情况下，使用注目礼。

⑤ 拱手礼。拱手礼是我国民间传统的会面礼，今天也常使用，如在过年时举行团拜活动、向长辈祝寿、向友人恭喜(结婚、生子、晋升、乔迁)、向亲朋好友表示无比感谢，以及与海外华人初次见面时表示久仰大名等。行礼时应起身站立，上身挺直，两臂前伸，双手在胸前

高举抱拳，自上而下或者自内向外，有节奏地晃动两三下。

⑥ 鞠躬礼。在日本、韩国、朝鲜等国，鞠躬礼十分普遍。目前在我国主要适用于向他人表示感谢、领奖或讲演之后、演员谢幕、举行婚礼或参加追悼活动。行礼时应脱帽立正，双目凝视受礼者，然后上身弯腰前倾。男士双手应贴放于身体两侧裤线处，女士的双手则应下垂搭放于腹前。下弯的幅度越大，所表示的敬重程度就越大。

⑦ 合十礼。在东南亚、南亚信奉佛教的地区以及我国傣族聚居区，合十礼最为普遍。行合十礼时双掌十指在胸前相对合，五个手指并拢向上，掌尖和鼻尖基本持平，手掌向外侧倾斜，双腿立直站立，上身微欠低头，可以口颂祝词或问候对方，也可面带微笑，但不准手舞足蹈，反复点头。一般而论，行此礼时，合十的双手举得越高，越体现出对对方的尊重，但原则上不可高于额头。

⑧ 拥抱礼。在西方，特别是在欧美国家，拥抱礼是十分常见的见面礼与道别礼。在人们表示慰问、祝贺、欣喜时，拥抱礼也十分常用。正规的拥抱礼，讲究两人正面面对站立，各自举起右臂，将右手搭在对方左肩后面；左臂下垂，左手扶住对方右腰后侧。首先各向对方左侧拥抱，然后各向对方右侧拥抱，最后再一次各向对方左侧拥抱，一共拥抱 3 次。在普通场合行礼，不必如此讲究，次数也不必要求如此严格。

⑨ 亲吻礼。亲吻礼也是西方国家常用的见面礼，有时它会与拥抱礼同时使用。行礼时通常忌讳发出亲吻的声音，而且不应将唾液弄到对方脸上。在行礼时，双方关系不同，亲吻的部位也有所不同。长辈吻晚辈，应当吻额头；晚辈吻长辈，应当吻下颌或吻面颊；同辈之间，同性应当贴面颊，异性应当吻面颊。接吻即吻嘴唇，仅限于夫妻与恋人之间，而不宜滥用，不宜当众进行。

⑩ 吻手礼。吻手礼主要流行于欧美国家。它的做法是：男士行至已婚妇女面前，首先垂手立正致意，然后以右手或双手捧起女士的右手，俯首以自己微闭的嘴唇，去象征性地轻吻一下其手背或是手指。行吻手礼的地点，应在室内为佳。吻手礼的受礼者，只能是妇女，而且应是已婚妇女。行吻手礼时，如果咂咂作响或把唾液留在女士的手背上，是十分无礼的，应该双唇轻触对方的手，不出声响。

5. 名片的礼仪

名片是现代社会中必不可少的社交工具。两人初次见面，先互通姓名，再奉上名片，单位、姓名、职务、电话等历历在目，既回答了一些对方心中想问而有时又不便贸然出口的问题，又使相互之间的距离一下子接近了许多。在交往中，熟悉和掌握名片的有关礼仪是十分重要的。

有趣的是，作为礼仪之邦，中国古代就有这种功能类似的“名片”。清代学者赵翼在《陔馀丛考》卷三十“名帖”中说：“古人通名，本用削木书字，汉时谓之谒，汉末谓之刺。汉以后虽则用纸，而仍相沿曰刺。”按照他的说法，汉代的名片是木质，上面墨书文字，名称叫作“谒”，汉末改为“刺”。汉以后随着造纸术的发明和推广，名片虽改为纸制，但仍沿用了“刺”这一名称。

名片在中国古代一直被使用，时至明清，使用更为广泛。每临春节，商人们都要制作大量的红纸名片，上书商号。除夕之夜，派人广为散发，不管认识与否，有无来往，见门就塞，以示恭贺新春，这里面当然有“多多光临”的意思。收到名片的人家就把它贴到墙上，以烘托喜庆的气氛。就因为如此，才有了于右任遇难得救的故事。

【小故事】

于右任遇难得救

1905年，于右任写了一本《半哭半笑楼诗草》的书，抨击时政。陕甘总督认为“逆竖昌言大逆不道”而密奏清政府，慈禧阅后批复就地处决。此时于右任在开封，他的同学李合甫的父亲李丙田探知消息后，雇人日夜兼程送信。于右任获信后，当即转移，临行时，他随手揭下了旅馆墙上的20多张名片，沿途每遇人盘查，便拿出一张，以名片中的姓名应付，蒙过重重关卡，结果名片用完了，他也逃出了虎口。①

现代交往中，名片已不仅仅用于拜访，在交往中，人们用它做自我介绍，介绍友人相识或托人取物，也可以作为简单的礼节性通信往来，表示祝贺、感谢、劝慰、吊唁等。随着社会文明的发展，小小的名片在人们之间的信息传递中，扮演了一个不可缺少的角色。正如一位名人所说：“在现代生活中，一个没有个人名片，或是不会正确地使用个人名片的人，就是一个缺乏现代意识的人。”

(1) 名片的内容

名片的具体内容见表6-2。名片范例如图6-1所示。

表6-2　名片设计的具体内容

序号	项目	内　　容
1	规格	首选规格：9厘米×5.5厘米、10厘米×6厘米(多为境外人士使用)、8厘米×4.5厘米(为女士专用)
2	材质	通常应以耐折、耐磨、美观、大方、便宜的纸张作为首选材料，如白卡纸、再生纸等
3	色彩	宜选用单一色彩的纸张，并且以米白、米黄、浅蓝、浅灰等庄重、朴素的色彩为佳
4	图案	一般而言，名片上除了文字符号外，不宜添加任何没有实际效用的图案。如果本单位有象征性的标志图案，则可将其印于本人归属一项的最前面，但不可过大或过于突兀
5	文字	在正常情况下应采用标准的汉字简化字，如无特殊原因，不得使用繁体字。在少数民族聚居区、外资企业以及境外使用的名片，可酌情使用少数民族文字或外文
6	字体	以汉字印制名片时，一般采用楷体或仿宋体，尽量不要采用行书、草书、篆书等不易辨认的字体；以外文(主要采用英文)印制名片时，一般采用黑体字，在涉外交往中使用的名片也可采用罗马体，但很少用草体
7	板式	横式：行序自上而下，字序由左而右。竖式：行序由右而左，字序自上而下
8	内容	名片上一般印有姓名、工作单位、身份、社会兼职、通信地址、邮政编码、电话号码、传真、E-mail、网址等。名片的背面，一般都印上相应的英文，作为对外交往时使用。但也有些名片在背面印上企业或公司的简介、经营范围、产品及服务范围，以起到宣传和方便客户了解的作用。很多企业有标准的员工名片格式，有的要加印公司的标识，甚至企业经营理念，并且规定名片统一规格、格式等，以给客户一种统一的视觉形象

① 杨友苏，石达平. 品礼：中外礼仪故事选评[M]. 上海：学林出版社，2008.

五湖四海国际贸易公司		企业标识
	甄文明 总经理	
地址：……	邮编：……	
电话：……	传真：……	
手机：……	E-mail：……	
网址：……		

图 6-1　名片范例

【小贴士】

有趣的名人名片

“棋圣”聂卫平的名片：上部是漫画肖像，中部用钢笔签字，下部是围棋局部。图文并茂，看名片如见其人。

舞蹈家杨丽萍的名片：印着“孔雀头”手型剪影的特有标志，让人一看就想到她那优美独特的孔雀舞姿。

画家刘旦宅的名片：名字自己手写，独特、潇洒，名下嵌有一方红红的印章，很有中国传统文化的风韵。

剧作家沙叶新的名片：左下方是自己的漫画肖像——一副略微变形的眼镜，写着“我，沙叶新，上海人民艺术剧院院长——暂时的；剧作家——永久的。某某委员、某某理事、某某教授、某某顾问都是挂名的”。透出名片主的幽默个性和艺术追求，也反映出一种淡然的学者心态。

(2) 名片的用途

对现代人来讲，名片是一种物有所值的实用型交际工具，其用途是多方面的。

① 介绍自身。名片最主要的用途是介绍自身。会客交友，取出一张名片，自我的基本情况跃然纸上，让他人一目了然。它在介绍中的好处是简明扼要，介绍方便。在当着一两个人口头自我介绍时，总是很简短，几乎就是姓名、单位。有时候职务都不便开口说出，因为介绍自己的一官半职总有自我炫耀之嫌，当身兼数职时更不好一一启齿，但有了名片，一切都写得清清楚楚，不用为难和啰唆，他人就能较多地了解你。

② 维持联系。名片犹如“袖珍通信录”，利用它所提供的资料，即可与名片的提供者保持联系。正因为有了名片上所提供的各种联络方式，人们的“常来常往”才变得更加现实和方便。

③ 显示个性。通过名片展示个性，获得他人对自我多方面和多层次的了解。可以在名片上印上代表自己个性的爱好和特点，如“酷爱足球，性喜笔耕，嗜辣如命，钟情绿色，崇尚真诚”，这样的名片很快就让别人读懂了自己，也赢得了友善。也有的人在名片上印上自己的座右铭或喜爱的格言及与对方相识的真诚的话语等，如“一握你的手，永远是朋友”“不握你的手，照样是朋友”这样的名片很容易给对方留下好感，加深交往。

④ 拜会他人。初次前往他人居所或工作单位进行拜会时，可将本人名片交由对方门卫、秘书或家人，转交给被拜访者，以便对方确认“来者何人”，并决定见与不见。这种做法比较正规，可以避免冒昧造访。

此外，名片在交往中有多种用途，如馈赠附名、代替请柬、喜庆告友、祝贺升迁等。

（3）名片的交换

要使名片在交际中正常地发挥作用，还需在交换名片时做得得法。遇到以下几种情况时需与对方交换名片：一是希望认识对方时；二是被介绍给对方时；三是对方提议交换名片时；四是对方向自己索要名片时；五是初次登门拜访对方时；六是通知对方自己的变更情况时；七是打算获得对方的名片时。

① 递交名片。名片的持有者在递交名片时动作要洒脱、大方，态度要从容、自然，表情要亲切、谦恭。应当事先将名片放在身上易于掏出的位置，取出名片便先郑重地握在手里，然后再在适当的时机得体地交给对方。

递交名片的姿势是：要双手递过去，以示尊重对方。将名片放置手掌中，用拇指夹住名片，其余四指托住名片反面，名片的文字要正向对方，以便对方观看，若对方是外宾，则最好将名片上印有对方认得的文字的那一面面对对方，同时讲些“请多联系”“请多关照”“我们认识一下吧”“有事可以找我”之类友好客气的话。

递交名片的时间，应当根据具体情况而定。如果名片持有者与人事先有约，一般可在告辞时再递上名片。如果双方只是偶然相遇，则可在相互问候，得知对方有与你交往的意向时，再递交名片。

与多人交换名片时，要注意讲究先后次序，或由近而远，或由尊而卑。一定要依次进行，切勿采取“跳跃式”，当然也没有必要散发传单似的，站在人流拥挤处随意滥发名片。

② 接受名片。接受他人名片时，应恭恭敬敬，双手捧接，并道感谢。接受名片者应当首先认真地看看名片上所显示的内容，必要时可以从上到下、从正面到反面重复看一遍，或者可把名片上的姓名、职务（较重要或较高的职务）读出声来，例如：“您就是张总啊！”以表示对赠送名片者的尊重，同时也加深了对名片的印象。然后把名片细心地放进名片夹或笔记本、工作证里夹好。

在别人给了名片后，如有不认识或读不准的字要虚心请教。请教他人的姓名，丝毫不会降低你的身份，反而会使人觉得你是一个对待事情很认真的人，增加对你的信任。

接受名片时应避免：马马虎虎地用眼睛瞄一下，然后顺手不经意地塞进衣袋；随意往裤子口袋一塞、往桌上一扔；名片上压东西、滴到了菜汤油渍；离开时把名片忘在桌子上。名片是一个人人格的象征，这些行为是对其人格的不尊重，这样都会使人感到不快。

当然在收到了别人的名片后，也要记住给别人自己的名片，因为只收别人的名片，而不拿出自己的名片，是无礼拒绝的意思。

③ 索取名片。如果没有必要最好不要强索他人名片。若索取他人名片，则不宜直言相告，而应委婉表达此层意思：可向对方提议交换名片、主动递上本人的名片；询问对方“今后如何向您求教？”（向尊长者索要名片时多用此法），询问对方“以后怎么与您联系？”（向平辈或晚辈索要名片时多用此法）。

反过来，当他人向自己索取名片时，自己不想给对方时，不宜直截了当，也应以委婉方式表达此意。可以说，“对不起，我忘带名片了”，或“抱歉，我的名片用完了”。

【小案例】

细节体现教养

两位商界的老总，经中间人介绍，相聚谈一笔生意。这是一笔双赢的生意，如果合作得好，双方都能获得很高的利润。看到美好的合作前景，双方的积极性都很高。A老总首先拿出友好的姿态，恭恭敬敬地递上了自己的名片；B老总单手把名片接过来，一眼没看就放在了茶几上。接着他拿起了茶杯喝了几口水，随手又把茶杯压在名片上。A老总看在了眼里，随口说了几句话，便起身告辞。

事后，他郑重地告诉中间人，这笔生意他不做了。当中间人将这个消息告诉B老总时，他简直不敢相信自己的耳朵，一拍桌子说：“不可能！哪儿有见钱不赚的人？”打通A总的电话，一定要他讲出个所以然来。A总道出了实情：“接我名片的动作中，我看到了我们之间的差距，并且预见到了未来的合作还会有许多不愉快，因此，还是早放弃的好。”闻听此言，B总放下电话，痛惜失掉的生意，为自己的失礼感到羞愧。

递送名片时要注意礼节，接受名片的一方同样要遵守应有的礼仪规范，勿以善小而不为，勿以恶小而为之，细节体现教养，细节决定成败。

(4) 名片的存放

① 名片的放置。在参加交际活动之前，要提前准备好名片，并进行必要的检查。随身所带的名片最好放在专用的名片夹里，也可放在上衣口袋里。不要把名片放在裤袋、裙兜、提包、钱包等里面，那样既不正式，又显得杂乱无章。在自己的公文包以及办公桌抽屉里，也应经常备有名片，以便随时使用。在交际场合，如感到要用名片，则应将其预备好，不要在使用时再去盲目乱找。

参加交际活动后，应立即对所收到的他人名片加以整理收藏，以便今后利用方便。不要将它随意夹在书刊、材料内，压在玻璃板底下，或是扔在抽屉里面。存放名片的方法大体有四种，他们还可以交叉使用。(a)按姓名的外文字母或汉语拼音字母顺序分类；(b)按姓名的汉字笔画分类；(c)按专业或部门分类；(d)按国别或地区分类。若收藏的名片甚多，还可以编一个索引，那么用起来就更方便了。

② 名片的利用。随着交际的不断深入，还可在收藏的他人名片上随手记下可供本人参考的资料，使其充当社交的记事簿。在收藏的他人名片上可记的有利于交际的资料有以下内容。

收到名片时的具体情况。包括收到名片的地点、时间，以及是否与对方亲自交换等。在国外有一种做法，即把名片的右上角向下折，然后再使其恢复原状，它表示该名片是对方亲自与自己交换的。

交换名片者个人的资料。例如，性别、年龄、籍贯、学历、专长、嗜好等。这既可备忘，也可补充作资料。

交换名片者在交换名片后变化的情况，例如，单位、部门的变化，职业的变动调任，职务、学衔的升降，联络方式的改变等。

【小案例】

修改名片带来的麻烦

小王刚刚升任为公司的销售经理，为了回报领导对他的器重，准备在即将到来的外贸谈判中好好表现一下，这可是小王第一次作为谈判代表与外商接触。为了这次意义重大的交易磋商，他在各方面都做了充分的准备：住宿、就餐、娱乐等。外商来到后对主人的热情感到十分满意，也透露了想与我方做这笔生意的诚意。激动的谈判时刻终于到来了，谈判之前，在小王与外商代表见面后，互递名片。小王把自己的名片递给外商后，突然想起他最近新换了手机号码，而名片上印的是原来的号码，于是他很有礼貌地把已经递出的名片要了回来，掏出笔，划掉名片上已经打印好的旧号码，写上了自己的新号码。没想到外商在看过小王第二次递上来的名片之后，马上拒绝了与小王谈判的要求，看着外商离去的身影，小王一行人当即傻了眼……

【课堂训练】

每人为自己设计一张名片，然后两人一组训练名片的交换，并要能说出名片的用途。

6. 馈赠礼仪

中华民族素来重交情，古代就有“礼尚往来”之说。人们在交往过程中有时会通过赠送礼物，来表达对交往对象的尊重、敬意、友谊、纪念、祝贺、感谢、慰问、哀悼等情感与意愿。成功的馈赠行为，不仅能够恰到好处地向受赠者表达自己的友好、敬重或其他某种特殊的情感，还能让对方产生快感，并留下深刻的印象。但若是不会选择合适的礼品，不懂馈赠的礼仪，就会造成耗费了一定精力和物力送出的礼物，不仅没给贵宾带来快乐，反而引起贵宾的不满。

(1) 馈赠礼物的标准

① 情感性。馈赠礼品要重视其情感意义。礼品作为友好的象征物，其意义并不在礼品本身，而在于通过礼品所传达的友好情义，这是馈赠礼品的基本思想，所谓“千里送鹅毛，礼轻情义重”。能够融入和体现送礼人情感的礼品，就是最好的礼品。无视情意而只看重礼品价值的行为、以权谋“礼”和行贿受贿的馈赠行为，都是在馈赠时要避免的。

【小贴士】

折柳相送

古人“折柳相送”的故事常为人津津乐道，因为柳的寓意有三点：一为表示挽“留”；二为柳枝在风中飘动的样子如人惜别的心绪；三为祝愿友人如柳能随遇而安。仅就礼物本身的物质价值而言，柳的确是很轻的，然而它所寄寓的情意则是浓重的。

【小故事】

麦琪的礼物

美国作家欧·亨利在其著名的小说《麦琪的礼物》里讲了这样一个故事：妻子十分想在圣诞节来临时送给丈夫一份礼物，她盼望能买得起一条表链，以匹配丈夫祖上留下的一只表。因为没有钱，于是她把自己秀丽的长发剪下来卖了。圣诞之夜，妻子对丈夫献上了自己的礼物——一条精美的表链。丈夫也在惊愕之中拿出了他献给妻子的礼物，竟是一枚精致的发卡。原来，丈夫为给妻子买礼物把自己的表卖了。这时，他们紧紧地拥抱在一起，彼此的爱成为这圣诞之夜唯一的却是最珍贵的礼物。这对夫妻献给对方的礼物，在此时似乎已毫无效用，然而并非如此，它们不仅升华了他们之间的爱，使他们得到了最大的精神满足；而且更激发了他们战胜生活困难、追求幸福生活的决心和意志。有这样的情和爱，世上还有不可克服的困难和不可逾越的生活难关吗？

② 独特性。送人礼品，与做其他许多事情一样，是最忌讳“老生常谈”“千人一面”的。选择礼品，应当精心构思，匠心独运，富于创意，力求使之新、奇、特。这就是礼品的独特性。赠送具有独特性的礼品给人，往往可以令其耳目一新，既兴奋又感动，因为这等于是“特别的爱献给特别的你”。真是这样的话，赠送者在对方心目中往往也会因此“升值”。

【小案例】

北京大学赠送给连战的礼物

2005年4月29日，连战访问北京大学时，获得了一份特殊的礼物——其母亲赵兰坤女士76年前毕业于燕京大学时的学籍档案和相片，其中包括在宗教系就读的档案、高中推荐信、入学登记表、成绩单等。在这份特殊的礼物面前，一贯严谨的连战先生也难掩内心的激动，他细细地端详礼物，眼里泛着晶莹的泪光，但脸上露出了幸福的笑容。

【小幽默】

我的礼物就叫作“一统江山”

电视剧《宰相刘罗锅》里有这样一个情节：乾隆皇帝要过生日，大臣们都在为送什么礼物而头痛。乾隆皇帝富有四海，还有什么东西没见过呢？就在众大臣苦思冥想的时候，刘罗锅却早已心中有数。等乾隆寿辰到来的那天，众臣子都送上了各地的宝物，乾隆皇帝虽然欣然接受，却并没有露出喜色。轮到刘罗锅了，只见他提着一个铁桶，里面装满了鲜姜，走上殿来。皇帝不认识鲜姜，大臣们也不知道刘罗锅葫芦里卖的什么药。刘罗锅说道：“我的礼物叫作‘一统江山’，铁桶里装的是鲜姜故叫作‘一桶姜山’。”乾隆听了，不禁龙颜大悦。

③ 适俗性。挑选礼品时，特别要在为交往不深或外地区人士和外国人挑选礼品时，注意了解礼品赠送对象的个人忌讳，有意识地使赠品与对方所在地的风俗习惯一致。例如，一位著名教授（男士）到穆斯林民族聚集地讲学，当地少数民族的朋友热情好客，在送别时送给汉族教授一顶绿帽子，绿色是穆斯林民族最喜欢的颜色。这显然是不合适的，作为汉族教授，对“绿帽子”是有所禁忌的。同理在我国大部分地区，老年人忌讳发音为“终”的钟，恋人们反感发音为“散”的伞不宜送人。阿拉伯地区严禁饮酒，在当地酒不宜作为礼品送人。在西方药品不宜送人。不能送给基督教徒一尊佛像，即使那是古玩也是不妥的。因此在涉外交往中，要根据不同国家、地区的习惯与个人的爱好做些必要的选择，赠礼问俗是我们不能忽视的，这也是一个重要标准。

【小故事】

尼克松的国礼

1972年，尼克松总统准备访华，急于寻求能代表国家的礼物。美国保业姆公司闻讯后，趁此良机，向尼克松总统献上公司生产的一尊精致的天鹅群瓷器珍品，因为瓷器的英文China，也具有“中国”的意思。尼克松一见，大喜过望，于是把这尊具有双重意义而且具有很高艺术价值的瓷器珍品带到了中国。

④ 针对性。所谓“宝剑赠侠士，红粉赠佳人”，送礼一定要看对象，有针对性。不论是国际交流，还是国内交往，是正式活动还是私人应酬，交往对象因国家、民族不同，年龄、性别、职业、兴趣各异。选择时，务必要根据不同的对象选择不同的礼品，满足不同的需要。礼品不在价值高，而在受礼人喜爱。人有不同的品性和喜好，送礼要让受礼人喜爱、乐于接受，就要针对不同人的品性和喜好。在选择礼品时，要尽可能了解受礼人的性格、爱好、修养与品位，尽量把礼品送到受礼人心坎儿上。送礼主要不是考虑金钱，而是尽量让礼品起到增进友好关系的作用。针对性的另一方面是礼品要因事而异，即在不同情况下，向受礼人赠送不同的礼品。比如，出席家宴时，宜向女主人赠送鲜花、土特产和工艺品，或是向主人的孩子赠送糖果、玩具；探视病人，向对方赠送鲜花、水果为好；对旅游者，可赠送有中国文化或民族地方特色的物品等。

【小案例】

馈赠技巧

在日本，有一个流传很广且很受用的商务礼仪故事。有一个部门主管在餐厅里与客户谈项目的时候，邻桌专门安插了一个公司的职员，这位职员不是来吃饭的，而是来记录上司与客户谈话的，但这里是用心记而不是用笔记录。当上司旁敲侧击地令对方将自己的喜好以及家人的喜好和盘托出时，这位职员立马行动，出去张罗礼物。当双方的会谈愉快结束之时，这位职员又不失时机地出现，拎着送给客户一家大小的礼物。客户当然是喜笑颜开了，不仅自己有礼物，家人也有，且都是大家喜欢的东西。结果自然不言而喻，他们的合作很成功。可见商务活动中，因人而异馈赠的重要性。

【点评】 馈赠礼品看起来事小，其实如果馈赠得体，针对性强，会收到意想不到的效果。既能表达对客人的尊重之心，又能传递主人对客人的真心诚意，且有助于商务活动的顺利开展。

⑤ 实用性。将日常生活用品作为礼物赠送给对方，不失为一个好选择。因为日常生活用品和人们的生活息息相关，人们每天都在和它打交道，或是做饭，或是品酒，或是饮茶，或是办公。所以，用日常生活用品作为礼物，往往会让客户觉得实用，也能增添亲切感。常见的礼品有炊具、餐具、茶具和酒具等，如将咖啡壶、咖啡杯送给有喝咖啡习惯的人就很受欢迎。此外，还有名片盒(刻上客户的名字更显示出独特性)、金笔、特别的笔筒、桌式玩具、相框、杂志架、各种摆饰、有激励意义的玩偶等大众化的礼品，更能提醒交际对象想起你对其的关爱。

【小案例】

一麻袋栗子

礼仪专家金正昆曾经历过这样一件事情：有一次，他到南方一个地方去。吃饭时有道菜叫栗子鸡，他就顺嘴说"这栗子很甜，好吃"。没想到第二天主人到机场送行时，送了他礼物，什么呢？一麻袋栗子，他能不要吗？但是，怎么带走呢？主人却没有想到。金正昆遗憾地说："说实话，托运花了不少钱不说，在首都机场提货又累又不容易，让人有点尴尬和难堪。"

【点评】 馈赠礼物还要考虑便携性，礼品通常必须便于携带。案例中的主人送给客人金教授一麻袋栗子，固然体现出其热情好客，但是让人怎么携带呢，反而成了负担。

⑥ 民族性。礼品要体现民族性。有句话说："越是民族的东西，就越是世界的。"每个民族、国家都有自己独特的文化传统和特点。"物以稀为贵"，在送礼时这个"贵"是珍贵，不是价值贵。

【小案例】

"马踏飞燕"

2002年2月美国总统布什访华，时值中国农历马年，国家主席江泽民把一个与原物同样大小、青铜镀金的"马踏飞燕"仿制品作为礼物送给布什总统。马年送"马"是中国人表示吉利的做法；"马踏飞燕"是古代中国东汉时期的奇思妙想，有1800多年的历史了，它表达的是快捷的意思。通过这件礼品，表达了中国希望更快地发展中美关系的美好愿望。这件礼品体现了很强的民族性。

【小幽默】

生日礼物

约翰不知道该送什么礼物给他的同龄女友做生日礼物。于是，他问祖母道："祖母，要是明天是你的16岁生日，你想要什么？"

祖母欢快地回答："我什么别的东西都不要了。"

(2) 馈赠礼品的时机和场合

把握好适宜的礼品馈赠时机和场合，是达到馈赠效果的关键。

① 馈赠礼品的时机。馈赠礼品的时机包括以下方面。

(a) 节假日。通常在职场交际中，每逢我国传统节日或者法定节日等，都可以馈赠礼物给合作伙伴或者友人表示祝贺，比如春节、元旦、端午节等。现在就连过西方传统的节日，也可以赠送礼品给他人。

(b) 表示庆贺。在交际中，当遇到同事或朋友生日、升学、毕业、乔迁新居、新婚、受奖等时候，一般应备礼相赠，以示庆贺。商务上的交往中也有一些需馈赠礼品的日子，如开业典礼、周年纪念等，此时备礼相送表示祝贺与纪念，也可以增进社会交往关系。

(c) 探视病人。职场交际中，同事、领导或友人生病，可以到医院或病人家中探望，顺便带去病人喜欢的水果、食品和营养品等，表示问候与关心。

(d) 拜访、做客。当到同事或者友人家里拜访、做客时，可以备些礼物送给主人，特别是送给女主人或小孩。

(e) 答谢帮助。当在生活或工作中遇到困难而得到别人的帮助时，为了表示感谢，也可以送些礼品。

(f) 惜别送行。朋友分别，为表示自己的惜别之情，可适当赠送一些礼品留作纪念，以示友谊天长地久。

【小故事】

毛泽东祝寿

1943 年元宵节前夕，即正月十四下午，毛泽东在枣园散步，遇见了侯老汉和胡老汉，闲谈中得知两位老汉已年过六十，还是同年同月同日出生，巧的是第二天就是他们的生日。经了解，枣园村年过花甲的老人共有 24 位。说者无意，听者有心。毛泽东说："你们都是六十花甲了，年高有德，应该给你们贺寿。"当晚他就派人邀请 24 位老人，第二天一起过生日。

1943 年 2 月 19 日农历正月十五。这天下午，24 位花甲老人一起来到位于枣园的中央书记处会议室。毛泽东同老人们一起吸烟、喝茶、拉家常、吃饭、喝酒，为他们集体祝寿。毛泽东给老人们敬酒，祝老人们健康长寿，并送寿礼：每人一条蓝毛巾，一块肥皂。一辈子也没有做过寿的老人们接过毛泽东送的寿礼，笑得嘴都合不上了。这应当算是毛泽东送的最简朴、最实用的寿礼了。

② 馈赠礼品的场合。一般来说，礼品应当在一见面时就送给对方，如果此时不太方便，也可以在分手道别时再赠送。通常情况下，面对一群人时，只给其中某一个人赠送礼物是不合适的。因为会让这个客户有受贿或受愚弄之感，而其他人则会有受冷落、受轻视的感觉。

即使给关系密切的客户馈赠礼品，也不宜在公开场合进行，以免给人留下营销人员与客户关系密切完全是靠物质支撑的感觉。只有礼轻情意重的特殊礼品，表达特殊情感的礼品，才适宜在大庭广众面前赠送。如一份特别的纪念品等，因为这时公众已变成商务人员与客户双方真挚友谊的见证人。

在会见、会谈时向客户馈赠礼品，一般选择在起身告别之际；拜访、赴宴、道喜、道贺时向客户馈赠礼品，通常选择在双方见面之初相赠；出席宴会时向主人赠送礼品，可在起身辞行时进行，也可选择在餐后吃水果之时；为专门的接待人员、工作人员准备的礼品，一般在抵达当地后尽早赠送给对方；如果向外宾馈赠礼品，可以在客户向自己馈赠礼品后进行回赠，也可以在外宾临行的前一天，在前往其下榻之处进行探访时赠送。[①]

送礼的时间间隔也很有讲究，过频过繁或间隔过长都不合适。不要经常大包小包地给商务伙伴送礼，这样的频繁送礼，既会让对方觉得送礼者肯定有所图，而且也会觉得比较浪费，会让对方对送礼者好感下降，难有理想的效果。

---

① 未来之舟. 销售礼仪[M]. 北京：中国经济出版社，2009.

【小案例】

送错场合的茶具

高洪是李明的上司，两人私交甚好。一次，李明到外地出差时，发现了一套非常精致的茶具，他想起高洪对茶道有所研究，于是买下了这套茶具，准备送给高洪。出差回来后的第一天，李明兴高采烈地直奔高洪的办公室，当着好几个同事的面把那套茶具送给了高洪，并期待着高洪惊喜的神情。然而，李明发现，高洪的脸色不太自然，而且没有对那套茶具表现出特别的兴趣。起初，李明对此感到很迷惑，但稍经思考后，立刻明白了这次赠礼的不妥之处。

（3）馈赠礼品的礼仪

① 精心包装。送给他人礼品，尤其是在正式场合赠送于人的礼品，在相赠之前，一般都应当认真进行包装。可用专门的纸张包裹礼品或把礼品放入特制的盒子、瓶子里等。礼品包装就像穿了一件外衣，这样才能显得正式、高档，而且还会使受赠者感到自己备受重视。

② 表现大方。现场赠送礼品时，要神态大方自然，举止大方，表现适当。千万不要像做了“亏心事”，小里小气，手足无措。一般在与对方会面之后，将礼品赠送给对方，届时应起身站立，走近受赠者，双手将礼品递给对方。礼品通常应当递到对方手中，不宜放下后由对方自取。如礼品过大，可由他人帮助递交，但赠送者本人最好还是要参与其事，并援之以手。若同时向多人赠送礼品，最好先长辈后晚辈、先女士后男士、先上级后下级，按照次序，依次有条不紊地进行。

③ 认真说明。当面亲自赠送礼品时要辅以适当的、认真的说明。一是可以说明因何送礼，如若是生日礼物，可说“祝你生日快乐”；二是说明自己的态度，送礼时不要自我贬低，说什么“没有准备，临时才买来的”“没有什么好东西，凑合着用吧”，而应当实事求是地说明自己的态度，比如“这是我为你精心挑选的”“相信你一定会喜欢”等；三是说明礼品的寓意，在送礼时，介绍礼品的寓意，多讲几句吉祥话，是必不可少的；四是说明礼品的用途，对较为新颖的礼品可以说明礼品的用途、用法。

（4）接受馈赠的礼仪

① 受礼坦然。一般情况下，对于对方真心赠送的礼物不能拒收，因此没完没了地说“受之有愧”“我不能收下这样贵重的礼物”这类话是多余的，有时还会使人产生不愉快的感觉。即使礼物不称你心，也不能表露在脸上。接受礼物时要用双手，并说上几句感谢的话语。千万不要虚情假意，推推躲躲，反复推辞，硬逼对方留下自用；或是心口不一，嘴上说“不要，不要”，手却早早伸了过去。

② 当面拆封。如果条件许可，在接受他人相赠的礼品后，应当尽可能地当着对方的面，将礼品包装当场拆封。这种做法在国际社会是非常普遍的。在启封时，动作要井然有序，舒缓得当，不要乱扯、乱撕。拆封后还不要忘记用适当的动作和语言，显示自己对礼品的欣赏之意，如将他人所送鲜花捧在身前闻闻花香，然后再插入花瓶，并置放在醒目之处。

③ 拒礼有方。有时候，出于种种原因，不能接受他人相赠的礼品。在拒绝时，要讲究方式、方法，处处依礼而行，要给对方留有退路，使其有台阶可下，切忌令人难堪。可以使用

委婉的、不失礼貌的语言，向赠送者暗示自己难以接受对方的好意，如当对方向自己赠送一部手机时，可以告知："我已经有一部了。"可以直截了当向赠送者说明自己之所以难以接受礼品的原因。在公务交往中，拒绝礼品时此法最为适用，如拒绝他人所赠的大额贵重礼品时，可以说："依照有关规定，你送我的这件东西，必须登记上缴。"

(5) 赠花的礼仪

鲜花是美好、吉祥、友谊和幸福的象征。我国早在汉代就有"折柳送别话依依"的诗句，可见在当时已有交际赠花之习俗。当今社交中无论是欢迎、送别、婚寿庆祝，还是节庆、开业、慰问、吊唁及国际交往中，人们经常赠之以鲜花，言志明心。但由于各地风俗习惯不同，花的含义也不同，送花时必须注意得体，要做到以下几点。

① 了解"花卉语"。

当我们用花为媒来传递友谊时，要注意运用正确的"花卉语"，以免出现尴尬。以下是常见的花卉的寓意。

荷花——纯洁、淡泊和无邪；
月季——幸福、光荣；
红玫瑰——爱情；
白菊——真实；
百合——圣洁、幸福、百年好合；
野百合——幸福即将来临；
红蔷薇——求爱、爱情；
杜鹃——节制、盼望；
康乃馨——健康长寿；
红茶花——天生丽质；
山茶花——美好的品德；
勿忘草——永志不忘、真挚和贞操；
剑兰——步步高升；
松柏——坚强；
橄榄枝——和平；
梅花——刚毅、坚贞不屈；
文竹——祝贺长寿；
常春藤——结婚、白头偕老；
水仙——尊敬、自尊；
牡丹——拘谨、害羞；
牵牛花——爱情；
紫丁香——初恋；
野丁香——谦逊、美好；
黄郁金香——爱的绝望；
红郁金香——宣布爱恋；

蓝色郁金香——诚实；
樱花——心灵的美；
并蒂莲——夫妻恩爱；
万年青——长寿、友谊长存；
红豆——相思；
兰花——优雅；
仙人掌——热心；
竹子——正直、虚心；
美人蕉——坚实……

在不同的国家和地区，同一种花也许会有不同的寓意，如在一些国家，菊花和康乃馨被认为是厄运的象征。垂柳在美国表示“悲哀”，但在法国，柳则是“仁勇”的象征。实际上，同一种类型的花卉，因其不同的颜色，也有不同甚至截然相反的意思。如红色的郁金香是“爱的表示”，蓝色的郁金香象征“诚实”，而黄色的郁金香则象征“无望的恋爱”。因此要恰当地运用好“花卉语”。

② 不同场合的赠花。向恋人赠玫瑰花的花语是“我真心爱你”，蔷薇花象征“我向你求爱，小天使”，桂花表示“我挚意爱你”，这类花卉赠之恋人，可收到心有灵犀一点通之功。若将这类花卉赠之其他对象，则会交际不成，反而引火烧身。

婚礼赠花可以送一束美丽鲜艳的由红玫瑰、吉祥草、文竹灯花组成的花束。红玫瑰象征爱情美好；吉祥草祝朋友吉祥如意、生活美满；文竹绿叶葱葱，祝朋友爱情永葆青春。此外，并蒂莲表示“恩爱如初，幸福长存”；百合花象征“百年好合”。这些及红色郁金香等花都是婚礼的理想花卉。

慰问病人，送一束黄月季，表示“早日康复”；送一束芝兰，象征“正气清运，贵体早康”，或送一束松、柏、梅花，以鼓励他与病魔做斗争“坚贞不屈”“胜利属于你”。

庆贺生日赠花，年轻一点的可送其火红的石榴花、鲜红的月季花、美丽的象牙花，祝其前程如火样红烈，青春如红花鲜艳等。对年老者，赠之以万年青、寿星草、龟背竹等，以示祝福老人健康长寿，快乐幸福。

③ 赠花的注意事项。正式场合，如组织开张、纪念、庆典等，大多可送花篮；迎宾、欢送、演出中送给演员，大多送花环、花束；宴请、招待会等送胸花；参加追悼会时送花圈以示哀悼。

送花一般不能送单一的白色花，因为会被人认为不吉利；送玫瑰花时应送单数，不要送双数，但12除外，不要将红玫瑰送给未成年的小姑娘，不要将浓香型的鲜花送给病人。送一束花时最好用彩色透明纸将花包装好，再系一根与鲜花颜色相匹配的彩带，这样既便于携带，又能使花显得更漂亮。

【小案例】

送　花

小艳和小军在同一家公司工作，两人是好朋友。小艳邀请小军参加自己的婚礼，为了表达心意，小军考虑要送给小艳一份特别的礼物。思来想去，小军觉得送鲜花既时尚又浪漫，最合适，而且要送红玫瑰，以表示对新婚夫妇甜蜜爱情的祝福。这天，小军捧了一大束红玫瑰参加婚礼，可当他将花束送给小艳时，小艳面部表情发生了急剧的变化，迟疑地不肯去接鲜花。小艳的新婚丈夫则脸色难看，令小军十分难堪。这件事引起了小艳丈夫的误解，破坏了他们新婚甜蜜的气氛，小艳做了多番的解释，才消除了丈夫的误会。

【问题】 小军给好友送花的教训是什么？

【课堂训练】

以小组为单位，模拟练习不同情况下的馈赠礼仪的运用。

7. 接待的礼仪

(1) 接待前的准备

① 接待前的心理准备。首先，要待客诚恳。公关人员在接待客人时，要以自己最大的诚心、热情和耐心去面对一切问题。无论是预约的客人还是没有预约的，无论是通情达理的客人还是脾气暴躁的，都要让对方感到自己是受欢迎的、得到重视的。接待客人时要有一种“欢迎光临”“感谢惠顾”的心理。其次，要善于合作。当看到同事招待客人比较忙碌时，要主动帮助同事做一些力所能及的事情。另外，即使不是负责接待工作的部门员工，见到来客时也要态度诚恳，尽量帮忙，因为同是一家公司的员工，这样做能传递一种协作精神、一种真诚的友谊、一种企业的氛围，让客人感受到这是一个团结合作、奋发向上、有集体荣誉感的团队，有助于提升企业形象。

② 接待前的物质准备。首先，是环境准备。为了使接待活动给来宾留下美好印象，要充分布置好活动地点及周边的环境。接待环境应该清洁、整齐、明亮、美观、无异味。可以在前台、走廊、会客室等地放置一些花束或绿色植物，使客人产生好感。其次，是办公用品准备。让客人站着是不礼貌的，所以，前厅要准备沙发或座椅，样式要线条简洁流畅，摆放要整齐舒适。会客室里桌椅要摆放整齐，桌面清洁。茶具、茶叶、饮料应该事先准备好，茶杯要干净，不可有污渍，不可有缺口。会议室墙上可以挂一些雅致的壁画，让人一进门就觉得清静雅致，身心愉悦。再次，是了解来宾的基本情况。公关人员在接待来宾之前，要准确地掌握对方的基本情况。对于对方主宾的基本信息，如姓名、性别、年龄、籍贯、民族、单位、职务，以及文化程度、宗教信仰、生活习惯、家庭状况等，都一清二楚。对来宾的具体人数、性别概况、组团情况也要给予一定的关注。对于来宾正式抵达的时间，如具体日期、具体时间，以及相关的航次、车次、地点等，接待人员必须充分掌握。

③ 制定接待流程。一般性的接待活动，特别是需要举行专门仪式的接待活动，都必须事先制定接待流程，以保证接待事务循序而行、井井有条。

(a) 确定接待规格。接待人员要在接待之前确定接待规格，这关系到由哪位管理人员出面接待、陪同，以及接待用餐、用车、活动安排等一系列接待活动的规格。接待规格主要取决于接待方主陪人的身份。高规格接待，就是主陪人比主宾的职务高的接待方式；对等规格接待，就是主陪人与主宾的职务相当的接待方式；低规格接待，就是主陪人比主宾的职务低的接待方式。

(b) 拟定日程安排。为了让所有有关人员都准确地知道自己在此次接待活动中的任务，可制定两份表格，印发给各有关人员。第一是人员安排表。包括时间、地点、事项、主要人员、陪同人员。第二是日程安排表。包括日期、活动时间、地点、内容、陪同人员等。

④ 注意细节。在接待宾客的具体活动中，接待人员既要事事从大局着眼，又要处处从小事着手，关注具体的细节问题。

在准备中，要时时关注天气的变化情况，掌握当地的天气变化规律，针对可能产生天气变化的情况，制订应急方案。同时，还要注意交通状况，树立“安全第一”的观念。

(2) 接待的礼仪

① 迎候礼仪。迎接宾客，要体现出主人应有的主动和热情。对于远道而来的客人，要派专人提前到机场、码头或车站去等候迎接。在人声嘈杂的迎候地点迎接素不相识的客人时，为了方便客人识别，可试用以下方法。

(a) 使用接站牌。接站牌上可以写上“热烈欢迎某某同志”或者“某单位接待处”。

(b) 悬挂欢迎条幅。在迎接重要客人或众多客人时，这种方法最适合。

(c) 佩戴身份胸卡。迎宾人员佩戴供客人确认身份的标志性胸卡，其内容主要为本人姓名、工作单位、所在部门及现任职务等。

② 见面礼仪。在接待宾客时，要注意正确使用日常见面礼仪。接待人员要品貌端正，举止大方，服饰要整洁、端正、得体、高雅。当宾客到达后，要主动迎上去，热情地与对方握手，并有礼貌地询问和确认对方的身份，如“您好，请问您是从某某公司来的吗?”对方认可后，接待人员应作自我介绍，如“您好，我是某某公司的秘书，我叫张某某。”然后把迎客方的成员按一定顺序一一介绍给客人。如果客人递送名片时，应双手接住，认真仔细地看一看，然后很郑重地把名片放入名片夹中，或放进上衣上部口袋中。

③ 乘车礼仪。对方如有行李，接待方应主动帮客人把行李提到车上。上车时，最好让客人从右侧门上，主人从左侧门上。安排座位要符合规范。轿车的座次尊卑一般是右高左低，前高后低。在公务接待中，轿车前排副驾驶座通常为“随员座”，唯独在主人亲自驾驶时，主宾应坐在副驾驶座上，与主人“平起平坐”。

④ 引导礼仪。当客人到达公司时，要引导客人进入会客室。引导要注意以下一些礼仪，在走廊上时，引导人员应走在访客左前方2～3步，当访客走在走廊正中央时，接待人员要走在走廊的一旁，偶尔向后望，确认访客跟上了，当转弯时，接待人员要说：“请往这边走。”

在楼梯上时，接待人员先说一声：“在某某楼层。”然后引领访客到楼上。一般来说，高的位置代表尊贵。上楼时应该让访客先走，下楼时让客人后行，在上下楼梯时，不应并排行走，而应当右侧上行，左侧下行。

上电梯时，接待人员要先按电梯按钮，让客人先进。若客人不止一人时，接待人员可先进电梯，一手按住“开”按钮，对客人礼貌地说：“请进!”到目的地后，接待人员要一手按“开”按钮，一手做请出的动作，并说道：“到了，您先请!”客人走出电梯后，接待人员应立即走出电梯，在客人前面引导方向。到达会客室开门时，接待人员要把住门把手，站在门旁让客人先进。

⑤ 座次礼仪。客人进入会客室后，接待人员要请客人入座。招待客人入座时，要讲究座次礼仪。

⑥ 端茶倒水礼仪。当客人入座后，接待人员要主动及时地给客人斟茶。以茶待客是

最具中国特色、最受中国人欢迎的待客方式。若来访的客人较多，上茶的顺序一定要慎重。合乎礼仪的做法是先为客人上茶，后为主人上茶；先为主宾上茶，后为次宾上茶；先为女士上茶，后为男士上茶；先为长辈上茶，后为晚辈上茶。

标准的上茶步骤是：双手端着茶盘进入客厅，首先将茶盘放在临近客人的茶几上或备用桌上，然后右手拿着茶杯的杯托，左手附在杯托附近，从客人的左后侧双手将茶杯递上去，并置于客人右前方。茶杯放置到位后，杯耳应朝向右侧。有时，为了提醒客人注意，可在为之上茶的同时，轻声告知："请您用茶。"若对方向自己道谢，不要忘记答以"不客气"。如果自己的上茶打扰了客人，则应对其道一声"对不起"。

【小案例】

小李的接待观

小李是公司新入职不到两个月的员工。在这不到两个月的时间里，就数次接到顾客的投诉。

原来，小李自以为是大学生，在业务接待中对顾客爱理不理、态度非常冷淡。他认为：我是大学生，搞业务如果还赔着笑脸"低三下四"地接待，那岂不成了伺候他们了！再说了，每天的工作都不清闲，哪还有那么多精力去赔笑脸？

甚至有一次一位白发苍苍的老人为了解业务，在小李面前一直就站着说话、半蹲着身子写材料前后近半小时，而小李则抖着腿，有一搭没一搭地应付着，更不用说起身请老人坐下说话、给老人端杯水了。

正好经理巡视路过，在月末的大会上严厉地点名批评了小李。经理说这样的接待行为无疑严重影响了企业形象，绝不允许这样的行为再发生……[①]

【点评】 大学生刚毕业从事商务工作，需要学习、了解的东西很多，应该虚心地向同事们学习。应该从尊重人、懂礼貌等基础做起。

⑦ 送客礼仪。当接待人员与来访者交谈完毕或领导与来访客人会见结束时，接待人员一般都应礼貌地送别客人。"出迎三步，身送七步"是接待宾客最基本的礼仪。接待宾客要善始善终，所以，送别客人是必不可少的环节之一。接待工作是否圆满，很大程度上体现在送别来宾这一环节上。

送别来宾时，有很多方面要注意。首先，不要在客人面前看表，否则会给客人带来下"逐客令"的感觉，所以，在会客的时候，接待人员不应该总是看时间。其次，当客人提出告辞时，要等客人起身后再站起来相送，切忌没等客人起身，自己先于客人起立相送。更不能嘴里说再见，而手中却还忙着自己的事，甚至连眼神也没有转到客人身上。最后，当客人起身告辞时，应马上站起来，主动为客人取下衣帽，与客人握手告别，同时选择最合适的言辞送别，如"希望下次再来"等礼貌用语。尤其对初次来访的客人更是应热情、周到、细致。

(a) 送别本地客人。对本地客人，一般陪同送至单位楼下或大门口。客人带有较多或较重东西时，送客时要主动帮客人提重物。出办公室时，要轻轻关门，不可将门"砰"地关

① 未来之舟. 职场礼仪[M]. 北京：中国经济出版社，2008.

上，这样极不礼貌。在门口告别时，接待人员要与客人握手，帮客人拉开车门，待其上车后轻轻关上车门，挥手道别，目送客人离开。要以恭敬真诚的态度，笑容可掬地送客，不要急于返回，应挥手致意，待客人移出视线后，才可结束告别仪式。

（b）送别外地客人。首先，要确定时间。对于远道而来的客人，负责送别来宾的接待人员必须重视，一定要提前与对方商定双方会合的时间和地点。对于送别的具体时间，双方不仅要事先商定，而且通常要讲究主随客便。接待人员在安排有关送别活动的时间表时，要留有一定的时间幅度。要在执行上留有适当的余地，即送别人员在执行送别任务时，应当提前到场、最后离场，并且在特殊情况发生时见机行事。其次，要充分准备。具体从事来宾接待工作时，接待人员必须高度重视送别工作，并悉心以对。在送别时，接待人员要注意以下两点：一是限制送别的规模。目前要求简化接待礼仪，所以有必要对送别规模加以限制。在组织活动时，应突出实效，体现热情，但在实际操作上则应务实从简，在参加人数、主人身份、车辆档次与数量上严格限制，不搞前呼后拥、人海战术。二是在力所能及的情况下，送别来宾所使用的交通工具应有主办方负责提供。对于主办方来说，一定要保证交通工具的数量能够满足要求，以备不时之需。再次，要热情话别。为客人送行，应使对方感受到自己的热情、诚恳、礼貌和修养。接待方应提前为客人订返程的车票、船票或机票。一般情况下，公务接待人员应专程陪同来宾乘车前往车站、码头或机场，亲自为来宾送行。有必要时，可在贵宾室与来宾稍叙友谊，或举行专门的欢送仪式。在宾客临上火车、轮船或飞机之前，送行人员应按一定顺序同来宾一一握手话别，祝愿客人旅途平安并欢迎再次光临。火车、轮船开动之时或飞机起飞之后，送行人员应向宾客挥手致意，直至它们在视野中消失。

【小故事】

李嘉诚送客

很多知名企业家也很注意送人的礼节。一位内地企业家在接受电视采访时谈到了他去李嘉诚办公室拜访李嘉诚的经历。

那天，李嘉诚和儿子一起接见了他。会谈结束之后，李嘉诚起身从办公室陪他出来，送他到电梯口。更让人惊叹的是，李嘉诚不是送到即走，而是一直等到电梯上来，他进去了，再举手告别，等到门合上。身为亚洲首富的李嘉诚肯定是日理万机，可他依旧注重礼节，亲自送人，没有丝毫的怠慢。这位内地企业家面对着电视机前的亿万观众动情地说："李嘉诚这么大年纪了，对我们晚辈如此尊重，他不成功都难。"

【课堂训练】

以小组为单位，模拟在职业场合运用接待礼仪接待客人的情景，注意相关细节。

8. 拜访的礼仪

拜访是公务、商务等社会活动中一件经常性的工作，是最常见的社交形式。同时，也是联络感情、增进友谊的一种有效方法。要使拜访做得更得体、更有效，即更好地实现拜访的目的，就要重视和学习拜访的礼仪。

(1) 约好时间

拜访前，应事先联络妥当，尽可能事先告知，最好是和对方约定一个时间，以免扑空或打乱对方的日程安排，即使是电话拜访也不例外，不告而访是非常失礼的。如果双方有约，应准时赴约，不能轻易失约或迟到。但如果因故不得不迟到或取消访问，一定要设法在事前立即通知对方，并表示歉意。拜访应选择适当的时间，选择一个对方方便的时间。做客拜访一般可在平时晚饭后或假日的下午，要避免在吃饭和休息的时间登门造访。

【小故事】

守时的康德

德国著名古典哲学家康德是一个十分守时的人，他认为守时是一种美德，代表着礼貌和信誉。1779 年，他想要去一个名叫珀芬的小镇拜访老朋友威廉先生，于是事先写信告诉威廉，说自己将会于 3 月 5 日上午 11 时之前到达。

康德 3 月 5 日一早就租了一辆马车踏上了去威廉先生家的路。途中经过一条河，需要从桥上穿过去。但马车来到河边时，车夫停了下来，对车上的康德说："先生，对不起，桥坏了，再往前走很危险。"康德只好从马车上下来，看看从中间断裂的桥，他知道确实不能走了。康德看看时间，已经 10 时多了，他焦急地问："附近还有没有别的桥?"车夫回答："有，在上游，如从那座桥上过去，最快也得 40 分钟才能到达目的地。"康德算了算时间，那就赶不上约好的时间了。于是，他跑到附近的一座破旧的农舍旁边，对主人说："请问您这间房子肯不肯出售?"农妇听了很吃惊地问："我的房子又破又旧，而且地段也不好，你买这座房子干什么?""您不用管我有什么用，您只要告诉我愿不愿意卖?""当然愿意，200 法郎就可以。"康德毫不犹豫地付了钱，对农妇说："如果您能够从房子上拆一些木头，在 20 分钟内修好这座桥，我就把房子还给您。"农妇再次感到吃惊，但还是立即把儿子叫来，及时修好了那座桥。马车终于平安地过去了。

10 时 50 分的时候，康德准时来到了老朋友威廉家门前。这时，已等候在门口的老朋友看到康德，大笑着说："亲爱的朋友，你还像原来一样准时啊!"可他哪里知道康德中间买房修桥的事。康德认为，守时也是一种信誉。

【小幽默】

换 只 手 表

乔治·华盛顿是美国的第一位总统，他有一位年轻的秘书。一天早晨，这位秘书来迟了，他发现华盛顿正在等候，感到很内疚，便说他的表出了毛病。华盛顿平静地回答："恐怕你得换一只表，否则我得换一位秘书了。"

(2) 做好准备

① 明确拜访目的。无论是初次拜访还是再次拜访，事先都要明确拜访的主要目的。

② 准备有关资料。商务拜访，比如客户拜访，要准备的资料就包括公司及业界的资料、相关产品资料、客户的相关信息资料、销售资料及方案、针对可能出现的情况事先拟订的解决方案或应对方案、一些小礼品等。此外，名片、电话号码簿等也要事先准备好。

③ 设计拜访流程。要针对拜访环节准备好最稳妥、最得体的称呼和开场白，选择好话题材料，确定话题范围等。

④ 电话预约确认。出发前应致电被拜访者，再次确认本次拜访人员、时间和地点等事宜。

⑤ 注意礼仪细节。到达前，最好先稍事整理服装仪容。如果是重要的拜访对象，要事先关掉手机，体现对拜访对象的尊敬，对访问事宜的重视。

【小故事】

有备无患

王莉在某公司市场部工作，她准备去拜访顺达公司的市场部经理胡军先生。王莉预约的拜访时间是本周三下午三点。事前王莉准备好了有关的资料、名片，并对顺达公司及胡军先生进行了了解。拜访前王莉对自己的仪容、仪表进行了精心、得体的修饰。到了周三，王莉提前5分钟到达顺达公司。在与胡军先生的交谈过程中，王莉简明扼要地表达了拜访的来意，交谈中始终紧扣主题，给胡军先生留下了很好的印象，最终促成了合作。

(3) 上门有礼

到达拜访地点后，如果对方因故不能马上接待，可以在对方接待人员的安排下在会客厅、会议室或在前台，安静地等候。如果等待时间过久，可以向有关人员说明，并另定时间，不要显出不耐烦的样子。有抽烟习惯的人，要注意观察该场所是否有禁止吸烟的警示。即使没有，也要问问工作人员是否介意抽烟。如果接待人员没有说“请随便看看”之类的话，就不要随便东张西望，到处窥探，那是非常不礼貌的。到达被访人所在地时，一定要事先轻轻敲门，进屋后等主人安排后坐下。后来的客人到达时，先到的客人应站起来，等待介绍或点头示意。对室内的人，无论认识与否，都应主动打招呼。如果与对方是第一次见面，应主动递上名片，或作自我介绍。对熟人可握手问候。如果你还带了其他人来，也要介绍给主人。进门后，应把随身带来的外套、雨具等物品搁放到对方接待人员指定的地方，不可任意乱放。接茶水时，应从座位上欠身，双手捧接，并表示感谢。吸烟者应在主人敬烟或征得主人同意后，方可吸烟。和主人交谈时，应注意掌握时间。有要事必须要与主人商量或向对方请教时，应尽快表明来意，不要不着边际，浪费时间。

【小案例】

如此拜访

小王和小李是大学同学。大学毕业后，各奔东西。如今，小王在A公司当业务员，小李在B公司当经理。A公司正好准备与B公司做一笔买卖（第一次），而小王得知此事后，便自告奋勇，一来想去探望一下十多年没见的朋友，二来也想提升一下自己在公司的地位。这天下午，小王便去了B公司的经理室，结果在门口被秘书拦下。经过一番解释，秘书告诉他李经理不在，并将公司的电话号码给了他。

隔了几天，小王打电话给B公司，预约成功，定于星期三下午3点半见面。结果由于堵车，小王晚去了一个小时。到了以后，经打听，经理还在，就推门进去。老朋友相见，十分欢喜。小王马上冒出一句："小李，这几年过得不错啊！"李经理感到有些尴尬。接着两人寒暄了几句，小王便在沙发上一坐，跷起了二郎腿，掏出一支烟递给小李。李经理不抽，自己便大口大口地抽起来，整个经理室顿时烟雾笼罩。李经理实在觉得不适，就打开窗户，说："我这几天咽喉发炎，闻不得烟味儿。请原谅。"小王不情愿地掐灭了香烟。小王的这种拜访，不会收到好的效果，反而会适得其反，因为他太缺乏拜访礼仪了。

（4）礼貌告辞

拜访结束时彬彬有礼地告辞，可给对方留下良好的印象，同时也给下次的拜访创造良好氛围和机会。所以，及时告辞、礼貌告辞这一环节相当重要。拜访时间长短应根据拜访目的和主人意愿而定，通常宜短不宜长，适可而止。当接待者有结束会见的表示时，应立即起身告辞。告辞时要同主人和其他客人一一告别。如果主人出门相送，应请主人留步并道谢，热情说声再见。中途因特殊情况不得不离开时，无论主人在场与否，都要主动告别，不能不辞而别。

（5）拜访过程应注意的礼仪

① 准时到达。让被拜访者无故等候无论因何原因都是严重失礼的事情。如果是对方要晚点到，可安静等待，充分利用剩余的时间，检查准备工作。

② 控制时间。谈话时开门见山，不要海阔天空，浪费时间。最好在约定时间内完成访谈，如果客户表现出有其他要事的样子，千万不要再拖延，如未完成工作，可约定下次拜访时间。

③ 注意言谈举止。要以优雅得体的言谈举止体现素质、涵养和职业精神，赢得对方的好感和敬重。即便与接待者的意见相左，也不要争论不休。要注意观察接待者的举止神情，当对方有不耐烦或为难的表现时，应转换话题或口气。总之，要避免出现不愉快或尴尬的场面。

④ 处理好"握手"与"拥抱"的关系。必须事先搞清对方人员的真实身份，根据主次或亲疏的关系，处理好见面时的礼仪关系。

⑤ 尊重对方习惯。由于被拜访者的国别、民族、年龄、性别以及爱好、兴趣、习惯各有不同，事先要了解清楚，并给予充分的尊重。

⑥ 讲究服饰。服饰事关拜访者自身的职业形象和所代表的机构形象，也能体现出对被拜访者的尊重。所以，拜访前对服饰的选择和斟酌马虎不得。

⑦ 及时致谢。对拜访过程中接待者提供的帮助要及时适当地致以谢意。

⑧ 事后致谢。若是重要约会，拜访之后给对方寄一封谢函或留一条短信，会加深对方的好感。

【课堂训练】

以小组为单位，常设职业情境，模拟练习职场中的拜访，注意相关细节。

9. 电话礼仪

电话是人们开展社交活动不可缺少的工具，在日常生活和工作交往中，都要利用电话与别人取得联系和交谈。据美国《电话综述》（*Telephone Review*）说，一个人一生平均有8760小时在打电话。在录像电话还没普及之前，人们通过电话给人的印象完全靠声音和使用电话时的习惯，要想有“带着微笑的声音”或者通过电话赢得信任，就必须掌握使用电话的礼节与技巧。

（1）电话语言要求

目前大部分电话能传输的信号是声音，但这一信号载体却包含着许多信息。说话人想做什么，要做什么，是高兴还是悲伤，还有对另一方的信任感、尊重感，彼此都可以清晰地得知。这些都取决于电话的语言与声调。因此，电话语言要求礼貌、简洁和明了，以准确地传递信息。

① 态度礼貌友善。当我们使用电话交谈时，我们不能简单地将对方视作一个“声音”，而应看作面对一个正在交谈的人。尤其是对办公人员来说，我们面对的是组织的一名公众，如果你们是初次交往，那么，这样一次电话接触便是你给公众的第一次“亮相”，应十分慎重。因此，在使用电话时，多用肯定语，少用否定语，酌情使用模糊用语；多用些致歉语和请托语，少用些傲慢语、生硬语。礼貌的语言、柔和的声音，往往会给对方留下亲切之感。正如日本一位研究传播的权威所说：“不管是在公司还是在家庭里，凭一个人在电话里的讲话方式，就可以基本判断出其‘教养’的水准。”

② 传递信息简洁。电话用语要言简意赅，将自己所要讲的事用最简洁、明了的语言表达出来。因为通话的一方尽管有诸如紧张、失望而表情异常的体态语言，但通话的另一方不知道，他所能得到的判断只能是来自他听到的声音。在通话时最忌讳发话人吞吞吐吐，含混不清，东拉西扯，正确的做法是：问候完毕对方，即开宗明义，直言主题，少讲空话，不说废话。

③ 控制语速语调。通话时语气温和，语调、语速适中，这种有魅力的声音容易使对方产生愉悦感。如果说话过程语速太快，则对方会听不清楚，显得应付了事；太慢，则对方会不耐烦，显得懒散拖沓；语调太高，则对方听得刺耳，感到刚而不柔；太低，则对方会听得不清楚，感到有气无力。一般来说，保持正常的语速、语调就可以了，即使是长途电话，也无须大喊大叫，把受话器放在离嘴两三寸的地方，正对着它讲就行了。另外通电话时，周围如有嘈杂的声音，会使对方觉得自己未受到尊重而不快，这时应向对方解释，以保证双方心情舒畅地传递信息。

④ 使用礼貌用语。在电话交际中应使用礼貌用语。现以实例列表说明，见表 6-3。

表 6-3

接电话者（对方）	打电话者（自己）	应对的重点
	（电话铃响）这里是中华公司业务部。	电话铃响两声，就拿起话筒。如果中午前，别忘了道一声早安。
麻烦您找张××先生听电话。	对不起，请问您是哪一位？	
我是国际公司的李××。	• 张先生他在，请稍等。 • 抱歉，让您久等了，他大概 3 点会回来。请问您有何事，能否让我转达？	• 反复确认对方； • 倘若叫人要花点时间，要问对方是否方便等； • 如果要找的人不在，不要只告知“他不在”，其后的应对不要忘记。

续表

接电话者(对方)	打电话者(自己)	应对的重点
• 不可以,这事除了张先生之外,别人不明白。那么能不能麻烦您请他4点左右打电话给我? • 好的,1234567。	• 是。但为防万一,能不能留下您的电话号码? • 我确定一下,是不是1234567,敝人姓杨,等张先生回来我一定转告他4点左右给您打电话。	• 如果对方愿告知什么事,用备忘录记好; • 对方交代的事情一定要重复确认; • 在留言备忘录中,要记上对方打来的电话及对方的姓名。
拜托您了。	不客气,再见。	确定对方已挂断电话后,再轻轻放下听筒。

(2) 接电话

① 迅速接听。接电话首先应做到迅速接,力争在铃响三次之前就拿起话筒,这是避免让打电话的人产生不良印象的一种礼貌。电话铃响过三遍后才做出反应,会使对方焦急不安或不愉快。正如日本著名社会心理学家铃木健二所说:“打电话本身就是一种业务。这种业务的最大特点是无时无刻不在体现每个人的特性。”“在现代化大生产的公司里,职员的使命之一,是一听到电话铃声就立即去接。”接电话时,也应首先自报单位、姓名,然后确认对方,如:“您好!这是××公司营销部。”如果对方没有马上进入正题,可以主动请教:“请问您找哪位通话?”

② 积极反馈。作为受话人,通话过程中,要仔细聆听对方的讲话,并及时作答,给对方以积极的反馈。通话中听不清楚或意思不明白时,要马上告诉对方。在电话中接到对方邀请或会议通知时,应热情致谢。

③ 热情代转。如果对方请你代转电话,应弄明白对方是谁,要找什么人,以便与接电话人联系。此时,请告知对方“稍等片刻”,并迅速找人。如果不放下话筒喊距离较远的人,可用手轻捂话筒或按保留按钮,然后再喊接话人。如果你因其他原因决定将电话转到别的部门,应客气地告知对方。如“真对不起,这件事由财务部处理,如果您愿意,我帮您转过去好吗?”

④ 做好记录。如果要接电话的人不在,应为其做好电话记录,记录完毕,最好向对方复述一遍,以免遗漏或记错。可利用电话记录卡片做好电话记录。电话记录卡片如图6-2所示。

给 ________

日期 ________ 时间 ________

你不在办公室时

________ 公司的 ________ 先生 女士 小姐

电话 ________

○电话 ○请打电话回去

○要求来访 ○还会打电话来

○是否紧急 ○回你的电话

留言 ________

____

图 6-2

【小案例】

接到不懂礼仪的人打来电话时……

总是有一些不懂得礼仪的人，在打电话时不考虑对方的感受，遇到这种情况时应如何应对呢？

① 反复陈述型。接到"反复陈述型"的电话，应适时说："×先生，容我对你刚才所讲的做个总结，如果有遗漏或错误的地方，请随时更正或补充。"

② 一心二用型。有的人在和你通电话时又和别人讲话。应付这样的人，可以建议他在不忙时和你见面再谈，或要求他重复刚刚说的话："×小姐，我这里听得并不是很清楚，请你再说一遍好吗？听起来你好像也在和其他人说话。"

③ 避重就轻型。当对方避重就轻时，你可以直接切入主题："×先生，你到底需要什么？我要如何才能帮你的忙？"

④ 喋喋不休型。接到"喋喋不休型"而又与己无关的电话，应立刻打断他的话："对不起，×太太，我不认为这件事我能帮什么忙，但听起来应该和我们的业务部有关，请你稍等，我帮你转业务部李小姐。"

【小案例】

问询员的委屈

北京某饭店的一位问询员，每天都要接到若干问询电话。一次，他接到驻外地的一位外商打来的长途电话，询问他夫人所住的房间号。问询员几经翻阅登记簿，未有其人，便如实相告。不料这位外商竟然用不怎么熟练的中国话骂了起来。问询员感到十分委屈，但考虑到对方可能是有急事，为急宾客之所急，便强忍委屈，继续查找。后来终于知道，原来这位外商的夫人是用另一个名字登记入住的。当外商谈完事后，又专门打电话向问询员道歉。

【点评】 如果当时问询员得理不让人，对外商的无理之举穷追不放，或是采取对骂的方法，那么也许是挽回了面子，心理上感到一些平衡，但却会使对方产生强烈的逆反心理，不但不会承认自己有错，而且也无益于事情的圆满解决。问询员的做法，维护了自身乃至整个饭店的良好形象。

（3）打电话

① 时间适宜。打电话的时间应尽量避开上午7点前、晚上10点以后的时间，还应避开晚饭时间。有午休习惯的人，也请不要用电话打扰他。电话交谈所持续的时间也不宜过长，把事情说清楚就可以了，一般以3～5分钟为宜。因为在办公室打电话，要照顾到其他电话的进、出，不可过久占线，更不可将办公室的电话或公用电话当作聊天的工具，这是惹人讨厌的行为。著名相声表演艺术家马季曾说过一段相声，名叫《打电话》，讽刺的就是这种人。

② 有所准备。通话之前应该核对对方公司或单位的电话号码、公司或单位的名称及接话人姓名。写出通话要点及询问要点，准备好在应答中使用的备忘纸和笔，以及必要的资料和文件。估计一下对方情况，决定通话时间。

③ 注意礼节。接通电话后，应主动友好地自报一下家门和核实一下对方的身份。应先说明自己是谁，除非通话的对方与你很熟悉，否则就该同时报出你的公司及部门名称，然后再提一下对方的名称。打电话要坚持用“您好”开头、“请”字在中、“谢谢”收尾，态度要温文尔雅。若你找的人不在，可以请接电话的人转告，如“对不起，麻烦您转告×××……”然后将你所要转告的话告诉对方。最后别忘了向对方道一声谢，并且问清对方的姓名。切不可“咔嚓”一声就把电话挂了，这样做是不礼貌的，即使你不要求对方转告，也应该说一声：“谢谢，打扰了。”打电话结束时，要道谢和说声再见，这是通话结束的信号，也是对对方的尊重。注意声音要愉快，听筒要轻放。一般来说，应是打电话的人先放下电话，接电话的人再放下电话。但是，假如是与上级、长辈、客户等通话，无论你是通话人还是发话人，都最好让对方先挂断。

【小贴士】

拨打电话的空间环境考虑

拨打电话时，也应考虑自己所处的空间环境。

① 一般而言，工作电话在办公室内打，私人电话在家中打。

② 在电影院、音乐厅、剧院等公众场合时，无紧急情况不要拨打电话。

③ 拨打电话时，要同时考虑及留意对方接听电话所处的空间环境。

④ 谈论机密或敏感的商业问题时，应在保密性强、安静的环境中拨打电话，且在接通后询问对方是否方便。

【小案例】

一时口误遭冷遇

王先生在兴发公司购买的产品出了一点小问题，于是他打电话找兴发公司的业务员寻求解决办法。

王先生拨通了兴发公司的电话后，一时口误将兴发公司说成了倾鑫公司。兴发公司的业务员小李一听对方要找的是自己的竞争对手，于是冷冷地说了句“你打错了”，还没等王先生回过神来，便“啪”的一下挂断了电话。对此，王先生觉得心里很不舒服。他之前购买产品时就是与业务员小李联系的，当时小李表现得温文尔雅，而这次就因为一时的口误，小李便表现出这副德行，实在令人寒心。此事之后，王先生再也不想购买兴发公司的产品了。

【点评】 业务员小李在接到他人打错的电话后，态度冷淡并随即挂断电话的行为是极其不尊重发话人的行为，损害了兴发公司的商务形象。正确的做法如下：接通电话后，首先向发话人问好，并作自我介绍，然后主动询问发话人需要哪些帮助等。当发话人出现口误时，则应友好地告知对方，而不可表露出愤怒或不耐烦的情绪。

(4) 使用手机的礼仪

无论是在社交场所还是在工作场合，肆意使用手机，已经成为礼仪的最大威胁之一。在国外，如澳大利亚电信的各营业厅就采取了向顾客提供《手机礼节》宣传册的方式，宣传手机礼仪。在使用手机时应该注意以下礼仪。

① 置放到位。在一切公共场合，手机在没有使用时，都要放在合乎礼仪的常规位置。

不要在没有使用时放在手里或是挂在上衣口袋外。放手机的常规位置有：一是随身携带的公文包里，这种位置最正规。二是上衣的内袋里；有时候，可以将手机暂放腰带上，也可以放在不起眼的地方，如手边、背后、手袋里，但不要放在桌子上，特别是不要对着对面正在聊天的客户。

② 注意场合。在会议中或和别人洽谈时，最好的方式还是把手机关掉，起码也要调到振动状态。这样既显示出对别人的尊重，又不会打断发言者的思路。而那种在会场上铃声不断，像是业务很忙，使大家的目光都转向他的人，实际给人的印象只能是缺少教养。注意手机使用礼仪的人，不会在公共场合或座机电话接听中、开车中、飞机上、剧场里、图书馆和医院里接打手机，就是在公交车上大声地接打电话也是有失礼仪的。公共场合特别是楼梯、电梯、路口、人行道等地方，不可以旁若无人地使用手机，应该把自己的声音尽可能地压低一点，绝不能大声说话，同时不要妨碍他人通行。在一些场合，如在看电影时或在剧院打手机是极其不合适的，如果一定要回话，采用静音的方式发送手机短信是比较适合的。

③ 考虑对方。给对方打手机时，尤其当知道对方是身居要职的忙人时，首先想到的是，这个时间他(她)方便接听吗？并且要有对方不方便接听的准备。在给对方打手机时，注意从听筒里听到的回音来鉴别对方所处的环境。如果很静，应想到对方在会议上，有时大的会场能感到一种空阔的回声；当听到噪声时对方就很可能在室外，开车时的隆隆声也是可以听出来的。有了初步的鉴别，对能否顺利通话就有了准备。但不论在什么情况下，是否通话还是由对方来定为好，所以“现在通话方便吗?”通常是拨打手机的第一句问话。其实，在没有事先约定和不熟悉对方的前提下，我们很难知道对方什么时候方便接听电话，所以，在有其他联络方式时，还是尽量不打对方手机好些。

在餐桌上，关掉手机或是把手机调到振动状态还是必要的，避免正吃到兴头上时，被一阵烦人的铃声打断。不要在别人注视自己时查看短信。一边和别人说话，一边查看手机短信，是对别人的不尊重。当与朋友面对面聊天时，不要正对着朋友拨打手机，避免发射时高频的电流对他产生辐射，让对方心中不愉快。使用手机时必须牢记“安全至上”，否则不但害人，还会害己。注意不要在驾驶汽车时，使用手机电话或查看寻呼机内容，以防止发生车祸；不要在病房、油库等地方使用手机，免得它们所发出的信号有碍治疗，或引发火灾、爆炸；不要在飞机飞行期间使用手机，否则极可能使飞机“迷失方向”，造成严重后果。

另外现在有不少人，特别是年轻人喜欢使用彩铃。有些彩铃很搞笑，或很怪异，与千篇一律的铃声比较起来，确实有独特之处。但是彩铃是给打电话的人听的，如果我们需要经常用手机联系业务，最好不要用怪异或格调低下的彩铃，以免影响自己和单位的形象。

【小贴士】

网络电话的接打礼仪

网络电话就是运用软件通过无线网或是手机数据流量传输到开发者服务器，通过回拨方式连接打电话者和接电话者双方。无论是在公司的局域网内，还是在学校或网吧的防火墙背后，均可使用网络电话，实现计算机与计算机的自如交流，无论身处何地，双方通话时完全免费。

① 下载安装要正规。网络电话品种很多，在很多平台都可以下载，而且只要是智能机

就可以使用这些软件，总的来说使用还是非常方便的。但是我们也要注意到一点，就是下载的时候要尽可能地选择官网下载。如果是在非正规的网站下载，很有可能会出现中病毒的情况，为了我们的手机安全，一定要选择正规的下载渠道。

② 注册按要求填写。注册的时候一定要填写自己的手机号码，如果没有填写正确的信息，那么使用的时候会出现问题。这样不仅影响正常使用，以后更换也会非常麻烦，所以建议在注册时就按要求认真填写。

③ 多使用 Wi-Fi 网络。因为网络电话更多还是要依靠网络的，在有 Wi-Fi 的情况下也是非常经济的，很多公用场所也都有免费的 Wi-Fi 可以使用，从而能够轻松拨打电话。

④ 接通时自报家门。使用网络电话拨号后，对方收到的电话显示的是网络号码，因此要先自报家门。杜绝使用网络电话拨打一些违反社会道德、法律的电话，如包括恐吓、诈骗、恶意骚扰、扰乱公共秩序、赌博、色情活动等内容的电话，如发现，应立即举报给公安部门。

⑤ 不散播不良信息。利用网络电话时，不能出现侮辱、骚扰他人，涉及赌博、毒品、六合彩、色情类、宗教、政治及其他涉嫌违规的内容，不能有一些虚假广告、涉及个人隐私以及危害国家、社会、他人的短信等。一旦计算机检测出有不良的短信内容，账号可能会被锁定，余额也会被冻结，情节严重的，会被举报给公安部门。

【课堂训练】

以小组为单位，设计职业情境，模拟练习打电话(手机)，注意礼仪要求。

10. 网络沟通礼仪

(1) 收发电子邮件礼仪

电子邮件又称 E-mail，是通过互联网进行信息交换的一种联络工具。它能够帮人们以非常低廉的价格快速地传递信息，逐渐成为交际中不可或缺的联络手段。电子邮件礼仪即指在书写和收发邮件时应当遵守的礼仪规范。

① 电子邮件的书写礼仪。电子邮件的书写通常应按照纸质信函的格式进行。书写电子邮件时，还应当注意以下礼仪。

(a) 主题明确。添加邮件主题是电子邮件与纸质信函的主要不同之处。商务人员在撰写电子邮件时，一定要在 Subject(主题)栏设定一个邮件主题。该主题应明确、具体、提纲挈领，但不宜过长(如“关于洽谈会的准备事宜”等)，以便收件人通过主题快速判断邮件内容的轻重缓急，减轻查找或阅读邮件的负担。

(b) 内容规范。与纸质商务信函一样，电子邮件也应当用语规范、内容完整。与此同时，电子邮件的书写还应注意以下两个方面：一是尽量避免使用晦涩难懂的缩略语，且不要使用网络用语和符号表情，以免影响商务信函的专业性和严肃性。二是在英文电子邮件中，切勿使用大写字母书写正文，以免被误解为态度恶劣或强硬。

(c) 签名恰当。商务人员可在电子邮件的签名档中列入写信人的姓名、公司、电话、传真、地址等信息，还可列入个人的座右铭或公司的宣传口号等信息，但信息行数不宜过多，一般不超过 4 行。

(d) 附件合理。商务人员可以通过电子邮件的附件发送整理成文档形式的文件，还可以发送照片、音频、视频等文件。在使用邮件的附件功能时，应在邮件的正文中对附件进行简要说明，并提示收件人查看附件。

若附件为特殊格式的文件，则应在正文中说明其打开方式，以免影响收件人查看。

应为附件设定有意义的文件名。当附件的数目较多（多于 2 个）时，应将其打包成一个压缩文件。

若附件容量较大（超过 25MB），则应事先确认收件人所使用的邮件服务系统有足够的容量收取，否则，应将附件分割成多个小文件分别发送。

② 电子邮件的收发礼仪。在发送和接收电子邮件时，应当注意以下礼仪。

(a) 及时确认发送状态。发送电子邮件后，一定要及时确认邮件是否已经发送成功。确认邮件发送状态的方法通常有以下两种：一是检查被发送的邮件是否已显示在"已发送"列表中，若该列表中有显示，则表明发送成功；二是邮件发送几分钟后，检查邮箱中有无系统退信，若无系统退信则表明发送成功。

(b) 通知收件人。在发完电子邮件后，一定要打电话通知收件人查收并阅读邮件，以免耽误重要事宜。

(c) 及时回复。收到重要或紧急的电子邮件后，通常应当在 2 小时内回复对方，以示尊重。对于一些不紧急的电子邮件，则可暂缓处理，但一般不可超过 24 小时。

回复邮件时，最好只将原件中相关的问题抄到回件上，然后附上结构完整的答复内容。若只回复"已知道""对""谢谢""是的"等，则是非常不礼貌的。

【小贴士】

令人反感的行为

曾有调查结果显示，以下几种行为最受电子邮件接收者反感：①转发伤风败俗的玩笑；②使用大写字母写邮件；③讨论敏感的个人问题；④对工作或老板抱怨不休；⑤就某问题争论不休；⑥不厌其烦地描述自己的不幸；⑦传播不负责任的流言蜚语；⑧随意批评他人；⑨详细谈论自己或者其他人的健康问题。

(2) 微博礼仪

微博是近几年兴起的一种网络传播和交流的方式，其实就是一种通过关注机制分享简短信息的广播式的社交网络平台。微博可以相互关注，可以共享信息，可以交朋结友，而且使用起来极为方便和快捷，因而一经问世，立即风靡全网，现在依然是很受欢迎的私媒体和社交平台。

对话是微博的基本形式。虽然大家在微博上彼此互动却不见其人，但微博绝非是一个纯虚拟空间。微博上的一言一行，都能体现出每个用户的不同学识、气质形象与品行素养。而企业的官方微博则更是一个直接的窗口，展现一家企业、一个品牌的内涵。因而，不论是个人的微博，还是企业组织的微博，都应特别注重方法技巧与礼仪规范。

① 文明高雅，客观评论。对于个人微博，发布的信息语言一定要文明高雅，内容要清新可读，不可语言粗俗，更不可攻击他人，甚至公开骂人；生气时尽量不发微博，别让自己的心情影响到大家；发送前一定要检查是否有错别字，转发时必须确保自己了解这件事情，评论别人的微博时要了解原文，客观地发表自己的意见，不能信口雌黄，更不能随意骂人，语

言粗俗，这些都是基本的发微博的礼仪。

② 礼尚往来，互相关注。微博也是一个网络社交的平台，在微博上同样讲究礼尚往来，互相关注也是一种礼貌。一般来说，我们会优先关注那些已经关注自己的人、那些回复自己消息的人，主要是获得心理的认知，感觉到互联网上有人关注你，体会到受人尊重的体验。如果你想和一个人交往，你不妨天天围着他的微博转，等到有一天混得脸熟，他会理会你，关注你。如果大家天天来关注你，你一直没有回复，时间久了，没有人再会理会你。也就是说，如果别人粉你（关注你），你也应当适时回访，也加上关注，"互粉"才是礼貌的。

③ 官方微博，注重形象。如果你将来在某企业就职，专门管理企业的微博，那就更需要讲究礼仪，这样才能树立企业的良好形象。因为从某种程度上来说，企业的官方微博就是企业形象的一个展示，甚至就是企业的形象。所以，维护好企业的官微，也就是维护好了企业的形象。虽然微博操作的权限属于具体的某一位员工，但操作者必须清楚明白，他的所言所行都是代表一个官方企业账号在公共的平台上互动交流。与公众的关系不再是"我"与"你"，而是直接以企业的形象及相关权限身份与众人在线的会面。因此，在具体操作上应尽量减少和避免微博编辑与客服人员的个人行为，而遵循亲和、干练的职业化水准来进行。企业的官微要对大事件高度敏感，对一些公众最为关心或是当前的热点，不妨多加转发；对于一些公益活动，不妨积极参与并转发；对于企业客户，要全心全意服务，并从服务中提升企业的形象。

④ 语言文明，灵活互动。微博上的礼仪，大多数都是通过微博的发布、回复、评论及私信得以体现。发布微博的语言应当文明礼貌、生动、风趣。微博的文明用语，不仅有助于培养积极健康的心态，而且是一种热情、亲和、开放合作精神的体现。在微博互动时穿插趣味、生动性的回复，偶尔与大家开开玩笑，也会起到很好的效果。微博文字中的"小表情"，也可很好地辅助传递情绪，体现人性化的感性内涵。如果一些敏感性问题不适合公开交流，那么不妨私信对方，同时要注意，如果没有必要进行私密沟通的事宜，应尽可能不以发私信的形式来处理，以免让对方产生反感，甚至是拉黑。

【小贴士】

微信商务礼仪十条

① 昵称：建议使用真实姓名，最好带上你的公司名称或者产品名称，不然谁能保证都对你过目不忘呢。

② 头像：尽可能接近本人，这样见到你本人的时候，容易对上号。

③ 签名：给一些有用信息，你想告诉别人什么，就在这里了，免得别人还得问你。

④ 打招呼：不要说"你好"，不要问"在不在啊"，请直接说明来意。

⑤ 拉群：拉群之前请一定征求被拉对象的意见，万一把仇人拉到一起了呢？

⑥ 群昵称：建议针对群的主题修改一下自己的群昵称，降低一下沟通成本。

⑦ 群名称：一个清晰明了的群名称，下次大家都能知道这是个什么群。

⑧ 朋友圈：这个无评论，无意见，发什么都行，如果做商务微信用，请不要每天发 5 条以上的吃喝玩乐，这样的要求不高。

⑨ 发数字：有时候发一串数字、电话号码、银行卡号什么的，请单独一条信息，不然很

多手机没法单独复制的。

⑩ 邮件:对于比较重要的事情,邮件一定比微信更合适,发微信很容易被遗忘。

三、餐饮礼仪

1. 赴宴的礼仪

宾客参加宴会,无论是作为组织的代表,还是以私人身份出席,从入宴到告辞都应注重礼节规范。这既是个人素质与修养的表现,也是对主人的尊重。

(1) 认真准备

接到邀请,能否出席应尽早答复对方,以便主人做出安排。安排邀请后不要随意改动,万一遇到特殊情况不能出席时,尤其是作为主宾,要尽早向主人解释、道歉,甚至亲自登门表示歉意。应邀出席一项活动之前,要核实宴请的主人,活动举办的时间、地点,是否邀请配偶以及主人对服饰的要求。

出席宴会前,一般应梳洗打扮。女士要化妆,男士应梳理头发并剃须。衣着要求整洁、大方、美观。这将给宴会增添隆重热烈的气氛。

若参加家庭宴会,可给女主人准备一定的礼品,在宴会开始前送给主人。礼品价值不一定很高,但要有意义。

(2) 按时抵达

按时出席宴会是最基本的礼貌。出席宴请活动,抵达时间的迟早、逗留时间的长短,在一定程度上反映出对主人的尊重程度,应根据活动的性质和当地习俗掌握。迟到、早退、逗留时间过短被视为失礼或有意冷落。身份高者可略晚些到达,一般客人宜略早些到达。出席宴会要根据各地习惯,正点或晚一两分钟抵达;我国则是正点或提前一两分钟抵达。出席酒会可以在请柬注明的时间内到达。抵达宴会活动地点,先到衣帽间脱下大衣和帽子,然后前往迎宾处,主动向主人问候。如果是庆祝活动,应表示祝贺。对在场其他人,均应点头示意,互致问候。

(3) 礼貌入座

应邀出席宴会活动,应听从主人安排。若是宴会,进入宴会厅之前,先掌握自己的桌次和座位。入座时注意桌上座位卡是否写有自己的名字,不可随意入座。如邻座是长者或女士,应主动协助帮助他们先坐下。入座后坐姿要端正,不可用手托腮或将双臂肘放在桌上。坐时应把双脚踏在本人座位下,不可随意伸出,影响他人。不可玩弄桌上的酒杯、盘碗、刀叉、筷子等餐具,不要用餐巾纸擦餐具,以免使人认为餐具不洁。

在社交场合,无论天气如何炎热,不可当众解开纽扣,脱下衣服。小型便宴时,若主人请宾客宽衣,男宾可脱下外衣搭在椅背上。

(4) 注意交谈

坐定后,如已有茶,可轻轻饮用。无论作为主人、陪客或宾客都应自动与同桌的人交谈,特别是左邻右座,不可只与几位熟人或一、两人交谈。若不相识,可先作自我介绍。谈话要掌握时机,要视交谈对象而定。不可只顾自己一人夸夸其谈,或谈些荒诞离奇的事而引人不悦。交谈时宜选择轻松、愉快的话题并遵守交谈礼仪,不要高声大笑或窃窃私语,不谈论隐私及过于严肃的话题。交谈时务必用餐巾拭嘴,以免食物残留唇边,影响雅观。商务宴请中一些安全的话题以及应避开的话题见表 6-4。

表 6-4

安全的话题	应避开的话题
天气	自己的健康状况
交通	他人的健康状况
体育	物品的价格、收入
无争议的新闻，如奥斯卡奖	个人的不幸
旅游	有争议的兴趣爱好
环境问题	低级笑话
对会址或城市的赞美	小道消息
共同的经历	宗教
书籍	争议性很大的问题，如堕胎或焚烧国旗
文学、艺术	有关私生活的细节

（5）文雅进餐

出席宴会，并不是一件轻松的事情。在觥筹交错之际，我们的“吃相”正向人们昭示着自己的修养与品格。古往今来，餐桌都是社会交际的重要场所，因而餐桌礼仪历来为人们所重视。在餐桌上最要紧的是要检点自己的“吃相”。有人总结了如下口诀：取菜文雅，注意礼让；文明用筷，举箸得当；闭嘴细嚼，不发声响；嚼食不语，唇不留痕；骨与秽物，切莫乱扔；禁烟少酒，用餐文明；使用公筷，讲究卫生；席间交谈，增进感情。

宴会开始时，一般是主人先致祝酒词。此时应停止谈话，不可吃东西，注意倾听。致辞完毕，主人招呼后，即可开始进餐。

用餐前应先将餐巾打开铺在腿上。用餐完毕叠好放在盘子右侧，不可放在椅子上，亦不可叠得方方正正而被误认为未使用过。餐巾只能擦嘴，用时一只手捏住一面的上端，另一只手相助。餐巾不能用于擦面、擦汗。服务员送的香巾是用来擦面的，擦完后要放回原盛器内。

古语说：“主不请，客不尝。”上菜后，待主人说“请”，再动手夹菜。取菜要适量，不要显得过于贪婪。如主人向客人敬酒，应起立回应，喝过酒后再开始吃菜。吃东西时应小口小口地吃，咀嚼要闭嘴不要发出声来，吧唧嘴会令人讨厌，也不要一边咽食一边说话。喝汤时，汤匙应由身边向外舀出，喝汤不要吸，也不要左手拿匙、右手拿筷“双管齐下”。进餐过程中，嘴里的骨头和鱼刺应用筷子夹放在垫盘上，吃剩的菜、用过的勺，也应放在垫盘内，就餐的整个过程中，都要注意礼让、注意关照邻座的宾客，不要见到自己喜欢吃的，就“埋头苦干”，不理别人。男士不要戴着帽子进餐。为了避免酒后失礼，饮酒应留有余地。也不要边吃边饮边抽烟。

若遇本人不能吃或不爱吃的菜品，当服务员或主人夹菜时，不可打手势，不可拒绝，可取少量放入盘中，并表示“谢谢，够了”。对不合口味的菜，勿显出难堪的表情。己方作为主人宴请时，席上不必说过分谦虚的话。对来华时间过长的人，不必说这是中国的名酒名菜。在给宾客让菜时，要用公用餐具，切不可用自己的餐具让菜。

冷餐酒会，服务员上菜时，不可抢着去取，待送至本人面前时再取。周围的人未取到第一份时，自己不可急于去取第二份。勿围在菜台旁，应取完即离开，以便让别人取食。

吃食物要讲究文雅，要微闭着嘴咀嚼，不可发出声响。要将食物送进口中，不可伸口去迎食物。食物过热时，可稍凉后再吃，切勿用嘴吹。鱼刺、骨头、菜渣等不可直接往外吐，要用餐巾掩嘴，用筷子取出，或轻吐在叉匙上，放在碟中。嘴里有食物时不可谈话。尽量不要剔牙，更不可边走动边剔牙。吃剩的菜、用过的餐具等应放在碟中，勿放置桌上。

【小贴士】

用筷十忌

① 忌半途筷。就是避免把夹住的菜肴又放下，再夹另一种。

② 忌游动筷。就是避免举筷不定，东挑西拣。

③ 忌窥筷。即避免手持筷子，东张西望。

④ 忌碎筷。即避免用嘴或手撕筷头上的菜肴。

⑤ 忌刺筷。即避免以筷代叉，插菜进食。

⑥ 忌签筷。即避免用筷子当牙签，挑剔牙缝。

⑦ 忌泪筷。即避免夹菜途中，筷头上的汤汁像泪水一样滴个不停。

⑧ 忌吮筷。即避免用嘴吮舔筷头上的汤汁。

⑨ 忌敲筷。即避免用筷子敲打碗盆或桌面。

⑩ 忌点筷。就是避免用筷子指点主人、客人或厨师。

（6）学会敬酒

敬酒也叫祝酒，是现代商务宴会必不可少的程序，是向对方表达敬意的良好方式。如果时间把握合适，祝酒词恰到好处，敬酒可以给整个聚餐带来一种良好的气氛。

① 斟酒。敬酒之前需要斟酒。按照规范来说：除主人和服务人员外，其他宾客一般不要自行给别人斟酒，如果主人亲自斟酒，应该用本次宴会上最好的酒斟，宾客要端起酒杯致谢，必要的时候起身站立。如果是大型的商务用餐，都应该是服务人员来斟酒。斟酒一般要从位高者开始。如果你不想喝了，可把手挡在酒杯上，说声“谢谢，不用了”。中餐里，别人斟酒的时候，也可以回敬以“叩指礼”。特别是自己的身份比主人高的时候。即以右手拇指、食指、中指捏在一起，指尖向下，轻叩几下桌面表示对斟酒的感谢。酒倒多少才合适呢？白酒和啤酒可以斟满，而其他洋酒就不用斟满。

【小贴士】

敬酒不当引来的麻烦

秦保红曾讲过这样一个案例：小白是刚毕业的大学生，在A公司总经理办公室实习。她漂亮机敏，待人热情，工作出色，不久就转为正式员工，成为一名她梦寐以求的白领丽人。由于工作业绩突出，办公室主任将公司一次重要的宴请活动交由小白操办，并一同出席宴请。小白欣喜若狂，有点酒量的她暗想表现的机会来了。宴请准备工作安排得非常周到细致，小白又得到了领导的表扬。宴请中，前三杯酒刚结束，总经理一句"三杯过后尽开颜"，刚要给主宾敬酒，小白忙端起酒杯起身敬主宾，并预祝合作成功，同时又敬总经理，感谢他对自己工作的认可和帮助，总经理端着酒杯皱起了眉头。自此以后，公司重要的宴请活动总经理再没让小白参加过。

【点评】 敬酒时一定要考虑顺序，只有主人、领导、长辈都先后互敬完后，才轮到年轻位低者敬酒，否则就有越级越位之嫌。

② 敬酒的时机。敬酒应该在特定的时间进行，并以不影响来宾用餐为首要考虑。敬酒分为正式敬酒和普通敬酒。正式敬酒一般是在宾主入席后、用餐前就可以开始。而普通敬酒，只要注意是对方不咀嚼食物的时候，认为对方可能愿意接受你的敬酒就可以。而且，如果向同一个人敬酒，应该等身份比自己高的人敬过之后再敬。

③ 敬酒的顺序。敬酒按什么顺序呢？一般情况下应按年龄大小、职位高低、宾主身份为序，敬酒前一定要充分考虑好敬酒的顺序，分明主次，避免出现尴尬的情况。即使你分不清或职位、身份高低不明确，也要按统一的顺序敬酒，比如先从自己身边按顺时针方向开始敬酒，或是从左到右、从右到左进行敬酒等。

④ 敬酒的举止。无论是主人还是来宾，如果是在自己的座位上向集体敬酒，就要求首先站起身来，面含微笑，手拿酒杯，面朝大家。当主人向集体敬酒、说祝酒词的时候，所有人应该一律停止用餐或喝酒。主人提议干杯的时候，所有人都要端起酒杯站起来，互相碰一碰。按国际通行的做法，敬酒不一定要喝干。但即使平时滴酒不沾的人，也要拿起酒抿上一口装装样子，以示对主人的尊重。除了主人向集体敬酒，来宾也可以向集体敬酒。来宾的祝酒词可以说得更简短，甚至一两句话都可以。比如，"各位，为了以后我们的合作愉快，干杯！"平时涉及礼仪规范内容更多的还是普通敬酒。普通敬酒就是在主人正式敬酒之后，各个来宾和主人之间或者来宾之间可以互相敬酒，同时说一两句简单的祝酒词或劝酒词。别人向你敬酒的时候，要手举酒杯到双眼高度，在对方说祝酒词或"干杯"之后再喝，喝完后，手拿酒杯和对方对视一下，这一过程才结束。

对我国来说，敬酒的时候还要特别注意。敬酒无论是敬的一方还是接受的一方，都要注意因地制宜、入乡随俗。我们大部分地区特别是东北、内蒙古等北方地区，敬酒的时候往往讲究"端起即干"。在他们看来，这种方式才能表达诚意、敬意。所以，在具体的应对上就应注意，自己酒量欠佳应该事先诚恳说明，不要看似豪爽地端着酒去敬对方，而对方一口干了，你却只是"意思意思"，往往会引起对方的不快。另外，对于敬酒的人来说，如果对方确实酒量不济，没有必要去强求。喝酒的最高境界，应该是"喝好"而不是"喝倒"。

在中餐里，还有一个讲究。即主人亲自向你敬酒干杯后，要回敬主人，和他再干一杯。回敬的时候，要右手拿着杯子，左手托底，和对方同时喝。干杯的时候，可以象征性地和对方轻碰一下酒杯，不要用力过猛，非听到响声不可。出于敬重，可以使自己的酒杯低于对方酒杯。如果和对方相距较远可以以酒杯杯底轻碰桌面表示碰杯。

和中餐不同的是，西餐用来敬酒、干杯的酒，一般都用香槟。而且，只是敬酒不劝酒，只敬酒而不真正碰杯。还不可以越过自己身边的人和相距较远者敬酒干杯，尤其是交叉干杯。

【小贴士】

喝酒为什么要碰杯?

喝酒为什么要碰杯? 目前有两种说法。

一种说法是古希腊人创造的。传说古希腊人注意到这样一个事实，在举杯饮酒之时，人的五官都可以分享到酒的乐趣：鼻子能嗅到酒的香味，眼睛能看到酒的颜色，舌头能够辨别酒的滋味，而只有耳朵被排除在这一享受之外。怎么办呢? 古希腊人想出一个办法，在喝酒之前，互相碰一下杯子，杯子发出清脆响声传到耳朵中。这样，耳朵就和其他器官一样，也能享受到喝酒的乐趣了。

另一种说法是，喝酒碰杯起源于古罗马。古罗马崇尚武功，常常开展“角力”竞技。竞技前选手们习惯于饮酒，以示相互勉励之意。由于酒是事先准备的，为了防止心术不正的人在给对方喝的酒中放毒药，人们想出一种防范的方法，即在角力前，双方各将自己的酒向对方的酒杯中倾注一些。以后，这样碰杯便逐渐发展成为一种礼仪。

⑤ 拒酒的礼仪。宴会上，特别是在中式宴会上，要适当拒酒，这不仅是自我保护的需要，也是营造良好、健康气氛的需要，可以有效避免过量喝酒引起的失态，甚至彼此间的不愉快。但是，无论是因为生活习惯、健康或是工作需要等原因而不能喝酒，都不能直接给予拒绝，因为这样会让敬酒者陷于尴尬的境地，所以这就需要礼貌、大方的拒酒技巧。一是客观、诚恳地申明不能喝酒的原因；二是主动以其他饮料代酒；三是委托同事、部下代喝酒。千万不要在别人给自己斟酒的时候，躲躲藏藏，显得特别小气。乱推酒瓶，敲击杯口，倒扣酒杯，偷偷倒掉，或者把自己的酒倒到别人的杯中，尤其是将自己喝了一点的酒倒进别人杯中，都是不礼貌的表现。

⑥ 敬酒的误区。主要包括：第一，不要强人所难，强性让人喝酒。平时嗜酒如命，必须有所收敛。不胜酒力的，不一定要喝酒，喝水、喝饮料也行，关键有这个想法就可以了。第二，西餐里，如果你是重要的客人或是主宾，要回敬主人一杯。你可以在主人敬酒时立即回敬。一般情况下，别人给你敬酒的时候，不要同时给对方敬酒。第三，没必要非得碰杯，尤其是使用玻璃器皿的时候。第四，主人应该是第一个敬酒的人，不要越俎代庖。第五，不要敲杯子以吸引大家的注意。

(7) 告辞致谢

正式宴会一般吃水果后宴会即结束，此时，一般先由主人向主宾示意，请其做好离席的准备，然后从座位上站起，这是请全体起立的信号。一般以女主人的行动为准，女主人先邀请女主宾离席退出宴会厅。告辞时应礼貌地向主人道谢。通常是男宾先向男主人告辞，女宾先向女主人告辞，然后交叉，再与其他人告辞。

席间一般不应提前退席。若确实有事需提前退席，应向主人打招呼后轻轻离去，也可事前打招呼到时离去。退席时要有礼貌。退席理由应当尽量不使主人难堪和心中不悦。从宴会结束到告辞前不可有任何不耐烦的表示。

对主人的致谢，除了在宴会结束告辞时表达谢意之外，若正式宴会，还可在 2～3 天内以印有“致谢”或 P. R 字样的名片或便函表示感谢。有时私人宴请也需致谢。名片可寄送或亲自送达。首先致谢女主人，但不必说过谦的话。

2. 宴会的组织

宴会对宾客而言是一种礼遇，必须按规定、按有关礼节礼仪要求组织。

(1) 确定宴会的目的与形式

宴会的目的一般很明确，如节庆日聚会、工作交流、贵宾来访等。根据目的决定邀请什么人、邀请多少人，并列出客人名单。宴请主宾身份应该对等，多边活动还要考虑政治因素、政治关系等。宴请形式很大程度上取决于当地的习惯做法。

(2) 确定宴请时间和地点

宴会的时间和地点，应当根据宴请的目的和主宾的情况而定。一般来说，宴会时间不应与宾客工作、生活安排发生冲突，通常安排在晚上6～8点。同时还应注意宴请时间上要尽量避开对方的禁忌日。例如，欧美人忌讳13，日本人忌讳4、9。在安排宴会时应避开以上数字。宴请的地点，应依照交通、宴请规格、主宾喜好等情况而定。

(3) 邀请

当宴请对象、时间和地点确定后，应提前1～2周制作、分发请柬，以便被邀请的宾客有充分的时间安排自己的行程。即使是便宴，也应提前用电话准确地通知。

(4) 确定宴会规格

宴会规格对礼仪效果的影响是十分明显的。宴会规格一般应考虑宴会出席者的最高身份、人数、目的、主人情况等因素。规格过低，会显得失礼；规格过高，则无必要。确定规格后，应与饭店(酒店、宾馆)共同拟定菜单。在拟定菜单时，应考虑宾客的口味、禁忌、健康等因素。对于个别宾客需要特别照顾的，应尽早做好安排。

【小贴士】

我国著名的八大菜系

川菜：素以味广、味辣、味厚著称，并有一菜一味、百菜百味的美誉。

鲁菜：色彩浓重，滑而不腻。

苏菜：浓中带淡，鲜香酥烂，原汁原汤，浓而不腻，口味平和，咸中带甜。

粤菜：以爽、脆、鲜、嫩为特色。

湘菜：口味偏重于咸、辣、酸。

闽菜：色调美观，滋味清鲜。

徽菜：选料朴实，讲究火候，重油重色，味道醇厚，保持原汁原味。

浙菜：具有清、香、脆、嫩、爽、鲜的特点。

(5) 席位安排

宴请往往采用圆桌布置菜肴、酒水。采用一张以上圆桌安排宴请时，排列圆桌的尊卑位次有两种情况：一种情况是由两桌组成的小型宴会，当两桌横排时，其桌次以右为尊，以左为卑。这里所讲的右与左，是由面对正门的位置来确定的。这种做法又叫“面门定位”，如图6-3所示。

当两桌竖排时，其桌次则讲究以远为上，以近为下。这里所谓的远近，是以距正门的远近而言的，如图6-4所示。此法也称“以远为上”。

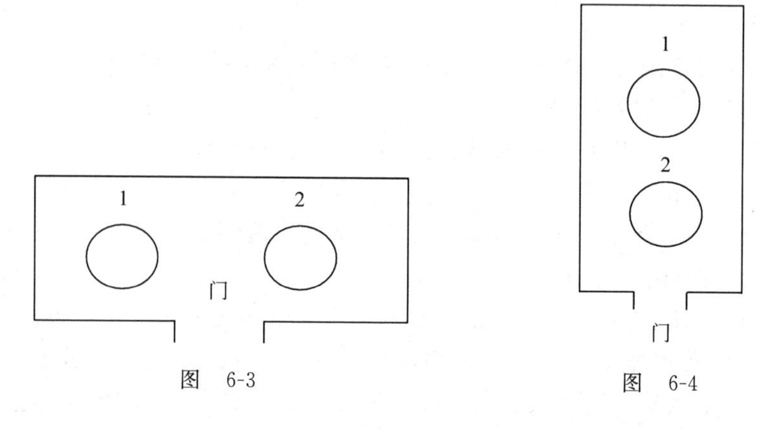

图　6-3　　　　图　6-4

另一种情况是三桌或三桌以上所组成的宴会。通常它又叫多桌宴会。在桌次的安排上除了要遵循“面门定位”“以右为尊”“以远为上”这三条规则外，还应兼顾其他各桌距离主桌，即第一桌的远近。通常距主桌越近，桌次越高；距主桌越远，桌次越低，如图 6-5 和图 6-6 所示。

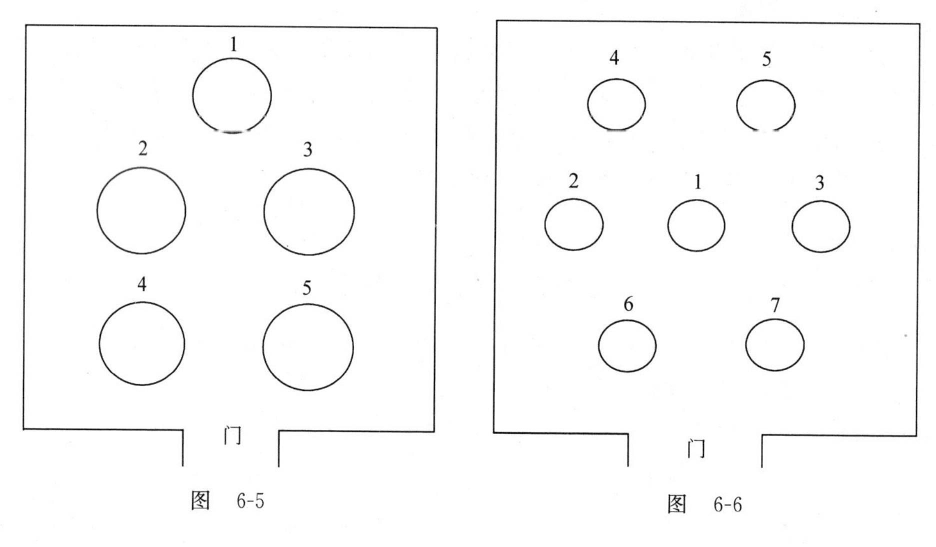

图　6-5　　　　图　6-6

另外需引起注意的是席位安排。在进行宴请时，每张餐桌上的具体位次也有主次尊卑之别。排列位次的方法是主人大都应当面对正门而坐，并在主桌就座；举行多桌宴请时，各桌之上均应有一位主桌主人的代表就座，其位置一般与主人同向，有时也可面对主桌主人；各桌之上位次尊卑，应根据其距离该桌主人的远近而定，以近为上，以远为下；各桌之上距离该桌主人相同的位次，讲究以右为尊，即以该桌主人面向为准，其右为尊，其左为卑。

另外，每张桌上所安排的用餐人数应限于 10 人之内，并宜为双数。

圆桌上位次的具体排列又可分为两种情况：第一种情况是每桌一个主位的排列方法，主宾在其右首就座，如图 6-7 所示。

第二种情况是每桌两个主位的位次排列方法，其特点是主人夫妇就座于同一桌，以男主人为第一主人，以女主人为第二主人，主宾和主宾夫人分别在男女主人右侧就座，这样每桌就形成了两个谈话中心，如图 6-8 所示。

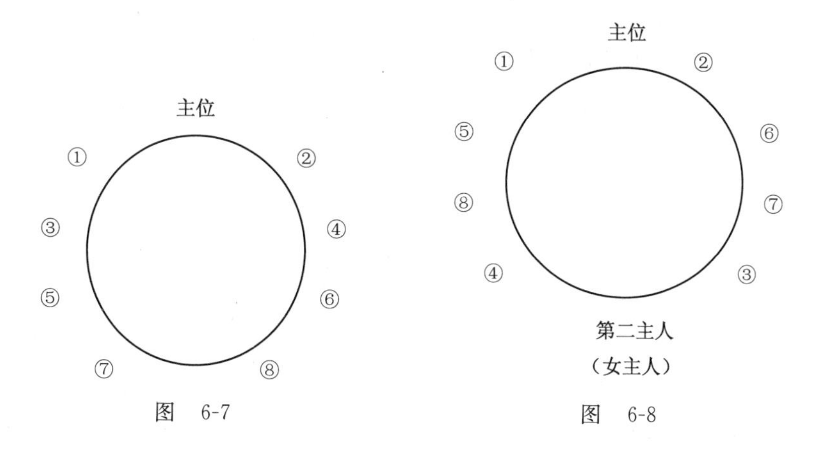

图 6-7　　图 6-8

有时，倘若主宾身份高于主人，为了表示尊重，可安排其在主人位次上就座，而请主人坐在主宾的位次。

（6）餐具的准备

宴请餐具十分重要，考究的餐具是对客人的尊重。依据宴会人数和酒类、菜品的道数准备足够的餐具，是宴会的基本礼仪之一。餐桌上的一切物品都应十分卫生，桌布、餐巾都应浆洗洁白并熨平，玻璃杯、酒杯、筷子、刀叉、碗碟等餐具，在宴会之前都必须洗净擦亮。

（7）宴请程序

迎客时，主人一般在门口迎接。官方活动除男女主人外，还有少数其他主要官员陪同主人排列成行迎宾，通常称为迎宾线，其位置一般在宾客进门存衣以后进入休息厅之前。与宾客握手后，由工作人员引入休息厅或直接进入宴会厅。主人抵达后，由主人陪同进入休息厅与其他宾客见面。休息厅由相应身份的人员陪同宾客，服务员送饮料。

主人陪同主宾进入宴会厅，全体宾客入席，宴会开始。若宴会规模较大，则可请主桌以外的客人先就座，贵宾后入座。若有正式讲话，一般安排在热菜之后甜食之前由主人讲话，接着由主宾讲话，也可以一入席双方即讲话。冷餐会及酒会讲话时间则更灵活。吃完水果，主人和主宾起立，宴请即告结束。

外国人的日常宴请以女主人作为第一主人时，往往以她的行动为准。入席时，女主人先坐下，并由女主人招呼开始进餐。餐毕，女主人起立，邀请女宾与其一起离席。然后男宾起立，随后进入休息厅或留下吸烟。男女宾客在休息厅会齐，即上茶或咖啡。主宾告辞时，主人把主宾送至门口。主宾离去后，迎宾人员按顺序排列，与其他宾客握手告别。

【课堂训练】

以小组为单位，创设职业情境，模拟练习宴请和赴宴的基本礼仪，注意相关细节。

3. 吃西餐的礼仪

随着对外交往越来越频繁，西餐也离我们越来越近。不论是否喜欢，很多人都经常遇到吃西餐的机会。西方用餐，一是讲究吃饱；二是享受用餐的情趣和氛围。只有掌握一些西餐礼仪，在必要的场合，才不至于“出意外”。

西餐是西式饭菜的一种约定俗成的统称，大致可分为欧美式和俄式两种。西餐菜肴主料突出、营养丰富、讲究色彩、味道鲜香。其烹饪和食用同中餐都有很大的不同，体现了一种西方文化。学习、了解西餐知识十分必要。

【小案例】

一个真实的故事

黄慰宣女士讲过一个真实的故事：20 世纪 90 年代，我去德国一家著名公司购买价值 30 万美元的印刷包装机。当时德方很怀疑我们能不能用好这么高精度的机器，因此谈判中德方的态度非常尖锐苛刻。到午餐时间，德方负责人请我们到一家很好的餐馆就餐。吃过面包、喝过汤后，德国人开始窃窃私语。后来，对方告诉我，他们发现我的用餐姿势应该是受过很好的西方礼仪教育的。那个宴会中，再上后面的菜时，对方的态度就温和下来了，相信了我们的能力，接下来的谈判也非常顺利。现在一些跨国公司老板在选高管时，也会选择一家西餐厅边吃边聊，候选人的西餐礼仪，也会成为综合素质考查的一个方面。

(1) 餐具的摆设

垫盘居中，叉左刀右，刀尖向上，刀口向内；盘前横匙，主食靠左，餐具靠右，其余用具酌情摆放。

酒杯的数量与酒的种类相等，摆法是从左到右，依次摆烈性酒杯、葡萄酒杯、香槟酒杯、啤酒杯。

西餐中餐巾放在盘子里，如果在宾客落座前需要往盘子里放某些物品，餐巾就放在盘子旁边。

(2) 刀叉的使用方法

① 要切记惯用右手的人通常右手持刀左手持叉，以手由上方握住刀与叉，两手食指按在刀叉上使用。使用刀时，刀刃应朝向内，不可以向外。进餐中放下刀叉时，应摆成“八”字形，分别放在餐盘边上。刀刃朝向自身，表示还要继续吃。每吃完一道菜，将刀叉并拢放在盘中，如图 6-9 所示。如果是谈话可以拿着刀叉，无须放下。不用刀时，也可以用右手持叉，但需要做手势时，就应放下刀叉，千万不可手持刀叉在空中挥舞摇晃，也不要一只手拿刀或叉，而另一只手拿餐巾擦嘴，也不可一只手拿酒杯，另一只手拿叉取菜。要记住，任何时候，都不可将刀叉的一端放在盘上，另一端放在桌上。

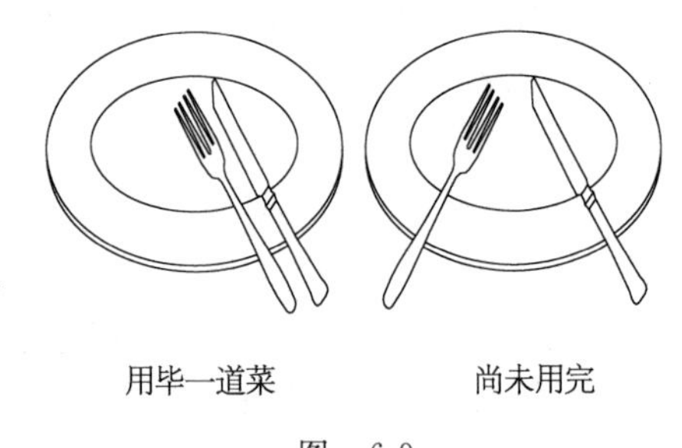

图 6-9

② 食用米饭、玉米、青豆等小颗粒食物时，可以把叉子反过来当汤匙使用，将细小食物用刀帮忙聚集在叉子凹陷处，舀着食用。

③ 吃沙拉时尽量不要用刀将沙拉切碎，而是应该使用叉子将沙拉卷起食用。如果上沙拉的同时也上了面包、饼干，可以用左手拿一小块面包或饼干，帮着把沙拉推上叉子。

④ 欧洲人用餐右手持刀左手持叉，边切边叉，将食物送入口中。美国人则是切每一口食物后，将右手的刀放下，把叉子换到右手，再以叉子正面将食物送入口中。英国人则习惯

用刀把食物扫到叉背上，压平后送入口中。种种吃法并无优劣之分，最好都能熟悉运用，则与不同国家人用餐，入境随俗，更能左右逢源。

⑤ 不慎将刀叉落地，可请服务员代捡，并取一份新的来替换。客人千万不要钻到桌下捡拾，如果弯腰下去捡，不仅姿势不雅观，影响身边的人，也会弄脏手。

【小贴士】

西餐文化的特色

西餐文化的特色可用 6M 来归纳，即 Menu（菜谱）、Music（音乐）、Mood（气氛）、Meeting（会面）、Manner（礼节）、Meal（食品）。

① Menu（菜谱）。西餐中的菜谱被视为餐厅的门面，通常采用最好的材料做菜谱的封面，有的甚至用软羊皮打上各种美丽的花纹，显得格外典雅精致。菜谱的重要性不必多说，在法国，就是戴高乐、德斯坦总统吃西餐也得看菜谱点菜。因为看菜谱点菜已成为吃西餐的一个必不可少的程序，是一种优雅生活方式的表现。请宾客根据个人喜好自行点菜，是一种尊重对方的表现。

② Music（音乐）。豪华高级的西餐厅或酒店通常会有乐队演奏一些柔和的乐曲，一般的西餐厅也会播放一些美妙典雅的乐曲。这里最讲究的是乐声的“可闻度”，声音要达到“似听到又似听不到的程度”，即集中精力和友人谈话就听不到，在休息放松时就听得到，这个“火候”要掌握好。

③ Mood（气氛）。西餐讲究环境雅致，气氛和谐。除了要有音乐相伴之外，桌台一定要整洁，所有餐具一定要洁净。如遇晚餐，灯光要昏暗，桌上要有红色蜡烛，以营造一种浪漫、迷人、淡雅的气氛。

④ Meeting（会面）。选择西餐方式进行商务宴请的前提是，宴请的宾客对西餐应有所了解或可以接受，避免因宾客不熟悉或不喜欢吃西餐而造成双方尴尬。吃西餐主要是为了联络感情，因此在西餐餐桌上不应讨论过于严肃的话题，即便是商务话题，也应以轻松的方式进行交谈，切勿争论。

⑤ Manner（礼节）。这是指“吃相”和“吃态”。西餐宴请应遵循西方的习俗，勿有唐突之举。特别是西餐餐具与中餐餐具有较大区别，使用的规矩、讲究更多，稍不留意就会“失态”。另外，西餐宴会，主人会安排男女相邻而坐，讲究“女士优先”，以表现出对女士的尊重。

⑥ Meal（食品）。一位美国美食家曾这样说：“日本人用眼睛吃饭，料理的形式很美；吃我们的西餐，是用鼻子的，所以我们的鼻子很大；只有你们伟大的中国人才懂得用舌头吃饭。”中餐是以“味”为核心，西餐则是以营养为核心。

4. 冷餐会礼仪

冷餐宴是一种比较自由的宴请形式，一般不设座，食品集中放在餐厅中央或两侧桌上，由客人按顺序自动取食，不要抢先；取食后可找适当位置坐下慢慢进食，也可站立与人边交谈边进食；所取食物最好吃完；第一次取食不必太多，若需添食，可再次或多次去取。冷餐会可招待较多的客人，客人到场或退场比较自由。客人一面做好就餐的准备，一面可以和同席的人随意进行交谈，以创造一个和谐融洽的用餐气氛。不要旁若无人，兀然独坐；更不要眼睛骨碌碌地盯着餐桌上的冷盘等，或者下意识地摸弄餐具，显出一副迫不及待的样子。

当开始用餐时，特别要注意以下几点：一是主人举杯示意开始时，客人才能开始；二是客人不能抢在主人前面；三是要细嚼慢咽，这不仅有利于消化，也是餐桌上的礼仪要求，绝不能大块往嘴里塞，狼吞虎咽，这样会给人留下贪婪的印象；四是不要挑食，不要只盯着自己喜欢的菜吃，或者急忙把喜欢的菜堆在自己的盘子里；五是用餐的动作要文雅，夹菜时不要碰到邻座，不要把盘里的菜拨到桌上，不要把汤碰翻；六是不要发出不必要的声音，如喝汤时“咕噜咕噜”，吃菜时嘴里“叭叭”作响，这都是粗俗的表现。用餐结束后，可以用餐巾、餐巾纸或服务员送来的小毛巾擦嘴，但不宜擦头颈或胸脯；餐后不要不加控制地打饱嗝或嗳气。

5. 鸡尾酒会礼仪

鸡尾酒会也称酒会，是一种自由的社交活动，备有多种饮料和少量小食品，一般在下午或晚上举行，不设座，时间短，客人到场或退场自由。中途离开的客人，应向主人道别，但出席酒会不能太迟或到达不久就立即离去。

鸡尾酒会的形式活泼、简便，便于人们交谈，招待品以酒水为重，略备一些小食品。如点心、面包、香肠等，放在桌子、茶几上或者由服务生拿着托盘，把饮料和点心端给客人，客人可以随意走动。举办的时间一般是下午5点到晚上7点。近年来，国际上各种大型活动前后往往都要举办鸡尾酒会。

这种场合下，最好手里拿一张餐巾，以便随时擦手。用左手拿着杯子，好随时准备伸出右手和别人握手。吃完后不要忘了用纸巾擦嘴、擦手。用完的纸巾丢到指定位置。

6. 喝咖啡的礼仪

咖啡可以自己磨好咖啡豆以后用咖啡壶煮制，也可以用开水冲饮速溶的。人们一般认为自制的咖啡档次比较高，而速溶的咖啡不过是节省时间罢了。

饮用时可以加入牛奶和糖，称为牛奶咖啡。也可以不加牛奶和糖，称为清咖啡或黑咖啡。在西餐中，饮用咖啡是大有讲究的。

(1) 杯的持握

供饮用的咖啡，一般都是用袖珍型的杯子盛出。这种杯子的杯耳较小，手指无法穿过去。但即使用较大的杯子，也不要用手指穿过杯耳端杯子。正确的拿法应是用右手的拇指和食指握住杯耳，轻轻地端起杯子，慢慢品尝。不能双手握杯，也不能用手端起碟子去吸食杯子里的咖啡。用手握住杯身、杯口，托住杯底，也是不正确的方法。

(2) 杯碟的使用

盛放咖啡的杯碟都是特制的。它们应当放在饮用者的正面或右侧，杯耳应指向右方。咖啡都是盛入杯中，放在碟子上一起端上桌子的。碟子用来放置咖啡匙，并接收杯子里溢出的咖啡。喝咖啡时，可以用右手拿着咖啡的杯耳，左手轻轻托着咖啡碟，慢慢地移向嘴边轻啜。不要手握咖啡杯大口吞咽，也不要俯首去找咖啡杯位置。如果坐在远离桌子的沙发上，不便用双手端着咖啡饮用，此时可以做一些变通。可用左手将咖啡碟置于齐胸的位置，用右手端着咖啡饮用，饮毕应立即将咖啡杯置于咖啡碟中，不要让二者分家；如果离桌子近，只需端起杯子，不要端起碟子。添加咖啡时，不要把咖啡杯从咖啡碟中拿起来。

(3) 匙的使用

咖啡匙是专门用来搅咖啡的，如果咖啡太热也可用匙轻轻搅动，使其变凉。饮用咖啡时应当把咖啡匙取出来，不要用咖啡匙舀着咖啡喝，也不要用咖啡匙来捣碎杯中的方糖。不用匙时，应将其平放在咖啡碟中。

(4) 咖啡的饮用

饮用咖啡时，不能大口吞咽，更不可以一饮而尽，而是一小口一小口细细品尝，切记不要发出声响，这样才能显示出品位和高雅。如果咖啡太热，可以用咖啡匙在杯中轻轻搅拌使之冷却，或者等自然冷却后再饮用。试图用嘴去把咖啡吹凉，是很不文雅的动作。

(5) 给咖啡加糖

给咖啡加糖时，砂糖可用咖啡匙舀取，直接加入杯内；也可先用糖夹子把方糖夹在咖啡碟的近身一侧，再用咖啡匙把方糖加入在杯子里。如果直接用糖夹子或手把方糖放入杯内，有时可能会使咖啡溅出，从而弄脏衣服或台布。

(6) 用甜点的要求

有时喝咖啡可以吃一些点心，但不要一手端着咖啡杯，一手拿着点心，吃一口、喝一口地交替进行，这样的行为是非常不雅观的。饮咖啡时应当放下点心，吃点心时则放下咖啡杯。

在咖啡屋里，举止要文明，不要盯视他人。交谈的声音越轻越好，千万不要不顾场合，高谈阔论，破坏气氛。

【小贴士】

咖啡的种类

依据饮咖啡的添加配料不同，咖啡可被分为多个品种。其中最常见的有六种。

① 黑咖啡。它所指的是既不加糖，也不加牛奶的纯咖啡。

② 白咖啡。它是指饮用之前加入牛奶、奶油或特制的植物粉末的咖啡。

③ 浓黑咖啡。它的全名叫意大利式浓黑咖啡。它以特殊的蒸汽加压方法制作，极黑浓，不宜多饮。

④ 浓白咖啡。它的全名叫意大利式浓白咖啡。其制作方法基本上与浓黑咖啡相类似，只是加入了用牛奶打制出来的奶油或奶皮，故此显得又稠又浓，口味甚佳。

⑤ 爱尔兰式咖啡。爱尔兰式咖啡的最大特点，是在饮用咖啡之前不加入牛奶，而是加入一定数量的威士忌酒。

⑥ 土耳其式咖啡。土耳其式咖啡大致与白咖啡类似，在咖啡中可以酌情加入适量的牛奶。但是与其他种类所不同的是，它的咖啡渣并未除去，而是被装入杯中与咖啡一起上桌，供人饮用。

7. 饮茶的礼仪

中国是茶的故乡，制茶、饮茶已有几千年的历史，名品荟萃，主要品种有绿茶、红茶、乌龙茶、花茶、白茶、黄茶。茶有健身、治疾之药物疗效，又富欣赏情趣，可陶冶情操。品茶待客是中国人高雅的娱乐和社交活动，坐茶馆、茶话会则是中国人社会性的群体茶艺活动。中国茶艺在世界享有盛誉，在唐代就传入日本，形成了日本茶道。

茶是中国人最喜欢的饮料，同时也为外宾乐于接受。在商务交往中，经常有专门举行茶会来招待来宾的。茶水虽然物美价廉，但饮茶却是一种文化。

为客人沏茶之前，首先要清洗双手，并洗净茶杯或茶碗。要特别注意茶杯或茶碗有无破损或裂缝，残破的茶杯或茶碗是不能用来招待客人的。还要注意茶杯或茶碗里面有无茶迹，如果有一定要清洗掉。茶具以陶瓷制品为佳。不能用旧茶或剩茶待客，必须沏新茶。在为客人沏茶前可以先征求其意见。就接待外国客人而言，美国人喜欢喝袋泡茶，欧洲人喜欢喝红茶，日本人喜欢喝乌龙茶。

茶水不要沏得太浓或太淡，每一杯茶斟得七成满就可以了。主人在陪伴客人饮茶时，要注意客人杯、壶中的茶水残留量，一般用茶杯泡茶，如已喝去一半，就要添加开水，随喝随添，使茶水浓度基本保持前后一致，水温适宜。正规的饮茶讲究是把茶杯放在茶托上，一同敬给客人。茶杯要放在左边。如饮用红茶可准备好方糖，请客人自取。喝茶时，不允许用茶匙舀着喝。

上茶时，可由主人向客人献茶，或由招待员给客人上茶。主人给客人献茶时，应起立，并用双手把茶杯递给客人，然后说“请”。客人也应起立，以双手接过茶杯，说“谢谢”。添茶水时，也应如此。

由接待员上茶时要先给客人上茶，而不允许先给主人上茶。如果客人较多，应先给主宾上茶。上茶的具体步骤是：先把茶盘放在茶几上，从客人的右侧递过茶杯，右手拿着茶托，左手扶在茶托旁边。如果茶托无处可放，应以左手拿着茶盘，用右手递茶。注意不要把手指搭在茶杯边上，也不要让茶杯撞击在客人的手上，或洒了客人一身。如妨碍了客人的工作或交谈，要说一声“对不起”。客人对接待员的服务应表示感谢。在往茶杯倒水、续水时，如果不便或没有把握一并将杯子和杯盖拿在左手上，可把杯盖翻放在桌子或茶几上，只是端起茶杯来倒水。服务员在倒、续完水后要把杯盖盖上。注意，切不可把杯盖扣放在桌面或茶几上，这样既不卫生，也不礼貌。如发现宾客将杯盖扣放在桌面或茶几上，服务员要立即斟换，用托盘托上，将杯盖盖好。

如果用茶水和点心接待客人，应先上点心，点心应给每个人上一小盘，或几个人上一大盘。点心盘应用右手从客人的右侧送上。待其用毕，即从右侧撤下。

在饮茶中，不应大口吞咽茶水，或喝得咕咚咕咚直响，应当慢慢地一小口一小口地仔细品尝。遇到漂浮在水面上的茶叶，可用杯盖拂去，或轻轻吹开，切不可用手从杯里捞出来扔在地上，也不要吃茶叶。我国旧时有以再三请茶作为提醒客人应当告辞的做法，因此，在招待老年人或海外华人时要注意，不要一而再、再而三地劝其饮茶。西方常以茶会作为招待宾客的一种形式，茶会通常在下午4点左右开始，设在客厅之内，准备好座位和茶几就行了，不必安排座次。茶会上除饮茶之外，还可以上一些点心或风味小吃。

四、旅行礼仪

随着人们生活水平的提高，平时和假日的旅行增多了，改革开放以来，特别是加入世界贸易组织以后，因公因私在国内或海外旅行的机会也增多了。所以，掌握旅行的相关礼仪知识，不断培养自觉遵守旅行礼仪的习惯是十分重要的。

1. 旅行的装备

下面是一些旅行行家的建议，告诉我们如何精心装备自己，使旅行愉快。

(1) 旅行装备的原则

总的来说，旅行装备应遵循以下三个原则。

一是精简原则。合理选择旅行服装是旅行轻松愉快的前提。外出旅行不需要太多的衣饰，即使你要保持一贯的风格和形象，也应只备用得着的衣饰。否则，去时一大箱行李，回来时又添几件行李，会很辛苦。

二是美观原则。注重组合系列化、多样化及时装化，体现前所未有的服饰审美要求和消费观念，注重美观及情趣是旅行服饰的新特色。有了这种全新观念，就可以在衣橱中找出相对漂亮方便的衣饰作为旅行装束了。

三是舒适方便原则。旅行服饰要注意面料的舒适性。一般来说，丝、棉、麻这些天然纤维，透气滑爽，适于在夏天及长途旅行中贴身穿着。外衣面料则应以混纺人造纤维及合成布等不易皱、弹性佳、牢度强且洗涤方便的面料为主。

(2) 不同旅行目的装备

通常旅行可分为两种，结合工作目的的旅行和纯粹的度假旅游。旅行目的不同，装备也不一样。

工作性质的旅行要多带正式感强的衣服。如果有很多应酬场合，就必须带足应付各种场合的服装，同时又不应杂乱和累赘。比如两件职业女装对于商务谈判和业务沟通就很有必要。也可以给这次旅行定一个主色调，如蓝色系列，再稍带点粉红和黑色的服饰，这样就可以搭配出统一风格的形象。

如果每天要见的是不同的人，就可以放心大胆地穿同一套最得意的衣服，而不必每天都换装，这样就相当轻松和简单了。

正式的酒会服装必须带一套，因为现在相当多的生意或公事是在酒会、晚宴等场合敲定的。所以，晚礼服及相应的首饰、内衣、鞋、包应备齐。

专为度假休息的旅行装相对比较随意，一般应根据地形、气候、时间长短、行程特点来挑选服饰。度假是为了解除平时的疲劳而舒展身心的，行李越轻越好。要选那些可叠得很小的轻软的衣物，如T恤、休闲裤、丝衬衣等。

春秋两季出游可带些天然质料的内衣、短风衣、毛衣、夹克和T恤衫及运动装的外衣；夏季旅行，丝麻衬衫、方便搭配的T恤、裙子、长短裤等更适合你，可帮你度过一个湿热多汗的旅程；冬天旅行可带组合配套的羽绒装或皮衣裤，保暖又方便。

行李箱也是旅行中的重要配件，传统的硬面皮箱虽然笨重些，但固定性好，衣物及其他重要物品不易受损，如果是短时间的公事旅行，可选择这类行李箱。现时流行一种容量大而软的行囊，以鲜艳夺目的尼龙防水面料拼接而成，有圆角的长方形、圆筒形等，轻捷方便，不同的隔层可有多种用途，亮丽的色彩平添旅行情趣，特别适合休闲旅行时使用。

(3) 化妆品及其他细节

千万不要指望飞机上或旅馆中提供化妆品。出门旅行，依旧保持在你所熟悉的化妆品环境中，会使你更从容舒适，尤其对于有工作目的的旅行。旅行前把头发修剪到方便梳洗的长度，再把所有要用的化妆品清点进小包里，如夏天的防晒品、冬季的护肤霜以及化妆盒。还可带上方便的洁面巾，以便在旅行中及时净面。

在飞机上多喝些淡盐水，会令皮肤保湿、眼神清澈，如果是出差，会令来接机的同行感到你精力充沛、神采飞扬。另外，下了飞机可立即去做一次面膜，帮助脸上肌肤恢复光泽。

2. 步行的礼仪

无论外出到什么地方，借助何种交通工具，都离不开步行。在公共场所无处不在的步行，更能体现一个人的礼仪修养程度。

(1) 注意安全

遵守交通规则是步行安全的重要保障。城市的交通法规对行人和各种车辆的行驶均有严格的规定，人人都应自觉遵守。穿越马路时，一定要从人行横线处走过去，并注意红灯停、绿灯行，不可随意穿越，不可低头猛跑，更不可翻越栏杆，要注意避让来往车辆，确保安全。在有信号指示或交通警察指挥的地方，一定要遵守信号和听从指挥。

(2) 行路文明

在行走之时，走路的姿势要端庄，不要弓腰、低头，不要东张西望，不要摇头晃脑，也不要哼着小调或吹着口哨。两人走路时，不要勾肩搭背。多人走路时，不要依仗人多而无所顾忌，高声说笑或横占半个马路而影响他人行走，应自觉排成单队或双队。男女同行时，通常男子应走在女子的左侧，需要调换位置时，男子应从女士背后绕过，不要胳膊相挽而行，不要亲热得拥在一起行走。当一个男子与两个以上的女子结伴而行时，男子不应走在女士的中间，而应走在女士们的外侧。在街上遇到熟人不可话说个没完，交谈时不要站在马路中央，影响他人通行。如果遇到的是异性，更不要长时间交谈，确需长谈，应另约地点。在拥挤狭窄的路上行走，应自觉礼让，特别对年长者、妇女、患病体弱者一定要主动让路。

行走时以中速为宜，正常情况下不要猛跑。如果不小心碰到别人或踩了别人的脚，要主动向对方道声“对不起”，即使对方态度不好，也不要与其发生口角。别人撞了自己或踩了自己的脚，应大度宽容，对主动道歉者说声“没关系”，不可以口出怨言，斥责对方。如果遇到残疾人不仅要主动让路，必要时还要主动上前搀扶一把，绝不可与其抢道，更不能以强欺弱，无视公德。行路时要维护马路卫生，不要边走边吃东西，更不要把瓜果皮核往马路上扔，应自觉地扔到马路边上的果皮箱里。

(3) 问路礼貌

需要问路时，首先，应选择合适的对象，最好不要去问正在急于行走的人或正在与人交谈以及正忙碌的人。如果民警正在指挥车辆，也应尽量不去打扰。可以另找那些看起来比较悠闲的人打听。其次，问路时要礼貌地称呼对方，可根据对方年龄、性别和当地的习惯来称呼，绝不能用“喂”“哎”等一些不礼貌的语气呼叫对方。最后，当别人给予回答后，要诚恳地表示感谢，若对方一时答不出，也应礼貌地说声“再见”。

【小贴士】

步行时的禁忌

一忌行走时与他人相距过近，尤其是避免与对方发生身体碰撞。万一发生，务必及时向对方道歉。

二忌行走时尾随于他人身后，甚至对其窥视、围观或指指点点。在不少国家里，此举会被视为“侵犯人权”，或是“人身侮辱”。

三忌行走时速度过快或者过慢，以致对周围的人造成不便。

四忌在私人居所附近进行观望，甚至擅自进入私宅或私有的草坪、森林、花园。此举在一些国家被定为违法之举。

五忌一边行走，一边连吃带喝，或是吸烟不止。那样不仅有损自身形象，而且还会有碍于他人。

六忌与成年的同性在行走时勾肩搭背、搂搂抱抱。

3. 乘车礼仪

以车代步讲究效率，是现代社会的一个显著特点。乘坐车辆的类型不同，其注意事项也有差异，具体如下。

(1) 自驾车礼仪

开自驾车时，应自觉遵守交通规则，文明开车，表现出良好的驾车风度。要注意礼让、考虑别人，要了解各路段的时速限制，注意路上的交通标志，集中精力、谨慎驾驶。

要遵守交通信号，不抢行，不乱按喇叭。道路拥挤或车辆堵塞时，应自觉循序而进或耐心等待，不可随意超车堵道。

在快、慢车道分明的公路上行车，应根据自己的情况合理选择，既不要在快车道上开“蜗牛车”，也不要在慢车道上开“飞车”，不要来回频繁变换车道，影响后面车辆行驶。

夜晚开车时要适时变换远近灯光，绝不可一直用远光直射对方。

需要停车，应到允许停放的地方停放，停车不挡车道及出入口，不能违法占用应急车道，随意停车。车内的废弃物等不能往车外扔，要放在一起，到达目的地时集中处理。

要专心致志地开车，不要因流连于观赏周围的景色，交谈，打手势，左顾右盼，分散了注意力。

当别人的车从身边驶过时，应放慢速度，不要加速，更不要朝别的司机大喊大叫。如果因违反交通法规而被交警拦下，态度要礼貌、友善。即便你认为没有违反交通法规，也要平心静气地说明自己的理由。如果你确实是违反了交通法规，适时的道歉常会为你带来意想不到的结果。

当驾车到某人家中接某人时，应下车按主人家的门铃，而不是按汽车喇叭，除非是事先约定或是有紧急事情。

下雨天开车，要尽量慢行，尽量避开水坑，以免使污水溅到行人身上。孩子们的行动是不可预见的，当你在学校附近或者操场附近驾车时，必须特别机警，注意那些在步行或在骑单车的孩子们。

当你加油时，如果前面的位置能加，就到前面去，不要一进去就停在最后一个加油位，导致前面的油枪空着，后面的车辆却要等待。

当你驾车去超市买东西时，如果把手推车推到了车前卸东西，请记得把手推车推回去或放到不碍事的地方。

热心地帮助别人上下车尤其是对那些动作不便的老年人。出于礼貌男士应为女士开车门。

在车子离开时，要把车窗开着，说了再见离去后才关上窗。

【小贴士】

停车场与加油站礼仪

在停车场应谨慎慢行，留意各种标志和车辆行进方向。不要违反车辆通行标志的要求逆向行驶。穿过两行车中间的通道到停车场另一侧时，要多加小心，因为与之交叉的通道上的司机很难看到你在行驶。把车停在车位的正中间。切忌不切实际地试图把运动型多功能休闲车或其他大型车辆硬塞进小型车的专用车位。

进入多岛加油站后，应减缓车速并谨慎驾驶，避免将站在加油泵前面的人挤在角落，或者阻碍在商场和加油泵间来来往往的人员。尽可能将车靠近自己正在使用的机油泵，以免妨碍其他司机使用别的加油泵。请特别留意加油泵上"只收现金"或"只收信用卡"的标志，这样就不会麻烦工作人员到其他加油泵上帮你交费，以便节省他的时间。

将车停在停车场后，再去商店买东西，或者在车内处理一些事情（你只有在车内付款才可以把车停在加油泵旁）。切记加油站是一个存在潜在危险的地方。加油未结束前不要发动引擎，而且未离开加油站不要吸烟。

【小幽默】

红灯与警察

有一个人晚上开着车，经过一个十字路口，这时黄灯已转成红灯，他心想反正没车，于是加速冲了过去，结果不巧被警察拦了下来，警察问他："你没看到红灯吗？"

"有啊！"他答道。

"那你怎么还闯红灯？"警察又问。

他说："因为我没有看到你呀！"

（2）乘出租车礼仪

乘坐出租车时，应注意以下几个方面的问题。

① 路边招停不影响公共交通。乘坐出租车时，一般应在出租车停靠站点或既不影响交通又安全的地方叫车。不要在路口，尤其是有红绿灯的路口和有黄色分道线的区域叫车，也不要在公共汽车站或快车道旁叫车。

② 礼貌上车与下车。一般情况下，乘客应当坐在后排，座次依据上下车是否方便、坐者是否舒适来排；多人乘车时，应由付费或带路的一方坐前面。同女士、长者、上司或嘉宾打车时，应当照顾其先上车，并请其坐在后排座位上。等对方入座后，自己再从车后绕到另一侧上车或于前排就座。出租车到达目的地后，要主动付费，和女士同行的男士更应如此。上下车及开关门时，要前后观察，以防伤及他人。

③ 保持车内卫生。不在车内吸烟，不往车外吐痰、扔杂物，不在车上脱鞋、脱袜或换衣服，不将湿雨伞和雨衣放在乘客座椅上，不要用脚蹬踩座位，更不要将手、腿及脚伸出车窗外。不要将垃圾、废弃物留在车上。

④ 注意交谈的礼貌。在出租车行驶过程中，乘车人之间可适当交谈，但不宜过多与司

机交谈，以免司机分神。一般不要谈及车祸、劫车、凶杀或死亡等晦气的事。

⑤ 应按计价器付钱，不提无理要求。对出租车司机要谦和、有礼，下车时，应对司机说声“谢谢、再见”，让司机感到温暖和愉快。

(3) 乘地铁礼仪

随着我国轨道交通的快速发展，地铁作为一种快捷的现代交通工具也成为大家生活中非常重要的交通工具之一，商务人员在享受地铁带来方便的同时也应遵守乘坐地铁的礼仪及规定。

① 乘地铁应注意公共安全，遵守相关规定，严禁携带易燃、易爆、有毒、腐蚀性、放射性和杀伤性等危险品(如雷管、炸药、鞭炮、汽油等)上车。

② 进入地铁车站搭乘电动扶梯时，应面向正确行进方向靠右站立，以免挡到后面赶路的人。同时，紧握扶手，双脚踏稳立于黄色框线内。若有旅客在电动扶梯上跌倒，旁人要立刻协助按下紧急按钮。

③ 乘坐地铁应凭票乘车，进入月台候车时禁止越过黄色安全线或倚靠屏蔽门，应按标线排队候车，遵守“先下后上”的原则，杜绝拥挤、抢占座位等不良行为。上车后尽量往车厢内行走，以方便上下车。保持车厢安静，手机最好调为静音。

④ 注意仪表仪态。女士乘坐地铁时，应注意基本仪态标准。如女士不应叉腿坐，男士也不应叉开双腿向后仰或歪向一侧，这都是很失礼的表现。

⑤ 注意保持环境卫生。在地铁车厢内不可吃东西或喝饮料，禁止随地吐痰、乱扔果皮纸屑。

⑥ 到站之后，不要争先恐后，要有秩序地先下后上。

(4) 乘坐高铁礼仪

高铁已成为重要的出行交通工具，良好的乘车环境需要大家共同努力，因此在乘高铁列车过程中，要讲文明、懂礼貌，多一分宽容，多一分礼让。这样，不仅能减少许多不必要的麻烦，还能保持良好的心情，减轻旅途疲劳。

① 讲究候车规则。乘客在候车时，要爱护候车室的公共设施，不大声喧哗，携带的物品要放在座位下方或前部，不抢占座位或多占座位，更不要躺在座位上使别人无法休息。

要保持候车室的卫生，瓜果皮核等废弃物要主动扔到果皮箱里，不要随手乱扔，不随地吐痰。检票时自觉排队，不乱拥乱挤，有秩序地上下车。

② 维护车厢秩序。要有秩序地进入车厢，按号就座。要按要求放好行李，大件行李应放在车厢两头行李处，小件行李可放在座位上方的行李架上，行李要摆放整齐，尽量不要压在别人的行李上。

高铁整个车厢全程是禁烟的，因此千万不要吸烟，不随地吐痰，乱扔废物。

不在车厢内大声说话。到达目的地后，拿好自己的物品有礼貌地与邻座旅客道别，有序下车，不要抢道拥挤。

【小幽默】

不是德行，是惯性

公共汽车上非常拥挤。突然，汽车一个急刹车，一位男子踩到了一位女士的脚，女士随口来了一句："德行!"男士风趣地回了一句："对不起，这不是德行，是惯性。"其他乘客会意地笑了，这位女士也很不好意思。

4. 乘飞机礼仪

现代社会生活中，飞机已经成为非常普遍、快捷的交通工具之一，人们需要经常乘飞机出差、开会、旅行。在乘坐飞机的过程中，机场和飞机舱内是我们与其他乘客接触最多的地方。因此，大家必须要知道乘飞机时的礼仪。

（1）机场候机礼仪

① 提前到达机场。由于乘坐飞机前要进行行李托运、机票检查、确认身份、安全检查等，因此国家民航局规定，乘坐国内航班提前至少一个半小时到达机场，乘坐国际航班应提前至少两个小时到达，以便办理登机手续。

② 携带的行李应符合民航规定。随身携带的行李以轻便为原则，其他行李应进行托运。按民航规定，每位旅客的免费行李额（包括托运和随身携带的行李）：持成人或儿童客票的头等舱旅客为40千克，公务舱旅客为30千克，经济舱旅客为20千克；持婴儿票的旅客，无免费行李额。

③ 过安检礼仪。领取登机卡后，应查看具体的登机时间，如航班因故延误，应听从工作人员的指挥，不能乱喊乱叫，造成秩序混乱；积极配合安检人员进行安全检查，不应拒绝合作，或无端进行指责；将有效证件（身份证、护照等）、机票、登机卡交安检人员查验；上机时不得携带有碍飞行安全的物品，如易燃、易爆、剧毒、放射性物质等危险物品，若有违禁物品，应积极配合妥善处理，不应妄加争辩，扰乱秩序。

④ 候机厅内的礼仪。在候机厅内，不要用行李占座，不要大声喧哗，不随地吐痰，不乱扔垃圾，严禁在候机厅内吸烟，吸烟应去专门的吸烟区；在前往登机口的途中，可乘坐扶梯，但要单排靠右站立，将左侧留给需要急行的人。

【小幽默】

头等舱的优待

机场服务员在登机服务台忙着迎接乘客。一位先生不顾前面排队的人，急匆匆上前问道："我是搭八点半班机飞多伦多的，飞机起飞了没有?"

机场服务员答："对不起，先生，飞机早已起飞了。"

他不死心又问："可我是坐头等舱的，没有优待吗?"

机场服务员又答："没有，先生，头等舱和经济舱同时起飞。"

（2）乘坐飞机时机舱内礼仪

① 上下飞机时，应主动回应空乘服务人员的热情问候。

② 登机后，旅客需要根据飞机上座位的标号按秩序对号入座，随身携带的物品放在座位头顶的行李箱内，贵重物品自己保管好，不要在过道上停留时间过长，以免影响其他乘客。

③ 飞机起飞前，认真观看空乘人员对救生器具、氧气面具的示范表演，以防意外；在飞机起飞和降落以及飞行期间出现颠簸情况，乘客都要系好安全带；在飞行的过程中，禁止使用手机，以免干扰飞机的飞行，影响飞行安全。

【小幽默】

安　全　带

空姐向乘客广播："女士们，先生们，请扣好安全带。飞机马上就要起飞了。"飞机起飞后，喇叭里又传来空姐的声音。"请将安全带扣紧一些。很抱歉，今天的早餐，我们忘记装上飞机了。"

④ 飞机起飞后，需要放低座椅靠背休息时，应礼貌询问后面的乘客是否方便；每个座椅后背有供乘客使用的小桌，除用餐时间外，不宜长时间放下；要饮料的时候，只能先要一种，喝完了再要，以免饮料洒落；飞机上要遵守"禁止吸烟"的规定，禁止使用电子设备；飞机上的盥洗室和卫生间，应排队依次使用，并注意保持清洁；避免儿童在机舱内嬉戏喧闹。

【小幽默】

我 要 鸭 汁

空姐：请问，您需要喝点什么？

乘客：我要鸭汁(椰汁)。

空姐：我们有可乐、雪碧、矿泉水……

乘客：我要鸭汁。

空姐：对不起，我们没有鸭汁……

后来空姐才恍然大悟，原来那位乘客是要椰汁。

(3) 下飞机出机场的礼仪

飞机未停稳前，不可起立走动或拿取行李，以免摔落伤人；下飞机不要拥挤，应等飞机完全停稳后，带好随身物品，按次序下飞机；领取行李时应按次序排队等候。

【小贴士】

《中国公民国内旅游文明行为公约》

营造文明、和谐的旅游环境，关系到每位游客的切身利益。做文明游客是我们大家的义务，请遵守以下公约。

维护环境卫生。不随地吐痰和口香糖，不乱扔废弃物，不在禁烟场所吸烟。

遵守公共秩序。不喧哗吵闹，排队遵守秩序，不并行挡道，不在公众场所高声交谈。

保护生态环境。不踩踏绿地，不摘折花木和果实，不追捉、投打、乱喂动物。

保护文物古迹。不在文物古迹上涂刻，不攀爬触摸文物，拍照摄像遵守规定。

爱惜公共设施。不污损客房用品，不损坏公用设施，不贪占小便宜，节约用水用电，用餐不浪费。

尊重别人权利。不强行和外宾合影，不对着别人打喷嚏，不长期占用公共设施，尊重服务人员的劳动，尊重各民族宗教习俗。

讲究以礼待人。衣着整洁得体，不在公共场所袒胸赤膊；礼让老幼病残，礼让女士；不讲粗话。

提倡健康娱乐。抵制封建迷信活动，拒绝黄、赌、毒。

5. 乘客轮的礼仪

人们出差、旅行经过江河湖海需乘坐客轮，有时观光游览还可乘坐专门的游览船或游艇。乘坐客轮较飞机、火车活动空间大，因而更舒适、自由。然而，乘客轮时人人都讲礼仪，才能使旅行更舒畅。

客轮的舱位是分等级的。我国的客轮舱位一般分为特等舱、一等舱、二等舱、三等舱、四等舱、五等舱等。客轮实行提前售票，每人一个铺位，游船也实行对号入座。因船上的扶梯较陡，所以，上下船时大家应互相谦让，并照顾老年人、孩子和女士。

乘客轮时要注意安全，风浪大时要防止摔倒；到甲板上要小心；带孩子的乘客要看住自己的孩子；吸烟的乘客要避免火灾；不要在船头挥动丝巾或晚上拿手电乱晃，以免被其他船误认为打旗语或灯光信号。

船上的服务设施齐全，有餐厅、阅览室、娱乐室、歌舞厅和录像厅等可供就餐或消闲，乘客也可以去甲板散步，享受浪漫的诗情画意。如邀请其他乘客一起娱乐，一定要两相情愿，不可强求。若房中其他乘客出门，也不要好奇去翻动同房乘客的物品。

乘船时要注意小节。如不要在船上四处追逐，忘乎所以；不要在甲板上将收录机放到很大声；不要在客房大吵大嚷；晕船呕吐要去卫生间；遇上景点拍照不要挤抢等。另外，要注意船上的忌讳，如不要谈及翻船、撞船之类的话题，不要在吃鱼时说“翻过来”或说“翻了”“沉了”之类的话语。

6. 乘电梯礼仪

在现代社会中，电梯是人们用来缩短距离与提高工作效率的工具。乘电梯的礼仪如下。

等电梯时，要主动面带微笑颔首问安；进电梯时不争先恐后；要尽量能够避免紧靠他人和背对他人。在电梯内正确的站法是：先进电梯要靠墙而站，不要以自己的背对着别人，可站成n字形。看到双手抱满东西的人，可代为按钮。

与长辈、上司、女士同行，应礼让他们先进，代他们按下要去的楼层。值得一提的是，如果你与女士同行，他人礼让，并不表示也礼让你，要避免大大咧咧地率先而行。

有人按着电梯开门钮对他人交代事情，偶尔为之可以理解，但一定要简单明了，事后记得向电梯内其他人道歉。如果一时说不清楚，不如搭下一班电梯，以免耽误他人时间。

【小故事】

不懂电梯礼仪的营销人员

营销人员王强要到工作室所在的办公大楼门口迎接前来体验产品的顾客张太太。这是王强第一次接待顾客，表现得极为热情，一见面就嘘寒问暖。进入电梯时，王强抢先踏入，紧靠着最里面站好，想把更多的空间留给顾客。

电梯里，除了王强和张太太还有其他乘梯者，王强为了不冷场，便充分发挥了他的口才，继续和张太太攀谈，问这问那，口若悬河，但是张太太只是礼貌地冲他微笑，偶尔轻声简单回答他的问题，并没有攀谈的意思。这让王强觉得非常尴尬。最终，张太太匆匆地参观了工作室，并表示有急事要先回去了。

后来，王强才知道，原来是因为上次在电梯里对顾客接待不周的原因，顾客认为她没有得到应有的尊重。知道原委后，王强非常后悔自己的电梯失仪行为。

【点评】 电梯虽小，礼仪别有洞天，乘电梯尤其考验人的礼仪修养水平。通过得体的电梯礼仪，可以在短短的几十秒内给他人留下良好的印象。

【课堂训练】

以小组为单位，设置职业情境，模拟练习乘电梯的礼仪。

7. 入住酒店礼仪

酒店是为商务人士提供住宿和餐饮服务的场所，常被称为"家外之家"。身居酒店，要自觉遵守酒店的规章制度，做一个有礼貌的客人。

(1) 预约礼仪

商务活动中外出旅行要提前预订酒店，这样既能方便自己，又利于酒店的管理。尤其是在旅游旺季出门，这项工作更是必不可少。在信息高度发达的今天，预订酒店的方式有很多，如电话、电传、上网都是可以的，但最常用的是网上预订，操作时要准确输入入住和停留的时间、入住的人数、房间的类型、申请住房人的姓名等信息，万一比预订时间晚到，应尽快打电话通知对方，否则预订就会被取消。

此外，随着服务业的发展，各酒店会越来越注重个性化服务，尽量满足客人的需求，所以如果对房间有什么特殊的要求，也可以在预约时提出，这样可使入住酒店后更加称心舒适。

【小幽默】

总统的房间

一位绅士到旅游胜地的一家宾馆要开个房间，侍者因为他没有预订而拒绝说："房间全满，无法安排。"

"听着！"绅士说，"假如我告诉你，如果总统到这里来，你一定会马上向他提供一套客房吧？"

"当然啦，他是总……"

"好了，我荣幸地通知你：总统今晚不来了，你把他的房间给我吧！"

(2) 登记入住礼仪

到达预约的酒店后，首先应该到前台登记，如果行李过多，门童会帮助客人搬运行李，礼貌地表达谢意后便可登记入住。如果前面有正在登记的其他客人，应该静静地按顺序等候。注意应与其他客人保持一定的距离等待，不要贴得太近，虽然不必排成一队，也不能毫无秩序或采取任性无理的态度。入住酒店要出示身份证或其他证件，例如结婚证或护照等。办理完入住登记，领取房门钥匙后，便可到客房休息。

【小幽默】

旅馆太低

一天，杜邦先生到一家小旅馆，他问老板："一个单间多少钱一天？"

老板回答："不同的楼层价格不同，二楼的房间是15马克一天，三楼的房间是12马克，四楼的房间是10马克，五楼的房间是7马克。"

杜邦听后转身走了，老板问："您觉得价格太高了吗？"

杜邦说："是您的旅馆太低了。"

(3) 客房礼仪

客房是客人付费享用的，主要用作休息的房间。客人在客房内休息，虽然拥有极大的个人自由，但是依然不能忘乎所以、随心所欲。在客房内应当遵守的礼仪主要有以下几个方面。

① 爱护客房内设施。酒店客房内备有供旅客生活使用的各种常用物品，如桌、椅、灯具、电视、空调以及盥洗用具等设施，使用时应予以爱护，如不慎损坏应主动赔偿，故意破坏房内物品或把房内不属于自己的东西带走等行为都是违背社会公德的不道德行为。

② 注意内外有别。室内着装，可相对随便。走出客房后则应衣着整齐，不可穿着背心、短裤、睡衣、拖鞋等在走廊或酒店内外的公共场合游逛。不可窥视他人居住的房间。如同室还有其他客人，出入房间应随手关门，不要将房门大开让别人一览无遗。休息的时候，可在门外悬挂特制的"请勿打扰"的牌子。

【小案例】

这样合适吗？

南方某城市某酒店的餐厅和游泳池相隔较近，有些客人早上起床后就直接前往游泳池游泳。大部分客人游泳后会回房间换好衣服再吃早餐，但也有个别客人为图方便，会直接穿着泳衣到餐厅吃早餐。

【问题】 这些客人的做法是否得体？

③ 保持房内卫生。在客房内衣物和鞋袜不要乱扔乱放。废弃物应放入垃圾桶内，也可放到茶几上让服务员来收拾，千万不要扔进马桶里，以免堵塞影响使用。吸烟者不要乱弹烟灰、乱抛烟头，以免烧坏地毯或家具，甚至引起火灾。出门擦鞋应用擦鞋器，用枕巾、床单擦鞋是不道德的行为。

【小贴士】

入住用餐礼仪

① 问清用餐情况。通常情况下，客人住宿的酒店一般会为住宿客人提供免费的早餐，部分酒店会为客人提供全日餐券，客人凭早餐券或全日餐券到指定餐厅就餐。作为住宿客人在领取早餐券或全日餐券时，应向酒店服务员认真询问酒店提供早餐或全日餐的起止时间和地点，这样利于安排作息时间和方便住宿就餐。

② 用餐礼节。除了遵守一般的用餐礼节外，还需要注意如下。

(a) 如果是免费早餐，就餐时要带好就餐凭证。如果是中晚餐也需要在宾馆里解决，就要当场付费或采取记账的方式，有的还要事先预订。

(b) 参加商务会议等活动时,会议餐一般不是分餐制,而是8人或10人一桌用餐,与不太熟识的人坐在一起用餐,是锻炼交际能力、拓展业务联系的好机会。应该尽量多与周围的人交谈,但是声音不能太大。可在就餐前或就餐后交换名片。在餐桌旁互相介绍时不需握手和站起来,只要欠身、微笑、问候即可。

④ 不要影响他人休息。到别的房间找人,应轻摇门铃或轻敲房门,不可重击房门或高声喊叫。开、关门时,动作要轻,声音要小。不要在房间内大声喧哗或举行吵闹声较大的聚会。晚间看电视也应尽可能放小音量,以免影响其他客人。在走廊里说话、走路也应注意不要发出太大的声音,尤其夜深时更应如此。

⑤ 尊重服务人员的劳动。酒店内的服务一般都是比较周到的,服务员会每天按时打扫房间,整理床铺,洗刷脸盆、浴缸等,当服务人员来房间送水或打扫卫生时,要起身相让,不可无动于衷。服务人员离去时,应表示感谢。当遇到一些特殊情况,譬如有客人来访而服务人员恰好来打扫房间,如果觉得不方便,可以有礼貌地请服务人员稍过一会儿再来打扫。

【小案例】

零乱的房间

入住酒店的王先生认为:"我住宿交钱了就应该享受服务,要不还要服务员干吗?"

王先生离开酒店了,服务员走进了王先生刚退的房间,只见房间内拖鞋乱扔,被子乱成了一团,而且还有一个枕头被扔在窗台上,茶几和书桌上堆着不少垃圾,没有丢进垃圾桶,而且床上还放着一些垃圾纸片。在茶壶旁边零乱地放着一些食品包装盒,没有收拾。

【问题】 你如何看待王先生的这种说法和做法?

⑥ 注意安全。入住酒店,进入客房后应先阅读房间门后消防逃生路线图,熟悉所在房间的位置和逃生楼梯的方位。之后,要查看一下窗户和侧门是否锁好。如果酒店员工无法将侧门锁好,可以要求换一个房间。不要把钱或贵重物品留在房间里,要把护照、重要文件等都锁在酒店的保险箱里。在房间时,把门关好并上好锁。除非在等人,否则不要开门;开门前要先问一声,或从窥孔查看一下来人是谁。如果对方宣称自己是酒店员工,但你有其他考虑,可以给前台打电话进行核实。房门钥匙要随身携带。

⑦ 娱乐适度。设施完善的大宾馆、饭店内经常会设有歌厅、舞厅、球厅、游泳池、桑拿浴等娱乐场所。在这些场所娱乐时,要注意着装打扮适宜得体,不能过于怪异,如女性不能化浓妆,不可穿黑皮裙等。娱乐、健身时,如果与他人合作,如跳舞、打球,不可强加于人或粗暴拒绝。特别要注意与异性保持一定的距离,男士有风度,女士要矜持。

⑧ 购物规范。在大的宾馆、饭店里大都设有商品柜台甚至是超市、专卖店等,供客人选购地方特产等物品。在购物过程中,同样要做到规范个人言行,遵守购物礼仪,如尊重并善待营业员,礼貌称呼,和气交流;对想购买的商品可以多看看,对易碎易破商品要轻拿轻放,对不欲购买的商品要放回原处,对所购之物不可过分挑剔,甚至给人出难题。

【小贴士】

涉外住宿礼仪禁忌

① 不允许2名已经成年的男性共居于一室之内。唯有一家人，方可例外。

② 不允许住客在自己住宿的客房内，随意留宿其他外来人。

③ 不提倡住客在自己住宿的客房内会晤来访的人士，特别是不提倡住客在自己的客房内会晤异性来访者。在一般情况下，饭店的前厅或咖啡厅，被视为住店客人会客的理想去处。

④ 不提倡互不相识的住店客人相互登门拜访。

⑤ 不允许住店客人身着内衣、睡裙、背心或裤衩之类的“卧室装”在饭店内的公共场所活动。

⑥ 不允许将客房或饭店内其他场所的公用物品随意带走。

（4）离店礼仪

结账离店是客人和酒店的最后一次接触，要给人留下一个完美的印象。在准备走之前，可以先给前台打个电话通告一声，如果行李很多，可以请前台安排一个人来帮忙提行李。不要从酒店拿走毛巾、睡衣或其他物品，酒店对物品的管理非常严格，这会导致你陷入尴尬的局面。如果不小心弄坏了酒店的物品，不要隐瞒抵赖，要勇于承担责任加以赔付。结完账，礼貌地致谢、道别。

【小贴士】

有教养者的十大特征

① 守时。无论是开会、赴约，有教养的人从不迟到。他们懂得，即使是无意迟到，对其他准时到场的人来说，也是不尊重的表现。

② 谈吐有节。注意从不随便打断别人的谈话，总是先听完对方的发言，然后再去反驳或者补充对方的看法和意见。

③ 态度和蔼。在同别人谈话的时候，总是望着对方的眼睛，保持注意力集中，而不是翻东西、看书报，心不在焉，显出一副无所谓的样子。

④ 语气中肯。避免高声喧哗，在待人接物上，心平气和，以理服人，往往能取得满意的效果。扯开嗓子说话，不但不能达到预期目的，反而会影响周围的人，甚至使人讨厌。

⑤ 注意交谈技巧。尊重他人的观点和看法，即使自己不能接受或明确同意，也不当着他人的面指责对方是“瞎说”“废话”“胡说八道”等，而是陈述己见，分析事物，讲清道理。

⑥ 不自傲。在与人交往相处时，从不强调个人特殊的一面，也不有意表现自己的优越感。

⑦ 信守诺言。即使遇到某种困难也不食言。自己说出来的话，要竭尽全力去完成，身体力行是最好的诺言。

⑧ 关怀他人。不论何时何地，对妇女、儿童及上了年纪的老人，总是表示出关心并给予最大的照顾和方便。

⑨ 大度。与人相处胸襟开阔，不会为一点小事情而和朋友、同事闹意见，甚至断绝

来往。

⑩ 富有同情心。在他人遇到某种不幸时，尽量给予同情和支持。

思考练习

1. 小张和同学小李一同去听孙教授的礼仪讲座，小李对讲座非常感兴趣，想和孙教授进行深入交流。由于孙教授曾经给小张所在的班级上过课，认识小张，因此小李让小张在工作结束后把自己介绍给孙教授。

请问：如果你是小张你将怎样做介绍？请与同学分别扮演相关角色实际模拟演示一下。

2. 在一次业务洽谈会上，小王遇到了一直想与之合作的某集团公司周总，他立即起身走到周总面前，伸出双手去握周总的手。

请问：小王的表现有什么不妥？与同学一起模拟演示一下正确的做法。

3. 设计出用于商务场合的富有个性的名片，然后相互之间练习名片的递接。选出最具特色的名片，进行一次名片展览。

4. 模拟训练赠送与受赠礼物的礼节。

5. 进行拜访礼仪实践。学生2～4人为一组，利用业余时间，到亲朋好友家进行拜访。拜访的目的可以是社会调查、礼节性拜访或是请教问题等。拜访结束后，每个人写出详细的拜访过程，在教师的指导下，在全班进行拜访总结。

6. 请纠正以下电话礼仪中的错误并用正确的礼仪语言重说一遍。

"喂，王芳在吗?"

"对不起，她不在，您有什么需要……"

"不在？算了，算了。"

7. 赴宴应注意哪些礼仪？

8. 如果下星期你打算到南方（如果你现在南方，那就去北方）出差，打开你的衣橱，谈谈携带哪些衣服比较合适。

9. 列举出十种以上行路时的不文明行为。

10. 小王第一次乘飞机，他异常兴奋，看什么都新鲜，空中的壮观景象更令他震撼，于是，他在空中悄悄打开手机拍摄下了几张照片。

请问：小王的行为有何不妥？为什么？

11. 案例分析。

一、"小"字别乱喊

孙西是某咨询公司的高级培训师。上个月，他与公司另一名同事去杭州出差做一个项目。在企业做了一天的内部访谈后，第二天安排到市场一线做实地调研，由各地的区域经理负责安排接待陪同。

市场调研到了嘉兴，当地的区域经理白天陪同一起走访市场，晚上安排了晚餐。区域经理几杯啤酒下肚，便开始称兄道弟。当他得知孙西比自己小几岁后，敬酒时便对孙西的同事喊着张经理我们干一杯，然后冲孙西说："小孙，咱们也喝一杯。"

孙西一听，感觉有点不对味，故意推辞："不好意思，我吃完饭回去还得整理一下调研材料，就免了吧。"那个区域经理觉得被扫了面子，又冲着孙西的同事说："张经理，你看小孙，可真不够意思！"

孙西闻言，更加不舒服了，他端起酒杯很绅士地对那个区域经理说："请问您贵姓？"区域经理很纳闷，答道："我姓彭。""哦，小彭，咱们第一次见面，也不是很熟悉，但我要很负责地跟你说句话，你听好了——即使是你们老板跟我一起吃饭，敬酒时也会很尊敬地称我一声'孙老师'或'孙经理'！好了，这杯酒我敬您。喝完我就先告辞了。"孙西一饮而尽，扬长而去，留下那个屁股刚抬起一半准备喝酒的区域经理，站也不是，坐也不是，呆立当地。

讨论题：

(1) 本案例中那位区域经理的问题出在哪儿？

(2) 职场中，称呼应该注意什么？

二、自我介绍不到位

著名礼仪专家金正昆曾谈到这样一件事：有一次去参加春节联欢会，节目开始前我们几个朋友在嘉宾休息室聊天。我们在那儿聊普京和布什这两个总统，讨论到底哪个人口才比较好，哪个人外形比较好，哪个人个人魅力指数比较高，当然这是大家在那儿说笑话了，有的说普京，有的说布什。说着说着来了个小伙子，听清了我们聊的内容就说，我看他们俩都不行，然后自顾自地说了普京的不行、布什的不行。我们大家都误认为他是我们这四五个人中间某个人的熟人，他走之后我们就问，这是谁的朋友？大家都说不认识，结果在场的四五个人没有一个人认识他。

讨论题：

(1) 案例中的小伙子的行为存在哪些礼仪错误？

(2) 在交际场合如何避免自我介绍不到位的情况？

(3) 应该怎样进行自我介绍？

三、电话里的女高音

某杂技团计划于下月赴美国演出，该团团长刘明就此事向市文化局作请示，于是他拨通了文化局局长办公室的电话。

可是电话响了足足有半分多钟时间，不见有人接听。刘明正纳闷着，突然电话那端传来一个不耐烦的女高音："什么事啊？"刘明一愣，以为自己拨错了电话："请问是文化局吗？""废话，你不知道自己往哪儿打的电话啊？""哦，您好，我是市歌舞团的，请问王局长在吗？""你是谁啊？"对方没好气地盘问。刘明心里直犯嘀咕："我叫刘明，是杂技团的团长。"

"刘明？你跟我们局长什么关系？"

"关系？"刘明更是丈二和尚摸不着头脑。

"我和王局长没有私人关系，我只想请示一下我们团出国演出的事。""出国演出？王局长不在，你改天再来电话吧。"没等刘明再说什么，对方就"啪"地挂断了电话。

刘明感觉像是被人戏弄了一番，拿着电话半天没回过神来。

讨论题：

(1) 本案例中“女高音”接电话哪些地方不符合礼仪规范？

(2) 接电话与塑造组织形象有怎样的关系？

四、小张错在哪？

一位刘小姐和一位男士小张在一家西餐厅就餐，小张点了海鲜大餐，刘小姐则点了烤羊排。主菜上桌，两人的话匣子也打开了，小张一边听刘小姐聊起童年往事，一边吃着海鲜，心情愉快极了，正在陶醉时，他发现有根鱼骨头塞在牙缝中，让他不舒服。小张心想，用手去掏太不雅了，所以就用舌头舔，舔也舔不出来，还发出啧啧喳喳的声音，好不容易将它舔吐出来，就随手放在餐巾上。之后他在吃虾时又在餐巾上吐了几口虾壳。刘小姐对这些不太计较，可这时小张想打喷嚏，拉起餐巾遮嘴，用力打了一声喷嚏，餐巾上的鱼刺、虾壳随着风势飞出去，其中的一些正好飞落在刘小姐的烤羊排上，这下刘小姐有些不高兴了。接下来，刘小姐话也少了许多，饭也没怎么吃。

讨论题：

(1) 请指出本例中小张的失礼之处。

(2) 本案例对你有哪些启示？

五、王先生乘车

某公司的王先生年轻肯干，点子又多，很快引起了总经理的注意并拟提拔为营销部经理。为了慎重起见，决定再进行一次考查，恰巧总经理要去省城参加一个商品交易会，需要带两名助手，总经理选择了王先生和公关部的杜经理。王先生自然同样看重这次机会，也想借机好好表现一下。

出发前，由于司机小王乘火车先行到省城安排一些事务，尚未回来，所以，他们临时改为搭乘董事长驾驶的轿车一同前往。上车时，王先生很麻利地打开了前车门，坐在驾车的董事长旁边的位置上，董事长看了他一眼，但王先生并没有在意。

车上路后，董事长驾车很少说话，总经理好像也没有兴致，似在闭目养神。为活跃气氛，王先生寻到一个话题：“董事长驾车的技术不错，有机会也教教我们，如果自己会开车，办事效率肯定会更高。”董事长专注地开车，不置可否，其他人均无应和，王先生感到没趣，便也不再说话。一路上，除董事长向总经理询问了几件事，总经理简单地作回答后，车内再也无人说话。到达省城后，王先生悄悄问杜经理：董事长和总经理好像都有点不太高兴？杜经理告诉他原委，他才恍然大悟，“噢，原来如此。”

会后从省城返回，车子改由司机小王驾驶，杜经理由于还有些事要处理，需在省城多住一天，同车返回的还是四人。这次不能再犯类似的错误了，王先生想。于是，他打开前车门，请总经理上车，总经理坚持要与董事长一起坐在后排，王先生诚恳地说：“总经理您如果不坐前面，就是不肯原谅来的时候我的失礼之处。”并坚持让总经理坐在前排才肯上车。

回到公司，同事们知道王先生这次是同董事长、总经理一道出差，猜测着肯定提拔他，都纷纷向他祝贺，然而，提拔之事却一直没有人提及。

讨论题：

(1) 请指出王先生的失礼之处。

(2) 乘小轿车究竟应该怎样就座？

六、我的成功从电梯口开始

两年前，我到一家国外的化妆品公司参加面试。刚刚走出社会的我，没有丰富的面试经验，也不具备较好的外在条件。面试在市中心的写字楼里，看着出入大厅的靓丽都市白领，再瞅瞅自己特地从室友那儿借来的略显肥大的套裙，唉！

下午2点半面试，我是提早15分钟到达的，面试在大厦的12层。

电梯来了，大家鱼贯而入，满满当当地挤了十几个，刚要关门，一个西装笔挺的人跑了进来，电梯间里立刻响起了刺耳的警告声，超载了。

大家都把目光投向了那个最后进来的人身上，但他丝毫不为所动。顿时，电梯间陷入了刹那的尴尬中，虽然还有时间等下一班电梯，但谁也不愿意冒这个险，毕竟大家都想给主考人员留个不错的印象。

我站在靠边的位置，自然地走了出去，转过身，在关门的瞬间，不自觉地冲电梯中的人微扬了一下嘴角。

考试进行得紧张而顺利，每个人都回家等通知。第三天，我被这家公司正式聘用了。

上班后，我见到了面试那天那个最后跑上电梯的男人。他是我的同事，进公司已经两年了。当我问他那天面试时的详情，他说，他也只是依照上级老板的意思，在电梯门口等待时机，公司除了要看应聘人与主考人员的交流，还会参考很多因素，如到会场的时间，与周围人的沟通等。

他说："许许多多的测试都是无形之中就完成了的——面试在你一迈进大楼就已经开始了。"

讨论题：

(1) 为什么说"面试在你一迈进大楼就已经开始了"？

(2) 从本案例中你学到了什么？

任务7 求职应聘

莫愁前路无知己，天下谁人不识君。

——(唐)高适

每一个成功都有一个开始，勇于开始才能找到成功的路。

——佚名

案例导入

面　试

凯恩集团正在招聘职员，小林马上就要毕业了，对此她信心百倍，因为她专业对口，而且其他条件也非常符合。面试当天，小林为了给招聘单位留下好印象，决定好好打扮一下自己。在寝室忙了半天，她最后选中了一条大花的连衣裙，穿上高跟鞋，戴上项链、耳环、手链，还化了现在最流行的闪亮妆，她想这样一定能在外形上取得优势。面试当天，小林与其他面试者在办公室外等待。当看到发来的题目时，小林更觉得胜券在握。她松松垮垮地站在门口准备上场，回头看见有一排沙发，便坐在沙发上，跷起二郎腿，悠闲地拿出化妆包开始补妆。面试时，小林看到题目有点陌生，忍不住挠头抓痒，在座位上扭来扭去。面试完毕，结果可想而知。

任务分析

求职礼仪是求职者在求职过程中与招聘单位招聘者接触时应具有的礼貌行为和仪表形态规范。它通过求职者的应聘资料、语言、仪态举止、仪表和着装打扮等几个方面体现其内在素质。求职过程中求职者要讲究对人的尊重和礼貌修养，给招聘者留下一个良好的印象，增加招聘单位录用自己的机会。千万不要像本任务"案例导入"中的小林那样，其不良的礼仪表现是不会取得求职的成功的。

实训项目

项目名称：举行模拟招聘会。

实训目标：能够做好各项求职准备，熟练掌握面试的礼仪，表现出良好的素质和形象。

实训学时：2学时。

实训地点：实训室。

实训准备：模拟招聘企业的有关情况和其需求岗位、面试问题、面试桌椅等。

实训方法：选3～4名学生担任某企业面试考官，其他同学担任求职者。面试考官先介绍单位及岗位需求情况，然后求职者依次进行1分钟自我介绍，面试考官提问，求职者回答问题。最后教师总结、点评。

知识链接

一、求职前的准备

1. 心理准备

(1) 调整心态

求职面试前的准备首先是求职心态上的准备，要调整择业心态，端正择业态度，正确评价自己，对理想值与期望值不要过高，特别是大学生要先就业，再择业，自我定位过高不行。

【小案例】

不同的回答

在上海某单位组织的一次面试中，某主考官先后向两位考生提出了同样的问题："我们单位是全国数一数二的大公司，下面有很多子公司，凡被录用的人员都要到基层去锻炼，基层条件比较艰苦，请问你们是否有思想准备？"

毕业生A说："吃苦对我来说不成问题，因为我从小在农村长大，父亲早逝，母亲年迈，我很乐意到基层去，只有在基层摸爬滚打才能积累丰富的工作经验，为今后发展打下基础。"

毕业生B则回答："到基层去锻炼我认为很有必要，我会尽一切努力克服困难，好好工作，但作为年轻人总希望有发展的机会，不知贵公司安排我们下去的时间多长？还有可能上来吗？"

结果，显而易见，哪位学生被录取了呢？当然是前一学生被录用，后一学生被淘汰。

【点评】 在面试过程中，回答问题的技巧非常重要。对有些问题的回答，表面上看来合情合理，无可厚非，但却令考官反感。这是因为，主试者并不在乎你回答的内容多少，而在于考查你对问题本身的态度，进而了解你对职业的态度等。显然，考生A对下基层的态度端正、诚恳，令主考官欣赏；而考生B思想上明显有顾虑，尽管乃人之常情，但这种场合提出很不合时宜。

现在有许多大学生求职时把自身看得很重，一味地追求待遇，你能给我什么待遇，每月少于多少钱不去，有的还挑岗位和专业。其实你站在企业的角度考虑一下，企业用人，那叫人力资源管理，也是有成本的，劳动力的价格是由什么决定的？是由你这个劳动力的价值决定的，你刚毕业，谈不上有什么工作实践、工作经历，有点儿实习经历也很有限，只是在课堂上学了点东西，考试靠突击，考完试就忘了。企业不知道你有什么本事，你有多大能耐，它不可能给你高工资。

(2) 知己知彼

每一个求职的人，都希望在面试时留给主考官一个好印象，从而增大录取的可能性。孙子说："知己知彼，百战不殆。"面试就如同一场试探性的战斗，战斗的双方就是面试单位的主考官和参加面试的你自己。你事先要了解用人单位的基本情况、研究好主考官、研究好你自己，才能在求职中争取主动，可以说，这是求职者迈向成功的第一步。

① 了解用人单位。求职前要了解一个单位的规模、声誉、发展潜力、人员构成、业务范围、硬件设施、工作性质、岗位培训、晋升机会、福利待遇等，并在此基础上制定相应的应聘策略。

② 研究主考官。首先，应聘者要明确主考官会从以下方面来考查、评价自己。

(a) 主考官可能会先评价一个应聘者的衣着、外表、仪态和行为举止。

(b) 主考官会对应聘者的专业知识、口才、谈话技巧做整体的考核。

(c) 主考官可能会从面谈中来了解应聘者的性格和人际关系，并从谈话过程中了解应聘者的情绪状况以及人格成熟的程度。

(d) 主考官会在面试时，观察应聘者对工作的热情程度和责任心，了解应聘者的人生理想、抱负和上进心。

其次，面对不同类型的主考官，应预先制定相应的策略。主考官不同，注重的能力方面也不同。如果主考官是技术干部，他就会注重专业和处事能力；若是人事干部，就会注重应试者的社会意识和处事能力；若是领导干部，则注重合作精神、办事能力及处理紧急事件的应变能力。在面试时要学会察言观色，注意主考官更加注意哪一方面，在他感兴趣的方面充分表现一下。

③ 研究自己。这包括以下几个方面。

(a) 了解自己的长处、兴趣、人生目标、就业倾向等。许多学校都会为毕业生就业求职开设一些辅导，帮助毕业生分析个人的专业和志向，作为毕业生的你，可以充分利用这个渠道，为求职预先做好准备。

(b) 听取家人和有社会经验的亲友的意见和建议，修正个人的志愿，也是很有必要的。

(c) 参加面试一定要抱着谨慎的态度，不浪费每一次机会，并把每一次面试当作重要的经验积累起来。

(d) 了解并演练一下必要的面试礼仪，可以放松紧张的心情，在面试时表现得轻松自如。

【小贴士】

招聘的绝招

用人单位为了招聘到合适的人才，在招聘过程中使用各种招数。下面这个故事就是用人单位考验人的意志和毅力的招数，能够吃苦者经受住了考验，成为笑到最后的人。

某家企业招聘推销员，来了许多应聘者。然而，企业人事经理刚和大家见面，便说："对不起，电梯坏了。"于是，一部分人不慌不忙地待在一楼等修理电梯，另外一部分人拾级而上。可是，该企业位于第 32 层，的确太难爬了，一些人半途而废，只有少数应聘者从一楼走到第 32 层。结果，这些不怕累的应聘者被企业聘用。

2. 材料准备

（1）求职信

求职信是求职者为了寻求一份比较理想的工作，或是谋求一个比较合适的职业，而向有关单位或领导集中介绍自己的实际才能、专长，表达自己的就业愿望的一种专业文书。写好它是求职者开启成功求职的第一步，同时也是求职者和用人单位接触和联系的桥梁、纽带。写好求职信要注意以下方面。

① 写全求职信的结构。求职信作为专用书信，为突出其目的性，一般要写明标题“求职信”；另外，在成文日期下靠左处要写清求职人的“联系方式(地址、电话、电子邮箱等)”，以便用人单位与求职者本人联系。

此外，为了更好地展示自己，求职者可以将有关证明材料，如学历证书、荣誉证书、技能证书等资料的复印件，附于求职信的后面。因此，在求职信的结尾部分或正文之后写明附件说明，说明求职信具有的附件数量和名称等。

② 写准求职信的称谓。求职信中，求职者和应聘单位的人事主管(经理)之间是一种特殊的人际关系，他们之间的人际关系不是建立在血缘或情缘基础上的人际交往，而是建立在机缘关系、平等基础上的人际往来，且双方多数是初次接触。所以，求职信的称谓多用“尊敬的×××”，而不使用“亲爱的×××”。

③ 写好求职信的内容。求职者必须围绕“岗位”的需要，充分展示自己能够胜任所必须具有的职业知识、职业能力、职业素养、工作经历等，这是求职信的核心内容。

(a) 职业知识。职业知识就是社会实践中，人们完成职业岗位任务所必须具备的知识，一般包括基础知识和专业知识。

(b) 职业能力。职业能力是指人们从事某一职业或专业所需要的能力，它直接影响着人们工作的质量和效率。因此，招聘方对求职者的“职业能力”最为关注。

(c) 职业素养。职业素养是指职业内在的规范和要求，是在职业过程中表现出来的综合品质，包含职业道德、职业行为、职业作风和职业意识等方面。具体体现在多个方面，如责任心、敬业精神、团队意识、职业操守等。求职者在《求职信》的写作中要有所关照。

(d) 工作经历。工作经历是指应聘者的所有工作历史，无论是有偿的还是无偿的，全职的还是兼职的。之所以要提供一些重要的工作经历，其目的是证明求职者自身的能力及其具备的职业经验，从而进一步提升自身的价值。如果是一位应届毕业生，则可以适当介绍自己的专业实习或实训经历、经验。

正文结尾部分可提醒用人单位回复消息，并且给用人单位更为肯定的确认，“您给我一个机会，我会带给您无数个惊喜！”结束语后面写表示敬意的话，如“此致”“敬礼”。

【小贴士】

求 职 信

尊敬的××货运公司领导：

您好！感谢您在百忙中阅读我的求职信！

从贵公司网站发布的招聘启事中得知贵公司要招聘4名报关员，我学的专业对口，所以我很想应聘这一岗位。我叫张××，是一名2018届专科毕业生，将于今年6月底从××

职业学院经贸管理专业毕业。回首三年的大学生活，勤奋与收获同在，充实与快乐并存。三年中，我的学习成绩一直在本专业中排在前10名，并在大一时顺利通过普通话二级甲等、大二顺利通过全国计算机二级（VFP）考试，大三通过英语四级，并能熟练使用英语，同时已取得报关员和报检员资格证书，学习成绩和各种证书有附件中的复印件为证。

我性格开朗、乐观向上、自信稳重、勤奋务实、待人真诚。大一、大二时在系学生会担任办公室主任职务，工作认真负责，积极主动，培养了我能吃苦耐劳、在高强度工作环境下的抗高压能力。大二下学期我发起成立了××志愿者协会，在组织活动的过程中，锻炼了组织协调能力、实际动手能力和迅速适应环境的能力，培养了团队协作精神。在学校与同学关系融洽，在各类社会实践活动如家教、企业产品的销售和推广等工作中，与同事建立了良好的人际关系。这些社会实践工作培养了我敏锐的洞察力、独立的思考判断能力、果断的行事作风，学会了为人处世之道。

最后，再次感谢您对我的关注，并真诚地希望我能成为贵公司的一员，为贵单位的繁荣昌盛贡献自己的绵薄之力，期待您的回复并盼在面试中相见。

祝贵公司事业蒸蒸日上！

附件：①大学三年学习成绩单；②普通话二级甲等证书、英语四级证书、计算机二级证书、报关员和报检员证书复印件。

联系方式（略）

张××

2018年3月18日

【点评】 这是一封规范而不失个性的求职信。它格式规范，通顺流畅，简洁质朴，语气真诚而委婉。其个性有三点：一是信息量丰富，除必要的"软、硬件"外，还将大学三年中取得的成绩按时间顺序列举出来，让人感觉这是一位勤奋学习、吃苦耐劳的好学生。二是自我分析不虚不矜，有理有据，没有套话空话，显得真实可信；三是礼仪周全，表达贴切，有问候、有致谢、有祝愿，产生了"以诚感人"的效果。这种知道对方"要什么"、自己能"给什么"、明确"为什么要我"的求职信，无疑会赢得招聘者青睐。[①]

④ 写好求职信的注意事项。写求职信时最好选用署有本校校名的信封、信纸，避免选用带有外单位名称的信封、信纸。字迹要清晰工整，如能写一手漂亮的书法，手写求职信是很不错的选择，因为更多的人相信"字如其人"。如果字写得不好看，宜用打印件。篇幅要适中、不宜过长，1000字左右较为合适。

求职信是求职者与用人单位的第一次沟通，所以，文笔要自然流畅，既不要过高评价自己，也不要过于谦虚。行文可带有鲜明的个人风格，以给用人单位留下深刻的印象。

**【小故事】**

达·芬奇的求职信

1482年，31岁的达·芬奇离开故乡佛罗伦萨，来到米兰。他给当时的最高统治者、米

---

① 赵玉柱. 写出好的求职信需"三思"[J]. 应用写作，2015(4)：30-31.

兰大公鲁多维柯斯查写了一封求职信——《致米兰大公书》，希望谋得一个军事工程师的职位。

尊敬的大公阁下：

来自佛罗伦萨的作战机械发明者达·芬奇，希望可以成为阁下的军事工程师，同时求见阁下，以便面陈机密。

一、我能建造坚固、轻便又耐用的桥梁，可用来野外行军。这种桥梁装卸非常方便。我也能破坏敌军的桥梁。

二、我能制造出围攻城池的云梯和其他类似设备。

三、我能制造出一种易于搬运的大炮，可用来投射小石块，犹如下冰雹一般，可以给敌军造成重大损失和混乱。

四、我能制造出装有大炮的铁甲车，可用来冲破敌军密集的队伍，为我军的进攻开辟道路。

五、我能设计出各种地道，无论是直的还是弯的，必要时还可以设计出在河流下面挖地道的方法。

六、倘若您要在海上作战，我能设计出多种适宜进攻的兵舰，这些兵舰的防护力很好，能够抵御敌军的炮火攻击。

此外，我还擅长建造其他民用设施，同时擅长绘画和雕塑。

如果有人认为上述任何一项我办不到，我愿在您的花园，或您指定的其他任何地点进行试验。

向阁下问安！

达·芬奇

米兰大公收到此信不久，就召见了达·芬奇。在短暂的面试后，正式聘用达·芬奇为军事工程师，待遇十分优厚。

【点评】 当时，米兰大公的处境可谓强敌环伺，他需要军事制造方面的人才。达·芬奇深切地了解他的需要，有针对性地设计了求职信，无比自信地在求职信中一连使用了六个“我能”，一项一项，有条不紊地列举自己军事工程方面的才能，精练简洁，让人一目了然，就等于告诉米兰大公“我清楚您的处境，我会帮助您赢得战争！”所以，后者毫不犹豫地给了达·芬奇面试的机会。

(2) 简历

求职简历是求职者将自己与所求职岗位紧密相关的信息，经过分析整理后清晰简要地表述出来的书面求职资料。求职者到招聘单位要做的第一件事情就是投递简历，而简历则成了招聘单位了解求职者的最初载体。一份优秀的简历，往往可以在众多求职简历中脱颖而出，给招聘单位人力资源部门或人员（以下简称 HR）留下深刻印象，从而帮助求职者成功谋取职位。

① 形式赏心悦目。传统的表格式简历因信息散落于表格中，不宜让 HR 立即发现求职者的闪光点，且线条过多，显得不够简洁明了。赏心悦目是简历在形式上的设计目标，这里建议将传统表格的线条去除，改散点式表格为模块式形式，这样因信息集中会让 HR 很容易找到关注点。且去除表格后的简历更显简洁、新颖、大气，收到传统表格式简历所达不

到的效果。

模块式简历，即根据简历的内容划分为若干块状结构进行信息描述。模块式简历首先要考虑的是布局及框架的问题，一份简历大致包括姓名、性别、年龄、籍贯、照片、联系方式、自我评价、求职意向、教育背景、个人技能及所获奖项、在校及社会工作经历或项目经历等内容。从逻辑关系角度来看，简历中的姓名、性别、年龄、籍贯、照片、联系方式等一般都可归为基本信息范畴。弄清这种逻辑关系后，就可以将基本信息与其他模块进行切割，即将基本信息作为首部，将其他模块作为主体进行设计。在设计时，可以将基本信息置于简历的上部，或者分栏后放于左边或右边，有时为了突出其他模块也可将基本信息放在尾部。模块式结构不仅让简历从视觉上更显鲜明，重要的信息更加突出，布局更加合理，而且降低了阅读障碍。

【小贴士】

加入个性化因素的简历

求职者在制作简历时可加入个性化元素，个性突出、特征鲜明的简历往往会散发出独有的光芒，从而吸引 HR 的目光。个性化简历可从以下几个方面来构思。

(a) 从招聘单位角度构思。设计者事先要对应聘单位有所了解，设计新产品、企业标识、企业名称等企业识别元素，激发 HR 的好感和注意，比如将简历设计成新产品说明书的形式来应聘某制药企业。

(b) 从应聘的岗位角度构思。求职者可以根据岗位特征来设计带有岗位元素的简历形式，比如针对人力资源管理岗位，求职者可将简历做成计划引进的人才档案，内容可以是人才引进原因及人才主要成绩等。

(c) 从专业角度构思。求职者可以根据专业特征来设计带有专业色彩的简历形式，比如针对广告专业，求职者可将简历设计成一份精美的广告。但创新应有“度”，不可让形式淹没了内容，过于花哨反而会带来负面效果。

② 内容简洁明了。形式只是外表，简历的内容才是关键。求职者在描述内容时务必简洁明了，对 HR 来说，每天可能会浏览数以百计的简历，一般不可能有时间把每份简历都仔细看完，如果写得繁芜冗长、词不达意、空洞无物，反而会使简历的亮点被忽视。下面分别介绍各模块的写法。

(a) 基本信息。基本信息主要包括姓名、性别、年龄、籍贯、照片、联系方式等。

照片：照片一定要采用穿正装的证件照，要给 HR 以正式、严肃之感，不宜采用大头照或生活照。照片往往具有文字无法比拟的优势，网上投递简历的求职者更要加以重视。

联系方式：一般可以依次注明手机号码及 E-mail，邮箱不宜选择 QQ 邮箱，宜选择比较正式的网易邮箱、新浪邮箱等。

(b) 求职意向。求职意向宜适当宽泛，采用岗位群(核心岗位与相关岗位相结合)的形式描述会比较好，特别是参加招聘会的大学毕业生的简历更应如此。但如果应聘者已获悉确定的岗位，此时的求职意向应明确。

(c) 教育背景。教育背景一般应注明最高学历、专业、毕业学校，对于所学课程，可以列核心或特色专业课，公共课、基础课等可不列。

(d) 个人技能及所获奖项。个人技能主要从语言能力、计算机应用能力、专业能力三个方面介绍。语言能力包括中文、外语等,计算机应用能力包括各类计算机软件的使用技能等,专业能力包括与专业相关的各项能力或相关证书。所获奖项应列举级别较高、分量较重的奖项,为突出自身能力可以在奖项之后注明级别或获奖名次/参赛人数等。

(e) 在校及社会工作经历或项目经历。大学毕业生的经历一般包括在校工作经历、课外活动、义务工作、参加的社团、勤工俭学、实习经历等;社会人员则应强调自身的社会工作经历或项目经历等。为简洁起见,每一部分只需列出最重要、最具代表性的3~4条即可,不宜过多。

描述经历时,宜用动宾结构的分句,按由近及远的顺序分条列举。可按照4W(When、Where、What、How)法则或STAR(Situation Task Action Result)法则来描述,即以一句话概括时间段、单位、从事的职位及做了什么、如何做的及结果如何,确保描述的清晰性、条理性和逻辑性,让人一目了然。其模式为:时间段+单位+职位+工作内容+能力的提高+评价或成绩。例如:

2017年6月—2018年7月:××自动化股份有限公司。职位:技术人员。负责生产流水线的现场监控。适应能力更强,做事效率更高。实习成绩为优。

社会人员还要特别注意项目经历的描述,其模式为:时间段+单位+项目名称+职位+工作内容+工作业绩等。例如:

2017年7月—2018年8月:中国农业部重点农产品加工与储藏实验室项目(北京)。职务:研究助理。制订工作计划进度表,亲自参与采样测定鸭梨果肉和种子经过不同处理的各种酶指标,初步判断"早采收、急降温"为防止黑心病的有效方案,创造性地提出微波处理钝化酶活力的方法,得到教授和博士的认可。增强了办事能力、科研能力及团队合作意识。

(f) 自我评价。自我评价主要包括爱好、特长、性格、能力等,要根据自己的专业特点及求职岗位有针对性地介绍。

③ 注重细节。

(a) 仔细对照所投公司岗位的要求,突出自己的能力,增强简历的针对性、目的性。

(b) 多使用数字语言提高简历含金量,在强调工作经历或与之相关的技能时,尽量将自己的经历具体化、数字化,增强简历的说服力。

(c) 简历要精益求精,不断修订,确保没有语法错误、字词错误及标点错误等。

(d) 简历的语体应使用事务语体,做到准确平实、简明扼要。

(e) 简历宜多用名词性短语及动宾结构的短语,少用修辞。

(f) 简历要注意编辑排版,注意字体、字号、行距及颜色的搭配,做到疏密有致、主次分明。

(g) 字体宜选微软雅黑,需要引起注意的地方可以加黑突出。网上投递简历时,应制成PDF格式文件连同Word文档一起投递,以免因版本或字体不同带来格式上的改变,从而影响阅读效果。

(h) 简历要用A4纸制作,页数不宜过多,专科毕业生的简历一般以一页为宜,本科毕业生或社会人员的简历宜控制在两页之内。

【小贴士】

HR 筛选简历的过程

HR 筛选简历有两个过程：首先是初选。这个过程很快，每份简历只看几个关键词，10～20 秒就会看完一份简历，大概选出 20%的简历进行复选。其次是复选，HR 对每份简历看得比较仔细，主要是为了进一步了解每位求职者，在简历中寻找几个有针对性的面试问题。这个阶段，淘汰率不是很高，基本上都会得到面试机会。

【课堂训练】

以小组为单位，现场快速设计一封求职信，并互相点评。

二、应聘面试礼仪

面试时首先遇到的就是究竟应何时到达面谈地点较为恰当。是准时抵达还是提前到达？若是早到又应以几分钟为宜？在等待的时间中应该注意什么？由于目前的交通状况不甚良好，令人无法预计准确的车程时间，所以最好提早出门，比原定时间早 5～10 分钟到达面谈地点，所谓“赶早不赶晚”。早到可先熟悉这家公司附近环境并整理仪容。但如果早到 10 分钟以上，千万不要在接待区走来走去。因为这样会打扰公司上班的职员，有损他人对自己的第一印象，对后面的面试一点好处也没有。所以此时可向别人询问盥洗室，在那里可再一次检查自己的服装仪容。接下来轮到自己上场面试时，须掌握以下要点。

1. 入座的礼仪

进入考官办公室时，必须先敲门再进入，之后应等主考官示意坐下才可就座。如果有指定座位，则坐上指定的位子；如果觉得座位不舒适或光线正好直射，可以对主考官说：“有较强光线直接照射我的眼睛，令我感觉不舒服，如果主考官不介意，我是否可换个位置?”若无指定位置时，可以选择主考官对面的位子坐定，如此方便与主考官面对面交谈。

2. 自我介绍的分寸

当主考官要求你作自我介绍时，因为一般情况都已事先附在自己的简历上，所以不要像背书似的发表长篇大论，那样会令主考官觉得冗长无趣。记住将重点挑出稍加说明即可，如姓名、毕业学校名称、主修科目、专长等。如主考官想更深入了解家庭背景及成员，你再简单地加以介绍即可。“时间就是金钱”，通常主考官都是公司的高级主管，时间安排相当紧凑，也因此说明越简洁有力越好，若是说得过于繁杂会显不出重点所在，效果反倒不好。以下自我介绍礼仪的评分标准供大家自评时参考。

自我介绍礼仪评分标准(满分为 100 分)

第一，内容(50 分)

A. 详略得当，有针对性；

B. 言之有物，评价客观；

C. 层次清晰，合乎逻辑；

D. 文理通顺，富有文采；

E. 简单明了，清楚明白。

第二，仪表（10 分）

A. 服饰整洁、得体，女子适度淡妆，男子适当修饰；

B. 精神饱满，落落大方，面带微笑。

第三，态势（10 分）

A. 站有站相，坐有坐相，走有走相，步履稳健，从容自如；

B. 面部表情、手势与有声语言协调。

第四，礼节（10 分）

A. 开头（见面）礼节；

B. 告别（离去）礼节。

第五，语言（15）

A. 脱离讲稿；

B. 使用普通话或英语（其他外语），口齿清楚，声音洪亮；

C. 有一定节奏，语言流畅，发音准确。

第六，时间（5 分）

介绍过程 1～3 分钟，过长或过短适当扣分。

3. 交谈的礼节

交谈是求职面试的核心。面试是与面试官交谈和回答问题的过程，在这个过程中要根据自我介绍和交谈内容控制音量的大小、语速的快慢、语调的委婉或坚定，声音的和缓或急促，在抑扬顿挫之中表现出你的坚定和自信。如果装腔作势，会给人一种华而不实、在演戏的感觉。

交谈时要口齿清晰、发音正确，尽量使用普通话。讲话要言简意赅、通俗易懂。不要为了显示自己而只顾使用华丽、奇特的辞藻，这样会很难顾及语言的逻辑和通顺，反而使人感到你用词不当、逻辑思维能力差。此外，急于显示自己的妙语惊人，往往会忽略了自己的语言过于锋利、锋芒太露，而显得有些张狂。

交谈过程中要注意掌握和控制语速、语调。一般情况下，语速掌握在每分钟 120 个字左右为宜，要注意语句间的停顿，不要滔滔不绝而让人应接不暇。语调是表达人的真情实感的重要元素，要通过语调表现出你的坚定、自信和放松。

交谈中还要注意谈话礼貌，不要打断对方的讲话，要集中注意力认真“倾听”对方的讲话。听清和正确理解对方的一字一句，不但要听出其“话中话”，而且要听出其“弦外之音”，这样才能做出敏捷的反应。

回答问题是面试交谈的重要方面，得体地回答面试官提出的问题是面试取得成功的关键，面试者要对面试官可能提到的问题有充分的准备。

【小贴士】

面试经典问题解答

（1）你为什么选择我们公司？

思路：①面试官试图从中了解你求职的动机、愿望以及对此项工作的态度；②建议从行业、企业和岗位这三个角度来回答；③参考答案——“我十分看好贵公司所在的行业，我认为贵公司十分重视人才，而且这份工作很适合我，我相信自己一定能做好。”

(2) 你有什么业余爱好？

思路：①业余爱好能在一定程度上反映应聘者的性格、观念、心态，这是招聘单位问该问题的主要原因；②最好不要说自己没有业余爱好；③不要说自己有某些庸俗的、令人感觉不好的爱好；④最好不要说自己仅限于读书、听音乐、上网，否则可能令面试官怀疑应聘者性格孤僻；⑤最好能有一些户外的业余爱好来“点缀”你的形象。

(3) 谈谈你的缺点。

思路：①不宜说自己没缺点；②不宜把那些明显的优点说成缺点；③不宜说出严重影响所招聘工作的缺点；④不宜说出令人不放心、不舒服的缺点；⑤可以说出一些对于所应聘工作“无关紧要”的缺点，甚至是一些表面上看是缺点，从工作的角度看却是优点的缺点。

(4) 谈一谈你的一次失败经历。

思路：①不宜说自己没有失败的经历；②不宜把那些明显的成功说成是失败；③不宜说出严重影响所应聘工作的失败经历；④所谈经历的结果应是失败的；⑤宜说明失败之前自己曾信心百倍，尽心尽力；⑥说明仅仅是由于外在客观原因导致失败；⑦失败后自己很快振作起来，以更加饱满的热情面对以后的工作。

(5) 对这份工作，你有哪些可预见的困难？

思路：①不宜直接说出具体困难，否则可能令对方怀疑应聘者不行；②可以尝试迂回战术，说出应聘者对困难所持有的态度——工作中出现一些困难是正常的，也是难免的，但是只要有坚韧不拔的毅力、良好的合作精神以及事前周密而充分的准备，任何困难都是可以克服的。

(6) 如果我录用你，你将怎样开展工作？

思路：①如果应聘者对于应聘的职位缺乏足够的了解，最好不要直接说出自己开展工作的具体办法；②可以尝试采用迂回战术来回答，如“首先听取领导的指示和要求，然后就有关情况进行了解和熟悉，接下来制订一份近期的工作计划并报领导批准，最后根据计划开展工作”。

(7) 我们为什么要录用你？

思路：①应聘者最好站在招聘单位的角度来回答；②招聘单位一定会录用这样的应聘者，即基本符合条件、对这份工作感兴趣、有足够的信心；③如“我符合贵公司的招聘条件，凭我目前掌握的技能、高度的责任感和良好的适应能力及学习能力，完全能胜任这份工作。我十分希望能为贵公司服务，如果贵公司给我这个机会，我一定能成为贵公司的栋梁！”

(8) 你能为我们做什么？

思路：①基本原则是“投其所好”；②回答这个问题前应聘者最好能“先发制人”，了解招聘单位期待这个职位所能发挥的作用；③应聘者可以根据自己的了解，结合自己在专业领域的优势来回答这个问题。

(9) 你是应届毕业生，缺乏经验，如何能胜任这项工作？

思路：①如果招聘单位对应届毕业生的招聘提出这个问题，说明招聘单位并不真正在乎“经验”，关键看应聘者怎样回答；②对这个问题的回答最好要体现出应聘者的诚恳、机智、果敢及敬业；③如“作为应届毕业生，在工作经验方面的确会有所欠缺，因此在读书期间我一直利用各种机会在这个行业做兼职。我也发现，实际工作远比书本知识丰富、复杂。但我有较强的责任心、适应能力和学习能力，而且比较勤奋，所以在兼职中均能圆满完成这项工作，从中获取的经验也令我受益匪浅。请贵公司放心，学校所学及兼职的工作经验使我一定能胜任这份职位。”

（10）你在前一家公司的离职原因是什么？

思路：①最重要的是应聘者使招聘单位相信，应聘者在过往的单位的“离职原因”在此家招聘单位里不存在；②避免把“离职原因”说得太详细、太具体；③不能掺杂主观的负面感受，如“太辛苦”“人际关系复杂”“管理太混乱”“公司不重视人才”“公司排斥我们某某员工”等；④但也不能躲闪、回避，如“想换换环境”“个人原因”等；⑤不能涉及自己负面的人格特征，如不诚实、懒惰、缺乏责任感、不随和等；⑥尽量使解释的理由为应聘者个人形象添彩；⑦如“我离职是因为这家公司倒闭。我在公司工作了三年多，有较深的感情。从去年开始，由于市场形势突变，公司的局面急转直下。到眼下这一步我觉得很遗憾，但还要面对现实。重新寻找能发挥我能力的舞台。”

同一个面试问题并非只有一个答案，而同一个答案并不是在任何面试场合都有效，关键在于应聘者掌握了规律后，对面试的具体情况进行把握，有意识地揣摩面试官提出问题的心理背景，然后投其所好。

【小贴士】

谈薪酬典型问题及其辅导

（1）典型问题：在我们公司工作，你希望得到什么样的薪金待遇？

辅导：面试前要早做准备，在心里确定好自己希望的薪金范围。先了解该公司的所在地区、所属行业、公司规模，然后尽量了解本行业现在的工资水平。在告知对方自己希望的薪金待遇时，尽可能给出一个你希望的薪水范围，避免说出具体的数字，除非对方有这样的要求。

参考答案：工资并不是我决定是否加盟的唯一因素，如果您一定要我回答，那我当然希望自己的薪水符合我的学历水平和实践经验，我希望自己的工资不低于年薪××万元。

（2）典型问题：你觉得自己每年加薪的幅度是多少？

辅导：通常情况下，面试官可以接受的答案是“收入的增长和生活水平提高保持一致”。除此之外，你还应该提到，自己工作业绩的提高是加薪的决定性因素。

参考答案：我想，自己薪水的提高取决于所在公司的经营业绩和盈利状况，但我也希望自己收入的增长至少和我生活水平的提高保持一致。

（3）典型问题：你愿意降低自己的薪水标准吗？

辅导：如果确实非常想得到眼前的这份工作，那开始工作时降低自己的薪金标准是可以考虑的。面对面试官，你要首先强调自己可以把工作做好，并且设法了解公司什么时候能够给你调整工资待遇。此外，对自己能够承受的最低工资要心中有数，但是不要把最低工资告诉你的面试官。

参考答案：我对这个职位非常感兴趣，所以我可以考虑降低自己的薪金标准，但我也希望公司能给我时间让我证明自己的能力。我相信自己可以让公司满意我的工作，如果我出色地完成了自己的任务，您是否会考虑对我的薪水做一些调整呢？

(4) 典型问题：从现在开始的三年内，你的薪金目标是多少？

辅导：在面试前最好能了解一下同行业从业人员工资的增长情况，如果你能通过朋友打听到这家公司的薪金增长幅度更好。可以对面试官说出一个大概的数字范围或者百分比。

参考答案：我相信通过一段时间的实践，自己将成为这个行业中的佼佼者，我也希望自己以后的收入能和我的能力相符合。我希望自己的年收入在××元到××元。

4. 拥有职业化举止

一家医疗机构为了选拔护士长进行了一次面试。一位应试者在笔试中是佼佼者，但在面试过程中，她不但拍桌子，脚不断地敲打地板，身体还时不时地扭动。她认为自己很有希望，但结果却落选了。她为什么会落选呢？原因就是她缺乏职业化的举止。

许多面试者往往只注重衣着和话语，而忽略了胜过有声语言的形体语言。职业化的举止，就是一种无声胜有声的形体语言。形体语言是指人的动作和举止，包括姿态、体态、手势和表情。

在面试中，面试者应该特别注意自己的站姿、坐姿、走姿、握手和表情等。

站姿给人的印象非常重要。人们往往认为其简单而忽略它的重要性。站立应当身体挺直、舒展、收腹，眼睛平视前方，手臂自然下垂。这样的站姿给人一种端正、庄重、稳定、朝气蓬勃的感觉。如果站立时歪头、扭腰、斜伸着腿，会给人留下轻浮、没有教养的印象。

面试时就座，不要贪图舒服。许多人养成了瘫坐的习惯，在面试时一下子就表现出来了。正确的坐姿从入座开始，入座的动作要轻而缓，不要随意拖拉椅子，身体不要前后左右晃动，背部要与椅背平行，沉着地、安静地坐下。落座后，上身要保持直立状态，既不前倾，也不后仰。双手自然下垂，肩部放松，五指并拢。男女的坐姿还有一定的区别：男士可以微分双脚，这样给人以自信、豁达的感觉，双手可以随意放置；女士一般要并拢双膝，或者小腿交叉端坐，这样，给人端庄、矜持的感觉，双手一般要放在膝盖上。

以下这些做法是应该避免的。

- 拖拉椅子，发出很大的声音。
- 一屁股坐在椅子上。
- 坐在椅子上，耷拉着肩膀，含胸驼背，给人萎靡不振的感觉。
- 半躺半坐，男的跷着二郎腿，女的双膝分开、叉开腿等，给人放肆和缺乏教养的感觉。
- 坐在椅子上，脚或者腿自觉不自觉地颤动或晃动。

面试时重要的是自信。这种自信可以通过你的走姿表现出来。现在，越来越多的公司强烈地意识到走姿的重要性。自信的走姿应该是，身体重心稍微前倾，挺胸收腹，上身保持正直，双手自然前后摆动，脚步要轻而稳，两眼平视前方。步伐要稳健，步履自然，有节奏感。需要注意的是，如果同行的有公司的职员或接待人员，不要走在他们前面，应该走在他们的斜后方，距离1米左右。

每个人都会有一些属于自己的习惯动作，比如，挠头、揉眼睛、玩儿手指、双手交叉在胸前等，若是在平时，你尽可以去做，但在面试时，都要省略，它们会分散人的注意力，给面试考官留下不好的印象。

中国有句古话“此时无声胜有声”。用你无声的、职业化的举止，向招聘者表明“我是最适合的人选”。

5. 面试的其他细节

正在面试时，千万不要出现不礼貌的行为，因为一些小动作也会被主考官列作评判内容。以下举例说明需留意的小节。

- 不嚼口香糖、不抽烟，尤其现在提倡禁烟，更不要在面谈现场抽烟。与人谈话时，口中吃东西、叼着烟都会给人不庄重的感觉，也显得不尊重对方。
- 不可要求茶点，除非是咳嗽或需要一杯水来镇定自己。
- 不要随便乱动办公室的东西。
- 不要谈论个人故事而独占谈话时间。
- 自己随身带的物品，不可放置面试考官办公桌上。可将公文包、大型皮包放置于座位下右脚的旁边，小型皮包则放置在椅侧或背后，不可挂在椅背上。
- 离座时记住椅子要还原，并向主考官行礼以示谢意。

在一般面试者看来，主考官向你表示面谈结束，求职面试的全过程就结束了。其实不然，这只是面谈的结束，求职还没有结束。此时此刻，作为求职者的你，万万不可大意，认为大功告成或没有希望了。面谈结束后的礼仪同样对你很重要。也许可以扭转你的不利局面，在困境中重新获得生机。你一定要使求职过程结束得完美。

【课堂训练】

以小组为单位，设计职业场景，模拟练习求职应聘的礼仪，关注相关细节。

三、面试后的礼仪

在求职的过程中，许多求职者只留意面试过程中的礼仪，而忽略了面试后的工作。事实上，用人单位决定录用名单的过程相当复杂，面试后注意跟进，完全有可能改写面试结果。所以，面试者要注意以下几点。

1. 及时总结

面试之后，应该仔细记录整个面试经过。面试成功与否并不是最重要的，最重要的是从上一次面试中总结经验，吸取教训，下次面试才会做得更好。

2. 调节情绪

一般来说，一位求职者会同时向几家公司求职。因此，一次面试结束后，要及时调整自己的情绪，全身心投入第二家单位的面试。在接到聘用通知前，面试结果都是个未知数，求职者不应该放弃其他机会。

3. 耐心等待

从面试结束到最后确定录用人选，这个阶段可能需要三五天的时间。求职者在这段时间内一定要耐心等待消息，不要过早打听面试结果。

4. 主动联系

如果过了一两个星期或者已过了承诺答复期，我们必须与用人单位联系，询问录取结果。也许这时用人单位正好难以取舍，主动联系就让我们取得了被录取的主动权。另外，主动联系还可以有效地避免用人单位通知不到或是忘了通知的情形。

5. 做好再冲刺的准备

求职过程是艰辛的，不可能人人都获得成功的机会，每一个人都要坚信一点："道路是曲折的，前途是光明的。"困难是暂时的，关键是要找出失败的原因，找出差距，并积极准备下一轮的面试，以求"东山再起"。

【小贴士】

鞠躬道别

硕士研究生小何毕业那年，就业形势严峻，连续几次应聘失败，但是她依然鼓起勇气继续找。一天，按照银行招聘通知，她来到某银行面试，应聘者很多。排在前面的女孩儿长得很漂亮，身材凸凹有致，而她相貌平平，身材一般。轮到她，她整理好衣服，鼓起勇气大胆走进考场……很幸运，问题很简单，答完后主考官点点头，面无表情地说："你可以走了。"她心想没戏了，走到门口，出于礼貌又返身朝他们鞠一躬说："谢谢！"然后轻轻开门，又随手关门。

20天后，小何被该银行录取了。她上班的第一天遇到了主考官，他向小何祝贺。小何好奇地问录用她的原因，他说："那天接待了300多个应聘者，你是唯一向我们鞠躬道别的应聘者，并且关门那么有礼貌。我们是服务业，礼貌待人是我们对员工的基本要求。"

思考练习

1. 请根据两个不同单位的招聘广告，为自己编写两份侧重点不同的简历。

2. 如果用人单位通知你明天去面试，你需要做哪些准备？

3. 关于面试的基本程序你都清楚了吗？找个机会，将面试过程中的这些礼仪全部演习一遍吧。

4. 小吴在招聘会上遇到了自己十分中意的公司，就和主管攀谈起来，这位主管对其表现也十分满意，但是当小吴把皱巴巴的简历（这是最后一份了）递上去的时候，这位主管面露不悦的神色。

请问：为什么这位主管面露不悦呢？小吴应该怎样解决面临的问题呢？

5. 案例分析。

一、糟糕的应聘者

以下是某企业人力资源经理对求职者的忠告。

面试从你接到电话通知的那一刻就已经开始了。也许是等待就业的心情比较迫切吧，我在通知有资格参加下一轮面试的面试者时，一般从电话另一头听到的都是一些浮躁的声音，这里摘了一点我们的对话，供大家参考。

“喂！”

“喂，您好，请问是×××先生吗？”

“你是谁啊？”（当时，我的心里已经不高兴了，但是不会表露出来）“我是××公司的，请问您参加了我们公司的招聘吗？”

“哪个公司？”（肯定是撒大网了）“我们把您的面试时间安排在了明天的×××，地点在×××。”

“我记一下，你们是什么公司？”（哦，我的天）……

这样我就会把我的看法写在他（她）的简历上，供明天面试的时候参考，影响可想而知！

讨论题：

（1）应该怎样接听通知你参加面试的电话？

（2）你认为面试是从什么时候开始的？为什么？

二、诚实赢得好职位

某大公司招聘总经理助理，由总经理亲自面试。应聘者小张来到总经理办公室。总经理一见到小张就说：“咱们好像在一次研讨会上见过，我还读过你发表的文章，很赞赏你所提出的关于拓展市场的观点。”小张一愣，知道总经理认错人了。但转念一想，既然总经理对那人那么有好感，不如将错就错，对我肯定有好处。于是就接着总经理的话说：“对，对。我对那次研讨会也记忆犹新，我提出的观点能对贵公司有帮助，我感到很高兴。”

第二个来应聘的是小高，总经理对他说了同样的话。小高想：真是天助我也，他认错人了。于是说：“我对您也非常敬佩，您在那次研讨会上是最受关注的对象。”

第三个来应聘的是小孙。总经理再次说了同样的话。但小孙一听就站起来说：“总经理，对不起，您认错人了。我从来没有参加过那样的研讨会，也没提出过拓展市场的观点。”总经理一听就笑了，说：“小伙子，请坐下。我要招聘的就是你这样的人。你被录用了。”

讨论题：

（1）小孙为什么会应聘成功？

（2）求职为什么还要遵循做人诚实的基本道理？

三、面试得来的经验

雪火在其《面试得来的经验》（《公关世界》，2004年第11期）一文中谈了他面试得来的如下的经验。

用人单位在招聘人员时，除了对学历、年龄、性别有专门规定外，还对应聘者的工作经验提出了相应的要求。我在刚刚毕业时对此很不屑，工作经验不就是工作中获得的实践知识吗？课本上枯燥、烦琐、复杂的理论知识都难不倒我，那些所谓的实践知识又会有多难掌握呢？但一次普通的面试却改变了我的看法。

2000年5月，我前往一家有名的咨询公司应聘，从招聘信息上我们得知，该公司的主要业务是为本市和外埠企业联系代理商和经销商，并提供办公场所搜寻、公司注册、办公事务代理和会务组织等服务。这家合资公司面向社会招收业务人员时，对应聘者的实际工作经验没作专门规定。我在大学学的是企业管理，条件与公司的各项要求相符，就顺利通过了初试，对接下来的面试我也很有信心。

按照面试单上的地址，我提前来到了公司所在的富华大厦。大厦门口，两名精干的保安站在里面，立在他们前面的不锈钢牌上写着醒目大字：来客请登记。我问其中的一名保安：1616房间怎么走？保安抓起了电话，过了一会儿告诉我：对不起，1616房间没人。不可能吧，我赶忙解释：今天是A咨询公司面试的日子，我这儿有他们的面试通知。

那名保安看后又拨了几次电话，然后告诉我：对不起，1616房间没人，我不能让你上去，这是大厦内部的规定。"我真的是来面试的，公司面试单上写的就是今天。"我再次做出解释。

"那我再帮你试试看。"时间一秒一秒地过去，我心里虽然着急，却也只有耐心等待，同时祈祷那该死的电话能够接通。

9点10分，已经超过约定时间10分钟了，保安又一次礼貌地告诉我电话没通。不可能，难道是我记错了？我再次翻开面试单，用磁卡电话拨通了那个印的不起眼的电话号码……电话那头终于传来了久违的声音，对方请我速上16楼1616房间，因为内线电话有误，他们还应我的要求告知了保安。

等我忐忑不安地推开经理室，已远远超过了面试的时间。"年轻人，你迟到了15分钟。"

"但我真的很想加入你的公司，我相信我能够胜任相应的工作。"

"很好，我公司就需要有韧劲的业务人员，为达到目的，百折不回。刚才保安接不通电话，实际上就是我们面试的一部分，以考验你的应变能力，你完成得不错。不过面试还没有结束，我公司准备购置一批计算机，请你到大厦旁边的计算机市场了解一下最新的计算机行情。"

一刻钟后，我将从计算机市场要来的几份价目表交给了经理。"这是零售价，如果批发15台，价格是多少呢？"又过了一刻钟，等我把从销售商那里问到的计算机批发价格告诉经理后，他又问我："计算机的UPS电源怎么卖？另外，打印机、电脑桌有没有优惠？"

"那我再去计算机市场了解一下。"看到我疲于应付的样子，经理叫住了我，并让秘书递给我一杯茶。"你在面试的第一阶段做得不错，有闯劲，能够突破常规，遇事多想一步。但从后面完成市场调查的任务来看，还显稚嫩。"

"我们做业务必须有良好的观察和思考能力，想法要多、要深、能够快人一步。业务人员不仅要善于动手，还要善于动脑，如果不能做到这点，就不可能为客户提供有效的信息与咨询服务，为采购商提供质优、价廉、物美的产品，反而会造成人力、物力、财力的浪费。"求职以失败告终，但我将那次宝贵的经验记在日记本上：工作中要注意锻炼自己领悟力和洞察力，独立思考、多谋善断，凡事比别人多想几步，才能真正取得成功。

在以后的工作中，我及时调整了自己的思维方式，努力提高自己的应变能力和处理问题的水平。我告诫自己：不要一味地苦干蛮干，只埋头拉车而不抬头看路，否则就是原地踏步，明天重复昨天和今天的错误。最近一次同学聚会上，我把同样的话告诉了大家。这时的我，已是一个国际知名品牌的地区代理商了。

讨论题：

(1) 请仔细阅读这一案例，然后谈谈感受。

(2) 你认为企业招聘时最看中求职者的什么素质？

任务8　职场沟通

一个人事业成功的15%靠自身努力，而85%取决于良好的人际关系。

——[美]戴尔·卡耐基

处理人际关系的能力就像日常生活中的糖和咖啡一样必不可少，我愿意出高薪聘请这类人才。

——[美]约翰·洛克菲勒

案例导入

唐骏的职场沟通

1. 与上司的沟通

唐骏在一次演讲中安排了一个细节，在舞台上画好了一排脚印，比尔·盖茨上台时只要沿着脚印就可以准确无误地走到台前离观众更近、显得更亲切的某个位置。发布会结束后，比尔·盖茨问这是谁的想法，唐骏说这是自己的主意，因为之前他曾多次在加利福尼亚州看过老布什参加总统竞选的演讲，他的随行都是按照这种方式对演讲进行非常细致的安排。比尔·盖茨听后说："这种方式的确很好，定好位置可以达到最佳效果。你这件事做得很专业。"这次发布会，唐骏给比尔·盖茨留下了极深的印象。

1995年，在做出Windows操作系统的开发模式方案，并获得实验模块的测试成功之后，唐骏非常兴奋，他带着一鸣惊人的念头，给比尔·盖茨写了一封电子邮件。

比尔·盖茨给唐骏回了一封短信。他说："我没有时间看你的具体的东西，我建议你和你的直接领导沟通一下。如果能证明这是一个很好的想法，我相信你的主管会很感兴趣。"这是唐骏第一次用邮件和比尔·盖茨沟通。唐骏后来回忆说："坦白地说，当时我很有点心高气傲的感觉，以至于想得到比尔·盖茨直接的认可。但我这样越级报告的行为本身，从管理的角度来看是非常错误的。这种动不动就找最高老板，并认为这是职场制胜法宝的心理，在中国不少企业的员工里并不罕见。"

比尔·盖茨当时的回信其实是很有技巧的。他没有表扬唐骏，也没有批评唐骏，也没有把信转发给唐骏的顶头上司。比尔·盖茨通过这种方式教育了唐骏正确和规范地与上级沟通的方法。

2. 与同事的沟通

劳丽·罗娜特是总部的一位部门经理，唐骏和她级别相同，不过她的团队有100多人，唐骏的团队只有20人。有一段时间，唐骏和劳丽·罗娜特两人的团队在工作上有很多合作，劳丽·罗娜特给予唐骏的部门相当大的人力支持。唐骏发现劳丽·罗娜特女士工作十分努力，也十分能干，于是唐骏向公司上级提交了一封表扬信，使劳丽·罗娜特女士得到了应有的提升。而且，每过一段时间，唐骏都会给劳丽·罗娜特女士发邮件问候："我的部门之所以会有今天的成就，要感谢你对我们的帮助……"

3. 与下属的沟通

上司和下属之间的距离本身就是一种艺术。任何过于亲近或疏远的关心，在中国这样的社会环境中都有可能造成不必要的误会，甚至对管理产生严重的负面影响。唐骏把这种距离的艺术总结为一套"圆心理论"："如果公司是一个圆，CEO是圆心，那么所有下属都必须站在圆心周围。唯有如此，CEO方能和所有下属保持等距。"

唐骏认为，CEO要成为公司这个家的家长。家长在圆的中心，用关爱温暖下属，用智慧领导下属，用激情感染下属，用榜样的力量成为下属的模范，下属才能充分感受到"圆心"的万有引力。唐骏非常注意和下属沟通。在微软公司，任何人都可以随时给唐骏发邮件，他的承诺是对每封邮件20分钟内必回，除非他在飞机上。当上海微软处于初创期，公司还没有发展到后来的规模时，每个下属都定期有15分钟的机会和唐骏作一对一的交流。随着公司规模加大，唐骏便把这种交流方式改成了"总经理圆桌会议"。

任务分析

人人都希望自己有一个愉快的工作环境，愉快的工作环境会有助于事业的成功。美国著名成功学大师卡耐基曾说过："一个人事业上的成功＝15%专业技术＋85%人际关系和处世技巧。"可见，人们在工作中掌握良好的交往艺术是多么重要。

人在职场，必然要与领导、同事、下属等进行交往，交往的效果将直接影响个人的职业生涯乃至发展前途。因为，我们每天至少有1/3的时间是在职场度过的，能否从工作中获得快乐与满足，能否敬业、乐业并最终成就一番事业，领导、同事和下属均扮演着很重要的角色。讲究职场沟通艺术，不仅可以减少矛盾与冲突，还能使职场人际关系更加和谐融洽，大大提高工作效率。所以，有专家认为，一个职场人士必须具备三项基本技能，即沟通技巧＋管理才能＋团队合作意识。世界上很多著名的大公司也都以此来要求员工。

工作沟通的对象主要包括领导(上司)、同事和下属等。对象不同，沟通的技巧也有所不同。唐骏的职业生涯几乎是一个神话，从微软一个名不见经传的普通程序员一跃成为微软中国的总裁，这样的成功似乎只属于唐骏一个人。几年之后，从微软"空降"到著名网络游戏公司盛大，和陈天桥并肩作战帮盛大走出困境，4年后，唐骏又以10亿元身价加盟新华都担任总裁，唐骏出色地完成了职业生涯的华丽"转型"。这样的成功似乎也只属于唐骏一个人。于是，"中国第一职业经理人""打工皇帝"这些满载盛誉的光环让唐骏更加引人注目……唐骏凭什么成功？对这个问题的回答可能包括很多方面，但是其中一个十分重要的就在于唐骏很善于工作沟通。

实训项目

项目名称：模拟职场沟通训练。

实训目标：培养学生了解沟通的过程和基本技能；培养语言表达能力和沟通能力；通过活动，锻炼提高学生的团队协作意识及其他综合能力。

实训学时：2 学时。

实训地点：教室或实训室。

实训准备：

(1) 分组，每组 4～6 人，设 1 人为组长。

(2) 以小组为单位，自主选择一种工作沟通形式。

(3) 根据要求各组分配人员角色，讨论设计故事情节，并进行认真准备。

实训方法：

(1) 按小组顺序进行模拟演练。演练之前，每组派 1 人说明本组模拟的职场沟通形式及所要表达的主题。

(2) 在模拟过程中，各组成员要认真严肃，尽力扮演好自己的角色，言谈举止符合角色要求。

(3) 每组演练后，指导教师与学生共同点评。

知识链接

一、职场沟通的原则

1. 真诚

在沟通过程中，只有坦诚相见，言必由衷，才能促进理解和信任，才能化解矛盾与隔阂。

2. 自信

成功者就是那些拥有坚强信念的普通人。在沟通中，只要充满自信，就能从容不迫，应对自如，就能赢得对方的尊重与认可。

3. 友善

即从他人的立场看事情，从对方的角度想问题，以友善的态度与人沟通。

4. 理性

沟通一定要清醒、理智，明确沟通的目的，预知沟通的效果，采取可行的沟通方法。不信口雌黄、口无遮拦，不一时冲动、说“过头话”，不无谓争执、伤了和气，不斤斤计较、耿耿于怀。

5. 尊重

沟通的主体都是平等的，只有互相尊重，平等交流，沟通才能顺利进行。在职场沟通中切记要不责备、不抱怨、不攻击、不谩骂、不说教。

6. 互动

沟通是双向性的，不是洗耳恭听、默不作声；也不是口若悬河、夸夸其谈。沟通始终是两个维度之间平等、融洽的互动交流。恪守互动原则，才能在沟通中有说有听，有问有答，对等交流，实现共赢。

二、与领导的沟通

与领导沟通是指团队成员通过一定的渠道和方式，与管理者或决策层所进行的信息交流。

上下级之间的有效沟通，无论对于组织还是个人，都具有十分重要的意义。仅就下级而言，通过与上级主动有效的沟通，既能准确了解信息，提高工作效能，又能及时表达自己的意愿，形成积极的双向互动。

1. 与领导沟通的基本原则

与职场其他交际对象相比，“上级领导”这个群体往往具有以下基本特征，如图 8-1 所示，在沟通过程中尤其要注意遵循一些基本原则。

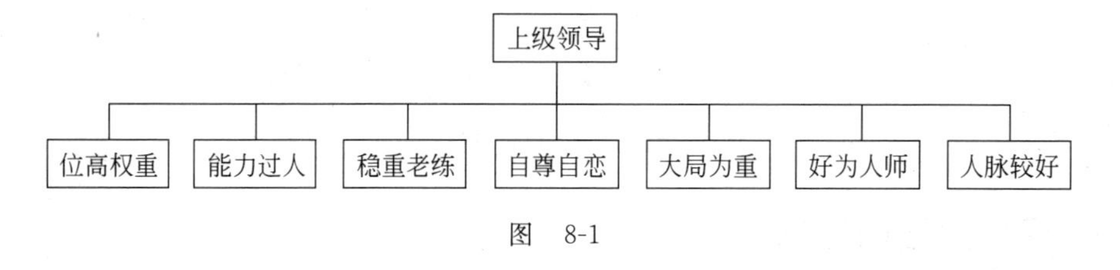

图 8-1

(1) 不卑不亢

与领导沟通，要采取不卑不亢的态度，既不能唯唯诺诺、一味附和，也不能恃才自傲、盛气凌人。因为沟通只有在公平的原则下进行，才可能坦诚相见，求得共识。

在社交过程中，每个人都有一种心理期待，希望得到别人的尊重、帮助，希望自己应有的地位和荣誉得到肯定和巩固，没有人愿意在一个群体中被孤立和冷落。如果这种愿望得不到满足，就会对周围的人产生隔膜，进而拒绝合作。因此，尊重别人，是每个职场人士必备的一种修养。在工作中，尊重领导的意见，维护领导的威信，理解领导的难处和苦衷，即使提出不同的意见，也会讲究适当的时机，选择易于对方接受的方式，无论是对工作，还是对沟通双方的感情、建立融洽的心理关系，都是很有益处的。

尊重与讨好、奉承有着质的区别。前者是基于理解他人、满足他人正常心理和感情需要的前提下，而后者则往往是为了满足一己之私欲。现实生活中，确实有一些人为了达到自己不可告人的目的，不惜降低人格，曲意迎合、奉承、讨好领导，不仅屏蔽了领导的耳目，降低了领导的威信，也造成了同事之间心理上的不和谐。绝大多数有主见的上司，对于那种一味奉承、随声附和的人都是比较反感的。

（2）工作为重

上下级之间的关系主要是工作关系，因此，下属在与领导沟通时，应从工作出发，以做好工作为沟通协调之要义。既要摒弃个人的恩怨和私利，又要摆脱人身依附关系，在任何时候、任何问题上都是为了工作，为了整个团队的利益；都要作风正派、光明磊落。切忌对领导一味地讨好献媚、阿谀奉承、百依百顺，丧失理性和原则，甚至违法乱纪。

（3）服从至上

上级居于领导地位，掌握全盘情况，一般来说考虑问题比较周全，处理问题能从大局出发。在与上级沟通时坚持服从原则，是一切组织通行的原则，是组织获得巩固和发展的基本条件。事实证明，如果下属与上级沟通时拒不服从，那么这样的组织就无法形成统一的意志和严密的整体，组织就会像一盘散沙，不可能顺利发展。当然，服从不是盲从，下属一旦发现领导某些错误，就应抱着对工作高度负责的态度，及时向领导反映，并请求领导予以改正。

【小案例】

尊重领导的决定

阿成的工作很简单，就是每天收发文件。领导脾气很好，同事之间相处也很融洽，阿成很希望自己能长期在这里工作。

可是好景不长，一天领导突然找阿成谈话，他说："因为你是外地人，'三金'不好交，以我们公司目前的情况不可能给你转户口，而如果不给你交'三金'，我们就违反了国家的规定。所以……"

阿成听了也不知道该如何是好，他难过地说："我尊重您的决定，虽然我很喜欢这里。"阿成没有再说什么，出门前给领导鞠了个躬，并轻轻地把门带上。

第二天，领导找阿成谈话，他说："我专门跑到相关部门打听了，你还可以留在我们这里上班，但是你要到派出所办理个暂住证！"阿成会心地笑了。

【点评】 阿成面对领导的"为难"，却非常理智，他的表态体现了对领导的尊重、理解与服从，表示不愿给领导添加麻烦，愿意接受领导的决定，这使领导的权威得到完全体现。果然，他让领导大受感动，还专门为其排忧解难。这就是服从至上的好处。

（4）非理想化

在与领导沟通中，下属不能用自己头脑中形成的理想化模式去要求现实中的领导，从而造成对领导的过分苛求。坚持非理想化原则，就必须全面地看待领导，既要看到其优点和长处，又要看到其缺点和短处，同时还要能够容纳领导的一般性错误和缺点，克服求全责备的思想。

2. 与领导沟通的方法

（1）主动沟通

有人说："要当好管理者，要先当好被管理者。"作为下属要时刻保持主动与领导沟通的意识，因为领导工作比较繁忙，不可能经常与员工寻求沟通。但在实际工作中，很多下属都害怕直面自己的上司，不敢积极主动地与上司沟通交流，这是一种职场通病。我们应该消除对上司的恐惧感，上司也是人，也有情感，而人与人之间如果没有了交流和沟通，那么情感也会因此而疏离。

【小案例】

主动与领导沟通的小丽

小丽在一家化妆品公司做财务，一直以来，她踏实肯干，工作能力也很强。但一直没有得到提升，原因是她不善于主动与老总沟通，许多事都等着老总亲自来找她。后来由于工作上的竞争，她被同事踩到了脚底下。

小丽吸取失败的教训，辞职后以全新的面貌到另一家公司上班。一个月后她接到一份传真，说她花了两个星期争取到的一笔业务出了问题，她马上去找老总。老总正准备用电话同这位客户谈生意，她就将情况做了汇报，并提出具体的建议和意见。老总掌握这些材料后，与客户交谈时顺利地解决了这一问题。

此后，小丽经常主动向老总汇报工作，及时进行良好的沟通，并在销售和管理方面提出了一些不错的意见和建议，不断得到老总的认可。不久，她被提升为业务主管。

那么，怎样消除对上司的恐惧感呢？

首先，要抛弃“不宜与上司过多接触”的观念。合理的沟通观念应该是：和上司沟通是一个职场人士的基本职责之一，因为领导是决策者和管理者，而下属则是执行者和完成者。在决策执行和目标实现过程中，必须借助沟通了解上司的意图，争取上司的支持，获得上司的认可。

其次，不要害怕在上司那里“碰钉子”。当上司反馈意见不理想时，要从沟通态度、方式等方面进行自我反省；同时，要仔细揣摩领导的态度和意见，并通过换位思考去寻求对领导处理方法的理解。

最后，要用改进沟通技能的方法增强自信。在沟通内容上，尽量做到观点清晰、有理有据、层次清楚。在沟通方式上，应采用易被对方接受的沟通频率、语言风格和态度情绪；刚开始时最好采取面对面直接交流的方式，相互熟悉之后可借助电话、短信、电子邮件等方式。

【小案例】

少说话也有效果

方知渔老实、木讷，很少出声。所以，尽管他工作勤勤恳恳，可是在公司里总是不上不下，几年如一日地待在当初的位置上。

上司最近出差，要带几个下属一道去。在火车上，方知渔的铺位刚好在上司的旁边，两人寒暄了几句后，就陷入了沉默。

突然，方知渔瞥见上司脚上穿着一双新皮鞋，非常显眼。于是就说：“头儿，你这鞋子很有品位，在哪里买的？”

原本只是没话找话，但上司一听，顿时眼睛放光说：“这双鞋啊，我在香港买的，世界名牌呢！”上司的话匣子一下子打开了，滔滔不绝地讲述自己在服装搭配上的心得，还善意地指出方知渔平时在工作中着装的不足，方知渔只听不说，关键的时候才加一句。两人言谈甚欢。下车的时候,上司意味深长地说:“知渔啊,看来以前对你的了解太少了,今后你好好干。”

【点评】 赞美对方衣饰细节的变化,能迅速拉近双方间的距离。方知渔歪打正着了。

(2) 适度沟通

所谓适度,是指下属与领导的关系要保持在一个有利于工作、事业及二者正常关系的适当范围内,形成和谐的工作环境,沟通既不能“不及”,也不可“过分”。

目前,下对上的沟通存在两大弊端:一是沟通频率过高。有些下属为了博得领导的赏识和信任,有事没事经常往领导办公室跑,既给领导的正常工作造成了干扰,又会让领导认为你缺乏独立工作能力,遇事没有主见。二是沟通频率过低。有些下属以为干好本职就行了,至于是否向领导汇报思想和工作情况则无所谓,因而该请示不请示,该汇报不汇报,目无组织和领导。久而久之,既不利于开展工作,一定程度上也会影响个人和团队的发展前途。

【小案例】

乙主任为何里外不好做人

甲和乙是两位新上任的车间主任,业务水平都很高。不过,在与上级沟通时采取的却是截然不同的态度。甲主任认为,一定要和上级搞好关系,于是,有事没事就往厂领导那儿跑,弄得车间员工议论纷纷,都说甲主任只会拍马屁,不关心员工的实际工作。后来这话传到了厂领导耳朵里,领导感到很难堪。与此相反,乙主任则认为“打铁还要自身硬”,一天到晚只知埋头苦干,为了业务生产甚至连车间主任会都不参加。可是车间员工也不买账,他们认为这样的主任不会为员工着想;而厂领导也因为他常常不来开会,心生不满,乙主任由此弄得里外不好做人。

(3) 适时沟通

上司一天到晚要考虑的事情很多,因此应根据问题的重要与否,选择恰当的沟通时机。

首先,要选择上司相对轻松的时候。与上司沟通之前,可以通过打电话、发短信等方式主动预约,或者请对方预定沟通的时间、地点,自己按时赴约。假如是个人私事,则不宜在上司埋头处理大事时去打扰,否则就会忙中添乱,适得其反。

其次,要选择上司心情良好的时候。沟通之前,与其秘书或助理取得联系,以了解对方的情绪状态。当上司情绪欠佳时,最好不要去打搅对方,特别是准备向对方提要求、摆困难或者发表不同意见的时候。

再次,要寻找适合单独交谈的机会。特别是试图改变上司的决定或意向的时候,要多利用非正式场合和没有第三者在场时。这样既能给自己留下回旋余地,又有利于维护上司的尊严。

最后,不要选择上司准备去度假、度假刚回来或吃饭、休息的时间沟通。因为,这时对方容易分散精力,心不在焉,或者匆忙作出决定。

(4) 灵活沟通

由于个人的素质和经历不同,不同的领导就有不同的处事风格。揣摩上司的不同风格,在交往过程中区别对待,往往会获得更好的沟通效果,见表 8-1。

表 8-1

风格类型	性格特点	沟通技巧
控制型（权力欲强）	实际，果决，求胜心切	简明扼要，直截了当 尊重权威，执行命令 称赞成就而非个性或人品
	态度强硬，要求服从	
	关注结果，而非过程	
互动型（重人际关系）	亲切友善，善于交际	公开、真诚地赞美 开诚布公地发表意见 忌背后发泄不满情绪
	愿意聆听困难和要求	
	喜欢参与，主动营造融洽氛围	
务实型（干事创业）	为人处世，自有标准	开门见山，就事论事 据实陈述 不忽略关键细节
	理性思考，不喜感情用事	
	注重细节，探究来龙去脉	

（5）定位沟通

正确认识自己的角色、地位，真正做到出力而不“越位”，是处理好上下级关系的一项重要艺术。越位是下级在处理与上级关系过程中常发生的一种错误。主要表现在：①决策越位。决策是领导活动的基本内容，不同层次的领导决策权限也不同。如果本该上级做出的决策却由下级做出了，就是超越权限的行为。②表态越位。一个人对某件事的基本态度，往往与其特定的身份相联系，超越身份胡乱表态，是不负责任的表现，是无效的。③工作越位。本该由上级出面才合适的工作，下级却越俎代庖、抢先去做，从而造成工作越位。④场合越位。有些场合，如应酬客人、参加宴会等，应适当突出上级，下级却张罗过欢，风头出尽，也会造成越位。

3. 请示与汇报工作的技巧

请示是下级向上级请求决断、指示或批示的行为；汇报是下级向上级报告情况，提出建议的行为。二者都是职场人士经常性的工作。

【小案例】

哪种请示汇报方式好？

“领导，感觉最近员工的士气总是不高，您能不能给我些建议？”

“领导，我感觉最近员工的士气不高，业绩也受到了影响。这两天，我跟大家沟通了一下，感觉主要是临近春节，很多客户都忙着拜年和要账，没有精力跟我们谈广告业务，而我们的业务员也都想着回家过年，所以整个团队士气不高。我感觉春节前这段时间还是很宝贵的，我们必须提高团队的士气，我有两个方案，您看怎样？一是我们在团队内部做个竞赛，业绩排名前六的，公司帮助解决回家的火车票；二是搞个激励活动，对表现良好的，公司准备一个春节大礼包。这两个方案，花费都不会超过6000元，而增加的收入可能是60万元，您看选择哪个比较好？”

【点评】 上司只做“选择题”，不做“问答题”。对于下属而言，把“问答题”抛给上级是不明智的做法，甚至会导致上级出现错误的判断或决定。所以在请示上级时，一定要掌握请示汇报的技巧。

(1) 明确程序

请示与汇报工作主要有以下四个步骤。

① 明确指令。一项工作在明确了方向和目标后，上级通常会指定专人负责此项工作。如果上级明确指示自己去完成这项工作，就一定要迅速准确地把握领导的意图和工作的重点，包括谁传达的指令(Who)、做什么(What)、什么时间(When)、什么地点(Where)、为什么(Why)，以及怎么做(How)、工作量(How much)。其中任何一点不明白，都要主动询问，并及时记录下来。最后，还要简明扼要复述一遍，以确认是否有遗漏之处或领会有误的地方。当对领导的指令理解模糊时，绝不能“想当然”；在执行任务的过程中，遇到困难或疑惑之处，也要及时跟上司沟通，以避免多走弯路，贻误工作。

【小贴士】

在面对上司的指示时应询问下面几个问题

要知道上司希望做的是什么。

要知道这项任务的具体目标是什么。

要知道完成这项任务的最佳做法是什么。

要知道公司在这一项目上准备投入多少资源。

要知道怎样进行工作报告，报告中包括哪些内容，什么时候需要报告，应该向谁报告，信息要求以什么形式呈报。

② 拟订计划。在明确工作目标之后，应尽快拟订工作计划，交与领导审批。在拟订工作计划时，应详细阐述自己的行动方案和步骤，尤其是工作进度要有明确的时间表，以便领导进行监控。以制订月销售计划为例：首先，要明确下个月要达成的业绩目标；其次，要说明这些目标有多少源于老客户、多少源于新客户；最后，要说明打算通过哪些渠道，采用什么促销方案来实现这一目标，等等。这样的月销售计划交上去，既具体可行，也方便领导及时纠正。

③ 适时请教。在工作进行过程中，要及时向领导汇报和请教，让领导了解工作进程和取得的阶段性成绩，并及时听取领导的意见和建议。切不可等工作全部结束后，才将工作情况和盘托出。

④ 总结汇报。工作任务完成以后，应及时向领导总结汇报，总结成功的经验和不足之处，以便在今后的工作中改进提高。与上司沟通自己的工作总结，既显示出对上司的尊重，也有利于展示自己的才干，为赢得上司的赏识和器重奠定了基础。

【小案例】

善于汇报的销售员

一个小伙子名叫小波，是一家酒店的销售员，颇得上司的赏识。他之所以能够得到上司的青睐，一方面是因为业绩突出，另一方面就是小波每做完一笔单子，都会以书面的形式总结出这项业务成功与失败的原因。上司对此非常满意，尽管有些单子完成得不是很出色，但上司从来没有责备过小波，相反，还经常给他提出一些合理化建议。

(2) 充分准备

“凡事预则立，不预则废。”无论请示还是汇报，要想达到预期目的，事先都必须认真做好准备。首先，要做好思想准备。向领导汇报，既要消除紧张心理，又要克服无所谓的态度，调整情绪，树立信心，认真对待。其次，要做好资料准备。“巧妇难为无米之炊”，充分占有资料是汇报成功的基础。如果情况不熟悉，或某方面的情况还不明了，就不能凭主观臆断、道听途说去汇报，搞所谓“领导要，我就报，准不准，不知道”那一套。只有通过调查了解，准确掌握情况，才能进行请示汇报。再次，要搞好“战术想定”。如果是就某个特殊问题请求上司批示，自己心中至少要有两套以上的解决方案，对其利弊了然于胸，必要时向领导阐述明白，并提出自己的主张，争取领导的理解和支持。如果是就某项工作加以汇报，要在明确领导意图的基础上，确定汇报主题，把握汇报重点，组织汇报材料，合理安排内容的顺序与层次；对汇报中可能出现的情况、领导可能提出的问题，要做到心中有数，绝不能仓促上阵。

(3) 选择时机

除了紧急事件需及时请示、汇报外，还应注意选择以下时机：当本人分管或领导交办的工作告一段落时；工作中遇到较大困难，想求得领导帮助支持时；领导决策需要某方面的信息时；领导主动询问有关情况时；领导有空余时间时，等等。汇报不仅要注意时机，还要区别场合，可以通过会议形式正式汇报的，尽量不要不分场合地临时汇报；当领导公务繁忙或工作中出现困难心情烦躁时，一般不宜贸然开口汇报。应选择领导人乐意听取汇报的时机进行汇报，以取得预期的效果。

(4) 因人而异

在请示和汇报时下属应采取不同的方式，以适应不同领导者的风格特点。例如，对于严谨细致的领导者，要解释得详细一点，最好列举必要的事例和数据；对于干练果断的领导者，要注意言简意赅，提纲挈领；对于务实沉稳的领导者，要注意语言朴实，少加修饰；对于活泼开朗的领导者，语言可以轻松幽默一些。总之，要针对领导的个性特点，有针对性地搞好请示和汇报。

【小案例】

冯涛的汇报技巧

市建材公司的冯涛从一个用户那里考察回来后，敲了经理办公室的门。“情况怎样？”经理劈头就朝冯涛问道。冯涛坐定后，并不急于回答经理的问话，而是显得有些心事重重的样子。因为他十分了解经理的脾气，如果直接将不利的情况汇报给他，经理肯定会不高兴，搞不好还会认为自己没尽力去办。经理见冯涛的样子，已经猜出了肯定是对公司不利的情况，于是改用了另一种方式问道：

“情况糟到什么程度，有没有挽救的可能？”

“有！”这回冯涛回答得倒是十分干脆。

“那谈谈你的看法吧！”

冯涛这才把他考察到的情况汇报给经理：“我这次下去了解到，这个客户之所以不用我们厂的产品，主要是因为他们已经答应从另一个乡镇建材厂进货。”

“竟有这样的事！那你怎么看呢？”

“我想是这样的，我们公司的产品应该比乡镇企业的产品有优势，我们的产品不但质量好而且价格还很公道，在该省已经具有一定的知名度……”

【点评】 向上级请示汇报一定要掌握技巧，对不同类型的领导采用不同的汇报方式，特别是汇报时涉及坏消息，如果处理不好，可能会引火上身，冯涛的汇报技巧就是根据经理的性格特点，先给经理打预防针，然后再顺势而行。

(5) 斟酌语言

向领导汇报工作，一定要抓住重点，简短明快，而不能东拉西扯，词不达意，这样的汇报既浪费领导宝贵的时间，又令人生厌。因此，下级向领导作汇报，一定要有提纲或打好腹稿，使用精辟的语言归纳整理所要汇报的内容，做到思路清晰、观点精练、语言流畅、逻辑性强，遣词用语朴实、准确。关键语句要认真推敲；评价工作要把握好分寸，切忌说过头话；列举数字一定要准确无误，尽量避免“大概”“估计”“可能”之类的模糊词语。如果语言啰唆，拖泥带水，再好的内容也汇报不出应有的效果。

(6) 遵守礼仪

一是准时赴约。要按照事先约定的时间到达。过早到达或迟迟不到，都是严重失礼的行为。二是举止得体。做到站有站相，坐有坐相，文雅大方，彬彬有礼。三是控制好时间。一般情况下，领导总是想先了解事情的结果，所以在汇报工作时要先说结果，再谈过程和程序。这样，汇报工作时就能简明扼要，有效节省时间。四是注意场合。切忌在路上、饭桌、家里汇报工作，更不能在公开场合与领导耳语汇报工作。

此外，请示与汇报还应注意：要按照下级服从上级的原则，坚持逐级请示、报告；要避免多头请示、报告，坚持谁交办向谁请示、报告，以减少不必要的矛盾，提高办事质量和工作效率；要尊重而不依赖，主动而不擅权。请示、汇报要根据工作需要，不能仰仗、依附于领导，时时、事事都去请教或求助。要在深刻领会领导工作思路前提下，积极主动、大胆负责地开展工作。

4. 妥善处理领导的误解

在实际工作中，由于某些特殊的原因，下级可能会无意得罪上司，遭到上司误解，尤其是在多个上司属下工作、单位人际关系复杂微妙的环境中。遇到这种情形，就必须设法消除误解；否则，就会影响工作甚至个人的发展前途。

【小案例】

和好如初

李杰是三年前从基层调到宣传部的，因为宣传部的方部长是一个求贤若渴的人，见李杰在报纸上发表的文章文笔不错，就多方跑动，终于将这个人才网络到自己的麾下。几年后，由于李杰精明能干，厂里调他到办公室工作，厂办主任也很喜欢他。

过了不久，李杰忽然觉得方部长似乎对自己有点看法，关系好像渐渐疏远了。经了解才知道，原来方部长和厂办主任之间有隔阂。方部长认为，李杰已经是厂办主任的人了，有点忘恩负义。误解的形成很简单：一次下雨，中层干部开会，李杰拿着雨伞去接上司，只发现雨中的厂办主任，却没有看见站在门口躲雨的方部长，这样雨中送伞就送出麻烦了。

盛怒之下，方部长对信得过的人说，都怪他当初看错人了，没想到李杰是个见利忘义的人。时间不长，此话便传到李杰的耳朵里了，他这才意识到自己已经被误解，问题严重了。怎么办呢？李杰真的有些为难了，他经过反复思考是这样处理的：每当有人当面说起自己与方部长的关系时，他总是矢口否认两个人之间有矛盾。这样做一方面可以向方部长表明自己的人品；另一方面可以制止误解继续扩大，便于缓和与方部长的关系。

李杰和方部长在工作中经常打交道。他总是先向部长问好，不管对方理与不理，脸上总是笑呵呵的。遇到工作上一起宴请客人时，李杰总是斟满酒杯，当着客人的面向方部长敬酒，并公开说明正是由于方部长的培养和提拔，自己才有了今天的长进。李杰的感激和态度，不仅是对客人的介绍，更重要的还是一种心灵道白，表示自己并非忘恩负义的小人，最后，方部长终于和李杰和好如初。

宇宙万物，无时无刻不处于矛盾之中。在与领导共事的过程中，磕磕碰碰是在所难免的。其实，矛盾并不可怕，最重要的是我们能够像上述例子中的李杰那样勇敢地正视它，并运用自己的智慧和技巧化解它。上下级之间最常见的矛盾就是彼此之间存在着误解与隔阂。如果处理不当或掉以轻心，误解就会变成成见，隔阂更会扩展成鸿沟，这无疑对下属是极为不利的。

误解缘何而生？这是一个非常复杂的问题，它涉及人的心理活动的复杂性。嫉妒、多疑、防范、自负甚至偏爱，都可能诱发领导心中对别人的不信任感，导致各种误解。这里，我们想要探讨的是产生误解的一般性原因或者说客观性原因，也就是上下级之间存在着信息不完全或沟通不充分的情况。由于缺乏足够的交流，彼此对对方的情况没有清晰的认识，在判断事情上难免加入更多的主观色彩和心理因素，导致对对方的不客观认识和推测。

对待领导的误解，下属最明智的态度就是及时、主动地去消除它，不要让它变成成见与隔阂。怎样消除领导的误解？要从以下方面着手。

（1）掩盖矛盾

在其他同事或上司面前，极力掩盖彼此之间的矛盾，以防事态进一步扩大。

（2）尊重对方

即使上司误解了自己，仍要尊重对方，见面主动打招呼，不管对方反应如何，都面带微笑；当误解自己的上司遇到困难的时候，要挺身而出，及时“救驾”，用实际行动去感动对方。

（3）背后褒扬

一方面可以通过他人之口替自己表白心迹；另一方面能够很好地取悦于对方。毕竟，第三者的话总是比较真实、可信的。

（4）主动沟通

经过以上多种努力，彼此之间的矛盾会有所缓和，在此基础上，下级要寻找合适机会，以请教的口吻让上司说出产生误会的原因。此时可以做必要的解释，但一定要注意措辞，适可而止，否则就会显得缺乏诚意，引起对方的逆反心理。

（5）加强交流

误解消除后，要经常与上司进行思想交流和情感沟通，不断增进彼此之间的了解和友谊,以免误解再次发生。

三、与同事沟通

处理好同事关系对每一位职场人士来说都很重要。所谓同事关系,是指同一组织内部处于同一层次的员工之间存在的一种横向人际关系。同事之间既是天然的合作者,又是潜在的竞争者,如图 8-2 所示,这是一种微妙的人际关系,必然会产生既渴望“合作”,又警觉“竞争”的复杂心理。因此,职场人士在与同事相处时,应特别注意沟通艺术。

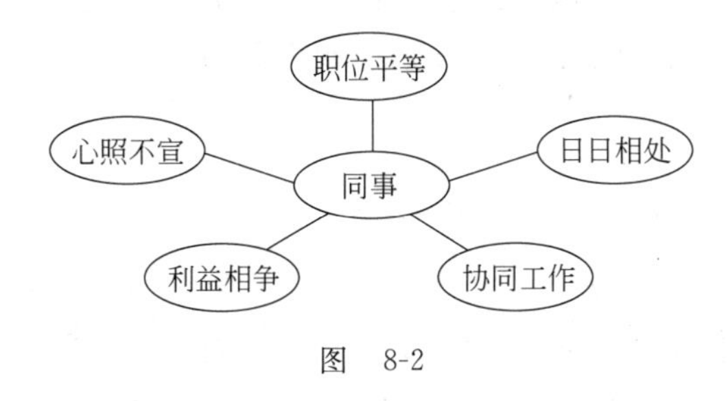

图 8-2

**【小故事】**

荀攸的智慧

三国时的荀攸智慧超群,谋略过人。他辅佐曹操征张绣、擒吕布、战袁绍、定乌桓,为曹操统一北方建功立业,做出了自己的贡献。在朝 20 余年,他能够从容自如地处理政治旋涡中上下左右的复杂关系,在极其残酷的同僚斗争中,始终地位稳定,立于不败之地,原因就在于他能谨以安身,以忍为安,很好地处理同僚关系。他平时特别注意周围的环境,对同僚从不刻意去争高下,总是表现得十分谦卑、文弱、愚钝和怯懦。他对于自己的功勋讳莫如深。这样,他就和其他的同僚和平共处,并且深受曹操宠信,也从来没有人到曹操处进谗言加害于他,朝中朝外口碑极佳。

1. 与同事沟通的基本要求

(1) 互相尊重

尊重是人的需要,也是沟通的前提。职场人士的尊重需要包括团队成员给予的重视、威望、承认、名誉、地位和赏识等。每个成员都希望获得其他成员的承认,要求给予较高的评价,希望自己受到礼遇,获得较高的名誉和地位。因此,高明的领导者都十分重视尊重员工。尊重是相互的。古人语:敬人者人恒敬之。因此,工作中要想得到同事的尊重,就必须首先尊重同事的人格,尊重同事的工作和劳动,尊重同事在整个团队中的地位和作用。

【小案例】

小陈为何不受欢迎

小陈是毕业于北京某重点大学的研究生,在单位工作几年后,由于业务能力突出被提拔为车间主任。这对他来说是一个施展才华的大舞台。但他在与别的车间主任交流时,总是流露出对这些工人出身的主任的不屑，开口闭口总是我们研究生如何、你们工人怎样，很快就把自己陷入与其他车间主任格格不入的境地，成为一个不受欢迎的人。最终不得不调换工作岗位。

(2) 真诚待人

常言道："精诚所至，金石为开。"同事之间要互相沟通，就必须消除不必要的戒备心理，摒弃"逢人只说三分话，不可全抛一片心"的处事原则，襟怀坦白，以诚相见。唯有真诚，才能打开同事心灵的窗口，才能激起思想和情感上的共鸣。反之，如果当面一套、背后一套，或者说的一套、做的一套，就会失信于人，引起人们的反感。

【小案例】

互相帮助

伍兰兰大学毕业后进入一家企业从事销售工作。她是一个勤劳善良的女孩，每天都提前到达公司，把同事的桌椅收拾整齐，把办公室打扫干净，尤其是帮同事江龙收拾好桌椅，由于江龙常常加班，桌上堆满书本，显得十分零乱。江龙对此非常感激，主动要求带伍兰兰出去洽谈业务。在"师父"的指引下，伍兰兰的能力提高很快。半年后，伍兰兰自认为已经能够胜任业务工作，私自决定替江龙撰写一份策划方案，并交给了客户。

没想到由于疏忽大意，一组数据被弄错了，客户因此否决了伍兰兰的方案，并且拒绝与他们合作。江龙得知后非常生气。伍兰兰诚恳地承认了错误，并在以后的工作中更加努力，将洽谈好的业务都算在江龙的头上，以此弥补自己的过失。

后来有一天，江龙生病住进医院，伍兰兰主动去医院精心照顾，而且没有放松工作，甚至连江龙的工作也一起处理了。

伍兰兰的一言一行都被同事们看在眼里，渐渐地，她的人缘越来越好，有什么事情大家都愿意真诚地帮助她。

【点评】 伍兰兰之所以受到同事欢迎，是因为她在用一颗真诚的心去沟通。其实她与同事交往的方法并不复杂。真诚是做人的基石，也是与人相处的根本。

(3) 互谅互让

职场人士都希望有一个平和的、令人心情舒畅的工作环境。但是，同事之间由于思想认识、性格修养、观点立场等方面的差异，看问题的角度会有所不同，处理问题的思路与方法也不尽一致。面对这种差异和分歧，首先，不要过度争论，以免激化矛盾，影响彼此之间的关系；其次，要通过换位思考充分理解对方，并本着从工作出发、为全局着想的原则，求同存异，互相谦让。

(4) 分享成绩

同在职场中，成绩的取得与分享、利益的分配，都是大家十分关注的焦点。对于成绩，如果你在工作上有特别的表现，受到嘉奖时，千万不要独享成功的荣耀。因为成绩的取得，不是哪一个人能够独自完成的，需要同事明里暗里地协助，所谓"一个篱笆三个桩，一个好汉三个帮"，这是大家共同努力的结果。无论是有人与你争功，还是无人与你争功，你都要抱着分享、感恩的心态，才能赢得同事的好感与支持。

【小案例】

功劳是大家的

在某单位的一次公开竞聘中，左某战胜了其他几位竞争对手，当上了经理。许多同事对他表示祝贺，更有人当众夸他能力非凡。左某却坦诚地说："其实几位候选人各有长处。论管理我不如老刘，论经营我不如老叶，论公关我不如小王。"后来左某不但以诚意挽留了这几位竞争者，而且还根据他们各自的特长做出了相应的安排。宽厚的气度使他赢得了大家的尊重，也使他在工作中取得显著成就。他上任没多久，单位就取得了很大的业绩。

【点评】 左某之所以能得到同事的支持，妙诀就是不把功劳揽在自己一个人怀里，一句"功劳是大家的"，温暖的是人心，赢得的是尊重。

(5) 大局为重

同事之间由于工作关系而走在一起，就形成了一个利益共同体。其中的每一分子，都要有集体意识和大局意识。因此，在与上司、同事交往时，要尽量保持同等距离，即使和某些同事情趣相投、关系密切，也不要在工作场合显现出来，以免让其他同事产生猜疑心理；在与本单位以外的人员接触时，更要形成荣辱与共的"团队形象"观念，多补台少拆台，不要为自身小利而害集体大利；不可外扬"家丑"，对自己的同事品头论足甚至恶意攻击，影响同事的外在形象。

2. 与同事沟通的方法

(1) 重视团队合作

荀子说过："人力不若牛，走不若马，而牛马为之用，何也？曰：人能群，彼不能群也。"这段话道出了团队合作的重要性。随着社会分工的越来越细，现代企业越来越强调员工之间的沟通协调。作为企业个体，无论自己处于什么职位，在保持自己个性特点的同时，都必须很好地融入集体。比尔·盖茨认为："大成功靠团队，小成功靠个人。"因此，在工作中同事要同心协力、互相支持、共同合作；需要大家共同完成的，要预先商定，配合中要守时、守信、守约；自己分内的事要认真完成，出现问题或差错时要主动承担责任，不拖延，不推诿；确需他人协助完成的，要使用请求的态度和商量性语气，不能居高临下、态度生硬。

【小故事】

天堂和地狱的故事

有一个人请求上帝带他参观一下天堂和地狱，希望通过比较选择自己的归宿。上帝答应了，先带他参观了由魔鬼掌管的地狱。进去之后，只见一群人，围着一个盛满了肉汤的大锅，但这些人看起来都愁眉苦脸、无精打采，一副营养不良、绝望又饥饿的样子。仔细一看，原来，每个人都拿着一只可以够到锅子的汤匙，但汤匙的柄比他们的手臂长，所以没法把东西送进嘴里。他们看起来非常悲苦。

紧接着，上帝带他进入另一个地方。这个地方和先前的地方完全一样：一锅汤、一群人、一样的长柄汤匙。但每个人都很快乐，吃得也很愉快。上帝告诉他，这就是天堂。

这位参观者很迷惑：为什么情况相同的两个地方，结果却大不相同？最后，经过仔细观察，他终于看到了答案，原来，在地狱里的每个人都想着自己舀肉汤；而在天堂里的每一个人都在用汤匙喂对面的另一个人。结果，在地狱里的人都挨饿而且可怜，而在天堂的人却吃得很好，非常快乐。

【点评】 团队合作多么重要，在和谐的团队里人们在帮助别人的同时也得到别人的帮助，在相互帮助中，我们体会到了和谐人际关系的幸福快乐。

(2) 懂得相互欣赏

人是具有能动思维的主体。人所具有的这种特性，表现在工作中就是有一定的价值目标，即追求理想和信念的成功，也就是成就感。人的成就感包括职业感和事业感两方面。职业感体现为个人对本职工作的态度，事业感则体现为个人追求被群体和社会承认的较高层次的成就。因此，职场人士都有得到赞许的欲望，都希望自己的职业和工作受到别人的重视，得到恰如其分的评价和鼓励。懂得这些，我们就会在长期共事的过程中，善于发现同事的优点、长处及工作中取得的成绩和进步，并加以及时的肯定和赞美。欣赏是人际关系的润滑剂。一句由衷的赞美，既可以表达对同事的尊重，又会赢得对方的好感，进而融洽彼此之间的关系。

(3) 主动交流沟通

人际关系是在“互动”中发生联系和变化的。人际关系要密切，注重彼此的交往是前提。因此，在紧张的工作之余不妨主动找同事谈谈心、聊聊天或请教一些问题等，以便加深印象、增进了解。在主动沟通中应把握以下几点：一是选择合适的时间、场合及易引起对方兴趣的话题；二是保持诚恳、谦虚的态度；三是善于体察对方的心理变化，因势利导，随机应变；四是讲究语言艺术，选择“商量式”“安慰式”“互酬式”等语言并注意分寸。

(4) 保持适当距离

“过密则狎，过疏则间。”同事之间保持适当距离，对人对事才可能客观、公正。每个人都有自己的私人空间，搞好职场人际关系并不等于无话不谈、亲密无间。有时同事之间摩擦不断、矛盾重重，恰恰是由于交往太过密切、随意，侵犯了别人的隐私。所以，当自己的个人生活出现危机时，不要在办公室随意倾诉；要尊重同事的权利和隐私，不打探同事的秘密，不私自翻阅同事的文件、信件，不查看对方的计算机；对同事不过多地品头论足，更不要做搬弄是非的饶舌者。

【小案例】

焦先生的后悔

焦先生刚刚调入某局一个月，一个月来由于他处处小心做事，每每笑脸相迎，所以同事们对他的态度也颇为友善，竟不曾遇到他所担心的任何麻烦。一天，全科室的人决定一块儿去餐厅聚餐以度周末，也邀请了焦先生。席间大家有说有笑，无所不谈，其中有一名同事与焦先生最谈得来，几乎把局里的种种问题，以及科里每位同事的性格、缺点都尽诉无遗。焦先生一时受宠若惊，加之对局里的人事一无所知，很珍惜这样一位“知无不言，言无不尽”的同事，彼此显得相当投机，于是开始放松自己的防卫，便将一个月来看到的不顺眼、不服气的人和事通通向这位同事倾诉而后快，甚至还批评了科里一两个同事的不是之处，借以发泄心中的闷气。

不料这位同事竟是个翻云覆雨之人，不出几日便将这些“恶言”转达给了其他同事，这令焦先生狼狈至极，也孤立至极，几乎在科里没了立足之地。这时焦先生才如梦初醒，悔不该一时激动没管好自己的嘴巴，忘记了“来说是非者，必是是非人”这样一个浅显的道理。

【点评】 初到新环境中，必须学会与同事保持一段距离，凡事中道而行，适可而止。在大家面前不要轻易显露行动及言行，学习做个聆听者，“人不犯我，我不犯人”，公平对待每一位同事，避免建立任何小圈子，对谣言一笑置之，深藏不露，如此才能尽快适应新环境，打开新局面，成为办公室中的生存者，而非受害者。

3. 同事日常沟通要把握分寸

同在一单位，甚至同处一个办公室，每天都要见面谈话，谈话的内容可能无所不包，涉及工作内外的方方面面。因此，在日常沟通中如何把握分寸，就成了不可忽视的一个环节。

(1) 不谈论私事

办公室不是互诉心事的场所，虽然这样的交谈富有人情味，能使彼此之间变得亲切、友善。据调查，只有不到1%的人能够严守别人的秘密。因此，当自己的生活出现危机，如失恋、婚变等，不宜在办公室里倾诉；当自己的工作出现危机，如工作不顺利，对老板、同事有意见，更不应该在办公室里向人袒露。我们不能把同事的“友善”和朋友的“友谊”混为一谈，以免影响正常的工作秩序和自身的形象。

(2) 不好争喜辩

同事之间在某些问题上发生分歧很正常，尤其是在座谈、讨论等场合。当别人提出不同意见时，要尊重对方，认真倾听，不随意打断，不急于反驳，在清楚了解对方观点及其理由的前提下，语气平和地陈述自己的观点，并提供支持的理由。切不可抱着“胜过对方”或“证明自己是对的，对方是错的”的心态一味地争执下去，否则就会影响彼此的关系，伤害别人的自尊。

(3) 不传播“耳语”

所谓“耳语”，即小道消息，是指非经正式途径传播的消息，往往传闻失实，并不可靠。在一个单位里，各方面的“耳语”都可能有，事关上司的“耳语”可能更多。这些耳语如同噪声一般，影响着人们的工作情绪。对此，应该做到“三不”：不打听，不评论，不传播。

(4) 不当众炫耀

在人际交往中，任何人都希望得到别人的肯定评价，都在不自觉地维护着自己的形象和尊严。如果当中炫耀自己的才能、长相、财富、地位等，处处显出高人一等的优越感，那么无形之中就是对他人自尊与自信的挑战与轻视，会引起别人的排斥心理乃至敌对情绪。因此，在与同事相处过程中，应该谨小慎微，认真做事，低调做人，即使自己的专业技术很过硬，深得老板赏识和器重，也不能过于张扬。

【小案例】

爱吹嘘的多娜小姐

多娜小姐刚到公司的时候，最喜欢吹嘘自己以前在工作方面的成绩，以及自己每一个成功的地方。同事们对她的自我吹嘘非常讨厌，尽管她说的都是千真万确的事实。她与同事们的关系因此弄得很僵，为此，多娜小姐很烦恼，甚至无法在公司里继续工作了。

她不得不向职业专家请教。专家在听了她的讲述之后，认真地说："唯一的解决方法就是隐藏你自己的聪明以及所有优越的地方。他们之所以不喜欢你，仅仅是因为你比他们更聪明，或者说你常常将自己的聪明向他们展示。在他们的眼中，你的行为就是故意炫耀，他们的心里难以接受。"多娜小姐顿时恍然大悟。她回去后严格按照专家的话要求自己。从此，她总是先请对方滔滔不绝地把他们的成绩讲出来，与她分享，而只是在对方问她的时候，才谦虚地说一下自己的成绩。很快，公司同事们就改变了对她的态度，慢慢地，她成了公司最有人缘的人。

【点评】 可见，炫耀让人讨厌，谦虚赢得信赖。你尊重别人，别人才会尊重你，才能与同事建立良好的关系。

(5) 不直来直去

我们常常认为心直口快是一种难得的品质，有话就说，直来直去，给人以光明磊落、酣畅淋漓之感。其实，不分场合、不看对象的直率，往往也会成为沟通的障碍，特别是当我们有求于对方或者发表不同见解的时候，更不能过于直截了当。

(6) 不随便纠正或补充同事

日常交流过程中，可以对某个问题发表自己的见解，但不要随意纠正或补充同事，除非工作需要或对方主动请教。否则，会有自以为是、故作聪明之嫌，也会无意损伤对方自尊心。

四、与下属沟通

1. 与下属沟通的意义

美国银行前总裁史蒂芬·盖瑟曾经亲身体会到作为领导者与下级沟通的重要性。20世纪80年代末期，大学刚毕业的他就在一家大规模的投资公司任业务主管。他在洛杉矶西区拥有住宅，开着一辆奔驰，时年不过25岁。此时他自认为是神童，可以呼风唤雨，无所不能，而且在他人面前也毫不掩饰这种自大的态度。20世纪90年代以后，美国经济开始萎缩，裁员的风暴无情袭来，起初他不以为然。可没想到有一天，老板对他说："史蒂芬，你的能力没话讲，可是问题出在你的态度上，公司里没有人愿意与你配合，我恐怕必须请你离开公司。"这真是晴天霹雳，像他这样的人才居然被开除了！此后，经过几个月求职的挫折，他以前那种自大的态度已荡然无存。他终于意识到应该与他人有效沟通，并帮助那些处境不如自己的人。他换了一种态度去待人，变得更有人情味、更可爱、更能共事了。之后周围的人也开始关心他，三年后，他又回到高级主管职位，只不过这一次周围的同事都是他的朋友了。史蒂芬·盖瑟的亲身经历说明与下属沟通是十分重要的。

管理者不仅要把工作设计成为生产产出过程，更应该设计成为人和人交流、协作、沟通，实现员工深层交往需要以及个性、心理满足的过程。管理者必须了解员工的观点、态度和价值，努力帮助员工在工作中实现其价值。实现这一目标的根本途径即是面对面的语言沟通。没有沟通，就没有了解；没有了解，就没有全面、整体、有效及平衡的管理过程。

在现实生活中，上下级出现沟通问题屡见不鲜。管理者在处理人与人之间的各种矛盾时谴责、贬斥、误解，或是以一种“我是领导我怕谁”的态度对待别人，都会把事情搞糟。即使在世界上著名的大公司，类似的事件也屡见不鲜。

身为领导，不管工作多么繁忙，都要保留与下属沟通的时间。美国前总统里根被称为“伟大的沟通者”，在漫长的政治生涯中，他深切体会到与自己的服务对象沟通的重要性。即使在总统任内，他也保持着阅读来信的习惯。他请白宫秘书每天下午交给他一些信件，再利用晚上时间在家里亲自回复。克林顿总统也常常利用传媒与人们面对面交流，借此了解他们的想法，表达对他们的关切。即使无法解决所有人提出的问题，但总统亲自到场聆听人们的意见，表达自己的想法，这本身就具有沟通的意义。

真正有效的沟通并不妨碍工作，比如开会、讨论、走廊里的短暂同行、共进午餐的时机，等等，都是进行沟通的机会。要成功地与下属沟通，关键点有三方面：一是怀有真诚的态度，不走形式；二是保持开放的心态，不搞“一言堂”；三是主动创造沟通的良好氛围，不咄咄逼人。

【小贴士】

上司喜欢下属的品质

爱岗敬业，忠诚可靠。
独当一面，开拓创新。
自觉主动，服从第一。
乐观向上，勇担责任。
善于沟通，乐于合作。

2. 与下属谈心的技巧

有这样一则寓言：一把坚实的锁挂在铁门上，一根铁杆费了九牛二虎之力还是无法将它撬开。钥匙来了，它瘦小的身子钻进锁孔，只轻轻一转，那大锁就“啪”的一声开了。铁杆奇怪地问：“为什么我费了那么大气力也撬不开，而你却轻而易举地就把它打开了呢?”钥匙说：“因为我最了解它的心。”

领导的才能不是表现在告诉员工如何完成工作，而是使员工发挥能力去完成它。因此，身为领导，必须注意通过语言沟通，了解本单位、本部门每个员工有形的和无形的需求，并设法满足其正当需求，如此员工才会更忠诚、更有凝聚力。而在实际管理工作中，领导者往往重视自身的带头示范作用，却忽视了跟员工的沟通，尤其是上、下级之间的真诚谈心。

(1) 贴近下属，寻求沟通

下级对上级，往往存在各种各样的心态：试探、戒备、恐惧、对立、轻视、佩服、无所谓，等等。有的员工在上级面前唯唯诺诺、不敢妄言，在同事面前则落落大方、侃侃而谈。因此，身为领导应该避免使用命令、训斥的口吻讲话，要放下架子，以平易近人、亲切和蔼的姿态去寻求沟通，如经常深入基层和员工中，通过召开座谈会、个别访谈、即时聊天等形式，了解员工关心的焦点问题，征求员工的意见和建议，关心员工的工作和生活。只有这样，下级才会敞开心扉，畅所欲言。

【小案例】

善沟通的奥田

奥田是丰田公司第一位非丰田家族成员的总裁，在长期的职业生涯中，奥田赢得了公司内部许多人士的深深爱戴。他有1/3的时间在丰田城里度过，常常和公司里的多名工程师聊天，聊最近的工作，聊生活上的困难。另有1/3的时间用来走访5000名经销商，和他们聊业务，听取他们的意见。

（2）仔细倾听，适时提问

沟通艺术的核心在于仔细倾听和适时提问。一个优秀的领导人应该具备“作为一个听者所拥有的非凡技能”和一针见血地提出问题的能力。通过聆听，充分体味下属的心境，了解信息的全部内容；通过提问，促进沟通的深化，探究信息的深层内涵。二者均可为准确分析反馈信息、调整管理方式提供客观依据。因此，在谈心过程中，领导者要尽量少说多听，不随意插话，不轻易反驳；提问要言语简洁，要等对方说完或者说话告一段落时。

（3）设身处地，换位思考

站在他人立场上分析问题，能给人以善解人意、体察入微的印象。这种投其所好的技巧常常具有极强的说服力。要做到这一点，知己知彼十分重要，唯有知彼，方能从对方立场上考虑问题。这就需要领导者经常深入基层开展调研，及时了解和掌握职工的思想动态和关心的利益所在。在谈心时，要善于联系对方的身份、职位和目前的工作、生活境况去揣摩对方心理，做到想对方之所想，急对方之所急，以真正理解对方的思想观点。

【小案例】

关　心

财务部陈经理结算了一下上个月部门的招待费，发现有1000多元钱没有用完。按照惯例他会用这笔钱请手下员工吃一顿，于是他走到休息室叫员工小马通知其他人晚上吃饭。

快到休息室时，陈经理听到休息室里有人在交谈，他从门缝看过去，原来是小马和销售部员工小李两人在里面。

“呃，”小李对小马说，“你们部陈经理对你们很关心嘛，我看见他经常用招待费请你们吃饭。”

“得了吧，”小马不屑地说道，“他就这么点本事来笼络人心，碰到我们真正需要他关心、帮助的事情，他没一件办成的。拿上次公司办培训班的事来说吧，谁都知道假如能上这个培训班，工作能力会得到很大提高，升职的机会也会大大增加。我们部几个人都很想去，但陈经理却一点都没察觉到，也没积极为我们争取，结果让别的部门抢了先。我真的怀疑他有没有真正关心过我们。”

“别不兴奋了，”小李说，“走，吃饭去吧。”

陈经理只好满腹委屈地躲进自己的办公室。

【思考】 本案例中，陈经理与部下在沟通上存在什么问题？假如你是陈经理，你会怎么做？

(4) 拉近距离，平等交流

谈心伊始，要特别重视开场白的作用。可以先扯几句家常，开一些善意的玩笑，以消除对方的拘束感，拉近双方心理上的距离，然后再慢慢引出正题。在阐述自己观点时，要有平等的姿态，晓之以理，动之以情，不以势压人，不训斥命令；音量适中，语气平和，语调自然，态度和蔼；手势或动作幅度不宜过大；多采用商量性的口吻，如“你觉得我的话有道理吗?”“你同意我的意见吗?”

【小故事】

艾森豪威尔与士兵

艾森豪威尔是第二次世界大战时的盟军统帅。有一次，他看见一个士兵从早到晚一直挖壕沟，就走过去跟他说：“大兵，现在日子过得还好吧?”士兵一看是将军，敬了个礼后说：“这哪是人过的日子哦！我在这边没日没夜地挖。”艾森豪威尔说：“我想也是，你上来，我们走一走。”艾森豪威尔就带他在那个营区里面绕了一圈，告诉他当一个将军的痛苦和肩膀上挂了几颗星以后，还被参谋长骂的那种难受，打仗前一天晚上睡不着觉的那种压力，以及对未来前途的那种迷惘。

最后，艾森豪威尔对士兵说：“我们两个一样，不要看你在坑里面，我在帐篷里面，其实谁的痛苦大还不知道呢，也许你还没死的时候，我就活活地被压力给压死了。”这样绕了一圈以后，又绕到那个坑的附近，那个士兵说：“将军，我看我还是挖我的壕沟吧！”

3. 调解下属矛盾的技巧

只要有人的地方，就必然会有矛盾与冲突发生，而矛盾与冲突的结果，不仅会破坏人与人之间的和谐关系，而且会削弱一个集体的凝聚力和战斗力，降低整个团队的声誉和绩效。因此，领导者的日常管理活动之一就是处理下属之间的矛盾冲突。

【小案例】

握 手 言 欢

张某、刘某两人同是某单位一科室的副科长。起初，两人关系融洽，工作上配合十分默契。但在一次中层领导干部竞聘中，张某经过竞聘被提拔为科长，此后张、刘两人的关系就急剧恶化，身为副职的刘某非但不配合张某的工作，反而经常拆台搞内讧。不仅如此，他还不时背后诋毁张科长，说“张某任科长一职是花钱买来的”之类的话。张科长知道后也暗恨刘某，后来发展到见面不打招呼、两人无话可说的地步。

局领导对此十分重视，局长亲自召集全局领导班子开会研究调停冲突方案。会上，决定先由分管该科的林副局长出面做调停工作。林副局长接到任务后，便分别找张、刘两人单独谈话。谈话内容各有侧重，对刘某主要是让他说说对组织提拔张某有什么看法，如果组织上真有违反干部任用条例之处也希望他提出来，如属实，组织坚决公正决断，但不能无根据地瞎编乱谈。此外，还向他指出班子闹不团结的危害性，不但影响工作，而且影响个人前途，通过谈话使之认识到自己的错误。对于张科长则要求他作为一科之长要以大局为重，要有宽大的胸怀，善于求同存异，虚心听取各种不同的意见和建议，以宽容对待冲突，以礼貌谦让对待冷嘲热讽，不要总是对一些细枝末节斤斤计较，更不能对一些陈年旧账念念不忘。在大是大非面前要冷静头脑，要善于团结下属，共同把工作搞好。

经过第一次谈话后，局领导又按计划安排对张、刘的第二次谈话。这次谈话由局主要领导出面，以邀请张、刘两位科长共进晚餐的方式进行，谈话地点选在原先两位科长关系好时常去的某饭店进行。大家都按时到位后，先由局长谈话。局长说：两位科长能不计前嫌，迈过门槛，走在一起共进晚餐不容易，局领导感到很高兴，这是科长们以大局为重的一种表现。局长对他们的诚意表示感谢。然后，由两位科长先后发言，谈话间，各表衷心、互赔不是，以求得对方谅解，场面甚是感人。最后便是大家端起团结的酒杯，握手言欢，共祝工作如意！

那么，怎样正确处理下级之间的矛盾，营造和谐、积极的工作氛围呢？

(1) 事前有预案

识别冲突，调解争执，是管理者最重要的能力之一。当发现下属间发生冲突时，如果盲目调和，往往收效甚微，搞不好还会火上浇油，弄巧成拙。因此，要对冲突的原因、过程及程度等作详尽的了解后，研究制订出可行的调和方案，并按方案进行调和。

(2) 大局为重

现代社会的一个重要特点就是分工严密，这样可以提高工作效率，但同时也带来了一个不可避免的缺陷，这就是彼此之间缺乏相互了解。在诸多的矛盾冲突中，虽然双方在各自的利益上产生纷争，但共同的目标还是一致的，因此管理者应让冲突双方清醒地意识到，单纯地指责对方是无济于事的，只有相互配合、密切协助才能解决纷争，才能实现团队的共同目标。事实上，当双方均以单位的整体利益为重时，心中的怒气就会化为乌有。

(3) 换位思考

在局部利益冲突中，双方所犯的错误多半是只考虑自己，以自己为中心，而不能体谅对方。而让他们互相了解、体谅对方的最好办法，莫过于各自站在对方的立场上去考虑问题。当双方确实做到这一点后，可能就会握手言和、心平气和地协商一种积极性的解决冲突的方法。孔子说，“己所不欲，勿施于人”，正是设身处地、从对方角度看问题而得出的结论。

(4) 折中调和

领导是下属之间矛盾的最终仲裁者。仲裁者要保持权威，就必须坚持公平、公正的原则。如果偏袒一方，就会使另一方产生不满和对立情绪，进而加剧矛盾，甚至将矛盾转化为上下级之间的矛盾，使矛盾性质发生变化。所以，冷静公允，不偏不倚，是处理下属矛盾时最起码的原则，尤其是在调节利益冲突时。此外，很多情况下冲突双方均各有道理，但又各执一词，很难判断谁是谁非。这时候，折中协调、息事宁人是最好的解决办法。

(5) 创造轻松气氛

发生冲突双方均抱有成见和敌意，所以在进行调解时缓和气氛很重要。调解不一定在会议上、办公室里进行，有时在餐桌上、咖啡厅、领导家里效果反而会更好。

总之，下属之间的矛盾冲突是多样的，调和的办法不能千篇一律，要在实际工作中根据不同的冲突对象、起因及程度采用灵活的技巧来加以调解。

【课堂训练】

以小组为单位,设计场景,自导自演职场沟通的故事,要求充分运用职场沟通的技巧。

思考练习

1. 作为一名大学生你为了将来更好地适应社会,胜任未来的工作岗位,一定有一些兼职经历,请你把自己兼职经历中体会到的一些工作中与上级、下级和同事之间沟通的经验总结出来,在课堂上与同学们分享一下。

2. 从老师与学生、同事、领导的沟通中体会:①领导如何与下属沟通;②同事之间如何沟通;③下属如何与上级沟通。

3. 设想自己实习或大学毕业来到一个新的工作环境,面对初次见面的领导和同事,应该说的话和说话的技巧。

4. 案例分析。

一、消除上司误解

凯丽是某销售公司的文员。春节前经理交给她一大堆名片和一些精心挑选的明信片,要她按照名片逐一打印寄出。凯丽曾提醒经理将已经发生改变或业务上已没有往来的客户挑出来,但经理不耐烦地说:“你别管,把所有名片都寄出去就是了!”

两天后,当凯丽把打印好的明信片交给经理过目时,经理却大声指责她将一些已经不在中国的客户错误地打印在“最精美”的明信片上。凯丽觉得很委屈,想说出来又担心被经理安个“顶撞上司”的罪名开除,便认了下来。回去后她大哭一场,可心里还是觉得别扭,以致影响了工作。后来凯丽利用休息时间去拜访经理,坦诚地说出内心的想法。结果出乎意料,高高在上的经理竟然向她承认了错误。从此,他们两人在工作上配合相当默契,为公司创造了显著的业绩。

讨论题:请问凯丽是如何对待和消除上司的误解的?

二、汇　　报

佩佩年轻干练、活泼开朗,入行不几年,职位“噌噌”地往上升,很快成为单位里的主力干将。几天前,新老板走马上任,下车伊始,就把佩佩叫了过去:“佩佩,你经验丰富,能力又强,这里有个新项目,你就多费心盯一盯吧!”

受到新老板的重用,佩佩欢欣鼓舞。恰好这天要去上海某周边城市谈判,佩佩一合计,一行好几个人,坐公交车不方便,人也受累,会影响谈判效果;打车吧,一辆坐不下,两辆费用又太高;还是包一辆车好,经济又实惠。

主意定了,佩佩却没有直接去办理。几年的职场生涯让她懂得,遇事向老板汇报一声是绝对必要的。于是,佩佩来到老板跟前。

“老板,您看,我们今天要出去,”佩佩把几种方案的利弊分析了一番,接着说:“所以呢,我决定包一辆车去!”汇报完毕,佩佩发现老板的脸不知道什么时候黑了下来。他生硬地说："是吗？可是我认为这个方案不太好，你们还是买票坐长途车去吧！"佩佩愣住了，她万万没想到，一个如此合情合理的建议竟然被打了"回票"。

"没道理呀，傻瓜都能看出来我的方案是最佳的？"佩佩大惑不解。

讨论题：请问佩佩哪里做得不对？她应该怎样向老板"汇报"呢？

三、请　假

下面是下属向上司请假的两个结果相反的案例。

案例 1

职员：今天我有点急事，不来了。

经理：今天公司有好多重要业务要处理。

职员：但是我今天确实是有急事啊！

经理：那你昨天怎么不事先打招呼呢？不然，我会事先安排别人顶替你的业务。

职员：不是急事嘛，我又不是神仙，怎么能未卜先知？

职员：谁家里能没点急事？

经理：当然。那你就以家为重吧。（重重地扔上电话。）

案例 2

职员：经理，您好！非常抱歉，今天家里有点急事，实在没办法，只能向您请假了。

经理：可是，今天公司有一项非常重要的业务要你处理啊！

职员：经理，这个我知道。不过经理啊，我的情况您也知道，不是万不得已，我是从不在紧要关头向您开口请假的。您一向都非常关照我，我也不忍心在紧要关头给您添麻烦。

经理（犹豫了一下）：那这样吧，你给小王打个电话，将你准备好的材料发给她，我再跟她打个招呼，让她辛苦点，今天替你挡一阵。

职员：经理，您真是体贴下属的好领导！太感谢您了！改天请您吃饭！

经理（愉快地轻笑一声）：别拍马屁了。那就这样吧，拜拜！（轻轻地挂上电话。）

讨论题：

（1）两个下属在向上司请假时的沟通方式有何不同？各自产生了什么效果？为什么？

（2）本案例对你有哪些启示？

任务9　气质培养

做一个杰出的人，光有一个合乎逻辑的头脑是不够的，还要有一种强烈的气质。

——［法］司汤达(Stendhal)

气质之美与其说是来自内心的修养，不如说它是来自一种对美好事物的欣赏能力。这份欣赏力就使一个人的言谈举止不同流俗。

——［法］罗曼·罗兰(Romain Rolland)

案例导入

曹操的气质风度

据《世说新语》记载：曹操个子较矮，一次匈奴来使，应由曹操接见。可是，曹操怕使者见自己矮而看不起，于是请大臣崔琰冒充自己，曹操则持刀扮成卫士站在崔琰的旁边观察使者。崔琰眉目疏朗，须长四尺，甚有威重。接见后，曹操派人去探听使者的反应，使者说："魏王雅望非常，然床头提刀者，此乃英雄也。"曹操具有高度的政治、军事、文化素养，养成了封建时代的政治家特有的气质，因此，他的风度并不因他身材矮小而受到影响，也不因他扮成地位低下的卫士而被掩盖。

任务分析

气质作为个体带有倾向性的、本质的、相对比较稳定的个性特征、风格以及气度的总和，常常体现于个人的实际工作和言谈举止中，成为反映其内在精神修养状况的重要心理坐标。一方面，气质有先天遗传性；另一方面，气质又是在生命个体的生活工作实践中不断变化并趋于相对稳定的。人类群体生活实践证实，当个体的气质与其所处生存环境相对和谐时，个人的整体潜能会得以更好的挖掘。

气质作为个人最一般的特征，其魅力可以通过人的风度、性格、智慧等表现出来。在这个竞争激烈的年代，只凭"内秀"而缺乏"外秀"只会令竞争力大打折扣，只凭"外秀"而缺乏"内秀"的形象也将是苍白无力。现代社会，诸多事例表明，"金玉其外，败絮其中"固然不好，而"败絮其外，金玉其中"也不足取。只有"内外兼修"，与时俱进，才能在人生职场的竞争中立于不败之地。因此，加强气质培养和塑造，不断改善和提升个人整体形象，才能更好地生存于社会，服务于社会，这也是当代大学生自我发展的必然要求。

实训项目

项目名称：个人气质测量。

实训目标：认识自己的气质类型和特点。

实训学时：1学时。

实训地点：教室。

实训准备：气质量表。

实训方法：将全班学生分组，两人一组，相互进行气质测量，并总结各自的气质特点，最后教师点评。

附气质量表。

气质量表

指导语：认真阅读下列各题，对于每一题，你认为非常符合自己情况的记“＋2”，比较符合的记“＋1”，拿不准的记“0”，比较不符合的记“－1”，完全不符合的记“－2”。问题如下。

(1) 做事力求稳妥，一般不做无把握的事。

(2) 遇到可气的事就怒不可遏，想把心里话全说出来才痛快。

(3) 宁可一人干事，不愿很多人在一起。

(4) 到一个新环境很快就能适应。

(5) 厌恶那些强烈的刺激，如尖叫、噪声、危险镜头等。

(6) 和别人争吵时总是先发制人，喜欢挑衅别人。

(7) 喜欢安静的环境。

(8) 善于和别人交往。

(9) 是那种善于克制自己感情的人。

(10) 生活有规律，很少违反作息制度。

(11) 在多数情况下，情绪是乐观的。

(12) 碰到陌生人觉着很拘束。

(13) 遇到令人气愤的事，能很好地自我克制。

(14) 做事总是有旺盛的精力。

(15) 遇到事情总是举棋不定，优柔寡断。

(16) 在人群中从不觉得过分拘束。

(17) 情绪高昂时，觉得干什么都有趣；情绪低落时，又觉得干什么都没意思。

(18) 当注意力集中于一事物时，别的事很难使我分心。

(19) 理解问题总比别人快。

(20) 碰到问题总有一种极度恐怖感。

(21) 对学习、工作怀有很高的热情。
(22) 能够长时间做枯燥单调的工作。
(23) 符合兴趣的事情,干起来劲头十足;否则,就不想干。
(24) 一点小事就能引起情绪波动。
(25) 讨厌那种需要耐心细致的工作。
(26) 与人交往不卑不亢。
(27) 喜欢参加热闹的活动。
(28) 爱看感情细腻、描写人物内心活动的文艺作品。
(29) 工作学习时间长了,常感到厌倦。
(30) 不喜欢长时间谈论一个问题。
(31) 愿意侃侃而谈,不愿窃窃私语。
(32) 别人总是说我闷闷不乐。
(33) 理解问题常比别人慢些。
(34) 疲倦时只要短暂休息就能精神抖擞,重新投入工作。
(35) 心里有话,宁愿自己想,不愿自己说出来。
(36) 认准一个目标,就希望尽快实现,不达目的,誓不罢休。
(37) 学习或工作同样一段时间后,常比别人更疲倦。
(38) 做事有些莽撞,不考虑后果。
(39) 老师或他人讲授新知识、技术时总希望他讲的慢些,多重复几遍。
(40) 能够很快忘记那些不愉快的事情。
(41) 做作业或完成一项工作总比别人花时间多。
(42) 喜欢运动量大的剧烈体育活动,或者参加文艺活动。
(43) 不能很快地把注意力从一件事情上转移到另一件事情上去。
(44) 接受一个任务后,就希望迅速解决。
(45) 认为墨守成规比冒险些强。
(46) 能够同时注意几件事物。
(47) 当我烦恼时,别人很难使我高兴起来。
(48) 爱看情节起伏跌宕、激动人心的小说。
(49) 对工作认真严谨,有始终一贯的态度。
(50) 和周围人的关系总是相处不好。
(51) 喜欢复习学过的知识,重复做熟练的工作。
(52) 喜欢做变化大、花样多的工作。
(53) 小时候会背的诗歌,我似乎比别人记得清楚。
(54) 别人说我“出语伤人”,可我不觉得这样。
(55) 在体育活动中,常因反应慢而落后。
(56) 反应敏捷,头脑机智。
(57) 喜欢有条理而不甚麻烦的工作。

(58) 兴奋的事常使我失眠。

(59) 老师讲新概念，常常听不懂，但弄懂以后就很难忘记。

(60) 假如工作枯燥，就马上会情绪低落。

以上问题对应的气质类型见表 9-1。

表 9-1

类　型	项　　目	总分
胆汁质	2、6、9、14、17、21、27、31、36、38、42、48、50、54、58	
多血质	4、8、11、16、19、23、25、29、34、40、44、46、52、56、60	
黏液质	1、7、10、13、18、22、26、30、33、39、43、45、49、55、57	
抑郁质	3、5、12、15、20、24、28、32、35、37、41、47、51、53、59	

得分情况：分别把属于每一种气质类型的题的分数相加，得出的和即为该气质类型的得分。最后的评分标准是：如果某种气质得分明显高出其他三种（均高出 4 分以上），则可定为该种气质；如两种气质得分接近（差异低于 3 分）而又明显高于其他两种（高出 4 分以上），则可定为两种气质的混合型；如果三种气质均高于第四种的得分且相接近，则为三种气质的混合型。由此可能具有 13 种类型：①胆汁；②多血；③黏液；④抑郁；⑤胆汁—多血；⑥多血—黏液；⑦黏液—抑郁；⑧胆汁—抑郁；⑨胆汁—多血—黏液；⑩多血—黏液—抑郁；⑪胆汁—多血—抑郁；⑫胆汁—黏液—抑郁；⑬胆汁—多血—黏液—抑郁。

一般来说，正分值越高，表明该气质越明显，反之分值越低越负，表明越不具备该气质特征。

知识链接

一、气质概述

1. 人的气质内涵

气质（temperament）一词来源于拉丁语 tempeamerturm，原意是掺和、混合。在现代心理学中，气质是指人的典型的稳定的心理特点，气质的稳定性是相对的。气质是人的个性心理特征之一，它是指在人的认识、情感、言语、行动中，心理活动发生时力量的强弱、变化的快慢和均衡程度等稳定的动力特征。主要表现在情绪体验的快慢、强弱，以及动作的灵敏或迟钝方面，因而它为人的全部心理活动表现染上了一层浓厚的色彩。它与日常生活中人们所说的“脾气”“性格”“性情”等含义相近。

气质主要表现为人的心理活动的动力方面的特点。所谓心理活动的动力，是指心理过程的速度和稳定性（例如知觉的速度、思维的灵活程度、注意力集中时间的长短）、心理过程的强度（例如情绪的强弱、意志努力的程度）以及心理活动的指向性特点（有的人倾向于外部事物，从外界获得新印象；有的人倾向于内部，经常体验自己的情绪，分析自己的思想和印象)，等等。

气质仿佛使一个人的整个心理活动表现都涂上个人独特的色彩。人的气质本身无好坏之分，气质类型也无好坏之分。心理学上讲的气质，具有以下两个方面的特征：第一，气质具有天赋性，气质是由生理机制决定的，一个人从出世开始，就具有了与众不同的气质特点。第二，气质具有稳定性和可变性，一个人具有某一方面的气质特点，就会随时随地表现出来。

2. 四种典型的气质类型

现代心理学研究了人身上一些共同的或近似的心理活动动力特征的规律，根据人的感受性、耐受性、敏捷性、兴奋性以及内倾、外倾等特征不同程度的结合，按其规律，组织分类，并参照或者说沿用了古希腊著名医生希波克拉底的学说，将这些心理活动的动力特征分门别类地归纳出了四种气质类型，虽然科学依据尚显不足，但是得到了心理学界的普遍认可。气质分为以下四种典型类型。

(1) 胆汁质

胆汁质的特点是强烈的兴奋过程，较弱的抑制过程，情绪难以自制，反应敏捷，行动果断，明显的外倾型。此类人精力充沛，敢说敢干，热情直爽，勇往直前，敢冒风险，冲动莽撞，易怒易躁，激动热烈。

(2) 多血质

多血质的特点是情绪兴奋度强，具有灵活性和较高的可塑性，适应性强但稳定性较差，具有外倾性。此类人活泼好动，思维敏捷，情绪易变，朝气蓬勃，注意力涣散，兴趣易变，聪颖伶俐，善与人交，天真活泼。

(3) 黏液质

黏液质的特点是兴奋和抑制过程比较平衡，感情不易兴奋，不易激动，有较强的稳定性和持续性，反应较慢，不易外露，较为内倾。此类人沉着冷静，反应缓慢，坚韧练达，老练，态度稳重，交际适度，注意稳定，埋头苦干，忍耐力强，沉默稳重。

(4) 抑郁质

抑郁质的特点是较强的抑制过程，较弱的兴奋过程，反应缓慢迟钝，感情细腻、深刻，严重内倾。此类人沉默寡言，敏感多疑，易倦，审慎小心，观察力强，注意细节，不善交际，喜欢独处，行动缓慢，胆小心细，孤僻冷漠。

以上四种类型的人在对待同一事物中，他们的心理活动、言语表现、行为方式会各不相同。例如，工作中遇到挫折失败，胆汁质的人会暴躁易怒，不问青红皂白与人争斗；多血质的人则会问明问题的症结，在接受教训的同时，他会很风趣地回敬别人，很快地把不愉快的事转移；黏液质的人则会蹲在一旁生闷气，不肯轻易发表意见；而抑郁质的人则经受不住打击，会多疑别人瞧不起自己，可能一蹶不振，成为精神负担。这是比较明显的四种气质类型的不同表现。但是在现实生活中，一个人往往是同时具有几种气质类型特点的混合型。

气质类型特征及行为方式的典型表现见表 9-2。

表 9-2

气质类型	高级神经活动类型	气质心理特征的组合	行为方式的典型表现
胆汁质	强而不平衡型（不可遏制型）	感受性低，有一定耐受性，反应快而不灵活，情绪兴奋性高，抑制能力差，外倾性明显，行为有一定的可塑性	直率、热情、精力旺盛、情绪激动、心境变换剧烈、脾气急躁
多血质	强而平衡灵活型（活泼型）	感受性低，耐受性高，反应快而灵活，情绪兴奋性高，外部表露明显，外倾性明显，行为可塑性大	活泼好动、敏感、反应迅速、喜欢与人交往，注意转移，兴趣变化，缺乏持久力
黏液质	强而平衡（不灵活型）安静型	感受性低，耐受性高，反应速度缓慢，具有稳定性，情绪兴奋性，内倾性明显，行为有可塑性	安静、稳重、反应缓慢，情绪不易外露，注意力稳定，难转移，善于忍耐
抑郁质	弱型（抑制型）	感受性高，耐受性低，速度慢，刻板而不灵活，情绪兴奋性高而体验深，内倾性特别明显，行为可塑性小	情绪体验深刻，行动迟缓，能察觉他人不易察觉的事情，富于幻想，胆小

气质本身并无好坏之分。气质并不决定人的性格品德，任何气质类型的人，都既可能养成良好的品质和习惯，也可能形成不良的品质和习惯。不论哪一类气质类型都有其闪光的一面，也都有其晦涩的一面，即积极的一面和消极的一面。举例如下。

胆汁质：热情敏捷——积极；急躁易怒——消极。

多血质：聪慧活泼——积极；注意涣散——消极。

黏液质：沉着稳重——积极；固执淡漠——消极。

抑郁质：观察细腻——积极；多疑多虑——消极。

由此看来，不论哪一种气质类型的人都各有所长、各有所短，人生事业成败不在于气质本身，而在于驾驭气质的能力。

气质是与生俱来的心理动力特征，打上深深的遗传烙印，对于一个人来说没有选择的余地，重要的是了解自己，自觉地发扬自己气质中积极的方面，努力克服气质中的消极方面。

3. 气质与职业

(1) 变化型

变化型的人在新的或意外的活动以及新的工作情境中感到愉快，他们喜欢工作内容经常有些变化。在有压力的情况下他们的工作往往很出色，他们善于将注意力从一件事情转到另一件事情上，追求多样化的工作，典型的职业有记者、推销员、采购员、演员、消防员、公安司法人员，等等。

(2) 重复型

重复型的人适合连续不停地从事同样的工作，他们喜欢按照一个机械的、别人安排好的计划或进度办事，爱好重复的、有计划的、有标准的工作。典型的职业有纺织工、印刷工、装配工、电影放映员、机床工以及中小学教师等。

(3) 服从型

服从型的人喜欢按别人的指示办事，他们不愿自己单独作出决策，喜欢让他人对自己的工作负起责任。典型的职业有秘书、办公室职员、打字员、翻译人员等。

(4) 独立型

独立型的人喜欢计划自己的活动和指导别人的活动,他们在独立的负责工作情况中感到愉快,喜欢对将来发生的事情作出决定。典型的职业有厂长、经理、各种管理人员、律师、医生、电影电视制片人、军事指导员、侦察人员、驻外人员等。

(5) 协作型

协作型的人在与人协同工作时感到愉快,他们善于让别人按他们的意愿来办事,他们想得到同事的喜欢。典型的职业有社会工作者、婚姻介绍所工作人员、青年或妇女工作干部、心理咨询人员等。

(6) 孤独型

孤独型的人喜欢单独工作,不愿与人交往。较适合的职业有编辑、校对、排版、雕刻等。

(7) 劝服型

劝服型的人喜欢设法使别人同意他们的观点,一般是通过谈话或写作来表达,他们对别人的反应有较强的判断力,且善于影响他们的态度、观点和判断。典型的职业有作家、教师、政治工作者、宣传人员以及商业工作者等。

(8) 机智型

机智型的人在紧张的和危险的情况下能很好地执行任务,他们在危险的情况下能自我控制和镇定自如,他们在意外的情况中工作得很出色,当事情出了差错时,他们不易慌乱。典型的职业有车辆、船舶、飞机的驾驶员、公安员、节目主持人、消防员、救生员、潜水员、电力维修员等。

(9) 经验决策型

经验决策型的人喜欢根据自己的经验作出判断,当别人犹豫不决时,他们能当机立断作出决定,当必要时,他们用直接经验和直觉来解决问题。典型的职业有股票经营者、商业工作者、个体摊贩、农民等。

(10) 事实决策型

事实决策型的人喜欢根据事实决策,他们要求根据充分的证据来下结论。他们喜欢使用调查、测验、统计数据来说明问题,引出结论。典型的职业有实验员、化验员、自然科学研究者、大学教师等。

(11) 自我表现型

自我表现型的人喜欢能表现自己的爱好和个性的工作情境。他们根据自己的感情作出选择,他们喜欢通过自己的工作来表达自己的理想。典型的职业有演员、诗人、音乐家、画家、摄影家、剧作家等。

(12) 严谨型

严谨型的人喜欢注重细节的精确,他们按一套规则和步骤将工作尽可能做得完美。典型的职业有金融工作者、会计、出纳、统计、档案管理等。

二、气质的培养方法

我们这里所提到的气质培养,实际上主要是人格(气质、性格、能力)的培养,因此,这里所讲的气质，是一种内在修养和外在形象的结合；是一种只可意会不可言传的美；是可以征服人的内心的一种形象，与是否漂亮无关；是厚重的文化底蕴与素质修养的升华；是经得起时间考验的人格魅力与高雅气质。要想培养自身良好的气质，首先要明确良好气质的基本要求，然后掌握正确的培养方法，长期坚持，一定会达到完善原有气质特征、塑造完美形象的目的。

1. 良好气质的要求

良好的气质包括内在的气质和外在的气质，是以其丰富的内在素养为底蕴，加上外在形象的塑造而构成的，内在的优良气质应该是：远大的理想和坚定的信念、高尚的道德品质、扎实的文化知识、良好的心理素质以及积极的创新精神和实践能力。外在的优良气质应该是：在待人接物、为人处世和日常外事等交往中行为得体、语言文明、礼仪庄重、着装得体大方。通过这种内在和外在的气质培养，塑造一个既有人格魅力又具有高雅气质的比较完整的优良气质形象。

如果一个人没有理想、缺乏道德、知识匮乏，会造成内心空虚，那就无法表现出内在的气质美。而外在的气质又是通过在内在素养孕育的基础上，加上得体的行为举止、文明的语言、庄重的礼仪礼节、大方得体的着装等多方面体现出来，形成一个比较完整的优良气质形象。

良好气质的要求有以下几点。

（1）合适的感受性和灵敏性

感受性是指个体对外界刺激达到多大强度时才能引起反应；灵敏性是指个体心理反应的速度和动作的敏捷程度。感受性过高，势必造成精力分散，注意力不集中，影响正常工作；感受性太低，也会出现怠慢现象，必须随时调节感受性和灵敏性至合适状态。

（2）忍耐性和情绪兴奋性不能太低，可塑性强

忍耐性是指个体遇到各种刺激和压力时的心理承受力。情绪兴奋性是指个体遇到高兴和扫兴时，是否能够控制自己的情绪。人在遇到挫折、压力、巨大挑战的时候，思想情感都会有波动，如遇到尖酸刻薄的人、不可理喻的事能控制情绪于良好状态，体现出一个人很高的素质修养。面对这样的问题，选择积极的、催人奋进的语言给自己打气，进行心理暗示、告诉自己一定可以战胜挫折。

（3）自信

自信就是相信自己，深信自己有能力去完成自己所负担的各种任务。自信心就像人的能力的催化剂，将人的一切潜能都调动起来，将各部分的功能推动到最佳状态。而高水平的发挥在不断反复的基础上，会逐渐巩固成为人的本性的一部分。自信的人表现在对工作的积极性和主动性上，会产生战胜困难的巨大勇气；缺乏自信是一个人性格软弱的表现，表现为缩手缩脚、犹豫不决，丧失勇气而自卑。

【小故事】

小泽征尔因自信而取胜

小泽征尔是世界著名的交响乐指挥家。在一次世界优秀指挥家大赛的决赛中，他按照

评委会给的乐谱指挥演奏，敏锐地发现了不和谐的声音。起初，他以为是乐队演奏出了错误，就停下来重新演奏，但还是不对。他觉得乐谱有问题。这时，在场的作曲家和评委会的权威人士坚持说乐谱绝对没有问题，是他错了。面对一大批音乐大师和权威人士，他思考再三，最后斩钉截铁地大声说："不！一定是乐谱错了！"话音刚落，评委席上的评委们立即站起来，报以热烈的掌声，祝贺他大赛夺魁。

原来，这是评委们精心设计的"圈套"，以此来检验指挥家在发现乐谱错误并遭到权威人士"否定"的情况下，能否坚持自己的正确主张。前两位参加决赛的指挥家虽然也发现了错误，但终因随声附和权威们的意见而被淘汰。小泽征尔却因充满自信而摘取了世界指挥家大赛的桂冠。

(4) 诚实待人和诚实待己

一是要对人讲真话，忠诚老实，不弄虚作假，不阳奉阴违；二是要诚实地对待自己，如实地反映自己的优缺点，恰当地评价自己。相信别人，待人真诚，并能积极倾听别人的想法，从他们的行为中寻找优点，恰到好处地推崇赞扬别人。

(5) 谦虚

谦虚是公认的一种美德，是一种良好的个性品质。"满招损、谦受益""莫言人非、莫道己长"确实是一种境界和修养。

(6) 宽容

宽容就是能够容忍、有气量，不过分计较和追究，能够谅解他人。应做到：一是能以大局为重，不计较个人得失，在非原则问题上能够忍让；二是团结和自己意见不同甚至相反的人一道共事，求大同存小异，保持良好的人际关系；三是不嫉贤妒能，绝不能心胸狭窄。

宽容不是简单的忍受，而是理解、同情、练达、包涵，是因大而容，因容而大。无论遇到多么大的困难，都要认真解决，任何时候都不要为自己的错误找借口，诚恳地感谢指出自己错误的人，有利于错误的改正，同时对他人做错事时要给予谅解与包容。保持心情愉快、舒畅，不为芝麻小事烦心，保持阳光心态。

(7) 具有较强的观察力和准确的判断力

具有敏锐的观察力，通过着装、表情、言谈举止对人和事进行准确的判断。

(8) 出色的表现能力和表达能力

通过自己的语言、行动和表情，完整、准确、恰当地表达自己的观点和思想，展示自身的魅力。

这些是很完善的人格特征，是人的一生中努力追求和完善的一个目标，完美的人格，散发出无尽的气质魅力。

2. 良好气质的培养

举止得体、语言文明大方、人际关系和谐，是完美人格、高雅气质的展现，那么如何培养良好的气质，树立良好的个人形象呢？

(1) 培养内在美

精神世界的美与丑是形成气质的内在根源。唯有美好的情操，才有照人的风采。长期的思想文化和道德品质的修养是形成良好气质的重要因素。为此要倍加珍惜自己的青春年华，立志高远，努力学习，加强道德文化修养。培根说过，“读史使人明智，读诗使人灵秀，数学使人周密，科学使人深刻，伦理学使人庄重，逻辑学使人善辩：凡有所学，皆成性格”。唯有内在美，才能导致外在美。而内在美的形成非一日之功，它需要不懈地努力，不断地积累，不断地进行思想文化和道德情操的修养，才能逐渐培养起来。

首先要树立崇高的理想信念。这是现代人培养气质美的基本前提。理想信念是人生奋斗的目标和指路明灯，没有理想信念的追求和支撑，人只能浑浑噩噩、内心空虚、萎靡不振。所以有人说：没有理想信念的青春是灰色的，没有理想信念的行为是盲目的，没有理想信念的生活是乏味的。现代人一旦树立了坚定的理想信念，就会朝气蓬勃、充满斗志、乐观向上，朝着明确的目标，以坚强的毅力，努力提高精神境界，塑造高尚的人格。这样，就会在工作和生活中塑造出美好、阳光的气质和风度。

其次要培养高尚的道德品质。道德品质的纯洁高尚或庸俗低下是一个现代人是否受欢迎的分水岭。道德高尚的人具有爱心、诚信、真心；以热爱祖国、服务人民、崇尚科学、辛勤劳动、团结互助、诚实守信、遵纪守法、艰苦奋斗为自己的道德准则，使自己成为引领社会主义道德风尚的楷模。

【小贴士】

职场：比能力更重要的12种品格

① 忠诚——忠心者不被解雇。
② 敬业——每天比老板多做一小时。
③ 主动自发——不要事事等人交代。
④ 负责——绝对没有借口，保证完成任务。
⑤ 注重效率——算算你的时间成本。
⑥ 结果导向——咬定功劳，不看苦劳。
⑦ 善于沟通——当面开口，当场解决。
⑧ 合作——团队靠前，自我退后。
⑨ 积极进取——永远跟上企业的步伐。
⑩ 低调——才高不必自傲。
⑪ 节约——别把老板的钱不当钱。
⑫ 感恩——想想是谁成就了今天的你。

【点评】 人是要积攒些“人品”的。没有哪个老板会喜欢那些没有职业素养、没有品格的员工，相反，他们更喜欢那些具有优良品格的职员。职业素养的高低、品格的优劣，对人一生的成就有重大影响。

(2) 培养语言美

古人云：“言，心声也；书，心画也。”语言是心灵之窗，其粗俗与文雅，是一个人道德情操和知识水平的反映。因而大学生要在培养健康、文雅、深刻的语言上下功夫。首先，要有健康的语言，即语言所表达的内容要健康、高尚、端正。健康的语言产生于美好的心灵。一个志向远大、品德高尚、内心充实的大学生，自然会将粗鄙的内容排斥于谈吐之外；相反，满嘴污言秽语的人，也正反映出他心灵深处的肮脏。因此，语言美首先要使语言的内容美。

其次，要有文雅的语言，即语言要讲究艺术。语言是人与人交往的桥梁。俗话说："良言一句三冬暖，恶语伤人六月寒。"高雅优美的语言可以消除误会，增进友谊；相反会造成隔阂，甚至酿成大祸。最后，大学生的语言一定要有深刻性。无论是与人交谈、会上发言，还是写文章，都要有深度，有一定的见解和水平，切忌言之无物的空话。因此，大学生要在培养健康、文雅、深刻的语言上下功夫。

(3) 培养鲜明的个性

良好的气质还表现在鲜明的个性上。现代人要注意个人的涵养，遇事不急、不慌、不怒、不狂；待人接物有主见、有智慧、有度量、有修养，能体贴人、谦让人、帮助人。要做到：高雅但不高傲、自尊但不自负、温柔但不懦弱、活泼但不轻浮、开朗但不粗俗、天真但不幼稚、成熟但不世故。

(4) 培养广泛的兴趣

兴趣爱好的广泛也是气质美的内涵之一。作为现代人要努力做到一专多能。一专就是对自己所学的专业、所从事职业的相关知识、业务能力要刻苦钻研、专心致志、有所发明、有所创造。多能就是兴趣爱好广泛，培养爱美之心。如爱好文学，喜欢读书可以让你了解人情世故，还可以提高语言表达能力，显得有书卷气；爱好音乐可以让你更热爱这个动感的世界；爱好美术可以让你感受色彩的美丽，享受这五彩缤纷的世界；爱好体育和舞蹈可以让你身健体美，让病痛远离你，让健康伴随你。总之，高雅地脱离了低级趣味的广泛的兴趣爱好，使人在其中学会欣赏美、追求美、创造美、表现美、演绎美，处处散发出特有的魅力，显示出与众不同的高雅气质。

(5) 培养高雅的举止

高雅的举止不仅能在外观上给人以美感，而且有利于团结与合作，是气质美的重要标志。培养高雅的举止，应做到以下三点。

① 彬彬有礼。中华民族素称礼仪之邦，彬彬有礼的气质风度历来受人们赞誉。待人彬彬有礼，获得的将是友谊和尊敬。

② 严守纪律。遵守纪律恰恰是有知识、有教养的表现。每个人都应该养成严守纪律的良好习惯。

③ 豁达大度。豁达大度是一种性格、气质美，它表明待人接物通情达理颇有胸怀，有最大限度的理解和容忍，能够抛弃心胸狭隘和易怒的性格。有的人心胸狭窄，不能容人，常因一点小事就暴跳如雷，或出口伤人，或大打出手，这是个性修养上的一大缺陷。因此，应注意克服这些缺陷。

(6) 培养美观的仪表

仪表是首先映入人们眼帘的气质表现。注重仪表美是热爱生活、积极向上的表现，而不修边幅、邋遢则是消极颓废的反映。对每个人来说，整洁、朴素、大方的仪表最美。苏联诗人马雅可夫斯基(Mayakovsky)赞美说："世界上没有任何一件衣衫能比健康的皮肤和发达的肌肉更美丽。"每个人在珍惜自己的自然美的同时，如果能根据自身的形体特点和情趣爱好，恰到好处地锦上添花，使自然美与修饰美浑然一体、相映生辉，那就更美了。爱美是可贵的，但美并不等于浓妆艳抹，不流于花哨。托尔斯泰在《安娜·卡列尼娜》一书中描写了这样一个情景：年轻的姑娘吉堤为了和安娜争美，参加舞会前打扮了一整天，她穿上最华贵的衣服，连裙子的每一个褶皱都考虑过了，以为稳操胜券。可是到舞会上一看，安娜只穿了一件黑色天鹅绒长袍，未做任何修饰。然而她在那些珠光宝气、浓妆艳抹、五光十色的贵夫人之间翩翩起舞，却显得冰清玉洁，光彩照人，使举座倾倒。这时的吉堤感到自己身上的装饰品和华贵的衣服是多么多余，那些贵夫人就更显俗气了。从这个故事中可以看出，过多的修饰只能破坏青春之美，而淡雅、朴素、大方的服饰却能起到绿叶映红花的作用。

【小贴士】

职场人士良好个人形象的“六字”标准

① 在仪容服饰方面，强调“洁”“整”“精”。

“洁”主要是指洁净。要注意仪容卫生、头发干净、服饰整洁，不能面泛油光、胡子拉碴、指甲乌黑、头发蓬乱、衣服不洁。

“整”主要是指整齐、整体。头发要梳理整齐，服饰要穿戴齐整。另外，还要有整体感，也就是整体协调，使之浑然一体。

“精”主要是指精神、精练。商务人员应是精神抖擞、精力充沛的。此外，在服饰的色彩和款式选择方面要少而精。

② 在仪态谈吐方面，强调“雅”“温”“度”。

“雅”主要是指文雅。不能乱用粗词秽语、不雅动作，其举止动作和交谈用语都要尽可能文雅。

“温”主要是指温和。举止要能体现内在与人为善的温和，语气语调应以温和为标准，尽量减少不必要的言语冲突。

“度”主要是指适度。表情举止和语言都应该适度，不应过于夸张和卑谦。表情真挚而不过度热情，含蓄而不过度冷淡，举止恭敬而不过度卑微，语言谦虚而不过度迂腐。

(7) 树立正确的职场心态

人与人之间只有很小的差异，但这种很小的差异往往造成了巨大的差异，很小的差异就是心态的差异，巨大的差异就是成功与失败，因此修炼职业情商应首先从树立正确的心态开始。

牢记吃亏是福。这里强调吃亏是福，就是要磨炼和锻造人的一种承受能力，学会甚至习惯承受，这样做起事来就能百折不挠，在哪里跌倒，在哪里爬起来，成为一粒蒸不熟、煮不烂、打不碎、响当当的金豌豆。再者，吃亏可以强化记忆，促使吃亏者进行自我反思，并了解人情世故，可以从中总结经验，得出教训。在职场中有的人总怕自己干得多获得少而吃亏，殊不知“干得多”已经为自己积攒了很多的实践经验，并在无形中提升了自己解决问题和处理问题的能力，而这些能力正是获得职场成功的优势，往往受益者正是当初被认为做傻事、吃大亏的人。

常用同理心处理与上级、同事、下级的关系。同理心是人们常说的设身处地、将心比心的做法。在发生冲突或误解的时候，当事人如果能把自己放在对方的处境中想一想，也许就更容易了解对方的初衷，消除误解。因为每个人做的每一件事都有其内心锲因和动机，要善于换位思考才会实现双赢的沟通，从而获得良好的人际关系。

(8) 建立积极的处事态度

了解自己在工作中的情绪是为了控制自己的情绪。职业情商对职业情绪的要求就是保持积极的工作心态。具体表现在以下方面。

① 工作状态要积极。如果你每天都是一副无精打采的样子,是永远得不到上级和同事们的好感的。

② 工作表现要积极。积极就意味着主动,称职的员工应该在工作上表现出主动性,要主动发现问题、主动思考问题、主动解决问题、主动承担责任和主动承担分外之事。可以说,做到这五点主动是获取职场成功的基础。

③ 工作态度要积极。面对工作中遇到的各种问题,积极想办法去解决,而不是千方百计找借口推脱。成功激励大师陈安之说:“成功和借口永远不会住在同一屋檐下。”遇到问题习惯找借口的人永远不会成功。

④ 工作信心要积极。只有抱着积极信心工作的人,才会充分挖掘自己的潜能,为自己赢得更多的发展机遇。

总之,良好的气质不是与生俱来的,而是经过后来努力,长期培养起来的。人的气质美是各具特色的,气质美的表现形式是因人而异的,不能生硬机械地模仿,只能长期培养。

思考练习

1. 什么是气质?气质具有哪些类型和特点?
2. 气质与性格是一成不变的吗?如何理解“江山易改,禀性难移”这句话?
3. 良好的人格具有哪些要求?
4. 如何培养良好的气质?
5. 案例分析。

周恩来语惊四座

在日内瓦会议和万隆会议上,周恩来以其卓越才智和个人魅力,为和平解决印度支那问题、促进亚非会议作出了历史性的贡献。他的举手投足,都展现出一个彬彬有礼、温文尔雅、和蔼可亲的东方美男子形象。

1954 年,当周恩来代表中国出现在日内瓦会议上时,他的风采,他的气质,他的落落大方、不卑不亢的外交才干令所有人为之惊叹、为之折服,令西方国家对新中国的总理刮目相看。在万隆会议上,周恩来又以其风度与个人魅力从会前需要“老前辈”介绍而变为会后公认的“外交明星”,他所倡导的“和平共处五项原则”“求同存异”方针也产生了深远的影响,被广泛认可为处理国与国之间关系的基本准则。

周恩来那优雅的充满独特魅力的翩翩风度,倾倒了多少不同国度、不同民族甚至不同信仰的人,令多少人为之惊叹与折服!

一次,周恩来东南亚之行,在告别前举行的记者招待会上,周恩来彬彬有礼地回答着每一位记者的提问。会场上,所有的记者即使不能得到满意的答复,也无法挑剔周恩来的风度。在记者招待会即将结束前，一个外国姑娘向周总理问道：“周恩来先生，能不能问您一个私人问题？”

周恩来很坦诚地点头，微笑着说：“可以。”

“您已经60多岁了，为什么仍然神采奕奕，记忆非凡，显得这样年轻、英俊？”

场内顿时响起友善的笑声和议论声，看得出：聪明的中国人很多都认为自己的总理配有长生不老药。

然而，这位素有“东方第一美男子”之称的周恩来总理，声音洪亮地回答道：“因为我是按照东方人的生活习惯生活，所以我至今很健康。”顿时，场内掌声如潮！多少年来，东方人从来都是贫穷、落后、愚昧、病夫的代名词。而如今，有了受人尊敬的周恩来成为东方人的代表，顷刻间，不分国家、不分政见、不分肤色，只要是东方人都感到了荣幸与骄傲！

讨论题：

(1) 周恩来具有怎样的气质风度？

(2) 通过观看网上的关于周恩来的图片或者视频，体会其气质风度。

参考文献

[1] 王玉苓. 商务礼仪案例与实践[M]. 北京：人民邮电出版社,2018.
[2] 王芳. 公关礼仪与口才[M]. 北京：人民邮电出版社,2017.
[3] 高琳. 人际沟通与礼仪[M]. 北京：人民邮电出版社,2017.
[4] 张铭. 现代实用社交礼仪[M]. 北京：人民邮电出版社,2017.
[5] 刘桂华,王琳. 大学生实用口才训练教程[M]. 北京：人民邮电出版社,2017.
[6] 张岩松. 知书达礼：现代交际礼仪畅讲[M]. 北京：清华大学出版社,2016.
[7] 秦保红. 职场礼仪教程[M]. 北京：中国人民大学出版社,2016.
[8] 张学娟. 实用商务礼仪[M]. 北京：人民邮电出版社,2015.
[9] 徐汉文,张云河. 商务礼仪[M]. 北京：高等教育出版社,2015.
[10] 王婷. 论职业秘书的气质培养与塑造[J]. 成都行政学院学报,2013(2).
[11] 金常德. 现代交际礼仪[M]. 大连：大连出版社,2012.
[12] 万文斌,郝素玲,陈明华. 商务礼仪[M]. 北京：航空工业出版社,2012.
[13] 罗恺赟. 注重大学生职业形象塑造[J]. 提升高职人才就业竞争力. 读与写,2011(3).
[14] 罗贵洪. 对女大学生气质美培养途径的研究[J]. 贵州体育科技,2010(9).
[15] 张华莹. 浅谈形体训练的内容及常见的形体运动[J]. 运动,2010(9).
[16] 曹君,刘巍. 探讨现代大学生职业形象的设计[J]. 景德镇高专学报,2010(10).
[17] 郑娇,李娥. 职业形象与职业礼仪[J]. 信息系统工程,2010(4).
[18] 张桂兰. 形体训练[M]. 北京：国防工业出版社,2010.
[19] 刘艳. 培养当代大学生风度美管见[J]. 辽宁教育行政学院学报,2005(2).
[20] 冯玉珠. 餐饮礼仪全攻略[M]. 北京：对外经济贸易大学出版社,2005.
[21] 国英. 现代礼仪[M]. 北京：机械工业出版社,2005.
[22] 国英. 公共关系与现代交际礼仪案例[M]. 北京：机械工业出版社,2004.
[23] 王彤彤. 职场礼仪[M]. 大连：大连理工大学出版社,2010.
[24] 孔江联,郭华. 现代大学生职业形象及其设计研究[J]. 中国成人教育,2009(7).
[25] 张万良. 浅谈形象气质与个人发展[J]. 职业时空,2009(2).
[26] 郑彦离. 礼仪与形象设计[M]. 北京：清华大学出版社,2009.
[27] 徐桂云. 形体训练教程[M]. 济南：山东大学出版社,2009.
[28] 陈光谊. 现代实用社交礼仪[M]. 北京：清华大学出版社,2009.
[29] 郝丹. 穿着打扮也是职业形象[J]. 成才与就业,2006(17).
[30] 任晓华. 如何培养高职女生良好的职业形象[J]. 职业教育研究,2006(9).
[31] 杨坤. 芭蕾形体训练教程[M]. 北京：高等教育出版社,2009.
[32] 向智星. 形体训练[M]. 北京：高等教育出版社,2009.
[33] 贾梦喜,陈开梅. 职业女性形象设计教程[M]. 武汉：华中师范大学出版社,2009.
[34] 饶世权. 谈谈职业形象[J]. 中国职业技术教育,2008(3).
[35] 龙飞. 小幽默大智慧[M]. 北京：海潮出版社,2008.
[36] 卢如华,韩开绯. 社交礼仪[M]. 大连：大连理工大学出版社,2008.
[37] 周璇璇. 实用社交口才[M]. 北京：北京大学出版社,2008.
[38] 陈宝珠. 形体训练与形象塑造[M]. 北京：清华大学出版社,2008.

[39] 吴运慧，徐静．现代礼仪实务[M]．上海：上海交通大学出版社，2008.
[40] 吴雨潼．职业形象设计与训练[M]．大连：大连理工大学出版社，2008.
[41] 韩秀景．大学生职场形象设计[M]．南京：南京师范大学出版社，2008.
[42] 马志强．语言交际艺术[M]．北京：中国社会科学出版社，2008.
[43] 惠亚爱．沟通技巧[M]．北京：人民邮电出版社，2008.
[44] 张晓梅．晓梅说礼仪[M]．北京：中国青年出版社，2008.
[45] 崔志锋．礼仪[M]．北京：科学出版社，2008.
[46] 葛犀．形体训练的健心价值[J]．网络科技时代，2008(10).
[47] 李晓．沟通技巧[M]．北京：航空工业出版社，2006.
[48] 徐克茹．秘书礼仪实训[M]．北京：中国人民大学出版社，2008.
[49] 杨茳，王刚．礼仪培训教程[M]．北京：人民交通出版社，2007.
[50] 陈秀泉．实用情景口才——口才与沟通训练[M]．北京：科学出版社，2007.
[51] 刘霞．基于性格与气质的职业选择模式探析[J]．重庆工学院学报(社会科学版)，2007(7).